世界瑰宝

联合国教科文组织世界遗产典藏

[意] 马可·卡特尼奥　贾斯米娜·特里福尼　著
曹　莉　荣宁宁　罗　正　译

中国科学技术出版社
·北　京·

作者

马可 · 卡特尼奥（Marco Cattaneo）

贾斯米娜 · 特里福尼（Jasmina Trifoni）

设计

帕特里奇亚 · 巴洛科 · 洛维塞蒂（Patrizia Balocco Lovisetti）

序言

UNESCO
意大利国家委员会

联合国教科文组织《保护世界文化和自然遗产公约》是一项重要的国际协议：它与过去有着无法磨灭的联系，亦是我们今日体验且将留予后代的传承。此公约于 1972 年签署，迄今已有 167 个国家缔约，承诺为所选遗址的独特价值贡献一己之力。世界的文化和自然遗产象征着生命和灵感的无价之宝。它为联合国教科文组织所认可的卓越性，乃在于其本身的无上价值。

世界遗产地属于全人类，它们的意义超越地理边界。对这些遗址独特价值的认可应当成为全人类，尤其是年轻一代的责任，它们的重要性已成为共识。

这本由意大利白星出版社最新推出的精美图书，是出于对世界遗产地的认可与尊重，满怀欣喜所写就的匠心之作。这本书将遗产地视为为今后发展选择的基本要素，值得仔细考虑和妥善选择。为将这无价的遗产传承予后代，我们需要一项令人信服的工程，以唤起年轻人对其的尊重和仔细关照。同时这项工程还需具备想象力以及对财富生产手段的关切。由这类项目而生的对于世界遗产的认知，乃是珍贵无匹的收获。

书中的上乘文本和从前几卷精挑细选的绚丽图片，使这本书成为一部百科全书，展示了世界遗产清单中最精华的部分。然而，需明确指出，这本书同时也是一种塑造良知的手段，是唤醒全世界人遗址意识的方法，成为对联合国教科文组织及其成员国在过去数十年间所取得的成就的一种“思维和视觉的认证”。

在和平与文化的旗帜下，伟大的国际联盟——联合国教科文组织，担负起使命来保护那些因其自然特征、历史重要性或精神意义，而超越所有国界的地点或资产，使它们成为全人类的共同遗产。如今，我们发现自己身处在一个因快速全球化而忽视文化多样性的世界，成为了“时时困惑，常常漠然”的旁观者。然而，世界遗产地却是文化多样性对抗标准化的最明显的象征。这正是联合国教科文组织发挥作用的地方，它以维护所有文化平等尊严的方式完成“相互丰富并互渗的天职”。在 2005 年，联合国教科文组织还担任联合国可持续发展教育十年的主导机构。

——意大利教科文组织全国委员会前主席
图利娅·卡雷托尼·罗马尼奥利
（Tullia Carrettoni Romagnoli）

第 2 页 这颗星是太阳神的象征，代表着和平、艺术、医药和光明之神阿波罗。路易十四在凡尔赛宫的所有装饰中都加入了神和国王的形象，成为法国君主制的象征。

第4页 科罗拉多河雕刻而成的宏伟峡谷——亚利桑那大峡谷长达278英里，宽逾一英里。它于1893年首度列入保护名列，1919年晋升为国家公园，于1979年荣膺世界遗产之列。

世界遗产精选目录

艺术珍宝

古代文明

自然圣殿

本书地图图例：

⊛ **柏林**	首都 首府
• 火奴鲁鲁（檀香山）	城市
• 塔努姆	联合国教科文组织世界文化遗产所在地
	联合国教科文组织世界自然遗产所在地

目录

总导言

意大利国家委员会

联合国教科文组织（UNESCO）的世界遗产使命堪称是一个悠久的胜利篇章。在第一次世界大战后，保护人类遗产的国际运动的构想开始逐渐萌芽。然而，直到20世纪50年代末，确切地说是1959年，当尼罗河的水席卷阿斯旺大坝的水库时，人们才认识到有必要保护世界上的重要杰作免遭腐朽侵蚀。专家们警告，若不采取措施，水位将淹没古埃及最伟大的建筑杰作之一——阿布辛贝尔的拉美西斯二世神庙。因此，联合国教科文组织发起了一场拯救神庙的运动，筹集了8000万美元，足够拆卸这些建筑并将它们搬移到一个安全的地方，这场壮举一直持续到1966年。

在同一时期，其他运动也纷纷兴起，旨在保护威尼斯、印度尼西亚的婆罗浮屠等艺术杰作。联合国教科文组织开始起草一项旨在保护世界文化遗产的公约，而国际自然保护联盟则起草了一份保护地球自然奇迹的文件。这两项提案在1972年斯德哥尔摩联合国人类环境大会上提交，并在1972年11月16日巴黎联合国教科文组织大会上获得批准，于1975年12月17日生效，成为世界遗产清单的创始公约。

联合国教科文组织的雄心是鉴别、研究和保护具有卓越历史、艺术、科学、自然、考古或人类学价值的纪念碑、岭和地点，无论是人造的还是自然的。

现今由190多个国家批准的世界遗产清单是一个涵盖了超过167个国家的1000多个地点和作品的非凡清单，同时包括人类历史和地球历史，为“阅读”自然、文化以及它们之间的深刻联系提供了宝贵手段。

总之，这是地球的历史记忆。这项工作的目的是在联合国教科文组织的庇护下提供一份不可估量的遗产的代表。为了将我们自己和读者引导到如此广泛而多样的调查中，我们选择将这本书分为三个部分，分别描述了艺术和建筑的珍宝、古代文明以及自然保护区。虽然在公约的范围内已经明确定义了文化遗址和自然遗址之间的区别，但在建筑文物和考古遗址之间划定分界线却更为复杂，纯粹地以时间为标准可能会扭曲历史解读。因此，我们认为将所有长期有人居住的遗址都包括在艺术和建筑的部分是合适的，尽管出于时间顺序的原因，其中一些也可能被纳入考古遗产清单。

由于空间限制，我们不得不仅选取相对较少的世界遗产。这一选择非常困难，甚至在许多情况下令人痛苦。尽管如此，我们仍然努力提供单个视角或全局视角，虽然有所偏颇，但不歧视任何国家或文化，并且尽可能完整。我们还试图在文本中概括每个世界文化遗产的内在价值，以及相应的历史和地理背景。这是因为世界遗产不仅仅是一份地点清单，而是前人借助自己的力量留给我们的遗产，我们将把它留给未来一代。

第8页 公元8世纪，H石碑作为一对耸立在科潘大广场的石碑之一而问世。当时，玛雅王国虽然繁荣却已分崩离析。然而，仅仅两百年后，它们却神秘地湮没，原因莫测：是一场毁灭性的人民起义，还是一场流行病的袭击，又或是土地过度开发引发的饥荒……

艺术珍宝

The Treasures of Art

导言

联合国教科文组织《世界遗产名录》建立于1976年，如今，该名录已收录了450多处独一无二的人类建筑和艺术遗产。本章将概述这些文化遗址，横跨近2000年的时间，呈现人类文明的发展近况，叙述从古至今艺术、知识及宗教领域的进步。

在此悠久历史的背景之下，有超过半数宝贵的建筑和文化遗产位于“旧大陆”（指欧洲、亚洲和非洲），也就不足为奇了。在基督教时代，欧洲有着其他大洲无法比肩的繁荣文明，由此诞生了影响深远的艺术和建筑运动——如哥特风格和文艺复兴，如巴洛克风格和新古典主义，一直延续至现代的潮流。同时，欧洲也产生了地方特有的，甚至是单独的艺术景观，创造了无价的艺术遗产。

无疑，经济和技术领域的进步推动着欧洲无可比拟的发展进程，且使其一直处于领先地位。但同时，也不乏文化因素从中促进：基督教及其传播，以及随后一些国家（如庞大的帝国、文艺复兴时期意大利的小公国等）都发展了欧洲文明。因此，本篇概述了许多尤为重要的艺术和建筑古迹，包括在所有城市历史中，在欧洲历史长河中留下印记的历史中心，如威尼斯、布拉格和巴黎，以及统治欧洲大陆的伟大王朝的宫殿，如凡尔赛宫、威斯敏斯特宫、美泉宫、波茨坦柏林宫殿，以及圣彼得堡。本篇中也介绍了梵蒂冈城，它是基督教的象征，也是意大利艺术的精华。文中亦介绍了现代建筑中的前瞻之作，由两位天才人物——比利时建筑师维克多·霍塔和加泰罗尼亚建筑师安东尼·高迪设计。此外，虽未收入本篇名录之中，有许多工业革命时期的标志皆可象征欧洲文明，如德国的弗尔克林根钢铁厂，芬兰的韦尔拉磨木纸板厂等建筑，及荷兰的金德代克－埃尔斯豪特风车、比利时中央运河上的船舶吊车等。

虽然大部分世界遗产位于欧洲，但在其他大洲亦有分布，尤其是亚洲。亚洲幅员辽阔，极为多元的文明、文化和宗教在其广袤的土地上蓬勃发展。在亚洲，开罗、伊斯法罕、伊斯坦布尔等城市宏伟的伊斯兰建筑伫立几世纪之久，至今仍是沟通东西方的桥梁。中国和日本两个文化大国的艺术，其传统和历史的复杂性、艺术性丝毫不逊于欧洲。这些文化都是亚洲的代表。另一方面，非洲和美洲的文化遗产主要包括建筑。这些建筑或体现了伊斯兰教对地中海地区的影响，或反映出欧洲人对“新大陆”（指西半球或南、北美洲及其附近岛屿）的征服。不过也有很多例外，如新墨西哥州古老的印第安村陶斯普韦布洛、马里多贡斯土地上的邦贾加拉悬崖，或埃塞俄比亚贡德尔城的法希尔盖比皇家建筑群。

受联合国教科文组织保护的艺术和建筑遗产不仅仅是一份遗址古迹的清单，更是追溯人类文明历史各个阶段逐步发展的珍贵证明，使我们能够一目了然地观见所有文化的进步。

第11页 图为开罗历史中心景观，展示了14世纪苏丹·哈桑清真寺和于1911年竣工的瑞法伊清真寺的宣礼塔。

SILD - FISK
ALFRED SKOLSTAD
Schjøtt
Schjøtt
BESTEFARS VERKSTED
SJØBODEN
BRYGGEN HERREFRISØR
Kokker
GALLERI BRYGGEN
Taxi
BRYGGEN HANDEL

卑尔根

挪威

卑尔根（Bergen）
入选年份：1979
遴选标准：C（Ⅲ）

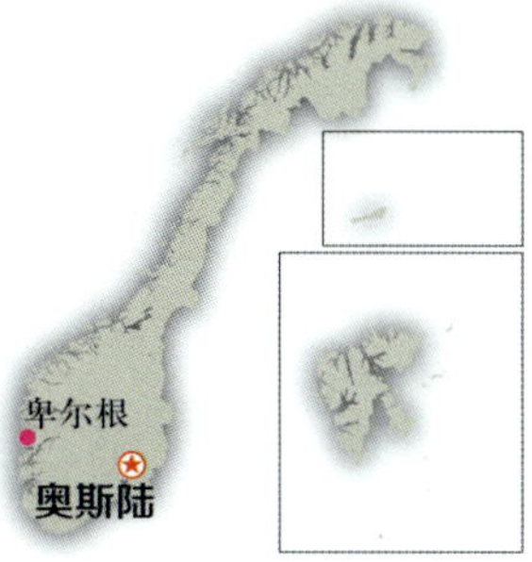

从某种意义上说，黑线鳕的故事是在卑尔根写成的。人们在这里接收来自挪威北部港口的黑线鳕，将其熏制，储存在大型仓库里，最终装上轮船运往欧洲各地。这种鱼有23种不同的种类，价格各异，颇受顾客喜爱。在长达四百年时间里，鳕鱼几乎是挪威唯一的出口产品。

卑尔根城的起源地卑尔根古码头位于瓦根湾（Vågen）东岸，1070年前后由国王奥拉夫三世（Olav Kyrre）修建的中世纪城区布吕根的起源，与之有着千丝万缕的联系。13世纪，布吕根码头成了古城繁华的商业和经济中心，这里大约有30个仓库，用来存放从法罗群岛（Far Øer，Faroe Islands）和波罗的海（Baltic）海岸运来的货物。

1360年，卑尔根港的经济出现了一个转折点，当时卑尔根与诺夫哥罗德（Novgorod）、布吕赫（Brugge or Bruges）和伦敦一同被列为汉萨同盟四大通商处。此后的四百年中，德国商人垄断了码头生意，码头得名“德国码头”（此名实际上是挪威单词“tyskerbryggen”的缩写，意为“德国人的码头”）。码头主要出口鳕鱼，这主要是因为黑线鳕市场需求很大，尤其是在天主教国家。挪威用这部分贸易收入进口谷物（因为挪威这种高纬度国家谷物产量不佳），以及莱茵河流域的织物、陶器、玻璃和葡萄酒等珍贵物品。

卑尔根商站（Bergen Kontor）有1000名工作人员，都是男性。商站严格禁止其成员与当地妇女交往。只有每年夏季才允许工作人员的妻子、未婚妻，以及其他女眷造访，其余时间禁止探访。

第12页　经过几个世纪，卑尔根许多木质建筑毁于接二连三的火灾。目前留存下来的建筑是20世纪初按照原始风格重建的。

第13页（上）　现今游船遍布的卑尔根古码头或称“德国码头”是汉萨同盟的主要中心之一。这个同盟是一个强大的经济联盟，在近400年的时间里，它把北欧的主要港口联结在一起，进行贸易往来、维护共同贸易利益。

第13页（中）　瓦根湾俯瞰图。卑尔根港是卑尔根市的核心，现在仍位于瓦根湾东岸。

第13页（下）　卑尔根港口仓库表面涂着色彩亮丽的漆，现在成为艺术家工作室、商馆和汉萨联盟博物馆的所在地。

商站还有很多其他规定，其中最重要的一条是禁止明火。这是因为其建筑很多为木质结构。房屋为木质阁楼，屋顶用厚木板做成，房子间的狭窄过道也铺了厚木板。尽管条例严明，卑尔根还是多次遭受了火灾。只是每次火灾过后，为迅速恢复贸易，它无暇优化建筑设计，按照相同的标准重建所有受损木屋，因此港口地区的布局规划一直未曾改变：木屋有两三层，通常内含小商店，上层是住宅区，屋顶上面贴着瓷砖，每栋建筑后面都有公共房间，供商人们每天工作结束后开会、休息。

17 世纪初，许多欧洲国家重掌自己货物的贸易控制权，汉萨同盟贸易往来开始日趋减少。1630 年，挪威商贩开始购入第一批仓库，一百年后，德国商贩的仓库数量仅剩 9 个。自 1754 年 10 月 17 日起，卑尔根商站开始完全由挪威人接管，但他们保留了原有的规章制度，甚至将德语继续作为通用贸易语言。

但是，1850 年后，工业革命的浪潮席卷斯堪的纳维亚半岛（Scandinavia）沿岸。

传统的鳕鱼业受到了其他贸易的影响。港口面积很快便供不应求，无法发挥正常效用了。1889 年 12 月 31 日，商站关闭。

自那之后，不幸的事接二连三地在卑尔根发生。1910 年，为修建砖制仓库，南部原址建筑都被拆毁。1944 年，一次爆炸摧毁了很多房舍的屋顶；1955 年，一场大火烧毁了当时一半建筑。截至目前，世界上最古老的贸易中心只有 58 栋木屋留存下来，它们中一部分是按照最初的标准重建的，并漆成了亮红色。为纪念这座城市的过去，当地人保留了商馆和画廊，汉萨同盟博物馆（Museum of the Hanseatic League）便是其中之一。

第 14 页（上） 这张照片展示的是港口后面的一些老房子。卑尔根商站只有男性，女性只有夏季才可前往造访。

第 14 页（左下） 汉萨同盟博物馆某商员住宅一角。墙上的油画和其他珍贵的物品彰显着商人的富有。

第 14 页（右下） 这是厨房的一张照片，人们下班后聚集于此。出于安全性的考虑，建筑物内其他房屋禁止明火。

第 14—15 页　汉萨同盟博物馆于 1976 年开放，是欧洲布局最优美的博物馆之一。它经过了精心的改造，还配有原有的家具和设备。里面的商店非常有趣，那里储存着盐腌鳕鱼和用于提取鱼肝油的器具。

第 15 页（下）　这是博物馆的另一间房间。它展示了卑尔根黄金时期的作品、世界上最重要的符文石收藏品之一以及卑尔根地区的考古发现。

第 16 页（左上）和第 16—17 页　特宁霍尔姆宫（Drottningholm）巴洛克风格公园的全景，展示了其完美的对称性。公园纵跨约 700 米，从入口一直延伸到宫殿门口，一路上有喷泉和佛兰德雕塑家阿德里安·德·弗里斯所做的青铜雕像点缀。下图是赫尔克里士（Hercules）的雕像。

第 16 页（右上） 这座展馆由主体和四个侧面建筑组成，于 1763 年完成重建。里面收藏有大量流行于当时贵族阶层的中国艺术品和日本艺术品。

第 17 页（上） 这座公园最显眼的建筑当属中国亭，是瑞典国王阿道夫·弗雷德里克（Adolf Fredrik）为王后路易莎·乌尔丽卡（Lovisa Ulrika）贺 33 岁生日下令建造的。

特宁霍尔姆皇家领地

瑞典

斯德哥尔摩皇后岛（Island of Lovon）
入选年份：1991
遴选标准：C（Ⅳ）

长期以来，瑞典宪法规定国王只是权力的象征，必须始终处于国家政治生活中心。1980年，瑞典修改了这项法条。次年，国王卡尔十六世·古斯塔夫（Karl Gustaf Ⅹ Ⅵ）携其家眷搬到了离首都有几英里的梅拉伦湖畔的一个小岛上——特宁霍尔姆乡村庄园，这不失为一个理想的选择。

“特宁霍尔姆”这个名字字面意思是“王后岛”，起源于 16 世纪。当时的瑞典国王约翰三世（King John Ⅲ）为他的王后凯瑟琳·雅盖隆卡（Katherine Jagellonica）在此地兴建了一座宫殿，并以特宁霍尔姆宫为之命名。1661 年，海德薇格·埃莉奥诺拉（Edvige Eleonora）买下了这座城堡，当时国王卡尔十一世年幼，王太后海德薇格辅助摄政，但是这座殿宇没有保留多久，同年 12 月 30 日，一场大火将这里夷为平地。1648 年《威斯特伐利亚和约》（*the Peace of Westphalia*）之后，瑞典成为欧洲的主要强国之一。为了歌颂国家的伟大，老尼科迪默斯·特辛（Nicodemus Tessin）和他的儿子重建特宁霍尔姆宫。

特宁霍尔姆宫标志着北欧巴洛克风格的胜利。一段宏伟的楼梯占据了整栋建筑的中心位置，面朝楼梯的是用雕像、灰泥和壁画装饰的房间，非常华丽。同期，宫殿周围土地的美化工作也开始了。人们建造了凡尔赛风格的巴洛克式花园，里面放置了很多佛兰德（Flemish）著名雕塑家阿德里安·德·弗里斯（Adrian de Vries）的雕像加以点缀，供人参观。

长期以来，特宁霍尔姆宫一直是宫廷女眷的住所。1744 年，为庆祝普鲁士路易莎·乌尔丽卡（Lovisa Ulrika）公主与瑞典王储阿道夫·弗雷德里克（Adolf Fredrik）大婚，它被当作贺礼送给了公主。自此之后，特宁霍尔姆宫的黄金年代便开始了：瑞典最

第 18—19 页　皇家剧院是目前世界上仍保留着原始结构的最古老剧院，由卡尔·弗雷德里克·阿德尔克兰茨（K. F. Adelcrantz）设计，1766 年竣工。1920 年，剧院安装了电器设备，换掉了快速更换布景的绳索，更新了 19 世纪安装的音效系统。

著名的艺术家和科学家齐聚宫殿，其中自然学家卡尔·冯·林奈（Carl von Linné）对皇家收藏的“自然物”进行了归类。宫殿的一些房间也按照路易莎·乌尔丽卡王妃的心愿，重新装修成了洛可可风格。

18 世纪，欧洲宫廷贵族对东方的一切事物都非常感兴趣，瑞典东印度公司（一家为了与东亚特别是中国进行贸易而成立的公司）达到了辉煌的巅峰。1753 年，路易莎·乌尔丽卡王后 33 岁生日之际，国王将建于斯德哥尔摩的中国亭送给她作生日礼物。为了增添戏剧性效果，他让人趁着黑夜在王后窗前建造了亭子。但是，不到十年时间，亭子的建筑木材就开始腐烂了，最终中国亭被中国宫取代。由于后期修复工作都是依照原始建筑计划精心开展的，所以今天我们仍然可以看到蓝金色奢华风中国宫的原貌。

同期，卡尔·弗雷德里克·阿德尔克兰茨（Karl Fredrik Adelcrantz）受委托设计皇家剧院（欧洲迄今保存最完好的巴洛克剧院），并于 1766 年竣工。这座宫廷剧院建筑材料简单，设施由意大利人多纳托·斯托帕尼（Donato Stopani）设计，非常精密，可以实现布景的快速变换，目前仍保存完好；舞台高约 20 米，装有移动面板，可以再现天上浮云漫步、水岸波涛汹涌，也可以制造打雷、刮风和闪电等特效，创造了绝美的艺术效果。

18 世纪末，瑞典人对戏剧的兴趣减弱，渐渐地皇家剧院被人们遗忘了。1920 年，精通戏剧文学的历史学家阿格尼·比吉尔（Agne Bejier）再次注意到它，使它重拾往日的辉煌。布景机和古老的幕布都被修缮得焕然一新。1922 年 8 月 19 日，剧院再次拉开帷幕，成功举办了海顿（Haydn）、亨德尔（Handel）、格鲁克（Gluck）和莫扎特（Mozart）的作品音乐节，重新赢得了国际声誉。如今，这座剧院除了作斯德哥尔摩皇家歌剧院使用外，还是 18 世纪音乐和芭蕾舞研究中心。

第18页（下）路易莎·乌尔丽卡受过教育、见多识广，她委托艺术家琼·埃里克·雷恩（Jean Eric Rehn）装饰图书馆。

第 19 页（上） 老尼科迪默斯·特辛为海德薇格·埃莉奥诺拉王太后设计的卧室是瑞典巴洛克风格的完美范例。它由众多斯堪的纳维亚最著名的室内装潢师历时 15 年时间完成，1683 年完工。

第 19 页（下） 通往特拉弗伦（Trapphallen）的华丽楼梯是皇家宫殿的中心。栏杆上的阿波罗大理石雕像和缪斯大理石雕像，是意大利雕塑家乔瓦尼（Giovanni）和卡洛·卡罗夫（Carlo Carove）创作的。

圣彼得堡历史中心及其相关古迹群

俄罗斯

入选年份：1990
遴选标准：C（Ⅰ）（Ⅱ）（Ⅳ）（Ⅵ）

"阿芙乐尔"号巡洋舰原为俄国海舰队的军舰，后被用作训练舰。半个多世纪来，它一直停泊在圣彼得堡市中心纳希莫夫海军学院（Nachimov Naval Academy）前的涅瓦河。这条河从拉多加湖流向芬兰湾东端波罗的海。1917 年 11 月 7 日（俄历 10 月 24 日）早晨，"阿芙乐尔"号学员炮击临时政府所在地冬宫，宣告了"十月革命"的开始。一年后，列宁将首都迁至莫斯科，圣彼得堡也因此失去了其自彼得大帝时代起所占据的重要地位。

彼得大帝十岁登上俄国王位，那时他就已经目睹了很多王室成员相互残杀的宫廷阴谋。当他摆脱家庭教师的约束之后，也开始讨厌莫斯科的守旧气氛。彼得大帝喜爱海员工作，曾四处出海游览，在荷兰的造船厂工作过，他梦想着俄国可以变成欧洲最强国之一。因此，他计划在涅瓦河小岛上建立一座新首都。

1703 年夏天，彼得大帝命令军队木匠建造一个小木屋，以便亲自监督彼得格勒岛（Petrogradskaia Storona）的建设工作。他在小木屋里住了六年，其间一直将最珍爱的礼服大衣、指南针和一艘划艇带在身边。后来，沙皇皇后凯瑟琳二世（Czarina, Catherine Ⅱ）用砖墙把这个小木屋围了起来，以纪念彼得大帝创建圣彼得堡之创举。

圣彼得堡的建设始于大型防御建筑彼得保罗要塞（SS. Peter-Paul Fort），该要塞位于兔子岛（Hare Island）。起初，要塞墙壁都是木头造的，后来彼得大帝聘请意大利建筑师多梅尼科·特雷齐尼（Domenico Trezzini）建造坚固的堡垒。特雷齐尼还在要塞大门上装饰了象征罗曼诺夫王朝的双头鹰浮雕、圣乔治和龙。他还是圣彼得保罗大教堂（SS. Peter-Paul Cathedral）的设计师，大教堂于 1712 年开始建造，1733 年竣工。高大精致的大理石柱、豪华的枝形吊灯和多彩拱顶围绕着伊万·扎鲁德尼（Ivan Zarudnyi）建造的木刻镀金雕像。1725 年（大教堂还未完工），彼得大帝被安葬于此，从此这座巴洛克式教堂便成为后来罗曼诺夫王朝成员的最后安息之地。

1712 年，圣彼得堡正式成为俄国首都。士兵和劳工们开凿运河，试图把这个城市变成俄罗斯的"阿姆斯特丹"。他们还建造了圣彼得堡的第一个沙皇宫邸——彼得大帝夏宫（The Summer Palace）。特雷齐尼采用了沙皇朴素的荷兰风格，在此基础上发挥自己的创造力，设计了一座两层宫殿。宫殿以浅浮雕装饰，上面刻了沙皇庆祝海军胜利的画面。彼得大帝早逝后，凯瑟琳一世（Catherine Ⅰ）和彼得二世（Peter Ⅱ）短暂执政，其间皇宫重返奢华的莫斯科。但是 1730 年，女皇安娜一世（Czarina Anna）又选择回到圣彼得堡。1740 年，她重建了彼得大帝之女伊丽莎白的宫闱。

女皇安娜一世执政期间，圣彼得堡被载入世界建筑史册。巴尔托洛梅奥·拉斯特雷利（Bartolomeo Rastrelli）为此做了很

第 20 页（右上） 斯莫尔尼大教堂（Smolny Cathedra）是沙皇伊丽莎白二世（Czarina Elizabeth Ⅱ）建立的修道院的一部分，由拉斯特雷利于 1748 年设计。教堂将俄罗斯和意大利的巴洛克风格巧妙地融合在了一起。

第 20 页（左下） 圣彼得保罗大教堂（SS. Peter-Paul Cathedral）钟楼精妙的镀金尖顶。1712 年，意大利建筑师多梅尼科·特雷齐尼受委托在彼得保罗要塞设计了这座宗教建筑。

第 20—21 页 兔子岛全景图。兔子岛是彼得大帝创建的原始市中心。1703 年，沙皇在这里建造了一座木制堡垒，后来被特雷齐尼逐步改造成石头堡垒。矗立在兔子岛中心的是巴洛克杰作圣彼得保罗大教堂，非常精致优雅。

第 21 页（右上） 除了彼得二世和伊万四世，罗曼诺夫王朝的沙皇都葬在圣彼得保罗大教堂。卡拉拉大理石制成的石棺周围是粉红色和绿色的科林斯柱，屋顶还悬挂着拱形拱顶和可爱的水晶枝形吊灯。

第 21 页（右下） 斯特罗加诺夫宫面朝涅夫斯基大道（Nevsky Prospekt）的一条运河，是巴尔托洛梅奥·拉斯特雷利于 1753 年为斯特罗加诺夫家族（他们的厨师发明了著名的牛肉料理）建造的。如今，这里收藏着俄罗斯国家博物馆的藏品。

大贡献。拉斯特雷利当年跟随父亲来到俄罗斯，一同为彼得大帝效力。

拉斯特雷利设计的建筑是纯巴洛克风格，比如斯特罗加诺夫宫（Stroganov Palace，谢尔盖伯爵的住所）、沃龙佐夫宫（Vorontsov Palace，长期以来唯一的军事学校）以及斯莫尔尼大教堂（Smolny Cathedra），它结合了俄罗斯建筑传统和西方特色。这种特殊融合的杰作则是冬宫，建于1754年至1762年。尽管冬宫内部经历了多次翻修，其外观却不曾改变，堪称俄罗斯巴洛克风格建筑的典型代表。

冬宫建成后，很快就成为彼得三世和他的情人沃隆佐娃公主幽会的地方。这可能是他妻子索菲·冯·安哈尔特·泽布斯特（Sophie von Anhalt-Zerbst，德国人）发动政变的原因之一。彼得三世登上王位仅六个月后，索菲便策划了宫廷政变，推翻了彼得三世的统治，篡夺王位后，加冕自己为女皇凯瑟琳二世，彼得也因遭到暗杀身亡。此后，凯瑟琳二世便开始了对俄国长达30年的专制统治。其间，她为圣彼得堡增添了很多宝贵的财富。

凯瑟琳二世酷爱艺术，曾买下大量艺术作品收藏。1764年至1774年10年时间里，圣彼得堡共购进2500件油画、10000件雕刻珍品、10000件画像，还有各种瓷器、银器和雕塑。为储藏这些艺术品，小艾尔米塔什（Small Hermitage）在冬宫附近落成。1771年，凯瑟琳二世又聘请尤里·费尔滕（Yuri Velten）设计建造大艾尔米塔什（Great Hermitage）。1785年至1787年间，凯瑟琳二世委托贾科莫·奎朗（Giacomo Quarenghi）设计艾尔米塔什剧院（Hermitage Theater）。19世纪中叶，新艾尔米塔什（New Hermitage）也在周围落成，丰富了此建筑群。1851年，尼

古拉斯一世（Nicholas Ⅰ）将大艾尔米塔什和新艾尔米塔什作为公共博物馆对外开放。如今，艾尔米塔什博物馆是世界四大博物馆之一。馆藏丰富，内有300万件展品，比如一些印象主义画家最著名的作品。有些绘画作品卢浮宫都不一定有，只此可见。凯瑟琳去世后，她的儿子保罗一世（Paul Ⅰ）继承了俄国王位。保罗一世和凯瑟琳关系一直很紧张，他非常厌恶她的生活作风和为政方式。在位期间，保罗一世多次遭人暗算，整天提心吊胆，因此他主张建立米哈伊洛夫宫（Engineers' Castle），以免遭小人暗杀。米哈伊洛夫宫由坚固的砖石砌成，周围筑堤防护，还修建了秘密通道和逃生路线。1801年，宫殿竣工，保罗一世终于移居于此。

第23页（左中） 这处宽阔的约旦楼梯（Jordan Staircase）是天才建筑师巴尔托洛梅奥·拉斯特雷利的杰作，为冬宫增色不少。每年1月沙皇皇室都要通过这里来到涅瓦河边举行洗礼仪式，以纪念耶稣在约旦河受洗。于是，人们便将这座楼梯命名为“约旦楼梯”。

第23页（右中） 陈列凯瑟琳二世银器收藏品房间之一。凯瑟琳二世酷爱收藏艺术品。1764年至1774年间，女皇共购进2500件油画、10000件雕刻珍品、10000件画像，还有上千件雕塑、瓷器和银器。

第22—23页 这张照片拍摄的是正对宫殿广场（Palace Square）的冬宫南侧。这座建筑是艾尔米塔什建筑群的一部分，非常宏伟，是世界上最著名的博物馆之一。它由巴尔托洛梅奥·拉斯特雷利于1754年至1762年间建造。外部装饰有400根柱子和16种不同类型的窗户。

第23页（上） 艾尔米塔什博物馆分馆之一。博物馆包罗万象，馆内有近300万件艺术展品。1851年，尼古拉斯一世将其作为公共博物馆对外开放。

第23页（左下） 这是油画展区，占地面积很广，也是艾尔米塔什最受游客欢迎的部分之一。文艺复兴到18世纪晚期的欧洲艺术藏品彰显了王室成员的个性和皇家独特的品位。19世纪、20世纪的作品主要是私人藏品。

第23页（右下） 凯瑟琳二世委托贾科莫·奎朗设计的艾尔米塔什剧院。

但事实证明这里并非牢不可破，仅三天后，他便遭人暗杀，死于寝宫。

继任者亚历山大一世（Alexander Ⅰ）在位期间，完成了喀山大教堂（cathedral of Kazan）的建造，建成了喀山最宏伟的教堂。建筑师安德烈·沃罗尼欣（Andrei Voronikhin）以古罗马圣彼得教堂为原本，设计了一个长约 111 米的半圆形的柱廊，以掩饰教堂侧面面临圣彼得堡主要街道涅瓦大街。教堂内装饰着红色的花岗岩圆支柱，柱头精美；地板上有典雅的拼制图案；里面还有反拿破仑卫国战争（Patriotic War against Napoleon）中的俄国英雄米哈伊尔·库图佐夫的灵柩。为庆祝库图佐夫击败法军，1818 年，亚历山大委托奥古斯特·德蒙费朗（Auguste de Montferrand）设计了宏伟的圣彼得堡圣以撒大教堂（St. Isaac's Cathedral），历时 40 年才得以建成。教堂重达 33 万吨，为减轻建筑点沼泽地的负担，地下埋了数千个木桩加固。新古典主义风格的圆顶镶嵌着约 100 千克黄金。人们从芬兰湾就可以看到它。

1825 年，尼古拉斯一世登上皇位，接手了俄国政权。受前期叛乱和骚动影响，彼时国家已经风雨飘摇，也为一个世纪后的“十月革命”的爆发埋下了种子。俄国人民和军队高呼改革，但罗曼诺夫王朝王室最终都用专制政策或者血腥镇压结束纷争，他们并不关注如何解决民众的问题，一心摆脱宫廷强加的枷锁，巩固中央集权。大量文学作品，如果戈理尖锐的讽刺文学和陀思妥耶夫斯基的戏剧小说应时而生、针砭时弊。涅瓦大街上的建筑奇观是权贵家族和宫廷官员的府邸，在圣彼得堡贫困区和富丽堂皇的宫廷之间形成了一道屏障。叛乱频发并日渐猛烈，后期多位权贵丧命于反叛活动。1881 年 3 月 1 日，在离火星场（Field of Mars）和米哈伊洛夫宫几步之遥的地方，沙皇亚历山大二世被一群叛乱分子杀害。

皇储亚历山大三世就此继位。亚历山大三世起初进行了一段时间残酷的镇压，并在亚历山大二世遇刺地点建造了基督复活教堂（Church of the Resurrection），以“喋血大教堂”（Church of Spilt Blood）之名而闻名。教堂属于传统的洋葱形圆顶建筑，通过新奇的排列方式将各种建筑元素巧妙地融合在了一起。教堂内部的圣障、天花板和地板以各种材料装饰，包括意大利大理石、斑岩、挪威花岗岩和碧玉。圣彼得堡从无到有，代表欧洲建筑之巅，囊括巴洛克风格到新古典主义风格各种建筑。基督复活教堂（喋血大教堂）是这座城市最后一件伟大的建筑，但它的名字却成为一个不祥的预兆。它刚建成，尼古拉二世就被迫退位，罗曼诺夫王朝在后期俄国历史上也时乖命蹇。

第 24 页（上） 喀山大教堂是圣彼得堡最宏伟的教堂之一。半圆形的柱廊由 96 根科林斯式圆柱组成，排成四排，面向涅瓦大街。沃罗尼欣（Voronikhin）的设计灵感来自贝尼尼（Bernini）设计的古罗马圣彼得教堂柱廊。

第 24 页（左下） 这座宏伟的圣彼得堡圣以撒大教堂由奥古斯特·德蒙费朗（Auguste de Montferrand）于 1818 年设计，历时 40 年才得以建成。教堂的镀金圆顶重达 3.3 万吨，从芬兰湾就可以看到它。

第 24 页（右下） 教堂装饰有绝妙的天花板和墙壁壁画，大多由卡尔·布吕洛夫（Karl Bryullov）设计，还有 14 种不同类型的大理石制品，43 种宝石和次宝石。教堂内部占地约 3995 平方米。

第 25 页 喋血大教堂是亚历山大三世 1883 年下令建造的，取址上一任沙皇亚历山大二世遇刺地。教堂用黄金、大理石、拼制图案和搪瓷瓷砖装饰。

克里姆林宫和红场

俄罗斯

莫斯科
入选年份：1990
遴选标准：C（I）（II）（IV）（VI）

20世纪 90 年代初，苏联解体，俄罗斯联邦首任总统鲍里斯·叶利钦（Boris Yeltsin）发起了一项大胆的计划，重建大克里姆林宫（The Great Palace）最初的辉煌。大克里姆林宫坐落于克里姆林宫（来自“kreml”一词，意为“堡垒”），1838 年至 1849 年建筑师康斯坦丁·索恩（Konstantin Thon）为尼古拉一世而建，耗资 1200 万卢布。1917 年 10 月俄罗斯革命之前，大克里姆林宫一直是沙皇和俄罗斯王子的皇室宫殿。

1932 年至 1934 年间，沙皇时代最具代表性的一些建筑被拆除，包括圣安德鲁和圣亚历山大的宫室，并将最高苏维埃和俄罗斯联邦的代表安置在一个面积 1570 平方米、可容纳 3000 人的区域。幸好有人在英国温莎城堡（Windsor Castle）皇家档案中发现了宫殿原始设计图的照片，再加上政府 3 亿美元的资金投入和 2500 名工人的辛勤劳动，受损房间于 2000 年完成了重建，还经过了精心粉刷，装饰了镀金中楣。宫殿再次彰显了罗曼诺夫王朝的辉煌。

抛开沙皇们拿破仑式的野心，可以肯定的是，多个世纪以来，克里姆林宫一直是俄罗斯政治生活和宗教生活的中心。历

第 26 页（上） 克里姆林宫的红围墙由高耸的塔楼加固。照片中面对莫斯科的那一面是最先建造的，始于 15 世纪。

第 26 页（右下） 这里可以看到大克里姆林宫、大教堂以及后面的墙壁。大克里姆林宫建于 1838 年至 1849 年间，非常宏伟，是克里姆林宫最大的建筑，占地 4.5 公顷，历代沙皇居住于此。

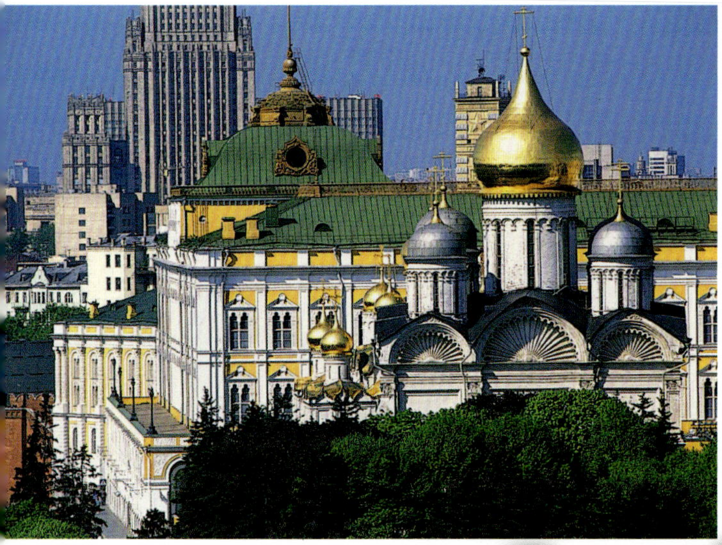

代沙皇、王子、东正教族长居住于此，即使 18 世纪初彼得大帝将首都转移到圣彼得堡，沙皇们仍继续在这里加冕。克里姆林宫前方的红场非常庄严，纪念“十月革命”的阅兵活动便在此举行。1961 年，尼基塔·赫鲁晓夫（Nikita Khrushchev）于大克里姆林宫对尤里·加加林（Yuri Gagarin）进行了表彰，庆祝其成功从太空返回地球，完成了人类第一次绕地球轨道飞行。

第 26 页（左下） 圣母领报大教堂（Cathedral of the Annunciation）的镀金圆顶和大克里姆林宫的正面在现代莫斯科背景下脱颖而出。

第 26—27 页 克里姆林宫宗教中心主教座堂广场（Sobornaya Square）上有四座大教堂。莫斯科防御工事村的起源可以追溯到 11 世纪，但直到 15 世纪末伊万三世统治期间，克里姆林宫才开始呈现出目前的样貌，有了宗教建筑和雉堞墙。

第 27 页（上） 天使长米迦勒大教堂（Cathedral of the Archangel Michael）的内部由意大利建筑师阿尔维塞·努尔沃（Alvise il Nuovo）设计，柱子和墙壁上都覆盖着壁画，莫斯科王子和沙皇的遗体就埋在这里。

考古发现，莫斯科地区的历史最早可以追溯到青铜器时代，但第一个定居于此的斯拉夫人的足迹却不早于 11 世纪。同期，涅格林纳亚河和莫斯科河汇合处的波罗维卡亚山上，一个防御工事村开始建造，占地不超过 5 公顷。1147 年，基辅王子尤里·多尔戈鲁基（Yuri Dolgoruky）统治期间，工事村打破壁垒，不断扩大。同年，莫斯科城正式建成。

直到 14 世纪伊万·卡利塔（Ivan Kalita）统治时期，这座堡垒才开始被视为莫斯科的行政中心。1367 年至 1368 年，迪米特里·东斯科伊（Dimitri Donskoy）王子建造了一座大型堡垒，因其白墙高塔，莫斯科以“白墙城”闻名世界。

1485 年至 1495 年全俄君主伊万三世执政期间，克里姆林宫彻底重建，初具现在的外观。白墙被垛口堡垒取代，长超过 1.6 千米，角落和各个入口都有塔楼，共 20 座。堡垒内封闭区域的宗教建筑和非宗教建筑（占地约 27.5 公顷）可以追溯到各个时代，由各国建筑师设计。其中一些作品是交由 15—16 世纪的意大利建筑师设计的，例如马科·弗里亚森（Marco Friazin）、彼得罗·安东尼奥·索拉里（Pietro Antonio Solari）和亚里士多德·费奥拉凡蒂（Aristotele Fioravanti）。

从处于第二重要位置、面向亚历山大花园的特罗伊茨克（Troickaya）塔楼进入克里姆林宫，左边是克里姆林宫军事要塞所在地兵工厂，19世纪中叶成为1812年卫国战争的博物馆，前面放置了800多门从拿破仑军队缴获的大炮。旁边是参议院，建于1776年至1787年，现在是俄罗斯联邦总统的官邸。这两座建筑的对面是国会大厦。国会大厦建于1961年苏联时期，是克里姆林宫里唯一一栋看起来格格不入的建筑体。但好在赫鲁晓夫下令把它的地基选在了地平面50英尺（15.24米）以下的地方，才不至于影响其他建筑景观。

再往里面是耸立在伊万诺夫斯卡亚广场（Ivanovskaya Square）的钟楼，1600年完工，高约81米，是当时俄罗斯最高的建筑。广场地面上矗立着莫斯科奠基者建造的青铜杰作“钟王”（Czar Bell），高约6.1米，重220吨，是世界上最大的钟。1737年的一场大火中，它从支撑物上掉下来，摔成了两半。一个世纪后，为纪念这一事件，它被安置在一个基座上陈列。附近的沙皇大炮也一生“壮志未酬”，它是世界上最大的大炮，口径900毫米，重44吨，从未使用过就退役了。

克里姆林宫的宗教和建筑中心聚集在教堂广场（Sobornaya Square）上。莫斯科

第28页（左上） 多棱宫是克里姆林宫最古老的非宗教建筑，一层大型沙龙中心有一根方形柱子，从这个位置看，拱顶上的所有壁画都栩栩如生。

第28页（左下） 特雷姆宫装饰有花卉图案的房间。特雷姆宫位于多棱宫旁边，为皇室家族所有，藏有沙皇加冕仪式用的宝座。

第一座教堂——圣母升天大教堂（Cathedral of the Assumption）便坐落于此。圣母升天大教堂由费奥霍凡特（Fioravanti）于1475年至1479年为伊万大帝而建，是教堂广场上最古老最壮观的宗教建筑。历代沙皇加冕仪式在此举行，最重要的法令也于此宣读。此外，莫斯科都主教和大主教都安葬于此。大教堂后面是圣母法衣存放教堂（Deposition of the Gown），右边是十二使徒教堂（Church of the Twelve Apostles）和主教宫（Patriarchal Palace）。广场上还有圣母领报大教堂（Cathedral of the Annunciation）和天使长米迦勒大教堂（Cathedral of the Archangel Michael），两者圆顶都呈洋葱状。每一座教堂里都珍藏着安德烈·鲁布列夫（Andrei Rublev）等大师所创作的俄罗斯画像艺术和壁画珍品。

再往前走是的多棱宫（Palace of Facets），由马克·拉福（M. Ruffo）和彼得罗·安东尼奥·索拉里（Pietro Antonio Solari）设计。它是克里姆林宫最古老的非宗教建筑，其表面镶上了棱柱形白石，非同一般，多棱宫由此得名。接着是17世纪罗曼诺夫王朝早期统治者重建的特雷姆宫（Terem Palace），里面收藏了一系列沙皇加冕仪式用的宝座。此外，还有贮藏沙皇珍宝和俄国钻石藏品的军械库博物馆（Armory Museum）。

第28—29页　沙皇们过去经常在特雷姆宫的金屋接待客人和顾问。公民们可将他们的请求放在王座旁边请愿窗内的盒子里。

第29页（右上）　特雷姆宫的“贵族屋”（Boyar Room）是以俄国封建贵族的名字命名的。贵族们享有极大的特权，他们在这个房间里会面，解决争端，讨论国家管理，据说还策划了反对沙皇的阴谋。

第29页（右下）　特雷姆宫小礼拜堂东墙上19世纪的壁画。

第30—31页 圣巴西尔大教堂的9个圆形屋顶代表着东正教的9个主要节日。

第30页（左下） 圣巴西尔大教堂是莫斯科最著名的纪念建筑，1552年伊万四世（Ivan the Terrible）为政期间开始兴建，用以庆祝其战胜鞑靼人。

第30页（右下） 圣巴西尔大教堂是按照俄罗斯传统，完全用砖建造的，也有木制建筑的典范。里面还可以看到16世纪的壁画。

斯巴斯克塔楼（Spasskaya Tower），也叫救世主塔楼，位于克里姆林宫俯瞰红场的位置，1491 年由彼得罗·安东尼奥·索拉里为伊万大帝而建，得名于一面墙上的图像。过去，任何进入大门的人都必须脱帽以示对此地的敬意。

塔楼前面矗立着代祷教堂（Church of the Intercession），也称圣巴西尔大教堂（Cathedral of St. Basil），是红场最著名的纪念性建筑。广场名字并非取自红色苏维埃政权，而是源于单词“krasnij”，在古俄语里此词意为“漂亮”，现大多用来表示“红色”。多年来，莫斯科惨遭鞑靼人的劫掠与突袭，为纪念占领鞑靼人王国的首都喀山，伊万四世下令建造了圣巴西尔大教堂。教堂由俄罗斯建筑师巴尔马（Barma）和波斯特尼克（Postnik）设计，他们在一个平面图上设计了 9 个圆柱形小礼拜堂，每个小礼拜堂代表一个东正教节日。其中最大的一个在中间，其屋顶倾斜，其余 8 个围绕在其周围。

广场的周边是新古典主义建筑，比如莫斯科自 1893 年以来的第一家大型商店古姆百货大楼。苏联解体后，其政权的痕迹逐渐消失。虽然列宁的灵柩仍然放置在参议院大厦，但 20 世纪 20 年代移走的两个“古老的新奇事物”最近又在红场重新出现，即喀山圣母教堂（Church of the Madonna of Kazan）和复活之门。1995 年以前，复活之门始终处于拆除状态，以便每年 11 月 7 日举行大型军事游行时坦克可以顺利通过。

第 31 页（上） 在圣巴西尔大教堂的映衬下，我们可以看到斯巴斯克塔楼（救世主塔楼）的夜景。斯巴斯克塔楼面向红场，是克里姆林宫 20 个入口中最重要的一个。1625 年，塔楼上的钟第一次敲响。

第 31 页（下） 红场（这个名字来源于俄语单词“krasnij”，意为“美丽”）是莫斯科主要的商贸交易场所。它以前和克里姆林宫隔着一条深沟，只有经由两座桥才可以进入宫中，分别在斯巴斯克塔楼和尼古拉斯卡亚塔（Nikolskaya Towers）矗立的地方。

威斯敏斯特宫、西敏寺和圣玛格丽特教堂

英国 伦敦（London）
入选年份：1987
遴选标准：C（Ⅰ）（Ⅱ）（Ⅳ）

每年英国国会开幕大典上，步兵代表团成员都会身着17世纪服装，仔细巡查威斯敏斯特宫（Palace of Westminster）地窖。这项仪式是为了让人们记住1605年火药阴谋时期人们面临的危险。当时，天主教徒盖伊·福克斯（Guy Fawkes）及其追随者意图炸毁信奉新教的英国政权所在地。

对于英国公民来说，这个故事的宗教影响永无休止。威斯敏斯特宫的历史已有900年之久。它如今非常宏伟，拥有1200间房间、100座楼梯，还有近两英里（约3.22千米）长的走廊，但是11世纪中叶威廉一世统治期间至1512年亨利八世在位时期英国皇室成员主要住所的原始建筑现在都荡然无存了。1512年的一场大火使宫殿的大部分原始建筑付之一炬，只留下中世纪的威斯敏斯特大厅（Westminster Hall）、圣史蒂芬礼拜堂（St. Stephen's Chapel）和珠宝塔（Jewel Tower）。珠宝塔建于1366年，用于储存君主的私人财宝。经重建，威斯敏斯特宫变成了上议院，圣史蒂芬礼拜堂转变成了下议院。

1834年，威斯敏斯特宫再次化为灰烬，这一次，威斯敏斯特大厅再次幸免于难。国会新址由查尔斯·巴里爵士（Sir Charles Barry）设计，为了向附近的西敏寺（Westminster Abbey）致敬，他设计了新哥特式风格的建筑。第二次世界大战期间，宫殿遭德军炮弹轰炸，严重受损。1948年至1950年，人们严格按照查尔斯·巴里爵士的设计图，对宫殿进行了修复工作。

整个建筑的中心是那间巨大的八边形圣史蒂芬房间，可以通过正门进入，它是维多利亚时代的建筑杰作。从这里出发有两条走廊：北边的走廊通向上议院，南边的走廊通向下议院。上议院建于1847年，房间面积338平方米，非常华丽，里面有一个富丽堂皇的新哥特式宝座，每年11月国会开幕式上，女王都坐在上面发表演讲。另一端，下议院面积295平方米，与圣史蒂芬礼拜堂的风格一致。议员们按排就座，多数党和少数党分别坐在大厅两边。国会会议期间，象征王权的权杖放在房间中央的桌子上。桌子下面有一块红毯，上面有两条红线，它们间隔两把剑长的距离。众议院议员不能越过界线，以防争论演变，恶化成混乱。

威斯敏斯特大厅建于1097年，但其金

第32页（上） 威斯敏斯特大厅入口。大厅建于11世纪理查德二世时期，用于宫廷娱乐，是威斯敏斯特宫中唯一在1512年和1834年两次灾难性火灾中保存下来的建筑。几个世纪以来，威斯敏斯特大厅一直是处理国家大事的中枢机构，如今用来举行重要仪式。

第32页（下） 威斯敏斯特宫的哥特式风格尖顶。该建筑由查尔斯·巴里爵士在19世纪早期设计，里面有上议院和下议院的房间。

第32—33页 泰晤士河威斯敏斯特桥视角下的威斯敏斯特宫。威斯敏斯特宫的北面矗立着世界上最著名的钟楼——“大本钟”（Big Ben）。“大本钟”这个名字最初是给这个重达14吨的大钟起的，1859年安置好以后，大钟便一直不间断报时。

碧辉煌的屋顶是14世纪建造的。大厅占地约1500平方米，最初用于举行加冕仪式宴会。几个世纪以来，它被用于处理国家审判案件，如裁决托马斯·莫尔爵士以及火药阴谋同谋者。这种时候，里面到处都是小贩和货物，大厅便会成为伦敦社会生活的中心。如今，最重要的公共仪式都在此举行，如1977年英国女王伊丽莎白二世即位25周年纪念活动、1995年联合国成立50周年纪念仪式，以及一年后南非总统纳尔逊·曼德拉（Nelson Mandela）与两院的会晤均在此地进行。

威斯敏斯特宫最北边矗立着“大本钟”，人们喜欢用这个名字称呼这座钟楼，“大本钟”也已成为伦敦的标志性建筑。钟楼于1859年落成，呈新哥特式建筑风格特色，得名于其重达14吨的报时钟。钟楼的每个方向都有一座钟，四座钟的直径都是7.93米。钟楼高98.15米，要走334级台阶才可到达顶端。从钟楼顶俯瞰，可以看到一座具有哥特式尖顶的宏伟建筑杰作——西敏寺，其建筑过程横跨13—16世纪。

西敏寺最初是本笃会修道院，1065年被国王忏悔者爱德华（King Edward the Confessor）并入威斯敏斯特宫。一年后，征服者威廉（William the Confessor）赢得黑斯廷斯战役的胜利后抵达伦敦，于西敏寺加冕为英格兰国王，但1298年的一场大火将其夷为平地。

▌第33页（右上） 这座理查德一世骑马的雕像是1860年建的，位于威斯敏斯特宫东侧。理查德一世在1199年战乱中身亡。

▌第33页（右中） 放置典雅雕像的壁龛和其他新哥特式装饰点缀着威斯敏斯特宫外观。采用新哥特式风格是为了向附近的西敏寺致敬。

不久后，亨利三世便命令亨利·德雷恩（Henry de Reyns）设计一座新建筑。当时正是法国哥特式建筑的黄金时期，于是德雷恩跨越英吉利海峡（Chartres and Amiens Cathedrals），探索沙特尔大教堂和亚眠主教座堂这些伟大建筑的奥秘。回英后，他设计了一座带有大窗户的非凡建筑，但不幸的是，这些窗户现在都已被毁了。

中殿占地 5255 平方米，高 34.15 米，是英国最大的中殿。它直通祭坛，忏悔者爱德华就埋葬在这里。南侧的走廊通向牧

师会礼堂前的大回廊，这间礼堂是八角形的，拱顶由单柱支撑，英国国会最初便是在这里召开的。

13 世纪以来，西敏寺经历了多次翻修，还另外修建了其他建筑结构。较为重要的改造当属 1506 年增建的拱形天花板以及 18 世纪修建的新哥特式外观建筑，包括两座 68 米高的细长钟楼。外部的重建工作持续了 25 年之久，到 1998 年才结束。主入口上方壁龛里添置了雕塑，它们代表的是现代基督教殉道者，他们曾饱受 20 世纪宗教迫害。

英格兰和大不列颠历史上最重要的事件都是在西敏寺庆祝的。除爱德华五世和爱德华七世之外，从征服者威廉起，英国所有君主都是在西敏寺加冕登基的。1953 年 6 月 2 日，伊丽莎白二世加冕礼上，西敏寺容纳了 8200 人。

加冕宝座于 1307 年由橡木制成，当时爱德华一世执政。装饰品中融入了国王的画像，画像中他站在一头狮子上，周围是植物和鸟类的图案。宝座的下方有一个储柜用来存放斯昆石（Stone of Scone）。斯昆石是苏格兰历代国王加冕时使用的一块砂岩，1296 年被人从苏格兰带回来，一直存放在威斯敏斯特宫，长达 700 年之久。直到 1996 年 11 月 13 日，约翰·梅杰首相在交接仪式上将其物归原主。

西敏寺具有重要的政治意义和宗教意义。国王亨利八世与天主教会决裂，但他的女儿伊丽莎白一世却改变了这座修道院的地

位，并授予其“皇家特处”的称号，将修道院归于君主的管辖之下。因此，它的政治地位大有提升。与之相邻的圣玛格丽特教堂也获得了同样的地位。它建于 11 世纪，300 年后按照垂直式哥特式风格重建。直到今天，圣玛格丽特教堂仍是“下议院的教区教堂”，代表教会和国会的结合。

18 世纪末之前，西敏寺一直是皇家墓地所在地。16 世纪初为埋葬亨利七世建造了都铎式风格的圣母教堂，堪称杰作。教堂中心是伊丽莎白一世的大理石墓，非常华丽，1605 年由雕刻家马克西米利安·科尔特（Maximilian Colt）雕刻而成。旁边是她同父异母的姐姐玛丽一世的墓，玛丽一世也被称为“血腥玛丽”或“苏格兰的玛丽”。她曾将伊丽莎白囚禁在伦敦塔（Tower of London），1558 年被伊丽莎白斩首。

除历代君主外，英国历史上很多著名的人物都葬在西敏寺，共计 3300 人。诗人角（Poets’ Corner）有很多诗人的葬礼纪念碑，如杰弗里·乔叟（Geoffrey Chaucer）、威廉·莎士比亚（William Shakespeare）、

查尔斯·狄更斯（Charles Dickens）、拉迪亚德·吉卜林（Rudyard Kipling）和乔治·拜伦（George Byron）等，这只是其中最著名的几位。其他地方还有政治家，以及像查尔斯·达尔文（Charles Darwin）和艾萨克·牛顿（Isaac Newton）这样的科学家，像劳伦斯·奥利维尔（Lawrence Olivier）这样的演员和国家英雄。圣乔治教堂（St. George’s Chapel）是第一次世界大战中牺牲的英国皇家空军飞行员的纪念地。

唯一一位有幸在英国最重要的教堂墓地中占有一席之地的普通公民是托马斯·帕尔（Thomas Parr）。1653 年，国王查理一世将这项荣誉赐予他的臣民以示纪念，因为据说帕尔寿命高达 153 岁零 9 个月，一生经历了 10 位君主的统治。

第34页（左） 南耳堂的诗人角是英国历史上最重要作家的墓地，也是修道院最受欢迎的地方之一。第一位被埋葬的作家是杰弗里·乔叟，威廉·莎士比亚于1616年死于埃文河畔斯特拉特福（Stratford-upon-Avon），1740年被转移到这里。乔治·拜伦勋爵一生声名狼藉，直到1969年，也就是他去世100多年后，才获准进入西敏寺墓地。

第34页（中） 唱诗班座位由爱德华·布洛尔（Edward Blore）在19世纪中叶设计，具有维多利亚时期哥特式风格，位于西敏寺中殿。中殿高34.15米，当属英格兰最高的殿堂。

第34页（右） 圣爱德华教堂（St.Edward's Chape）的加冕宝座于1307年由橡木制成，当时爱德华一世执政。上面装饰着树叶、鸟类和动物的图案，靠背上是君主站在狮子身上的图案。

第35页（上） 西敏寺朴素的哥特式风格正面。塔楼高68米，整个建筑占地2970平方米。1066年圣诞节，征服者威廉成为第一位在此加冕的统治者。1953年伊丽莎白二世加冕典礼当天，西敏寺容纳了8200人。

第35页（下） 这是西敏寺众多漂亮窗户中的一扇，其中许多都是过去两个世纪建造的。这栋建筑里有许多艺术品。修道院博物馆（Abbey Museum）收藏了大量皇家雕像。

建筑师维克托·奥尔塔设计的主要城市建筑

比利时

布鲁塞尔（Brussels）
入选年份：2000
遴选标准：C（Ⅰ）（Ⅱ）（Ⅳ）

第36页（左） 1895年，范艾特菲尔德公馆（Maison van Eetvelde）建于帕默斯顿大道，象征着新艺术风格的一次胜利。虽然外观没有显露出像内部那样大胆的线条，奥尔塔在这座建筑中建立了他的新建筑风格。

第36页（右下） 建造在保罗·埃米尔·詹森大街的塔塞尔公馆是维克托·奥尔塔打破传统建筑风格，走向新艺术风格的首次尝试。

1873年，老修鞋匠皮埃尔·奥尔塔最喜欢的儿子、12岁的维克托·奥尔塔（Victor Horta）刚进入享有盛誉的根特音乐学院（Ghent Conservatory），便被学校声乐课程班开除，令他大失所望。维克托也感到万念俱灰，前途迷茫。

在众多的失意者中，维克托·奥尔塔算幸运者之一，他被引荐到法兰西艺术学院学习建筑学，一直学到1877年。奥尔塔非常聪明且孜孜不倦，在巴黎短暂停留后，他回到比利时，在布鲁塞尔定居，并在国王利奥波德二世的建筑师阿方斯·巴拉特（Alphonse Balat）的工作室找到了工作，在那里一直工作到1892年。正是在巴拉特的影响下，奥尔塔对新型建筑材料产生了兴趣。从这位良师那里，他学到了19世纪的新古典主义风格以及巧妙运用它们的方法。学习成效很快呈现出来了，年仅23岁的他就因向比利时议会提交的一个设计方案而获得了戈德查理奖（Godecharle Prize）。

很快，奥尔塔开始接到设计私人住宅的工作。最初是在根特，1893年他来到了布鲁塞尔，开始从知识界的朋友中寻求志同道合的人。其中一位是埃米尔·塔塞尔，他是实业家欧内斯特·索尔维颇有影响力的合作者。塔塞尔请奥尔塔设计一个简单的住宅，既要满足其画室的各种设计要求又要符合其近百岁高龄祖母的审美。于是，奥尔塔按照塔塞尔的要求在保罗·埃米尔·詹森大街建造了塔塞尔公馆。他打破了传统的对称设计，沿着一根贯穿整个建筑的中轴组织住宅空间，其新风格主义外观反映了16世纪意大利风格。奥尔塔放弃了砖石材料，选择使用钢铁和玻璃制成的框架，给人以外观轻盈的感觉。公馆入口是埃及风格的，顶部是弓形窗，侧面包围着结实的护栏。宽敞的接待室里延伸出一套严格按照意大利文艺复兴时期传统建造的房间，房间内的铁柱就像热带花园中的棕榈树一样，实现了古典风格和异国情调的和谐统一。

索尔维公馆（Hôtel Solvay）房间内部有很多与自然相关的设计，一年后更加明显。奥尔塔巧妙地利用了周围的大花园，通过一系列管子将空气引入房内。1895年，奥尔塔打破古典主义传统，设计了他的第一个新艺术风格建筑。当时外交官埃德蒙·范·艾特菲尔德男爵刚被任命为刚果自由邦的行政长官，正在寻找一位兼具

天赋和勇气的建筑师，最终他选择了奥尔塔。奥尔塔按照计划在帕默斯顿大道上为他建造了范·艾特菲尔德公馆，这座建筑的设计与巴拉特设计的拉肯王家温室里冬日花园非常相似。房子的主要部分接待室通向一个八边形的走廊，纵向贯穿整栋建筑，洒满了从屋顶倾泻下来的自然光。承重柱、栏杆和装饰都是铁制的，为和装饰美观的窗户相称，铁制品需要经过弯曲处理。设计时，奥尔塔将城市规划的线路考虑在内，因此通往冬日花园的斜廊也直通广场。

奥尔塔最具革命性的设计，也许是1898年他在美利坚大街23号到25号为自己建造的公馆。在这座建筑中，奥尔塔的装修风格达到了顶峰。他设计自然，如同剧院的翼楼，建筑使用透明材料以便更好地利用自然光线。

奥尔塔住宅可能是奥尔塔最后一个极具创新性的作品。1902年，他遇到了创新瓶颈期，因此他回归到更传统的设计，设计线条简化。

维克托·奥尔塔在现代建筑史上享有双重声誉。一方面，他凭借早期作品被称为现代主义的奠基人，因为他打破了19世纪的建筑风格，将新艺术引入建筑学。另一方面，他成熟的作品反映了他风格的转变，也反映了导致奥尔塔与保守主义结盟的修正主义风格，这种风格使他陷入一种琐碎的学院风中。

1994年，奥尔塔写下了他的遗嘱，其中包括对其恩师崇高的赞扬，他写道："我所拥有的一切，都要感谢最纯粹的（最具个性的）一流建筑师阿方斯·巴拉特。"1997年，奥尔塔逝世。

第37页 根特建筑师奥尔塔设计的范·艾特菲尔德公馆，铁柱支撑着玻璃圆顶，栏杆和装饰类似自然界的物品。像他的其他作品一样，这所房子的设计迎合了主人的个性和地位。

波茨坦和柏林的宫殿与公园

德国

柏林西南，勃兰登堡（Brandenburg）
入选年份：1990，1992，1999
遴选标准：C（Ⅰ）（Ⅱ）（Ⅳ）

▌第 38 页（上） 无忧宫（Sans Souci Palace）的巴洛克花园。虽然腓特烈二世在18世纪中叶委托格奥尔格·文策斯劳斯·冯·诺贝尔斯多夫（Georg Wenzeslaus von Knobelsdorff）完成这座建筑的设计，但哪个设计将成为君主的离宫，是由君主本人决定的。

▌第 38—39 页 温伯格山（Weinberg Hill）的鸟瞰图。无忧宫和六层梯田式建筑便建于此地。巴洛克风格的花园及其中央的喷泉坐落在山脚下。

▌第 39 页（左） 腓特烈二世爱好音乐，喜欢在音乐厅里弹钢琴来招待客人。精美的绘画和家具装饰着这个位于无忧宫最高处的洛可可房间。

▌第 39 页（右上） 无忧宫宏伟的图书馆装饰着美丽的灰泥、镀金的铜像和洛可可式的壁炉。启蒙运动的领袖伏尔泰，在这个图书馆放满了书。

▌第 39 页（右下） 大理石厅是无忧宫最大的房间，用于宫廷接待。它呈椭圆形，顶部有一个通风的圆顶。

普鲁士国王腓特烈·威廉（Frederick William）之子霍亨索伦（Hohenzollern）王朝的腓特烈二世1712年出生于柏林。三十年战争（Thirty Years War）后，腓特烈·威廉对饱受战争蹂躏的选区进行了严格的重组和重建。他还是一名虔诚的路德教徒，教育儿子按照宫廷内的要求，厉行勤俭节约，以还清腓特烈一世留下来的巨额债务。但在启蒙运动来临之际，有教养但叛逆的霍亨索伦王朝的腓特烈对18世纪的欧洲产生了重要的影响，部分是由于其政治和军事才能出色，但最重要的是他思想前卫，对其王国的文化和艺术事业起到了推动作用。

宫殿铁的纪律迫使年幼的腓特烈王子尝试逃到英格兰宫廷，最后以失败告终。他顽固独裁的父亲将其困在德波边境的小镇昆斯特林，监禁了他两年。在那里，腓特烈王子创作了两部政治哲学著作:《反马基雅

维利》（*Antimachiavell*）和《对世袭王子的教育指导》（*Instruction for the Education of the Hereditary Prince*）。其中，他基于自己的标准反驳了意大利作家马基雅维利提出的治国观，认为要想建立良好的国家，应该宣扬公平的道德观念，并促进人民思想的解放。

1740年，腓特烈二世登上王位。1742年至1745年间，腓特烈二世利用其父建立起来的强大军事资源，占领了哈布斯堡（Hapsburg）最富饶的西里西亚（Silesia），从此便获得了“腓特烈大帝”的称号。执政期间，他还开始发展文化建设，委托格奥尔格·文策斯劳斯·冯·诺贝尔斯多夫在哈维尔湖（Lakes Havel）和格利尼克（Glienicke）湖之间的波茨坦（Potsdam）乡村地区设计一座夏季离宫。1745年4月14日，建筑工程正式在一座小山的山顶上启动，两年内无忧宫就落成了。这项工程的惊奇之处在于腓特烈曾与建筑师热烈讨论过他的想法，而且他还亲自设计了平面图。无忧宫后来也成为德国洛可可风格的标志。腓特烈二世并不想要豪华绚丽的宫殿，他只需要一个能够举办艺术和文学沙龙且可以放松身心的地方。

这座单层宫殿的北边入口是一个半圆形柱廊，直通温伯格特拉斯（Weinbergterrasse），那是一栋六重梯田式建筑，上面布满了壁龛和藤蔓。底下是一个巴洛克式花园，其中心被一个水池和一座喷泉占据。南边入口前装饰有36座砂岩雕塑，与大窗户交替错开而列。这座圆顶建筑里面有一个巨大的椭圆形大理石厅（Marble Room），用于宫廷接待。大厅两侧的侧厅都有不少于四间房间。

无忧宫氛围怡人，平和安宁，每年的4月到10月，腓特烈都喜欢待在这里：长距离散步，招待老约翰·塞巴斯蒂安·巴赫（Johann Sebastian Bach）和伏尔泰（Voltaire）等客人。他还邀请法国启蒙运动领袖伏尔泰来管理美丽的、装饰有镀金雕像的雪松木图书馆。伏尔泰接受了腓特烈二世的盛情款待，1750年至1753年一直住在无忧宫。

第 40—41 页 无忧宫公园里摆满了雕像、石窟和人工废墟，是完美建筑和景观的代表，反映了腓特烈二世个人的爱好。在背景中，我们可以看到受意大利文艺复兴时期别墅启发而建的橘园美术馆（Orangerie）。

第 40 页（下） 无忧宫公园的另一幅图景外加其中的一处废墟。像废墟这些不合时宜的建筑不仅是为了唤起人们的记忆，也被用来隐藏给喷泉供水的水池。

在此期间，他在图书馆里摆满了法文原著和法文译本，共 2200 卷，以此支持日渐专制和偏执的君主政治。

新的建筑、石窟、人造废墟、凉亭和中国茶馆都相继在此地落成。1763 年，无忧宫画廊（Bildergalerie）建成。画廊最初是在诺贝尔斯多夫的指导下完成的，后来，约翰·戈特弗里德·本灵（Johann Gottfried Bü ring）为它带来了 124 幅佛兰芒、意大利和荷兰大师的画作，其中包括范戴克（Van Dyck）、鲁宾斯（Rubens）和卡拉瓦乔（Caravaggio）的作品。

第 41 页（左上） 其中一根棕榈状柱子的细节图，这些柱子支撑着中国茶馆的拱顶。它们整体的线条都是以镀金铜勾勒的，底座和柱顶上装饰着具有异国情调的仙女雕像。

第 41 页（右上） 约翰·戈特弗里德·本灵设计中国茶馆的灵感来自吕内维尔城堡（Lunéville Castle），一座类似的东方风格的亭子。

显然，腓特烈对此很满意，于是他又委托本灵建造一个新的、更正式的皇家住所，取名新宫（Neuen Palais）。1769 年，它被归入无忧宫公园（现在已经扩展到了 30 公顷）。新宫是最后一座德国巴洛克风格的代表性建筑，引人注目，极具纪念意义。它共有三层，长 220 米，顶部是一个巨大的鼓形圆顶，周围有 428 座大型雕塑装饰着。宫殿里面有 200 多个大房间，一个富丽堂皇的柱廊庭院，以及用大理石和其他石头装饰的官方接待室。面向新宫的两幢建筑包含了工作人员的住处、厨房和其他功能用房。

1786 年 8 月 17 日，统治 46 年之久的腓特烈大帝在无忧宫逝世。尽管其继任者的建筑品位各不相同，但这些普鲁士王国的遗产还是安全地保存了下来。他的侄子腓特烈·威廉二世也希望在波茨坦原址留下个人印记，因此他在 1787 年至 1797 年间在海利希湖（Heiliger See）畔建造了华丽的新花园（Neuen Garten）和典雅的大理石宫（Marble Palace）。他还从妻子所喜欢的浪漫主义中得到了启发，在孔雀岛（Pfaueninsel / Peacock Island）上建造了一座颓废主义风格的宫殿，后来被他的继任者腓特烈·威廉三世改造成英式花园。

现在，我们已经可以清楚地看到当时流行的怀旧建筑风格，19 世纪普鲁士的建筑显然受到了这种趋势的影响。1824 年，查尔斯王子买下了冯·哈登伯格伯爵（Counts von Hardenberg）的古宅格列尼克宫（Glienicke Castle），并将其改造成意大利新古典主义风格，墙壁上镶嵌着古代文物的碎片。两年后，为安顿沙皇亚历山大一世派往柏林宫廷的唱诗班成员，腓特烈·威廉三世在波茨坦市建立了一个新区，即俄罗斯侨民区亚历山德罗夫斯克（Alexandrovska）。

1840 年腓特烈·威廉四世即位，他对这座波茨坦极乐花园进行了大规模的改造，才有了其现在的模样。这位具有浪漫主义色彩的国王计划将 1825 年前一直是乡村地

第 41 页（下） 无忧宫画廊 1763 年由约翰·戈特弗里德·本灵所设计。它有华丽的镀金灰泥点缀，里面存放着腓特烈二世个人珍藏的 124 幅绘画作品，它们由佛兰芒、法国和意大利的艺术家所作。双色的大理石地板增强了其美感。

第 42 页（左上） 新宫的贝壳厅（Grotto Room）装饰方式奇特，选用了矿物、贝壳和珊瑚枝。

第 42 页（右上） 新宫 200 个房间中，大理石厅可能是最引人注目的。墙壁上镶嵌着 18 世纪法国画派艺术家们绘制的珍贵嵌板。

第 42 页（中） 大理石宫由腓特烈·威廉二世于 1787 年至 1797 年间建成，是一座规模适中的典雅建筑，从那里可以看到海利希湖。

第 42—43 页 新宫长 220 米，高三层楼，顶部是巨大的鼓式圆形屋顶，非常宏伟，是德国巴洛克风格的杰作，气势恢宏是此建筑风格的主要特征。

带的夏洛滕霍夫（Charlottenhof）地产与无忧宫公园合并。在申克尔（Schinkel）、柏修斯（Persius）和莱内（Lenné）等建筑师的帮助下，腓特烈·威廉四世将主楼改造成毕德迈雅（Biedermeyer）风格的小宫殿，内部装饰的灵感来自庞贝（Pompeii）镇的镶嵌图案。他重建了橘园，把它改造成了一座具有纪念意义的古典浪漫主义建筑。但最重要的是，他彻底改变了农场景观，将其打造成了一个英式花园：宽阔的露台上分布着草坪、小池塘和灌木林，他还建造了非常优雅的罗马式浴池，装饰有雕像、拼花图样和壁画。

腓特烈·威廉四世统治期间，波茨坦兴建了很多宗教建筑。第一座落成的就是和平教堂（Friedenskirche），它是一座长方形基督教堂，上面有一座早期基督教风格的钟楼。与此风格类似的还有萨克洛夫救赎者教堂（Church of the Redeemer of Sacrov），矗立在新花园和孔雀岛之间的哈维尔湖畔。

19 世纪 30 年代中叶，腓特烈·威廉三世的小儿子，即未来的国王威廉一世也做出了自己的贡献。腓特烈·威廉四世犹豫了很久，最终把波茨坦附近巴伯斯贝格（Babelsberg）的地产送给了他。

在妻子萨克斯－魏玛奥古丝塔的建议下，威廉一世于 1833 年开始建造一座都铎风格的新哥特式住宅，设计师申克尔（Schinkel）非常不情愿，因为他不喜欢中世纪风格。申克尔和苛刻的王后相互妥协，最终修建了一座装饰简单、线条清晰的建筑，从这里向外看，可以俯瞰乡村。后来，公园再次由莱内以典型的浪漫主义风格进行设计，里面有很多蜿蜒曲折的小径，通向矗立着各种与众不同建筑的空地。其中一栋建筑是掌管皇家船只者的住所马特罗森豪斯（Matrosenhaus），另一个是石制茶室盖里克斯劳古比（Gerichtslaube），取材于古柏林市政厅。

除了凯瑟巴恩霍夫（Kaiserbahnhof）和 1905 年至 1908 年新宫附近所建的帝国火车站，20 世纪波茨坦唯一的变化便是兴建了采琪莲霍夫宫（Cecilienhof）。为满足国王威廉二世的愿望，宫殿建在新宫，朴实无华，类似英国的乡村住宅，1916 年国王退位前不久才完工，因此王室从未在这里居住过。然而，1945 年 8 月 2 日，它因被选为波茨坦会议召开地而载入史册。当时丘吉尔、杜鲁门和斯大林决定制裁战败国德国，终结强大而稳固的德意志帝国。要知道，这个大帝国是两个世纪前在腓特烈·威廉一世娴熟的政治和军事策略影响下发展起来的。

克拉科夫历史中心

波兰

入选年份：1978
遴选标准：C（Ⅳ）

每到整点，一个号兵就会爬上市场广场圣玛丽教堂的塔顶，吹奏圣母玛利亚圣歌。曾经有一段时间，城市大门打开或关闭时都会吹奏这首歌，但音乐总在同一个音符上突然中断。这是为了纪念一位号手。1240 年鞑靼（Tatar）入侵，当时城市号手最先发现敌人军队，于是他吹响号角，提醒全城居民兵临城下。最终他首当其冲，被箭刺中身亡。

这个不寻常的传统象征着克拉科夫与其历史的联系。关于克拉科夫最早的文字记载源于科尔多瓦（Cordoba）的犹太商人亚伯拉罕·本·雅各布（Ibrahim ibn Jakub），公元 965 年，他把克拉科夫描述为瓦维尔（Vavel）山下一个重要的贸易中心。公元 1000 年，该城成为大主教辖区，这座山上建起了城堡、大教堂和各种罗马式教堂。

克拉科夫，从 11 世纪起便是皮亚斯特王朝（Piast Dynasty）统治下波兰小王国的首都，一直繁荣发展，直到后来遭到鞑靼人的洗劫和摧毁。1257 年，城市按照新规划进行布局和重建，一直沿用至今。欧洲最大的集市广场——中央集市广场（Rynek）落成，新的防御系统、塔楼和大门也建起来了，这些在后来都得到了扩建。

皮亚斯最后一代君王卡齐米尔大帝（Casimir the Great，1333—1370 年）统治期间，克拉科夫迎来了一个历史转折点。卡齐米尔支持艺术和科学发展，建立了位于中央集市广场中心的纺织会馆、圣玛丽教堂以及两个新中心卡齐米日（Kazimierz）和克莱帕兹（Kleparz），如今它们是克拉科夫的两个区。但最重要的是，他创建了

▌第 44 页（上） 引人注目的哥特式大教堂及其三座塔楼，其中一座里面放置了 1520 年铸造的齐格蒙特钟（Sigismund Bell）。

▌第 44—45 页 这是从瓦维尔的维斯瓦（Vistula）看到的景色。克拉科夫第一个中世纪定居点便建在了这座山上。公元 1000 年前后，大教堂和坚固的宫殿在这里落成。1038 年起，这座宫殿成为波兰国王的住所。

▌第 45 页（左上） 市场广场上的圣玛丽教堂是晚期哥特式建筑的杰作。

▌第 45 页（右上） 圣玛丽教堂内存放着价值连城的艺术作品，包括德国木雕家维特 · 斯托斯（Veit Stoss）的《圣母之死》（1477—1489 年）。

▌第 45 页（中） 瓦维尔山上的皇家宫殿的焦点是一个很大的回廊，大部分的官方房间都面对着它。

▌第 45 页（右下） 皇家宫殿现在是一处博物馆，收藏着王冠和世界上最重要的藏品之一——佛兰芒挂毯。

第46—47页 欧洲最大的集市广场——中央集市广场的俯瞰图。文艺复兴风格的纺织会馆（Cloth Palace）耸立于广场上，一层有商店，还有国家博物馆专门展示波兰绘画区。

第46页（下） 巴比肯（Barbican）是欧洲最大的堡垒。防御城墙建于1498年，当时这座城市正处于鼎盛时期，还是波兰的首都。现在，这座城市是著名人文主义者和科学家碰面的地方。

克拉科夫大学（Krakow Academy），后来发展为雅盖隆大学（Jagellonica University），成为波兰最著名的学习中心。二十年后，卡齐米尔将他的女儿嫁给立陶宛大公爵（Lithuanian Grand Duke）拉迪斯劳·雅盖隆（Ladislau Jagellone）。雅盖隆后来成为波兰立陶宛联邦国王，建立了北欧最重要的皇家王朝，该王朝统治了约 200 年之久。

从 16 世纪中叶开始，克拉科夫进入了一段极其辉煌的时期。在雅盖隆国王的开明统治下，克拉科夫兴建了欧洲最大的防御堡垒巴比肯，城市变得更加安全，吸引了众多著名的人文主义者、艺术家和科学家。尼古拉斯·哥白尼（Nicholas Copernicus）在去意大利之前就在那里求学，木雕大师维特·施托斯（Veit Stoss）1477 年从纽伦堡（Nuremberg）来到这座城市，花了 12 年时间，用圣玛丽教堂圣坛上的椴木雕刻了巨大的装饰作品《圣母之死》（*Death of the Virgin*）。三年后，建材换成大

理石，施托斯在大教堂内雕刻了卡齐米尔四世雅盖隆的陵墓，开启了克拉科夫建造宏伟皇家陵墓的传统。

施托斯返回家乡后，图斯卡尼（Tuscan）雕塑家弗朗西斯科·菲奥伦蒂诺（Francesco Fiorentino）和巴尔托洛梅奥·贝尔莱西（Bartolomeo Berrecci）受召进城。在大教堂里，他们创作了一些意大利之外异常出色的文艺复兴风格雕塑。同期，瓦维尔山上的城堡也重建了，还装饰了从弗兰德斯订购的系列挂毯。但是，克拉科夫马上走入了迟暮之年：16 世纪末，波兰首都迁至华沙（Warsaw）。虽然克拉科夫还是人才辈出，但是它逐渐成为一个以小商业中心为特征的配角城市。

然而，另一颗珠宝增添了这座城市的美丽。18 世纪末，恰尔托雷斯基亲王（Prince Czartorysky）从意大利旅行归来，带来了一件独特的物品——列奥纳多·达·芬奇（Leonardo da Vinci）的画作《抱银鼠的女人》（*The Lady with an Ermine*），现收藏于恰尔托雷斯基博物馆，供人欣赏。这幅杰作在第二次世界大战中奇迹般地幸存了下来，与克拉科夫这座美丽的城市相得益彰。

▎第 47 页（左） 克拉科夫大学院（Collegium Maius）回廊是克拉科夫大学最古老的建筑之一。始建于 1364 年，克拉科夫大学由皮亚斯最后一代君王卡齐米尔大帝创建，后更名为雅盖隆大学。

▎第 47 页（右中） 克拉科夫大学院的大厅中收藏了许多旧家具和油画。

▎第 47 页（右下） 中央集市广场的另一处景色。1899 年，人们为纪念波兰最受喜爱的诗人亚当·米茨凯维奇（Adam Mickiewicz），在纺织会馆前建了一座纪念碑。

布拉格历史中心

捷克

入选年份：1992
遴选标准：C（Ⅱ）（Ⅳ）（Ⅵ）

1989 年，柏林墙轰然坍塌，表明自由的回归，民众振奋不已，布拉格（Prague）市民高呼“哈韦尔，进城堡”。于是，瓦茨拉夫·哈韦尔（Vaclav Havel）成为独立后的捷克斯洛伐克（1993 年捷克与斯洛伐克和平分离，变成捷克共和国）的第一任总统，并入住了赫拉德卡尼（Hradcany）豪

华宫殿。赫拉德卡尼占地 26 公顷，里面包含一座大教堂、一座长方形会堂、一座修道院、一座皇宫，以及各种塔楼和庭院。它属于城中之城，一千多年来一直是布拉格的象征。同时，它还有迷宫似的设计，为世界上最著名的布拉格作家弗朗兹·卡夫卡（Franz Kafka）提供了文学创作灵感。

11 世纪，博日沃伊王子（Prince Borivoi）在摩尔多瓦河（Moldava）

左岸的一座小山上建了赫拉德卡尼堡（这座山附近，有另外一座较为古老的维谢赫拉德城堡 Vysehrad），此后，它迎来了 40 位主人的入住、又目送他们离开，还见证了 30 次袭击和火灾。

哈布斯堡王朝的皇帝、当时的国王鲁道夫二世曾在此居住，1583 年他将布拉格定为其帝国的首都。鲁道夫二世沉溺于点石成金之术，人称“炼金迷国王”。他在城堡的塔楼里建了一个实验室，用于欢迎诸如米兰艺术家乔瓦尼·阿西姆博尔迪（Giovanni Arcimboldi）这样充满想象力、能够点石成金的人。后来，1618 年，简·胡斯（Jan huus）仍然持续十多年的事业，劝说同胞推翻罗马教会，就在这段时期，三名天主教大使被扔出了城堡的窗户。这一“布拉格抛窗事件”（Defenestration of Prague）被载入历史，标志着三十年战争的开始。

今天我们所看到的赫拉德卡尼是奥地利玛丽亚·特雷莎女皇对其进行巴洛克式修建的结果。后来，20 世纪初，斯洛伐克建筑师约瑟普·普列赤涅克（Josip Plecnik）将内部很多地方进行了重修，包括美丽的黄金屋。然而，这个建筑群中最吸引人的还是一些更古老的建筑，比如宫殿里那处气派的晚期哥特式房间，建

第 48 页（上） 这是斯特拉霍夫修道院图书馆（Strahov Monastic Library）中的一个房间。此图书馆藏书 100 万卷，这些书中最稀有、最珍贵的是最初 16 本捷克语书，其中 7 本全世界独一无二。最古老的一卷是以纯金的安色尔字体在羊皮纸上写成的《斯特拉霍夫福音》（*Strahov Gospel*）。

第 48 页（左中） 这是圣维塔斯大教堂里的皇家陵墓，波希米亚（Bohemia）历史上许多重要的人物都埋葬于此，包括查理四世、费迪南德一世、鲁道夫二世和圣乔瓦尼·内波穆塞诺（St. Giovanni Nepomuceno）。

第 48 页（右下） 圣维塔斯大教堂阿尔丰斯·慕夏设计的新艺术风格大窗户。

第 49 页（上） 赫拉德卡尼（城堡山）一景。这座占地 26 公顷的建筑群仍然是国家权力中心，属于城中之城。它的主要建筑是圣维塔斯大教堂、圣乔治大殿（St. George's Basilica）和皇宫（Royal Palace）。

第49页（下） 皇宫的瓦德斯拉斯厅（Vladeslas Room）。大厅长63米，高13米，建于1493年至1502年，是贝内迪克特·里德（Benedikt Ried）的杰作。在这里曾举行赛马比赛。

于1493年至1502年间，长63米，高13米；还有建于1344年由阿拉斯的马修（Matthieu d' Arras）设计的圣维塔斯大教堂（Cathedral of St. Vitus），教堂坐落于一座罗马长方形教堂的旧址，1929年这座新哥特式建筑的西面加盖了两座80米高的尖顶，就此，教堂建筑工作才竣工。内部不同的风格也反映了建筑工期跨度较大。这座富丽堂皇的哥特式教堂旁边，装饰着宝石和次宝石，供奉着圣瓦茨拉夫（St. Wenceslas）。人们在这里可以欣赏到阿尔丰斯·慕夏（Alfons Mucha）设计的迷人的新艺术风格窗户。

商业扩张的影响之一是从11世纪开始，一个包括许多犹太家庭在内的新社区在摩尔多瓦河右岸崛起，摩尔多瓦靠近原来布拉格维谢赫拉德城堡和赫拉德卡尼地区，即“旧城”。1170年，布拉格第一座石桥朱迪斯桥（Judith Bridge）在此地建成，这里便成为行政区，有建造围墙和防御工事的权利。旧城中心是旧城广场斯塔尔·麦斯托（Starometske Namesti），广场中心矗立着建于1364年的市政厅及其塔楼。14世纪的泰恩教堂（church of Teyn）被建筑右侧的房屋半掩着，里面有丹麦天文学家第谷·布拉赫（Tycho Brahe）的坟墓。广场对面是圣尼古拉斯教堂（St. Nicholas' Church），由基利恩·伊格纳茨·丁岑霍费尔（Kilian Ignaz Dientzenhofer）设计的一座巴洛克式的杰作。直到第二次世界大战时，旧城仍有12000名犹太人，还有许多犹太教会堂以及欧洲最古老的犹太人公墓。

1257年，一个叫作马拉·斯特拉纳（Malá Strana）（一小部分）的新区开始在赫拉德卡尼下面发展起来。这个地区在1503年的一场大火中严重受损，如今这个地区按照华丽的巴洛克风格建成的那些有柱廊房屋，将哥特式和文艺复兴式的宗教建筑以及非宗教建筑和谐地结合在了一起。另外，那里的小径、建筑物后面的浪漫花园以及古老的啤酒屋，让它成为城市最吸引人的地方，也是过去一百年里城内波希米亚人最喜爱的地方。马拉·斯特拉纳新区最美丽的街道之一是石砌的聂鲁达街（Nerudova Ulice），沿街都是装饰华丽的建筑。沃尔夫冈·阿马迪厄斯·莫扎特（Wolfgang Amadeus Mozart）曾居住于此。

布拉格成为神圣罗马帝国一部分后，仍然持续繁荣。1346年到1378年，波希米亚皇帝查理四世当政，计划进一步促进布拉格物质文化和精神文化的发展。1348年，他创立了中欧第一所大学，并开始建设新城、圣维塔斯大教堂以及以其名字命名的

▌第 50 页　俯瞰老城广场宫殿典雅的正面。这座迷人的广场位于古城中心，上面有几座布拉格的名胜遗迹，已有 500 年的历史。

▌第 51 页（上）　宏伟的占星钟于 14 世纪末被放置在市政厅塔楼。占星钟楼是老城广场最引人注目的建筑。

▌第 51 页（左中）　泰恩教堂尖塔正对着老城广场。它于 1380 年在彼得·帕勒（Peter Parler）的工作室开始建造，16 世纪中叶完工。里面存放着布拉格最古老的洗礼盘（1414 年）、天文学家第谷·布拉赫的坟墓，以及卡雷尔·斯克雷塔（Karel Skreta）的一系列巴洛克绘画。

查理大桥（Charles Bridge）。查理大桥建于 1357 年，长 520 米，宽 10 米，由 16 根砂石拱柱支撑，代替了被洪水冲垮的朱迪斯桥。据说，为使查理大桥免受恶劣天气的影响，皇帝曾下令将成千上万的葡萄混入建筑的灰泥之中。

1393 年，一位名叫乔瓦尼·内波穆塞诺（Giovanni Nepomuceno）的牧师因拒绝向查理四世的继任者国王瓦茨拉夫（King Wenceslas）透露其妻子忏悔的秘密，遭受酷刑，之后，国王又命人将其从这座桥上扔进河里。1729 年，这位牧师被封为圣徒，成为波希米亚最受崇拜的圣人。在此之前，1683 年，由简·布鲁科夫（Jan Brokof）雕刻的乔瓦尼·内波穆塞诺雕像放置在查理大桥上。这推动了众多布拉格杰出市民和耶稣会士的出现，他们大力支持开办大学，并竞相出资在桥上建造其他烈士雕

像，包括著名的捷克人、意大利人和西班牙人的雕像，将罗马的圣天使桥（Ponte Sant' Angelo）视为他们学习的榜样。

新城区和整个现代布拉格中心是圣瓦茨拉夫广场（St. Wenceslas' Square）。这个广场是在一个马市原址上兴建起来的，所以它看起来不像广场，更像一条宽阔的街道（实际上它有 750 米长，但只有 61 米宽），并且有一点坡度。耸立于广场上的大部分建筑都兴建于 20 世纪初布拉格新艺术风格风靡时期。其中有特殊影响的是 12 号建筑，即现在国家博物馆所在地卡萨·彼得卡（Casa Peterka），还有 25 号建筑欧罗

▌第 51 页（右中）　广场的另一边矗立着圣尼古拉斯教堂。它是由基利恩·伊格纳茨·丁岑霍费尔于 1732 年以巴洛克风格建造的，是一座反宗教改革运动的堡垒。

▌第 51 页（下）　聂鲁达街的景象。聂鲁达街是为纪念《布拉格小城传奇故事》（*Tales of Malá Strana*）的作者、布拉格作家简·聂鲁达（Jan Neruda）而建。城市中最古老的一些啤酒屋都在这条街上。

▌第 52 页（上） 摩尔多瓦河流经市中心，这座桥横跨河流，景色迷人。背景是著名的查理大桥，建于 1357 年，长 520 米。1840 年前，它一直是连接两河岸的唯一桥梁。

▌第 52 页（左下） 国家守护神圣瓦茨拉夫的骑马雕像矗立在同名广场上。这是新城区中心，也是天鹅绒革命游行示威的地点。

▌第 52 页（右下） 国家博物馆新文艺复兴风格的中庭，非常宏伟。这座巨大的建筑由约瑟夫·舒尔茨（Josef Schulz）于 1893 年设计，占据了圣瓦茨拉夫广场的上方空间。

▌第 53 页（上） 查理大桥及其精致的哥特式塔。这座宏伟的建筑是波希米亚皇帝查理四世统治期间建造的，参考了罗马圣天使桥的设计。随着时间的推移，桥两边形成了一个陈列有基督、圣母和各种圣徒雕像的画廊，非同寻常。

巴大酒店（Hotel Europa）。1968 年，反对苏联统治的起义“布拉格之春”在此广场爆发。一年后，为反对华沙条约组织军队入侵该城，简·帕拉赫（Jan Palach）就此自杀。

大学的中心是卡罗莱姆学院（Carolinum），其建筑为巴洛克风格，还装有华丽的哥特式弓形窗。16 世纪末，这座重要的文化中心并入了世界上第三大耶稣会学校克莱门特学院，克莱门特学院是仅次于赫拉德卡尼堡的第二大建筑遗迹。为了建造它，需要拆除 32 座房子、圣克莱门特教堂（St. Clement's Church）、两处花园，并征用七处农场所有土地。建造这座巴洛克式杰出建筑的是乔瓦尼·多梅尼科·奥尔西（Giovanni Domenico Orsi）。据那个时代的编年史记载，1696 年，克莱门特学院有 1500 名学生，其中七分之一来自贫困家庭，学校会免除他们的学费和食宿费。为存放卷宗、书籍以及查理四世捐赠给附近大学的手稿，1777 年又兴建了一座皇家图书馆。如今，克莱门特学院藏有近 600 万卷书籍、1200 篇莎草纸记录、6000 份中世纪手稿以及 3000 份古籍。除了这座图书馆，还有一个 17 世纪斯特拉霍夫修道院图书馆，其藏书室堪称是世界上最壮观的。

布拉格一直都是一座文化城市，莫扎特就是于此创作了他最著名的两首交响曲，还有许多布拉格人也为世界文化繁荣做出了巨大贡献。贝德李奇·斯美塔那（Bedrich Smetana）和安东尼·德沃夏克（Antonin Dvorak）在音乐界做出了重要贡献，弗朗茨·卡夫卡（Franz Kafka）、雷纳·玛利亚·里尔克（Rainer Maria Rilke）、博胡米尔·赫拉巴尔（Bohumil Hrabal）则是文学界杰出的人物。

第53页（左下） 以国家博物馆为背景的圣瓦茨拉夫广场夜景。广场是在一个马市原址上兴建起来的，所以它看起来更像一条宽阔的街道，并且有一点坡度。

第53页（右下） 圣瓦茨拉夫广场上欧罗巴大酒店的正面。20世纪早期的新艺术主义或实用主义风格的建筑排列在整个广场上。

申布伦宫殿和花园

奥地利

维也纳（Vienna）
入选年份：1996
遴选标准：C（Ⅰ）（Ⅳ）

申布伦（Schönbrunn）宫殿接待的最后一批重要的客人是约翰·菲茨杰拉德·肯尼迪（John Fitzgerald Kennedy）和尼基塔·赫鲁晓夫（Nikita Khrushchev）。1961年，他们在哈布斯堡府邸的大艺术馆会面，试图缓和西方与苏联僵持的关系。除此以外，过去的几个世纪里，还有很多重大历史事件也发生于此，例如1815年的维也纳会议，当时击败拿破仑的各国代表聚集在一起，重新划定了欧洲的边界。

哈布斯堡王朝的领地从1560年开始发展，其属地卡特尔堡最初仅供农用，只有一处小住宅和一个附属农场。马赛厄斯（Matthias）皇帝在一次狩猎时停下休息，喝了这里的甘泉，这个地方由此得名。然而，这里的第一座夏宫是为费迪南德二世的妻子埃莉奥诺拉·贡扎加建造的。

直到17世纪末，申布伦宫殿才成为哈布斯堡王朝权力的象征。当时皇帝利奥波德一世为了庆祝维也纳受围后仍击败了土耳其人，邀请建筑师约翰·伯恩哈德·费希尔·冯·埃尔拉赫设计一座比凡尔赛宫还要富丽堂皇的宫殿。埃尔拉赫从帕拉第奥（Palladio）设计的别墅中得到启发，向皇帝呈报了他的设计方案，但由于成本太高，利奥波德不得不降低了标准。他希望申布伦宫殿既具家庭氛围，又要集权力中心和豪华壮观于一体，但不能过分张扬。法国巴洛克风格的庭院是由琼·特雷（Jean Trehet）设计的。

然而，申布伦宫殿的感人之处在于女皇玛丽亚·特雷莎在履行其政治职责的同时，还抚养了16个孩子长大成人。她的母性光辉甚至胜过了宫廷礼节。比如有一次，6岁的莫扎特在镜厅完成（Mirror Room）第一次皇家演出后，女皇便把他抱在怀里。

玛丽亚·特雷莎委托意大利建筑师尼古劳斯·帕卡西（Nicolaus Pacassi）为总负责人，将室内重新装修成奢华的洛可可风格，选用了大量的镜子、镀金、壁画和

第54页（左上） 申布伦宫殿和花园的外观为法国巴洛克风格。在玛丽亚·特雷莎（1740—1780年）统治时期，景观艺术家尼古劳斯·雅多（Nicolaus Jadot）和阿德里安·范斯特克霍芬（Adrian van Steckhofen）受邀重新设计花园。

第54页（左下） 从空中看宫殿。它坐落在维也纳河谷，位于维也纳东部的迈德灵（Meidling）和西部的席津（Hietzing）两个地区之间。该地区原本是一个狩猎保护区，但1540年由哈布斯堡家族接管。

▌第 54—55 页　这座宏伟的宫殿是由约翰·伯恩哈德·费希尔根据帕拉第奥新古典主义建筑风格设计的。主庭院（如图所示）中央有一个大喷泉和水池。水是申布伦宫殿的主要元素，这一点可以从它源自"甘泉"的名字中得到证明。

▌第 55 页（左下）　富丽堂皇的海神喷泉（Neptune fountain），以群山和凯旋门（Gloriette）为背景。凯旋门由费迪南德·赫岑多夫·冯·霍恩伯格（Ferdinand Hetzendorf von Hohenberg）设计，可以说是申布伦公园里的建筑桂冠。它建于 1775 年，中心部分和两个展厅由 11 个拱顶构成，这些拱顶由很多具有多立克风格的圆柱支撑着，整个建筑的顶部有哈布斯堡王朝的象征：一只站在地球上的鹰。

▌第 55 页（右下）　申布伦宫殿花园。哈布斯堡家族热爱大自然和野生动物，喜欢收集奇异的植物。1752 年，公园里建成了世界上第一个动物园。1881 年，又建造了一个热带植物温室，用来种植棕榈树。

▌第 56 页（上） 这间房间位于宫殿一层，1769 年至 1777 年间约翰·伯格尔（Johann Bergl）以自然为主题，对其进行了装饰。图中树状的镀金的陶瓷炉是一件艺术品。

▌第 56 页（下） 房间里摆放着由木材雕刻且上过漆的豪华家具。但由于玛丽亚·特雷莎喜欢频繁更换家具，她把很多 18 世纪的家具送给了她的下属，所以今天我们难以看到大部分曾经的摆设，有点遗憾。

▌第 56—57 页 大艺术馆长 40 米，宽 10 米，用于举行接见仪式。这是一个典型的洛可可风格建筑，拥有大窗户、镜子、白色和金色的墙壁。天花板壁画由格雷戈里奥·古列尔米（Gregorio Guglielmi）创作。玛利亚·特雷莎和她的丈夫——洛林王朝的弗朗西斯一世位于壁画中央，周围记录了他们的功绩。

细木护壁板。还邀请了尼古劳斯·雅多和阿德里安·范斯特克霍芬重新布置花园，建造凯旋门。这座柱廊式建筑位于花园的最高处，从它的阶梯上可以欣赏到维也纳的全景。此外，特雷莎还提出修建海神喷泉和装饰有新古典主义雕像且引人注目的仿罗马遗迹建筑。此外，她的丈夫——洛林王朝的弗朗西斯一世，在这里建立了世界上第一个动物园，称为“早膳亭”（Frühstückspavillon），关有野兽和禽鸟的笼子在其周围整齐排列。

玛丽亚·特雷莎习惯将旧家具拿去拍卖或赠予宫中随从人员，因此，现在房间已基本不再有 18 世纪的陈设品。但壮丽的黄厅（Yellow Room）是个例外，它具有洛洛克特色，里面藏有年轻瑞士画家利奥塔（Liotard）创作的中产阶级孩童油画。

同样很有创意的是弗朗兹·约瑟夫（Franz Josef）使用了几十年的斯巴达折叠床。1916 年，他在这张床上与世长辞，时年 88 岁。他性格刚毅，每天早上四点半起床，洗个冷水澡，然后像其他狂热的天主教徒一样进行祈祷。他本可以住在紫檀木装饰且蓝白相间的豪华新房里，和美丽的皇后巴伐利亚伊丽莎白相依而睡，但他更想把那份奢华留给妻子。伊丽莎白因传说中的茜茜公主这一身份而广为人知，与她相关的许多极具艺术特色的物品都流传了下来，比如她用来做美容的精致华丽式闺房。

也许弗朗兹·约瑟夫当时已经意识到了帝国正走向衰落，但最终是其继任者卡尔一世于 1918 年 11 月 11 日，在蓝色的中国宫（Chinese Room）被迫签署了放弃国事的文件。第二天，奥地利共和国宣告成立，申布伦宫殿作为帝国居住地的历史篇章也就此结束。

第57页（下） 宫里的一些房间装饰有描绘田园和狩猎场景的巨幅壁画，它们是玛丽亚·特雷莎委托画家创作的。皇后要求庆典大厅（Ceremonial Room）里的壁画能够真实地再现哈布斯堡王朝历史上的重要时刻。

巴黎塞纳河畔

法国

入选年份：1991

遴选标准：C（Ⅰ）（Ⅱ）（Ⅳ）

第一次来到巴黎，你可能会有这样一种感觉：仿佛正在看一幅独一无二、永垂不朽的城市规划方案。从凯旋门经过香榭丽舍大道和杜伊勒里宫到卢浮宫，直到塞纳河畔的埃菲尔铁塔和整个西堤岛，似乎都是通过一种独特且兼收并蓄的思想创造出来的。实际上，当今的巴黎是经过七个世纪翻新、扩建和重组得来的结果。不过，在这种文化统一的理念背后确实有一个人：乔治斯·豪斯曼（Georges Haussmann）。豪斯曼1809年出生于一个普通家庭，后来成为拿破仑三世聘用的城市规划师。作为塞纳地区长官，1853年到1870年，他把法国首都改造成了享有盛名的“灯城”。

公元前1世纪，帕里西（Parisii）凯尔特人部落就生活在塞纳河畔，但是直到公元前52年后，那里才建了第一座城市，即当时西泽（Caesar）建立的罗马城市卢泰西亚（Lutetia）。公元360年，朱利安二世（叛教者）加冕为皇帝，城市在早期居民命名的基础上改名为巴黎。罗马帝国衰落后，它遭到了北欧海盗和蛮族的入侵，大量居民死于瘟疫，城市受到洗劫。为了在西堤岛周围建造一座可供居民避难的防御壁垒，早期罗马建筑也被拆毁了。

12世纪，菲利普·奥古斯塔斯（Philip Augustus）统治期间，巴黎开始繁荣。巴黎中心的小岛西堤岛坐落在塞纳河两岸之间，拥有那个时代两个特别的标志，巴黎圣母院（Nôtre-Dame）和圣礼拜堂（Sainte Chapelle），二者都是哥特式艺术的杰作。1163年，教皇亚历山大三世为巴黎圣母院举行奠基仪式，由此开启了历时170年的建造工作。教堂长130米，由飞拱支撑，山形墙两侧有两座近70米高的塔。宽大的耳堂（顶上是90米高的尖顶）后面，有一个18世纪的木雕唱诗班高坛，周围是400年前由琼·拉维（Jean Ravy）设计的石制教堂围屏，目的是使虔诚的宗教仪式免受噪声干扰。教堂内部由一个中殿和两个侧堂构成，以各个时代的油画和雕塑进行装饰。一旁的礼拜堂里存放着许多17—18世纪巴黎市政机构委托像查尔斯·勒布龙（Charles Le Brun）这样的大师创作的油画。巴黎圣母院奉为神圣象征的圣母子雕像就在耳堂旁边。

1248年，路易九世在巴黎圣母院附近建造了圣礼拜堂，用于存放耶稣圣物，其中包括他从拜占庭皇帝那里购买的荆棘王冠。教堂高耸入云，礼拜堂上层有15个华丽的彩绘玻璃窗，上面描绘了《圣经》和福音书中的场景；还有巨大的玫瑰窗以及为该教堂赢得“天堂之门”称号的木制使徒雕像。

多年来，巴黎一直被法国君主忽视，直到弗朗西斯一世决定建造一座与首都相匹配的宫殿。于是，1546年卢浮宫

第58页（上） 圣母大教堂的中殿在12世纪末建造完成。尽管后来进行了多次改造，但中殿的原始风格一直保留着，特别是六面体的拱顶和弓形圆柱群。

第58页（下） 圣礼拜堂里的小礼拜堂。这座教堂是西方建筑史最伟大的作品之一，1248年路易九世下令建造，用于存放耶稣的荆棘王冠、十字架碎片以及其他珍贵的纪念物。

第59页（上） 巴黎圣母院西面三个有雕刻装饰的入口，中间是为纪念圣母而建的玫瑰窗，还有两座塔楼。右边的塔楼里存放着著名的艾曼纽（Emmanuel）钟。

第59页（下） 圣礼拜堂里较大礼拜堂中以星星图案点缀的天花板。这座礼拜堂最初为皇室保留，墙上有15扇与众不同的窗户，15米高的细长圆柱隔开将之隔开，上面描绘了大约1000个宗教场景和主题。

开始建造，这项建筑工程纵跨三个多世纪，历经七个君主的统治。弗朗西斯一世把这项工作交给皮埃尔·莱斯科（Pierre Lescot）之后，凯瑟琳·美第奇（Catherine de Medici）王后让人建造了杜伊勒里宫（Tuileries Palace）。随后，亨利四世、路易十二、路易十四（将王室住所迁至凡尔赛宫）、拿破仑一世、拿破仑三世也都为此做了贡献。虽然路易十四很喜欢凡尔赛宫（Versailles），但他对卢浮宫的建造或许产生了最大影响。他意识到宫殿建筑风格不协调的问题，于是邀请意大利善于创新且名声在外的建筑师吉安·洛伦佐·贝尼尼（Gian Lorenzo Bernini）前往巴黎，对宫殿作出重大改造。贝尼尼决定重建宫殿外观，但他提出的方案并不令人信服。奠基仪式之后，贝尼尼被送回罗马，他的设计也彻底被改变了。这项工作后来交给了克劳德·佩罗（Claude Perrault），他设计了包围现有建筑的柱廊，让卢浮宫看起来既华丽又协调。

17 世纪，巴黎迎来了它的黄金时代。1671 年至 1676 年，路易十四在塞纳河另一侧岸边修建了荣军院（Hôtel des Invalides），供年老和伤残的退伍军人居住。在此之前不久，马萨林（Mazarin）建造了四国学院（Collège des Quatre-Nations），即现在法兰西学会（Institut de France）和国家学院的总部所在地。多菲内路（Rue Dauphine）和太子广场（Place Dauphine）也是这个时期建造的。另外，为了将西堤岛东南的圣路易岛（Île de Saint-Louis）改造成一个住宅区，大约进行了 1650 项工作。

18 世纪中叶，路易十五命令雅克 - 安格·加布里埃尔（Jacques-Ange Gabriel）建造协和广场（Place de la Concorde）和军事学校（Military School）。对面是一片宽阔的战神广场（Champs de Mars），一直延伸到塞纳河，后来成为法国举行重要政治庆

第 60 页（左上） 卢浮宫二楼一处宏伟的画廊，专门展出 1400 年至 1900 年间的欧洲绘画。当然，几乎一半的无价珍品都是法国艺术家的杰作。

第 60 页（右上） 卢浮宫大厅陈列着艺术品、家具、珠宝、钟表、壁挂、武器、盔甲、瓷器等，共计 8000 件物品。这幅画展示的是一个陈列着 18 世纪法国家具的房间。

第60—61页　拿破仑中庭卢浮宫的主要庭院，周围是路易十三（1610—1654年）统治时期的建筑。重建工作始于1981年，由弗朗索瓦·密特朗（François Mitterand）主持，1989年完成。新入口上方著名的玻璃金字塔是由美籍华人建筑师贝聿铭（I.M. Pei）设计的。

第61页（上）　卢浮宫的罗马部分展示了半身像和高质量的雕刻群像。

第61页（左下）　圆顶教堂气势宏伟，由“太阳王”路易十四于1676年建造。教堂原用于保存皇室遗物，但路易十四去世后，这个计划便被搁置一旁。如今，这座建筑成为波旁王朝光辉史纪念馆。

第61页（右下）　圆顶教堂的圆顶内部。它下面是一个地窖，1861年，拿破仑的坟墓被放置于此。应路易-菲利浦（Louis Philippe）的要求，这位独裁者的遗体从圣海伦娜（St. Helena）运回了法国。

▌第63页　从空中俯瞰塞纳河，左下方为国家凯布朗利博物馆（Musée du Quai Branly）。它由琼·努维尔（Jean Nouvel）设计，位于一片野的自然区域：坐落在河边，被长198米、高12米的植物带分隔开来。

▌第62页（上）　香榭丽舍大道以及其后面的凯旋门。1806年拿破仑建造了纪念馆，以此纪念1805年奥斯特利茨战役取得胜利。这条大道是从中衍生出来的最为著名的12条大街之一。

典的场所。法国大革命迫使巴黎发展计划暂停，但拿破仑很快就命令继续进行前任君主留下的项目。当时，码头（塞纳河两岸）上零零散散分布着船只、仓库和风力磨坊，风景如画。国王规范河上交通，建造石码头，但这只是其城市规划的开始。拿破仑还建造了玛德琳教堂（Madeleine），与对岸一座相同的教堂遥遥相对。他请人重新设计了协和广场，规划了里沃利街（Rue de Rivoli），这样就可以沿着塞纳河从象征着大革命的巴士底狱一直通到戴高乐广场（Place de l'Etoile）。

▌第62页（下）　协和广场的另一处景观。象征法国最重要城市的八座雕像之一矗立在最显眼的位置。19世纪，有3200年历史的卢克索方尖碑（Luxor Obelisk）坐落在广场中心。后面是埃菲尔铁塔。

1805 年，在奥斯特利茨战役胜利后，巴黎最著名的地标之一凯旋门开始建造。为了更好地连接河两岸，又在新桥（Pont Neuf）旁建造了横跨塞纳河的奥斯特利茨桥（Pont d'Austerlitz）和耶拿桥（Pont d'Iena）。

拿破仑给这个拥有 50 万人口的大都市留下了深远的影响。不过，真正赋予巴黎不朽魅力的是拿破仑三世，他在 19 世纪中叶下令进行了城市规划革命。做出这一决定的原因之一是，他担心人口增多会再次导致大规模起义，反抗君主领导。这时，如果城市拥有大广场和宽阔大道，可以让他集结军队保卫君主统治。豪斯曼构思并监督了这个新规划，开创了一条新道。

第 64 页底部　埃菲尔铁塔是法国首都巴黎最著名的纪念碑。它是为了庆祝 1889 年 3 月世博会开幕而建立的。在 1931 年纽约帝国大厦竣工之前它是世界上最高的建筑。

第 64—65 页　透过埃菲尔铁塔的基座，可以看到战神广场，这里一直延伸到军事学院的花园。学院的学员将广场作为游行的场地。每年 7 月 14 日，这里都会举行纪念法国大革命的大型活动。

第 65 页（左下） 拉德芳斯街景。拉德芳斯是欧洲最大和最完善的商务区，占地约 80 万平方米。同时它也被精心规划成露天艺术馆和当代建筑博物馆

第 65 页（右上） 大拱门是作为凯旋门和卢浮宫金字塔所在轴承的延续而建造的。

第 65 页（右下） 大拱门中由玻璃和钢制成的拉伸结构由丹麦建筑师奥托·斯普瑞卡尔森于 1989 年设计。

凡尔赛宫及其园林

法国 伊夫林省（Yvelines）
入选年份：1979
遴选标准：C（Ⅰ）（Ⅱ）（Ⅵ）

▌第 66 页（左上） 凡尔赛宫花园（Versailles Park）一处喷水花圃中拿破仑雕像细节图。

▌第 66 页（左下） 大特里亚农宫（The Grand Trianon）建于 1687 年，是路易十四的寝宫。花园设计师路易十六的妻子玛丽 - 安托瓦妮特也很喜欢这里宁静的氛围。

1789 年 10 月 6 日，王后玛丽 - 安托瓦妮特（Marie-Antoinette）借助一个连接王后和国王住所的密道，成功躲开了愤怒的暴徒。但是，她仅仅躲避了一夜，第二天一早，路易十六和他的妻子便被逮捕，四年之后，他们被处死。

因此，凡尔赛宫成了法国君主制悲惨终结的发生地，尽管这只是暂时的。后期，路易十五留给年幼无力统治的儿子巨额债务，让路易十六不堪重负。事实上，路易十六登基时已经 20 岁，而他最为杰出的祖先路易十四即位时也才 5 岁，而且还建造了这座宏伟的宫殿。此外，出色的外交官马萨林去世时，“太阳王”才 23 岁，他当时便决定依靠他信任的谋士琼・巴普蒂斯特・科尔伯特（Jean-Baptiste Colbert）帮助他治理国家。

凡尔赛宫的历史始于 17 世纪初，当时年轻的王位继承人路易十三经常在凡尔赛宫地区村庄周围的树林和田野里狩猎。他成为国王后，仍把那里当作摆脱宫廷无聊礼节的出口，最终于 1623 年 4 月 8 日买下了整片凡尔赛领地，还在那里建造了一个小型狩猎行宫。这座用石头、砖和石板建造的建筑现在已被围在宏伟的宫殿之中，被称为古城堡（Old Castle）。

但是，路易十三没有享受多久的凡尔赛的和平，便于 1632 年英年早逝，将王位传给了他年幼的儿子，也就是后来的“太阳王”路易。迎娶西班牙公主玛丽亚・特雷莎为妻后，“太阳王”路易巩固了自己的王国，1660 年开始扩建父亲的宫殿。在建筑师路易斯・勒沃（Louis Le Vau）的指挥下，在现存的宫殿前建造了两座平行的建筑，内部进行了装饰，也兴建了花园。然而这些改建不足以满足国王的雄心壮志，所以 1668 年，他决定进行第二次扩建。他再次委托勒沃进行设计，勒沃想要拆除旧建筑，但国王表示反对，同时要求在旧建筑周围建造新宫殿，形成“封套”结构。国家大殿（State apartments）就是在此次扩建期间建立起来的。1670 年勒沃去世后，露台设计交给了弗朗索瓦・多尔贝（François d'Orbay），人们可以从此处俯瞰花园，其设计灵感来自意大利巴洛克别墅建筑。

1678 年，“太阳王”决定将凡尔赛宫打造成法国王权的象征。他委托了一位新建筑师朱尔斯・哈杜安・孟萨尔（Jules Ardouin-Mansart），这位建筑师用 6 年时间建造了宫殿南北两侧巨大的两翼建筑、橘园、马厩和巨大的职员楼。

第66—67页　1682年5月6日，凡尔赛宫取代卢浮宫成为法国国王的官邸。凡尔赛宫坐拥700个房间和美丽的花园，是世界上最著名的建筑之一。

第67页（上）　阿波罗池（Apollo Pool）是凡尔赛宫花园中最大的喷水池之一，坐落在通往宫殿的主干道上，呈八边形。它上面装饰着一个站在战车上的太阳神雕塑，雕塑由琼·巴普蒂斯特·图比（Jean Baptiste Tuby）雕刻而成。

第67页（下）　拉托娜池（Latona's Pool）是凡尔赛宫另一处非凡的喷泉，可以通过一段大台阶进入此地。欣赏喷泉流水是路易十四最喜欢的娱乐活动。

然而，他最重要的贡献是将露台改造成著名的镜厅（Hall of Mirrors），后来成为君主绝对权力的象征。大厅有73米长，10.5米宽，12米高，气势恢宏。一端是和平厅（Salon de la Paix），另一端是战争厅（Salon de la Gu è rre）。17扇巨大的窗户正对着花园，与窗户相对的是同等数量的镜子，它们都是在巴黎的作坊里制造的，科尔伯特特意建造这些作坊，只为和威尼斯的同行进行竞争。拱顶架在大理石柱子上，柱顶以青铜制成，上面装饰着法国的象征——公鸡和鸢尾花。查尔斯·勒布龙（Charles Le Brun）负责宫殿装饰工作，并亲自为天花板作画，30幅用灰泥裱起来的画通过神话典故和援引军事和外交上的丰功伟绩来强调“太阳王”的伟大。

1682年5月6日，凡尔赛取代了卢浮宫和圣日耳曼昂莱（Saint-Germainen-Laye），成为法国朝廷的正式宫殿。整个工程使用了3.6万名工人，宫殿完工后，可以容纳5000名宾客，另有1.4万名侍卫和仆人住在附属于凡尔赛宫的地方。花园由景观园丁安德烈·勒诺特尔（André Le Nôtre）布置。在他的指导下，约8平方千

第68—69页　镜厅是法国君主制绝对权力的象征。73米长，其天花板上的壁画歌颂了路易十四的伟大。大厅的一边有17面巨大的镜子，另一边有17扇可以俯瞰公园的大窗户。

第68页（左下）　战争厅中安托万·柯塞沃克（Antoine Coysevox）雕刻的大奖章庆祝“太阳王”取得军事胜利。

第68页（右下）　和平厅是以路易十四的画作命名的。国王要求弗朗索瓦·勒穆瓦纳（François Lemoyne）把他描绘成给欧洲带来和平的人。

第69页（右）　1789年10月6日，革命者闯入宫殿时，玛丽·安托瓦妮特正在女王的卧房里。这个房间修复得很好，是皇室家族装饰富丽堂皇的完美范例。

米的土地被夷为平地，用于安置露台、林荫道、植物、1400个喷泉和400座雕塑。

镜厅旁的花园绝美无比，难以名状。在这片土地上，勒诺特尔创造了许多景致不一的自然景观，它们通过通往宫殿的皇家大道相互连通。宫殿后面是花坛，两个平行的水池通向拉托娜池和它的花坛。园林北部的右侧，是巨大的瑞典池塘。离开宫殿的时候，你会看到阿波罗喷水池以及紧随其后的大运河（Grand Canal）。大运河是一片占地23公顷、周长超过4.8千米的

第70—71页　两个花坛装饰着华丽的青铜雕像，位于宫殿中央部分的正前方。游泳池主要用于装饰，池中凡尔赛宫的美丽倒影，创造了一种高度戏剧性的效果。

水域，路易十四统治时期于此庆祝水节。

公园里有一些较小的建筑，比如曼萨特在1685年设计的圆形大理石柱，勒诺特尔和曼萨特设计的壮观的海神喷泉（Neptune fountain），以及小特里亚农宫和大特里亚农宫（Petit and Grand Trianons）。小特里亚农宫建造于1762年，是路易十五频繁幽会的场所，后来被玛丽-安托瓦妮特私用。大特里亚农宫是路易十四在1687年建造的，用于与他最爱的德曼特农夫人的公开会面。

“太阳王”每天的生活从8点30分准时开始，上午10点第一个预约好的会晤在镜厅举行。在那里，他会见了打算向他递交请愿书的议员。11点，他转到皇家小教堂（Chapelle Royale）做礼拜，该教堂于1710年由罗伯特·德科特主持建成。这个祭祀圣路易的礼拜堂有一个凸出的楼座，国王坐在那里，中殿站满了朝臣和贵妇，它们分布在旁边的楼座周围。礼拜堂既有哥特式风格，也有巴洛克风格，内部是白色大理石制成的，涂有镀金的灰泥，装有精致的窗户。里面雕花的柱子、画着壁画的拱顶和马赛克地板，都具有18世纪早期的典型特征。聚会结束后，国王回到私人

被使用，不过1770年路易十六和玛丽·安托瓦妮特曾于此举办婚宴。

法国大革命和封建君主复辟后，路易·菲利普（Louis Philippe）在1837年做出了最后一项伟大的创新。凡尔赛宫南侧的侧翼被改造成法国历史博物馆（Museum of French History），占地18000平方米，用于庆祝“法兰西荣耀”。为了完成这项巨大的工程，国王委托当时最伟大的画家创作了3000多幅画作，比如艺术家尤金·德拉克洛瓦（Eugène Delacroix）的作品就在其中。当你在这些房间里漫步时，你会看到法国从卡佩王朝（Capetian）直到19世纪中期的历史，在你眼前一一展开。

凡尔赛宫如今是法国昔日辉煌的象征，对它的维护需要付出巨大的努力。11

第71页（上） 皇家小教堂由朱尔斯·哈杜安·孟萨尔设计，融合了哥特式和巴洛克式的建筑特色，由罗伯特·德科特（Robert de Cotte）于1710年完成。

第71页（下） 宫廷剧院是在路易十五统治期间由雅克－安格·加布里埃尔建造的。一个复杂的机械系统将礼堂提升到舞台的高度，使得剧院也可以用作接待室。

住所，在那里召开国家内阁每日会议。在和一群朝臣简单地共进午餐后，国王会在公园里散步，并于下午6点准时回来。因为接着是在晚餐和睡觉前进行沙龙谈话和会面的时间。

1715年路易十四去世后，凡尔赛宫就没再进行过大规模的改建了。在路易十五统治末期，雅克－安杰·加布里埃尔（Jacques-Ange Gabriel）在北侧侧翼建筑的尽头建造了宏伟的宫廷剧院，即歌剧院。全木制礼堂可容纳700名观众，提供了完美的音响效果。其镀金装饰与绿色和粉红色的大理石和谐地融合在一起。复杂的机械装置能够让整个观众席上升到舞台的高度，用来举行盛大的宴会。剧院的运营成本很高，一个晚会要用1万支蜡烛，所以它很少名管理者和3名建筑师管理着700个房间、67个楼梯和2153扇窗户。48位园丁要打理好整个花园，每年种植21万株新花，照料好20万棵树。5人照料喷泉；18名修复者修复了6000幅画作、1500幅素描、1.5万幅铜版画、2100件雕塑和5000件家具；还有363名守卫来保护这个每年迎来600万游客的巨大艺术遗产。

圣米歇尔山及其海湾

法国

芒什省（Manche），伊勒－维莱纳省（Ille-et-Vilaine），
下诺曼底和布列塔尼（Lower Normandy and Brittany）
入选年份：1979
遴选标准：C（Ⅰ）（Ⅲ）（Ⅵ）

一份10世纪的手稿告诉了人们圣米歇尔的圣徒是如何来到布列塔尼和诺曼底边界海湾的。据《圣米歇尔传道启示录》（*Revelatio ecclesiae sancti Michaelis*），708年，大天使米歇尔出现在阿夫朗什（Avranches）主教奥伯特的梦里，用手指触摸他的前额，命令其在耸立于希西（Scissy）森林中的墓石山（Mont-Tombe）上修建祈祷室。这一时期出现了陆地下沉，海水上涨的地质现象，从而形成了圣米歇尔山（Mont-Saint-Michel）和小潮汐岛（Tombelain）两个岛屿。

两个世纪后，诺曼底公爵理查德一世指控来自圣旺德里耶（Saint-Wandrille）的12名本笃会修士在奥伯特建造圣母教堂（Nôtre-Dame-sous-Terre）的地方建立了一座修道院。1023年，修道院的中殿开始建造，耳堂位于岛屿最高处，本笃会的修女们创造了一个与众不同的社区。这座山既不属于陆地也不属于海洋，同时受到自然力量的威胁和保护，因此，它对任何能够到达它的人来说都是完美避难所。岛上气氛宁静，有利于人们冥思神的奥秘。

1204年，修道院的一部分被大火烧毁，后来被著名的建筑梅韦勒耶（La Merveille，意为“奇迹”）取代。它有三层，分为相邻的两部分，教堂的北面面朝大海。三层楼中最低层是专门为朝圣者准备食品的地方和餐厅。二楼是为贵客准备的餐厅和写字间（后称为骑士厅），僧侣们在那里创作有启发性的律条。顶层的修道士的餐厅与回廊相连，它们形成了一个空中花园，周围的拱廊由以花卉图案装饰的

圆柱支撑。建筑图式的象征意义明确。这三层代表着人的三个层次：最低层代表物质层面，中层代表学识和理性科学，最高层代表与上帝的交流。

人们认为圣米歇尔山是天堂耶路撒冷在世俗中的代表，所以中世纪晚期它成为朝圣之地，经常有君主前来进行虔诚的祈祷，后来它成为法国国家统一的象征。1346年，百年战争期间，英国人占领了附近的小潮汐岛。短暂的休战带来了和平，但1417年，英国人又威胁法国大陆。1426年，他们加强了对修道院的围攻，当时修道院只有119名骑士在路易·德埃斯托特维尔（Louis d'Estouteville）的领导下进行防卫。在修道士们的帮助下，这个要塞一直坚守到1450年英国人放弃小潮汐岛，诺曼底获得解放。百年战争结束时，法国国王路易十一世建立了圣米歇尔骑士勋章，大天使米歇尔成为法国的守护神。在漫长的围攻过程中，教堂的唱诗班高坛倒塌了，最后重新恢复和平时，人们用火焰哥特式风格将其重建。这次重建，让修道院成为中世纪建筑风格的典范。

整个18世纪，圣米歇尔山一直被国王用作囚禁政治犯的监狱。1790年，修道士们离开了这里。20年后，这座山正式归监狱权力管辖，用于关押普通罪犯。修道院的命运多舛，但它得到了维克多·雨果（Victor Hugo）等著名知识分子的坚决保卫。然而，直到1863年拿破仑三世颁布法令取缔这座监狱，这座山才摆脱监狱的身份。

1874年，圣米歇尔山正式登册，成为法国历史遗迹，并经历了大规模的修复过程，包括在修道院脚下发展起来的中世纪村落木屋。三年后，一座连接修道院和大坝的堤道落成。这样现代朝圣者来到岛屿更加便利了，但它们改变了修道院与世隔绝的特点。事实上，它成为联合国教科文组织（UNESCO）世界遗产后，一项旨在恢复其原状的工程就开始了，这一工程堪称欧洲最具原创性的文化活动之一。2016年，拆除大坝和堤道后，当地在库埃农河（Couesnon River）上重建了一座规模更大的新大坝，修建了一座架空桥。涨潮时，桥会被水淹没，游客会有一种水上行走的感觉，这又复原了修道院超凡脱俗的神秘感。

第72页 经过十年的建设，2016年新桥通车，圣米歇尔山和迷人的海湾再次寻回了它们的本真。现在，涨潮的时候，小山就会变成一个岛屿。因此，小岛这种与世隔绝的感觉得到了重现，这推动中世纪本笃会修士建造了后来成为欧洲宗教建筑中最非凡的建筑之一。

第73页（上） 修道院的餐厅位于教堂右边，面向回廊，靠高窗采光。

第73页（中） 梅韦勒耶回廊里有优雅的粉红色花岗岩柱子，非常华丽，堪称13世纪盎格鲁-诺曼（Anglo-Norman）哥特式的杰作。

第73页（下） 修道院周围有一个始建于13世纪的宏伟村庄，供来自欧洲各地的朝圣者居住。在那里，我们还可以看到圣皮埃尔（St. Pierre）教堂，欣赏圣米歇尔的银盘雕像，参观历史博物馆（Musée Historique），它讲述了1300年历史的圣城，作家维克多·雨果将其描述为“海上金字塔”。

威尼斯及其潟湖

意大利 | 威尼托区（Veneto）
入选年份：1987
遴选标准：C（Ⅰ）（Ⅱ）（Ⅲ）（Ⅳ）（Ⅴ）（Ⅵ）

▍第 74 页（上） 作为威尼斯的象征，圣马可教堂（St. Mark's Basilica）是圣徒马可安葬之处，于 1094 年祝圣。作为中世纪艺术历史中别具一格的古迹，里面布满了拜占庭式、罗马式、哥特式和文艺复兴式的艺术品。1807 年，主教座堂从圣彼得罗迪卡斯泰洛教堂（Cathedral of San Pietro di Castello）迁往圣马可教堂，此后一直为主教座堂。

▍第 74 页（下） 圣马可教堂的四匹青铜马来源不详，原本藏于拜占庭君士坦丁堡，后于 1204 年遭掳掠，并被带到了威尼斯。

威尼斯设计了一系列大型防洪闸，锚定在基奥贾（Chioggia）、利多（Lido）和马拉莫科（Malamocco）入口处底部。当亚得里亚海的水位超过一定限度时，水闸将会升高以防止海水涌入潟湖，这就是摩西工程。摩西工程尽管目标远大但也饱受争议，计划于2022年完成，同时也将采取其他措施以保护威尼斯。当下，威尼斯大概每年平均会发生40次的涨潮，以上一系列措施可以防止这座城市及其潟湖因涨潮而被淹没。

全球变暖使得海平面上升，如若上升幅度正如预期，则到21世纪中叶，这种高水位现象可能预计每年发生100次，威尼斯彼时将处于水深火热之中。威尼斯独一无二，价值不可估量。联合国教科文组织在将整个城市定义为世界遗产时强调，构成威尼斯的118个岛屿是一件非凡的建筑杰作，即使最小的宫殿里也可以发现乔尔乔内（Giorgione）、提香（Titian）、丁托列托（Tintoretto）和维罗内塞（Veronese）等大师的作品。

有资料显示早期关于威尼斯的记录始于公元421年3月25日，但这一假设缺少文献支持。可以肯定的是，在5世纪中叶，随着罗马帝国的瓦解，阿提拉领导下的匈奴人迫使许多威尼托地区的居民逃往亚得里亚海沿岸的潟湖地区避难。湖区居民仍处于东罗马帝国势力范围内，并于公元697年获得了很大程度的独立：他们选举出了第一任总督鲍卢西奥·阿纳菲斯托（Paoluccio Anafesto），以代替拜占庭帝国指派而来的海上护民官。

公元811年，决定性的时刻到来了。在总督阿涅洛·帕拉科（Doge Agnello Particiaco）的领导下，该地区的行政中心从马拉莫科转移到了潟湖中心的里沃·阿尔托——现称里亚尔托岛（Rialto）。大家公认这是威尼斯历史的开端。几年后，两名水手将传教士圣马可的遗体从埃及的亚历山大港偷运到了里亚尔托岛。据传说，圣马可在遭遇海难后曾在里亚尔托岛避难。他的遗体安葬于总督礼拜堂，即后来建造圣马可大教堂之处，教堂内有两处地方专门安葬圣马可遗体。1094年，圣马可大教堂在此祝圣。

9世纪时，威尼斯水手已频繁往来黎凡特城（Levant）。尽管威尼斯是个年轻的国家，它已开始对亚得里亚海的竞争港口发动了一系列军事行动。在十字军东征早期，威尼斯人掠夺被征服地区，积累了大量财富，同时控制了地中海大片地区的贸易，这也是其财富的主要来源。在第四次十字军东征期间，威尼斯迅速崛起。1204年，拜占庭陷落，东罗马帝国失去了大部分领土，威尼斯这个以水手为主的小城市，开始统治爱琴海（Aegean Sea）和爱奥尼亚海（Ionian Sea）的岛屿、港口和城市。威尼斯将拜占庭洗劫一空，极大地提高了其政治和经济力量，同时也掠夺了青铜驷马（Quadriga），并将其矗立在圣马可教堂上方，掠夺物品还包括圣马可教堂里的金坛（Golden Altar）和许多大教堂正面的大理石雕像装饰。

热那亚，另一个地中海海上强国，很快就使得威尼斯黯然失色。这两个临海国家之间的第一次小规模冲突发生在泰罗（Tiro）。随之而来的是长达一个多世纪的

第75页（上） 行政长官官邸坐落在圣马可广场两侧，圣马可教堂九名行政长官在此办公。旁边是建于1493年的钟楼，钟楼的顶部有两位铜制摩尔人敲钟。之所以称之为摩尔人是因为修建后因为金属上形成了黑色铜绿。

第75页（下） 总督宫（Ducal Palace）是历任总督的住所，也是行政机构所在地。总督宫在14—15世纪经过多次重建。左侧的圣马可钟楼是1902年7月14日倒塌后重建的。

▍第 76 页（上） 著名的黄金装饰屏（Pala d' Oro）装饰着圣马可圣坛，在 14 世纪中叶安放在这一镀金的哥特式框架中。这些金瓷砖是珐琅的，大概率是 10 世纪到 12 世纪产于拜占庭。

▍第 76 页（左下） 圣马可教堂圣坛顶部雕像是由雅克贝罗（Jacobello）和皮尔 · 保罗 · 达勒 · 马塞涅（Pier Paolo Dalle Masegne）在 14 世纪后期雕刻而成的，被公认为是哥特式威尼斯雕塑的代表作。

▍第 76 页（右下） 圣马可教堂的穹顶。这五个圆顶模仿了古代的君士坦丁堡教堂，装饰它们的壁画代表了基督的生平和人类救赎之路。

▍第 77 页 圣马可大教堂内部。除却非凡的雕塑作品，教堂还拥有一个宝库，由 283 件黄金、白银、玻璃和其他贵重金属组成，这些大部分是第四次十字军东征洗劫君士坦丁堡时劫掠而来。

战争，甚至有一次，热那亚人在基奥贾附近登陆后，威尼斯人撤退到了潟湖地区。

14 世纪中叶，鼠疫肆虐，大量人口死亡，威尼斯濒临灭亡，但它最终成功地存活了下来，随后便开始在大陆上寻找盟友，它将目光聚焦到了米兰大公吉安 · 加莱亚佐 · 维斯孔蒂（Gian Galeazzo Visconti）身上。15 世纪初，该国取名为"Serenissima"（最宁静的共和国），并征服了威尼托地区，最西至布雷西亚（Brescia）和贝加莫（Bergamo）。威尼斯商业发达，带来巨大财富，这些财富流入了贵族的金库，使得他们拥有赞助威尼托新艺术流派的资本。在这段高度繁荣的时期里，涌现出了维托雷 · 卡尔帕乔、乔尔乔内以及后来的保罗 · 维罗内塞、提香和丁托列托等画家，全威尼斯的教堂和私人住宅都可见到他们作品的踪迹。

这段时期艺术活力高度迸发，而威尼斯开始失去其统治地位。截至 1453 年，土耳其人重新控制了拜占庭，15 世纪末，法国人入侵了意大利西北部的大部分地区。美洲的发现开辟了新的航线，

土耳其和西班牙等国家的舰队占据了上风。即使全力运转，威尼斯兵船厂也无法追赶上这些精心组织的新兴海上力量。

1570 年，土耳其人在达达尼尔海峡（Dardanelles）和博斯普鲁斯海峡（Bosporus）扣押了威尼斯船只，随后攻击了塞浦路斯（Cyprus）。一年后，威尼斯在勒班陀（Lepanto）战役大胜，洗雪前耻，但其命运冥冥之中便已注定。17 世纪末，威尼斯又失去了克里特岛（Crete）。不久，威尼斯成功地占领了伯罗奔尼撒半岛（Peloponnese），但 1714 年它又重回土耳其之手。

此时，威尼斯势单力薄。外国船只穿过亚得里亚海时无须向其缴纳过路费，它先前过于关注地中海区域而忽略了全球贸

第78页（上） 安康圣母教堂（Santa Maria della Salute）坐落在大运河口，始建于1631年，以庆祝黑死病的结束。1677年，朱塞佩·贝诺尼（Giuseppe Benoni）开始在前部建造海关大楼（Customs House）。

第78页（左下） 总督宫面向斯基亚沃尼河和圣乔治·马焦雷岛（San Giorgio Maggiore），一直是威尼斯政治生活的中心，直到1797年拿破仑入侵导致共和国垮台。

易新航线的开辟。世界商业重心转移到了大西洋和印度洋，威尼斯的商业随着其军事力量的衰落而衰落。然而，尽管威尼斯政治和商业不断衰落，艺术却迎来黄金时期。乔瓦尼·巴蒂斯塔·提也波洛（Giovanni Battista Tiepolo）的宏伟壁画装饰着威尼斯的宫殿；新古典主义雕塑在安东尼奥·卡诺瓦（Antonio Canova）的画室中初现风采；剧院里充斥着卡洛·哥尔多尼（Carlo Goldoni）的讽刺剧和贝内代托·马尔切洛（Benedetto Marcello）的乐章。与此同时，无数富裕游客来到威尼斯，赞助弗朗西斯科·瓜迪（Francesco Guardi）和卡纳莱托（Canaletto）等威尼斯景观艺术家创作作品。

威尼斯沉醉于觥筹交错，而此时拿破仑军队开始横扫欧洲。威尼斯再次打出外交牌，决定不支持波河平原城市的叛乱，但拿破仑仍旧对其提出了苛刻的条件。威尼斯总督一心担心失去大陆上的财产，于1797年5月12日接受了法国的条款。几天后，拿破仑率领军队攻占威尼斯并将其洗劫一空。这标志着威尼斯共和国的灭亡。

威尼斯对海洋和贸易进行了长达八个世纪的统治，这无疑使其独树一帜。很难判别威尼斯哪一处的景色更美，但毫无疑问，4000米长的大运河两侧是威尼斯的标志。首先是圣马可广场的教堂，它因风格混搭而出名，以及于1902年7月14日倒塌后又迅速重建的钟楼。钟楼上的标志记载着涨潮时期的最高水位。

1797年之前，历任总督都居住在威尼斯总督宫（Ducal Palace），著名的叹息桥（Bridge of Sighs）将其与市监狱分隔开来。行政长官的官邸是围绕着广场的带门廊建筑，里面是九名行政长官的办公室，行政长官在威尼斯是地位仅次于总督的政要。广场毗邻里瓦－戴德利－斯基亚沃尼大道（Riva Degli Schiavoni），对面是圣乔治·马焦雷岛（San Giorgio Maggiore），那里矗立着帕拉蒂奥（Palladio）设计的同名教堂。

就在运河的入口处，有安康圣母教堂（Santa Maria della Salute）、学会美术馆（Accademia）、贝洛尼·巴塔利亚宫（Palazzo BelloniBattaglia）、马尔切洛宫（Palazzo Marcello）(作曲家马尔切洛的出生地)、文德拉明·卡莱尔宫（Palazzo Vendramin Calergi，

第78页（右下） 总督及其心腹在总督宫内的委员会厅（Sala del Collegio）会面。其天顶上的雕刻是彼得罗·隆吉（Pietro Longhi）、维罗内塞和丁托列托的著名画作。

第78—79页 总督宫内的元老院厅（Sala del Senato）装饰着丁托列托和雅各布·小帕尔马（Jacopo Palma the Younger）的画作。可容纳60位议员的议会厅也被称为“孔西列里一代－普雷加迪奥”或“孔西利乌姆一罗加托里乌姆”。

第79页（下） 圣乔治·马焦雷教堂矗立在其同名岛屿上，由安德烈亚·帕拉第奥设计，教堂由一座14世纪的建筑改建而成，于1565年至1610年得以重建。此前，老教堂有一个中殿和两条侧廊，一端由旧建筑包围。

第80页（上） 福斯卡里宫（Gothic Ca' Foscari）的正面，在二层和三层有两个壮观的八拱敞廊。建于14世纪末，它本为朱斯蒂尼安家族财产，后于1453年为总督弗朗西斯科·福斯卡里（Francesco Foscari）所有。市政府购买并予以修建后，现在它属于威尼斯大学的一部分。

理查·瓦格纳去世的地方）、威尼斯大学主校区、达里奥宫（Ca' Dario）、黄金宫、格拉西宫（Palazzo Grassi，这座城市著名的会展中心）。

沿着大运河往下走，矗立着圣母之光教堂（Santa Maria Gloriosa dei Frari），一座巨大的大理石围墙环绕着124个唱诗班座席，中殿的两侧排列着令人叹为观止的绘画和雕塑。

再往前是里亚托桥（Rialto Bridge）以及一系列商店。始建于9世纪，它原本是一座浮桥，于1591年用石头重建，很快就成为市中心的地标。

即使是在最偏远的地区，威尼斯仍以其艺术和建筑瑰宝而令人惊叹。如今，游客蜂拥而入，不断上升的水位也使其岌岌可危，但随着时间的推移，人们越发了解威尼斯所面临的危险，世界各地建立了数百个组织，旨在保护威尼斯文化遗产。

第80页（中） 尽管在里亚托桥后面，黄金宫仍是大运河上最著名的宫殿之一。它由马泰奥·拉维蒂（Matteo Raverti）、乔瓦尼（Giovanni）和巴尔托洛梅奥·布昂（Bartolomeo Buon）在15世纪上半叶建造，它得名于金叶、朱红和天蓝色的装饰。

第80页（右下） 达里奥宫是大运河上另一个非凡之处。建筑师乔瓦尼·达里奥（Giovanni Dario）于1487年设计了该建筑，并因此得名。

第80—81页 里亚托桥建于1588年至1591年，桥上有很多店铺，以前是一座浮桥，后来改建为石桥。人们花了70年的时间才决定如何建造里亚托桥，最终花费的成本简直是个天文数字——25万达克特金币。

第81页（下） 这是一幅华丽的多联画，由巴尔托洛梅奥·维瓦里尼（Bartolomeo Vivarini）于16世纪下半叶创作而成，是圣母之光教堂中无数艺术品中的一幅。

比萨大教堂广场

意大利

托斯卡纳区（Tuscany）
入选年份：1987
遴选标准：C（I）（II）（IV）（VI）

第 82 页（左上） 朱塞佩·瓦卡（Giuseppe Vaccà）设计的喷泉的局部，它位于比萨大教堂（Piazza del Duomo）入口处，三个丘比特小天使举着比萨的市徽。

第 82—83 页 大教堂和著名的钟楼（即比萨斜塔）。钟楼在扶正后于最近再度向公众开放，因其独特的建筑风格被认为是世界上最美丽的建筑之一。

1604年10月16日，伽利略·伽利雷（Galileo Galilei）给他的朋友保罗·萨尔皮（Paolo Sarpi）写了一封信，信中描述了物体运动定律。有人声称，这位40岁的数学教授通过在比萨斜塔上做自由落体实验而发现了这个定律。

事实上，伽利略没有足够精确的计时器来测量坠落的时间，更令人信服的说法是，他当时正在博杜瓦教书。然而可以肯定的是，这个故事的灵感来自斜塔。比萨斜塔早在建成之前就开始倾斜了。塔门上方的铭文证明了这一点，它是为了纪念建筑师博南诺·皮萨诺（Bonanno Pisano）在1173年8月9日铺设奠基石，但仅仅五年后，第四层还未竣工时，地面的下沉导致

第83页（上） 这个巨大的长方形建筑附近曾是墓地。它建于13世纪末，据传说，主教奥博多·德·兰弗兰基(Ubaldo de' Lanfranchi)就是在这个地方播撒从圣地各各他（Golgotha）船运而来的土壤。

第83页（左下和右下） 比萨大教堂和洗礼堂。后者是意大利同类建筑中最令人印象深刻的，周长达107米，高度达54米。

塔已向南倾斜了 2.54 厘米左右，他以为自己犯了一个设计错误，因此引咎辞职。

1275 年，在乔瓦尼・迪・西莫内的主持下，建筑工作得以恢复，他又精心设计加盖了三层，以平衡另一侧的倾斜度，然而只是徒劳。

1284 年，只差钟楼未完成，然而倾斜已超过 89 厘米，此时另一个噩耗传来：乔瓦尼・迪・西莫内在比萨与热那亚间爆发的梅洛里亚战役中牺牲了。1350 年至 1372 年，托马索・皮萨诺（Tommaso Pisano）完成了这项工作。这座塔高 56 米，底部直径

达 15.5 米，重 16000 吨，207 尊白色大理石和砂岩柱子用作装饰，其中 15 根在底部，六层中每一层有 30 根，12 根围绕着钟楼。一段 294 级台阶的螺旋楼梯从入口处通往顶层，入口处有两个描绘怪兽和动物的浅浮雕，顶楼是敲钟处。

比萨斜塔是大教堂广场上最后竣工的建筑物。许多人称其为奇迹广场，因为它被视作一个奇迹：该市与宗教生活相关的所有建筑物都集中在一个区域。大教堂就矗立在斜塔的旁边，是罗马式建筑的杰作。在布斯切托 (Buscheto) 的指导下，圣母升天大教堂于 1063 年开始修建，并于 1118 年由教皇基拉西乌斯二世祝圣。尽管修建时间长，且古典、拜占庭、拉文纳和阿拉伯风格元素相互叠加，但其外观仍达到了高度统一。平面布局为拉丁十字形，带有一个耳堂和椭圆拱顶。其正面、中殿前部延伸部分、双拱廊以及主要的半圆壁龛都建于 12 世纪下半叶。

最初，室内由大幅壁画装饰，但在 1595 年，它遭到大火的严重破坏。幸运的是，在大公费迪南多一世・德・美第奇（Grand Duke Ferdinando I de' Medici）的慷慨资助下，大教堂得以修复，耗费计 8.5 万斯库多金币，这在当时是一笔天文数字。三扇青铜门和沉箱天花板得以重建，墙上挂着大型油画，包括安东尼奥・索利亚尼（Antonio Sogliani，拉斐尔的学生）和安德烈亚・德尔・萨尔托（Andrea del Sarto，达・芬奇学派画家）的画作。1302 年至 1311 年，乔瓦尼・皮萨诺（Giovanni Pisano）雕刻的讲道坛因火灾而支离破碎。一部分收藏于比萨公墓（Camposanto），而其他部分散落于国外博物馆。1926 年 5 月，这座非凡的大理石古迹得以重新组装并重返大教堂。

洗礼堂位于大教堂前方，1153 年，迪奥提撒威（Deotisalvi）开始建造这个洗礼堂，于 14 世纪竣工。后来，这座宏伟的罗马式圆形建筑布满了哥特式装饰，墙壁内衬是白色大理石，还有一排排的蛇纹石。这座建筑是意大利同类建筑中最令人印象深刻的，周长 107 米，高 54 米，内径超过 35 米，内部是从厄尔巴岛（Elba）和撒丁岛（Sardinia）运来的四根柱子和八根柱子的列柱廊。尼古拉・皮萨诺 (Nicola Pisano) 修建的讲坛也是非凡的：它由不同颜色的大理石雕刻而成，呈六角形，由六根外柱支撑，其中三根柱立在狮子上，中心柱上刻画着人物和动物形象。

比萨公墓位于广场的北面，由乔瓦尼・迪西蒙内在 13 世纪末修建而成。这些大型壁画始建于 1350 年左右，修建时间持续一个多世纪，其中许多在第二次世界大战中遭到破坏。最引人注目的是由无名艺术家创作的画作《死神的胜利》（*Triumph of Death*）和《末日审判》（*Universal Judgement*）。直到 18 世纪末比萨公墓一直都是这座城市的墓地。

在 20 世纪最后十年里，这个广场见证了另一个奇迹。1990 年 1 月 6 日，比萨斜塔斜度达到了 520 厘米，出于安全考虑，公众不得入内。三年后，进行了巩固工作，在地基上灌入了 950 吨铅，并在第一层安装了 18 根钢缆。在北侧抽离大量水和泥沙，阻止它继续向南倾斜。当斜塔被扶正 23 厘米后，比萨斜塔恢复对外开放。

第 84 页（左） 尼古拉・皮萨诺 1260 年修建的罗马式布道坛是洗礼堂最突出的特点。

第 84 页（右） 洗礼堂内部，柱子与四根大梁交替环绕。这个巨大的八角形圣洗池是由吉多・比加雷利・德・科莫（Guido Bigarelli da Como）在 1246 年雕刻的。16 世纪，柱顶增建了施洗者约翰（St. John the Baptist）雕像。

第 85 页 大教堂的半圆壁龛布满了不同时代的镶嵌图案和壁画，有一个巨大的救世主基督的镶嵌图案装饰，两侧是圣母和圣约翰，这是由契马布埃（Cimabue）在 1302 年完成的。

梵蒂冈城和圣保罗大教堂

意大利

罗马教廷（Holy See, Rome）
入选年份：1984
遴选标准：C（I）（II）（IV）（VI）

1929年2月11日，教皇庇护十一世和贝尼托·墨索里尼签署了《拉特兰条约》，承认了梵蒂冈城的主权国家地位，梵蒂冈自此由教皇统治且完全独立于意大利王国。该条约终结了始于1870年9月20日以来的争议，当时意大利国王维托里奥·伊曼纽尔二世进军罗马，终结了教皇国的独立地位。

在罗马建成的最初的几个世纪里，台伯河右岸和梵蒂冈山之间的圆形区域称为“梵蒂冈的田野”，北至米尔维乌斯桥（Milvius Bridge），南依贾尼科洛山（Gianicolo Hill）。约公元前1世纪，这一沼泽地区逐渐开发为住宅区，罗马达官显贵在此建造豪华住宅。在奥古斯都时期，阿里皮娜（Agrippina）花园坐落于此，当卡利古拉成为皇帝后，该处修建了一个露天圆形竞技场，在圣彼得教堂广场的柱廊里还可以看到它的部分遗迹。

梵蒂冈的历史在4世纪彻底改变了。公元313年，君士坦丁一世颁布了《米兰敕令》，宣布宗教宽容举措，并在传言圣彼得被埋葬的地方建造了一座教堂。公元42年，圣徒彼得和保罗一起来到罗马传道，但传言两人在67年殉道。

修建教堂工程量巨大，梵蒂冈山的斜坡被夷为平地，覆盖了墓地，大教堂半圆壁龛就建在圣彼得墓的正上方。这座巨大的教堂有一个中殿、四个侧廊、一个宽阔的耳堂和一个直到329年才完工的四面门廊的中庭。

大教堂很快成为城市生活的中心。周围开始修建公共建筑、教堂、修道院和朝圣者招待所。在南部，奥斯蒂安斯大道（Via Ostiense）上的圣保罗大教堂也是在4世纪建成的。像所有早期的基督教教堂一样，其平面布局为长方形，包含一个中殿和两条侧廊，每条侧廊的尽头都是一个半圆壁龛。尽管原来的教堂在1823年7月15日的一场大火中被毁，但重建后的建筑是对原建筑的忠实再现，尽管几乎没有保留原来的结构。一幅5世纪的镶嵌图案画装饰着凯旋门的一侧，它将半圆壁龛和中殿分隔开来。半圆壁龛里的镶嵌图案刻画了基督与圣徒彼得、安德鲁、保罗和路加，出自13世纪威尼斯人之手。据说圣保罗下葬之处位于圣坛下方的殉道纪念间。

蛮族入侵实属一段黑暗时期，然而罗马人幸存了下来，与此同时，圣彼得大教堂周围出现了一处崭新社区。8世纪至

第86页（上） 圣保罗教堂内的圣洛伦佐礼拜堂由卡洛·马德诺（Carlo Maderno）在1629年设计，也称为唱诗班礼拜堂。1928年，这些木制座席根据古列尔玛·卡尔代里尼（Guglielmo Calderini）的设计重新制作。

第86页（下） 圣保罗教堂，即本笃会修道院，建于1世纪基督教堂旧址之上。它毁于1823年7月15日晚的一场大火，重建历时长达一个多世纪，1931年中央铜门安装后，重建工作结束。

第 86—87 页 在 12 世纪和 13 世纪，圣保罗大教堂物质上和文化上高度发展。正是这一时期，来自威尼斯的顶尖镶嵌图案艺术家为半圆壁龛装饰了精美的镶嵌图案。

第 87 页（左上） 圣保罗大教堂建于 1831 年至 1854 年，有一个中殿和四条侧廊。重建工作由帕斯夸利·贝利 (Pasquale Belli) 负责，重建后的教堂与原教堂基本一致。天顶上装饰着教皇的徽章，他们曾为修复工作提供资金支持。

第 87 页（右上） 圣保罗大教堂内的圣餐礼拜堂（Most Holy Sacrament）建于 1725 年。它因 12 世纪和 13 世纪的圣母镶嵌图案装饰和 13 世纪彼得罗·卡瓦利尼（Pietro Cavallini）所绘《耶稣受难图》而出名，而他本人也埋葬于此。

9世纪，征得查理大帝同意后，教皇利奥三世决定在该处建造围墙，以保护这一地区，圣天使城堡（Castel Sant' Angelo）成为这座城市的唯一入口。然而，教皇一去世罗马人便推倒了城墙。公元846年，撒拉森人（Saracens）洗劫了这座城市。利奥四世建造新墙，再度保护了梵蒂冈，自此，该地区便获得了独立。尽管如此，几个世纪以来，教皇们仍然居住在罗马的拉特兰区。1277年，尼古拉斯三世成为第一位居住在梵蒂冈的教皇，他开始加固城墙。然而，在梵蒂冈成为教皇的永久住所之前，教会迁至阿维尼翁，教皇沦为了法国皇帝的“巴比伦之囚”。

14世纪，梵蒂冈变得破败不堪，15世纪时，君士坦丁的大教堂也成为一片废墟。1452年，尼古拉五世计划进行修复工作，半世纪后，朱利叶斯二世将此重任委托给了布拉曼特（Bramante）。1506年，新教堂终于开始动工。圣彼得大教堂在原教堂的废墟上拔地而起，旨在成为基督教的灯塔。

第88—89页　圣彼得大教堂及椭圆形柱廊包围的广场，这是由吉安·洛伦佐·贝尔尼尼（Gian Lorenzo Bernini）于17世纪中叶设计的。广场中心的方尖碑是罗马皇帝卡利古拉从埃及运来的，并于1586年9月10日竖立于此。

这座巨大的长方形会堂是当时世界上最大的宗教建筑，中殿高186米，穹顶高136.5米，耗费一个多世纪才得以完成，并动员了意大利文艺复兴和巴洛克时期最伟大的建筑师参与其中。布拉曼特之后，拉斐尔、安东尼奥·达·小圣加诺（Antonio da Sangallo the Younger）、米开朗琪罗等艺术家呕心沥血，最终由卡洛·马代德诺于 1614 年完成了正面部分的建造。教堂内部有 11 个由大理石砌成的礼拜堂、5 个圣坛和无数的艺术品，其中许多都是原来的教堂中流失后再度找寻回来的；其余的作品则是由 16 世纪和 17 世纪的艺术家受委托而完成的。

▌第 89 页（上） 这座由贝尔尼尼设计的青铜华盖建于 1624 年至 1633 年，重达 37 吨。它矗立在圣彼得大教堂圆顶下的教皇圣坛之上，是迄今为止最大的青铜遗址。

▌第 89 页（下）《圣母怜子像》（*The Pietà*）是米开朗琪罗 25 岁时创作的作品，也是当今世界上最著名的雕塑之一。受法国国王查尔斯八世驻梵蒂冈大使委托，这座教堂在一年内完工，并置于圣彼得罗尼拉礼拜堂（St. Petronilla Chapel）内，即法国国王礼拜堂（Chapel of the French Kings）。

▌第 88 页（下） 324 年至 329 年，君士坦丁在圣彼得的坟墓上建造了圣彼得大教堂，这本是卡利古拉和尼禄皇帝竞技场旧址，也是圣彼得被钉死的地方。当下我们所见的教堂由多纳托·布拉曼特设计，始建于 1506 年，即朱利叶斯二世担任教皇期间。

教堂内部是位于穹顶正下方的教皇圣坛，由米开朗琪罗设计，由尼法广场的一块大理石石板制成，该作品在 16 世纪末，即克莱门特八世担任教皇期间竣工，然而米开朗琪罗此时已经过世。圣坛上方华丽的镀金青铜华顶是由贝尔尼尼设计的，矗立在 20 米高的螺旋柱上，大教堂布满了精

美的艺术品。最杰出的建筑物是米开朗琪罗25岁时设计的白色大理石雕塑《圣母怜子图》，它矗立在圣门附近的礼拜堂里，落成于1499年。贝尔尼尼的其他作品包括大教堂半圆壁龛右侧的圣彼得主教座，以及献给教皇厄本八世和亚历山大七世的纪念碑，后者是他的最后一部作品，完成于1678年。贝尔尼尼还建造了大教堂前部的大型广场。该广场设计于1656年至1667年，一个弧状柱廊将其包围，1586年西克斯图斯五世搬至此处的埃及方尖碑位于广场中心。

梵蒂冈宫殿群在教堂旁边，是为历任教皇设计的住所。首个教皇宫殿是1198年为因诺森特三世建造的，在文艺复兴时期进行了装饰。1473年，西斯图斯四世下令建造西斯廷教堂。因诺森特八世于15世纪末委托布拉曼特建造贝尔韦代里庭院，后来又进行了多次扩建，扩建集中在18世纪。这些宫殿珍藏着一系列艺术遗产：西斯廷教堂里收藏了波提切利、佩鲁吉诺、吉兰达约和米开朗琪罗的壁画，尤其是米开朗琪罗1541年在圣坛后方绘制的《最后的审判》。1508年至1512年的四年时间里，他主攻天顶壁画，刻画了《创世纪》《旧约》以及其他章节中的300多个人物。在同一时期，教皇尤利乌斯二世希望将他的前任及对手亚历山大六世曾居住过的房间重新装修，于是委托拉斐尔翻新其私人套房的四个房间。耗时16年，拉斐尔没能等

第90—91页 1508年，朱利叶斯二世委托米开朗琪罗为西斯廷教堂的天顶作画。短短四年内，他创作了举世闻名的壁画，再现《创世纪》和《旧约》等经典情节。

第91页（中）、第91页（上） 西斯廷教堂天顶上的两处细部，是《创世纪》中的情节，上面是《创造亚当》，中间是《逐出伊甸园》。

第 92 页 拉斐尔在梵蒂冈亲自指导创作，收藏了系列壁画《博尔戈的火灾》(*Fire in the Borgo*)的房间是其在梵蒂冈指导的最后一件作品，他亲自绘制了房间弧形窗上罗马失火的场景，此处展现的拱顶壁画由佩鲁吉诺于 1508 年完成。

第 92—93 页 萨拉·雷贾厅(Sala Regia)建成于 1527 年罗马之劫后，装饰着乔治·瓦萨里和其他风格主义作家创作的大型壁画。顶部的灰泥浮雕出自佩里·德尔瓦加(Perin Del Vaga)之手，完成于 1549 年，即教皇保罗三世在位期间。

第 93 页(左上) 木雕《基督受鞭》(Flagellation)置于明暗室(Chiaroscuri)内，由拉斐尔的学生们装饰，教皇将其作为自己的卧室。

第 93 页(右上) 松球庭院以楼梯上方壁龛中的大型青铜松球造型命名。松球来自阿格里帕(Agrippa)浴室，用来装饰喷泉。庭院中央伫立着阿诺德·普莫德罗(Arnaldo Pomodoro)的青铜艺术品《浴池》(Sfera con sfera)。

第 93 页(下) 地图画廊(Map Gallery)里天顶上有大量壁画，其名源自 40 幅展示了意大利的各区和教会领地的地图。

到它竣工之日。

18 世纪中叶，随着神圣博物馆(Sacred Museum)和异教文物博物馆(Museum of Pagan Antiquities)的建立，教皇们向公众展示他们收集的神圣珍宝。首先展出的是希腊和罗马文物，自 1837 年始，埃及、亚述和伊特鲁里亚艺术作品也纷纷亮相。尽管梵蒂冈博物馆里大部分都是希腊和罗马艺术作品，但文艺复兴时期，教皇们曾委托拉斐尔、贝亚托·安杰利科(Beato Angelico)和平图里基奥(Pinturicchio)等艺术家来装饰墙壁，这些壁画无疑是杰出的展品。

画廊里的画作少而精，包括达·芬奇、拉斐尔、提香、多梅尼基诺和卡拉瓦乔等人的作品。1973 年，保罗六世开始收藏现代艺术品，其中包括乔治·布拉克(Georges Braque)、保罗·克利(Paul Klee)和爱德华·蒙克(Edvard Munch)的作品，以及巴勃罗·毕加索(Pablo Picasso)的陶瓷作品。

梵蒂冈图书馆位于贝尔韦代雷和皮尼亚(Pigna)两座巨大庭院之间，古代和现代印刷品逾 160 万本，古籍善本超 8300 卷(其中 65 卷羊皮书)，15 万份手稿和档案文件，以及 10 万份图片。除此之外，图书馆还收藏大量秘密档案，包括信件、遗嘱和与天主教会历史相关的宣言。

PAVLVS III PONT MAX

巴塞罗那的古埃尔公园、古埃尔宫和米拉公寓

西班牙

加泰罗尼亚自治区（Catalonia）巴塞罗那（Barcelona）
入选年份：1984
遴选标准：C（Ⅰ）（Ⅱ）（Ⅳ）

冬天临近，纺织业富商欧塞比·古埃尔·巴西加卢皮前往巴塞罗那的帕西格·德格拉西亚（Passeig de Gracia）大街，准备购买一副手套，他爱好狩猎，喜欢瓦格纳（Wagner）的歌剧。到达商店后，他被橱窗所吸引，于是走进商店，询问如此富有想象力的橱窗展示出自何人之手。橱窗设计师叫安东尼·高迪·科尔内特（Antoni Gaudíy Cornet），刚从巴塞罗那大学毕业，来自塔拉戈纳省（Tarragona）附近的雷乌斯（Reus）。自然而然地，古埃尔忘记了购买手套，但他做出了另一个重要的决定：他决定赞助高迪进行艺术创作。这是建筑史上的一个转折点，这段关系将成为历史上最为成功的创造性联盟。

第 94 页（上） 一处喷泉的细部，喷泉从龙口缓缓流出。高迪为古埃尔宫设计了一套水利系统，阀门和水龙头往往隐藏在最奇特之处。

第 94 页（下） 古埃尔公园的入口处。实际上最初的设想只实现了一小部分，古埃尔希望此处成为一个坐拥六十个独立住宅的花园街区，屹立于巴塞罗那门户之处。

完成了一些小型任务后，1886 年，古埃尔委托高迪在市中心卡列诺德拉兰布拉（Calle Nou de la Rambla）的一小块土地上为自己设计居所。年仅 34 岁的高迪为古埃尔设计了自己的第一件杰作——古埃尔宫（Palau Güell）。古埃尔宫的核心是三层楼的接待大厅。受阿拉伯式建筑启发，宫殿有一个穹顶，穹顶上有小孔，由此产生夜空的效果。高迪满腔热情，凡事必定亲力亲为。他弯曲熟铁以制作灯、栏杆和大门，

第94—95页　古埃尔公园的穹顶，斑斓的色彩是其最大特色。建筑上镶嵌的锡釉陶碎片大多来自陶瓷厂废料区。

第95页（右上）　公园的另一处建筑细部。高迪也为古埃尔设计了古埃尔宫，与公园一样同样富于想象力。

第95页（左上）　古埃尔公园里，植物郁郁葱葱，建筑富丽堂皇。高迪的奇思妙想来自大自然的启发。

第95页（右下）　古埃尔公园内有一段迷人的走廊，多利克式（Doric）圆柱是其特色。

设计了家具及屋顶，在屋顶上，有一个童话世界里才会出现的烟囱，上方有一个蘑菇状的陶瓷帽。

巴塞罗那的人们都对这个设计津津乐道，高迪也凭此步入了一流设计师行列，接受大家的赞誉和委托。随着时间的推移，其风格日渐成熟，在此时期，他开始着手设计自己最著名的作品——圣家堂

▌第 96 页（上） 米拉公寓也叫采石场，占地面积 1000 平方米，位于伊格萨姆普勒区（Eixample）中心德·格拉西亚大街（Passeig de Gracia）和普罗文萨大街（Calle Provenza）的街角。

▌第 96 页（中） 古埃尔宫餐厅壁炉亦由高迪设计，沿袭其一贯的风格。

▌第 96 页（下） 古埃尔宫的大型中央客厅有三层楼高，高迪在其穹顶内设计了很多小孔，使人仿若置身于夜空之下。

▌第 97 页 古埃尔宫的正面。凹凸起伏仿若沙丘，承重柱和阳台上装饰着铸铁镶嵌物，弯曲成奇异的形状，与加泰罗尼亚现代主义的联系已逐渐淡化。

（Sagrada Familia），然而一个世纪后仍未竣工。1900 年，古埃尔再次委托高迪，他希望在一座小山上的僻静之处建立古埃尔公园，使其成为一个巨大的街区花园，俯瞰整个巴塞罗那。这将是其创作生涯中最具原创性的作品。

该区划分为了六十个小区，每一个小区都是一个独立的家庭住宅。尽管住宅区建设从未付诸现实，但高迪设计了五个元素构成的街道：一个主街、一条大道、一座广场、若干车道和人行道。入口处有一个希腊式庙宇，里面有多利克式圆柱和从天花板上垂吊而下的陶瓷玫瑰。整个公园充满了奇妙的造型和五颜六色的瓷片，陶瓷工厂废弃的小陶瓷片在高迪这里却另有用处，他用小瓷片装饰这里的一切。环绕大型露台的波浪栏杆和长凳是其风格的最佳体现。

在德·格拉西亚大街和普罗文萨大街的街角，加泰罗尼亚富商佩雷·米拉·坎普斯（Pere Milá Camps）拥有一块占地约 1022 平方米的土地，1906 年，他委托高迪在此建造一处公寓。高迪的才华和创造力得到充分发挥：他用石头雕刻成波浪状的房屋，似乎与生命共扩张同收缩。承重结构由锻铁大梁，以及采用砖与金属框架支撑的拱顶组成。建筑正立面的建设中规中矩：高迪先画出草图，然后现场切割和塑形石块，并将其放到合适的位置上。此时，他会根据自己的灵感调整曲线和形状。对路人来说，这条街越来越像一个采石场，这也确实成为米拉公寓（Casa Milá）在巴塞罗那的别名。屋顶上的烟囱就像蒙面战士，烟囱的落成宣告公寓的竣工。

建筑师充分发挥其想象力，导致公寓建造持续了四年。当它完成后，佩雷·米拉兴致勃勃地入住公寓第一层，其妻罗萨里奥并不欣赏高迪的想象力，不得不假装很喜欢这栋建筑。米拉公寓是高迪建设的最后一个非宗教建筑，从那时起直至 1926 年去世，他一心扑到修建神圣家族大教堂上。高迪逝世后，罗萨里奥将米拉公寓的一楼改造成一个优雅但平庸的路易十六风格的公寓。

塞维利亚大教堂、城堡王宫和西印度群岛综合档案馆

西班牙

安达卢西亚（Andalusia），塞维利亚（Seville）
入选年份：1987
遴选标准：C（Ⅰ）（Ⅱ）（Ⅲ）（Ⅵ）

1248 年 11 月 23 日，在两年锲而不舍的围困之后，卡斯蒂尔（Castile）费迪南德三世终于迫使摩尔人缴械投降，成功攻占了塞维利亚。信奉天主教的费迪南德三世把塞维利亚这座美丽的城市设为都城，这座城市的特色就是繁荣的安达卢西亚地区常见的伊斯兰建筑。基督教徒们也把基督教的宗教仪式带到了塞维利亚，但是当地没有基督教堂来举行基督教仪式，所以大主教就把 50 年前阿尔摩哈德王朝建立的清真寺用作基督教堂。

直到 1401 年才开始建造基督教堂，教堂建于清真寺原址，长 116 米，宽 76 米，有一个中殿，四个侧廊和 25 个小堂。塞维利亚大教堂是西班牙最大的教堂，世界第三大教堂，仅次于圣彼得大教堂。教堂结构耗时 100 年建造完成，内部装饰又耗时 300 多年。克里斯托弗·哥伦布（Christopher Columbus，他的遗体就埋葬在塞维利亚大教堂）发现新大陆后，富商名流纷纷涌入塞维利亚，出资为教堂装裱了豪华玻璃窗、祭坛和包括穆里洛（Murillo）、祖比兰（Zuburán）、佩德罗·德坎帕纳（Pedro de Campaña）、戈雅（Goya）在内的许多艺术家所画的壮丽画作。除众多名家画作外，大教堂还荟萃了许多其他艺术精品，如建于 1482 年的巨型祭坛，其精美繁复堪称西班牙之最，此外椭圆形的小堂也让人叹为观止。

教堂有 9 个门，正门在西侧，直面国王圣女广场，北门赎罪门（Puerta del Perdón）是典型的穆德哈尔风格，保留了原始阿尔摩哈德清真寺的元素。穆德哈尔是伊斯兰建筑和基督教建筑相融合的产物，该词来源于阿拉伯语“mudayyan”，意为“允许留下之人”，最初用来指西班牙复国运动（Reconquest）之后留在该国但并未改信天主教的穆斯林。赎罪门通往橘园（Patio de los Naranjos），园子按伊斯兰风格设计，里面有一处喷泉，用来行沐浴仪式。吉拉达塔（Giralda）是建于 1172—1195 年的宣

第 98 页（左） 宏伟壮丽的椭圆形小堂中由戈雅、穆里洛、祖比兰等艺术家绘制的精品画作。

第 98 页（右） 1890 年放置的哥伦布灵柩，石棺由代表西班牙四古国——卡斯蒂尔、莱昂（León）、阿拉贡（Aragon）、纳瓦拉（Navarre）的骑士抬起。

▌第 98—99 页　这张塞维利亚历史中心的鸟瞰图囊括了联合国教科文组织保护下的三处宏大的建筑群。中间是大教堂及其著名的吉拉达塔（建于 1198 年的宣礼塔，后被改建为钟楼）；右侧是王宫（Alcázar）；背景中左侧是西印度群岛综合档案馆（Archives of the Indies）。

▌第 99 页（左下）　装饰华丽的主礼拜堂（Capilla Mayor）的穹顶，圆柱顶立，前往小堂须经过一个雕刻繁复的大型栅栏，栅栏后面就是基督教世界最大的祭坛。

▌第 99 页（右下）　这张图中是位于大教堂一旁的橘园。橘园同吉拉达塔一样，也是先前摩尔人的遗留建筑。橘园中心是一处喷泉，穆斯林在此进行沐浴仪式。

▌第 100 页（上） 塞维利亚王宫中最富丽堂皇的一个厅室就是大使厅（Ambassadors' Room），厅内装饰着阿兹勒赫瓷砖画和精雕细琢的灰泥墙，三扇对称的马蹄形门美轮美奂。

▌第 100—101 页 从吉拉达塔上拍的王宫图。这里起初是为阿尔摩哈德王朝统治者建立的宫殿遗址。1346 年，西班牙复国运动之后，佩德罗一世下令按他的喜好修复王宫，打造富丽堂皇的皇家住宅。

▌第 100 页（中） 这是王宫内的查理五世宫殿，装饰着富丽堂皇的 16 世纪阿兹勒赫瓷砖画和巨幅壁毯。

▌第 100 页（左下） 图中的院子通往 16 世纪上半叶查理五世在王宫中建造的金碧辉煌的宫殿。

▌第 100 页（右下） 图中是西印度群岛综合档案馆中的一间房屋，1778 年由查理三世建造。这座房屋最初用作贸易行，是商人的交易场所，如今里边收藏着约 40000 件有关西班牙租地的文件，时间跨度从发现美洲新大陆到美洲一些州独立。

礼塔，造型优雅，后被改建为钟楼，到16世纪末里边摆放着两座钟。

大教堂对面就是王宫。这座堡垒式的宫殿由阿尔摩拉维德王朝阿卜杜拉赫曼三世建于913年，1350年经“暴君”佩德罗一世改造为皇家宅邸。改造后的王宫成为塞维利亚穆德哈尔式建筑的典范。不过，除佩德罗外还有多人对王宫进行过改建，如今王宫融合了文艺复兴式、新古典主义式等多种风格。王宫内的花园也体现了不同建筑风格的融合。比如16世纪修建的查理五世阁楼将摩尔人的建筑元素和神话人物结合起来；喷水装置体现了意大利文艺复兴风格，诙谐有趣；建于18世纪的英式园林则体现了不列颠岛的风格。

起初，塞维利亚所有贸易都是在王宫前的广场上进行，从大教堂的台阶一直到橘园。1572年，大主教唐·克里斯托巴尔·德·罗哈斯·桑多瓦尔（Don Cristóbal de Rojas y Sandoval）对此颇为不满，遂写信给国王菲利普二世。菲利普二世立即下令开工建造面向该广场的商贸行。建造工程由胡安·德·赫雷拉（Juan de Herrera）负责，他曾主持过圣洛伦索－德埃尔埃斯科里亚尔（San Lorenzo de El Escorial）皇家修道院的修建工作。这个商贸行四四方方，正面有两种颜色，搭配上梁柱和拱顶显得十分柔美。

但是，还不到100年的时间，塞维利亚的商业就开始衰败。1660年，商贸行成为穆里洛画家流派的聚集场所，后来逐渐成为废墟。1778年，查理三世批准将商贸行用于储存所有跟西印度群岛有关的西班牙文件。1789年，商贸行的重建工作完成，并被重新命名为西印度群岛综合档案馆。如今，这里存放着约40000件档案，分藏于16个区域，其中包括克里斯托弗·哥伦布的亲笔书信、海陆地图，甚至还有米格尔·德·塞万提斯（Miguel de Cervantes）从西印度群岛发来的请求运送货物的信件。

辛特拉文化景观

葡萄牙

入选年份：1995
遴选标准：C（II）（IV）（V）

“这里层峦叠嶂，飞湍瀑流，群山掩映之中宫殿和花园景致交相辉映，寺院高耸入云，远远地可以眺望到大海和塔楼，西部高地的旷野风光和法国南部绿意盎然的景象在这里融为一体。”这是21岁的乔治·拜伦（George Byron）在一封写给母亲的信中对辛特拉（Sintra）美景的描述。虽然拜伦既没有去过西部高地，也没有去过法国南部的普罗旺斯（Provence），但是他的文字仍真实描绘出了这片依山傍水之地的景致。这里距里斯本不远，从欧洲最西端的卡罗角（Cabo da Roca）一眼望去便可看到大西洋。

1809年，拜伦隐居于此，开始写作长篇叙事诗《蔡尔德·哈罗德游记》，诗中描绘了辛特拉的美丽风光。辛特拉在浪漫主义时期被称为“欧洲伊甸园”，是各国名流富贾的夏季避暑胜地。不过，辛特拉的历史更久远。

辛特拉地理位置优越，从辛特拉的山上望去，风景如画，引起了摩尔人的兴趣，他们于8世纪和9世纪来到这里，修建了摩尔人城堡。1147年，阿方索一世占领了城堡，此后直至14世纪，这座城堡一直是葡萄牙王室的宅邸。后来被废弃，浪漫主义时期又重新修复。

当时，若昂一世下令在查奥·达奥立瓦（Chao da Oliva）建造一座宫殿，其所在地就是今天的辛特拉历史中心，可能还是一座更早时期的摩尔人建筑的旧址。葡萄牙的许多建筑都是哥特式风格，辛特拉地区的哥特式风格是另一位国王唐·曼努埃尔带来的，曼努埃尔风格就是以这位国王的名字命名的。

文艺复兴时期，辛特拉皇宫大兴土木，如今皇宫内随处可见豪华的建筑，例

第102页（上） 皇宫的风格主要是哥特式的，不过依然可以看到摩尔人的影响和奢侈的曼努埃尔风格。最典型的特征就是耸立在厨房上面的两个圆锥形烟囱。

如耸立在厨房之上的两个圆锥形烟囱已经成为辛特拉的象征。皇宫吸引了大量艺术家和文人骚客。据说，葡萄牙诗人路易斯·德贾梅士（Luis de Camões）就是在这里首次公开朗读了他的诗《卢济塔尼亚人之歌》。

接下来的几个世纪里，辛特拉一直是葡萄牙王室“最爱的乡间住所”。

1747年，唐·佩德罗买下了卡斯特洛·罗德里戈侯爵的乡下地产，在那里建造了克卢什国家宫（Palácio Queluz）。这座宫殿高贵典雅，周边有一处装饰着洛可可雕像的公园，一条装饰着阿兹勒赫瓷砖画、可用于航行的运河，一座由法国建筑师简－巴普蒂斯特·罗比永（Jean-Baptiste Robillion）设计的阁楼以及多处喷泉，其中海王星喷泉（Fonte de Neptuno）是詹·洛伦佐·贝尼尼（Gian Lorenzo Bernini）设计的。

辛特拉最壮观的建筑可能就是佩纳宫（Palácio da Pena）了。佩纳宫矗立在岩石嶙

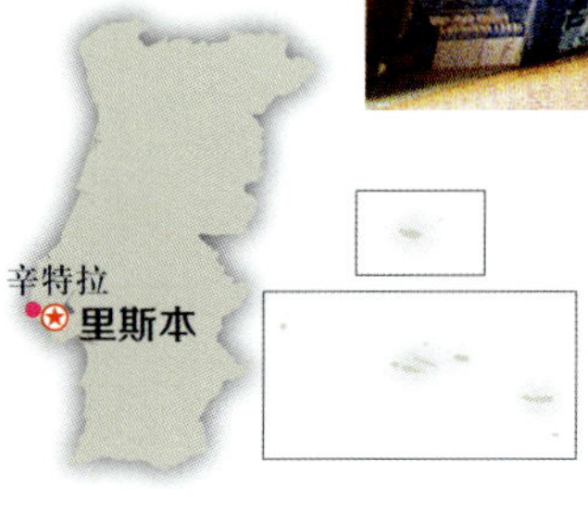

峋的辛特拉山巅之上，坐落在16世纪为庆祝瓦斯科·达伽马（Vasco da Gama）的壮举而建的圣母佩纳（Nossa Señora da Pena）热罗尼米特修道院（Jeronymite monastery）的废墟之上。1839年，萨克森－科堡的费迪南德二世委托路德维希·冯·埃施韦格

第103页（上） 图中是摩尔人城堡的城墙，这座城堡是该地区最早的建筑，由摩尔人建于8—9世纪。1147年，阿方索一世攻占了城堡，此后至16世纪，该城堡一直是葡萄牙王室的宅邸。

第102—103页 盾徽厅（Sala das Armas）是皇宫中最引人注目的部分。墙壁上镶嵌着阿兹勒赫瓷砖画，拱形的天花板上装饰着72个葡萄牙皇室的盾徽。

第103页（下） 天鹅厅（Sala dos Cisnes）由天花板上装饰着的优雅的天鹅而得名。这是皇宫第一层最素雅的一间房间。

第104页（上）克卢什国家宫里的御座厅（Sala do Trono）是由建筑师简－巴普蒂斯特·罗比永设计的。墙上悬挂的镜子使大厅看起来宽敞明亮，其金叶状的木质边框由西尔韦斯特雷·法西亚·洛博（Silvestre Faria Lobo）雕刻。

第104—105页　克卢什国家宫尽管规模较小，却经常被拿来和凡尔赛宫相提并论。宫殿里的花园是由简－巴普蒂斯特·罗比永和荷兰园艺家乔斯·范德尔科尔克（José Van der Kolk）设计的，花园里随处可见雕塑和喷泉，非常符合18世纪法国的品位。

第105页（上）　克卢什国家宫花园里精致的斯芬克斯雕像细节图。这个花园是供皇室休闲娱乐之用，笼中有各种珍奇鸟类，池塘和喷泉边栖息着黑天鹅和白天鹅。

第105（下）　克卢什国家宫正门口前面就是海王星喷泉，喷泉里的雕像群惟妙惟肖，是意大利雕塑家詹·贝尼尼设计的。

第 106 页（上） 顶部带有塔楼的佩纳宫入口。这座非同凡响的建筑由德国男爵路德维希 · 冯 · 埃施韦格于 1839 年为萨克森－科堡的费迪南德二世设计。佩纳宫对面的山上矗立着一尊费迪南德二世的雕像，纪念他驰骋沙场的不朽骑士形象。

第 106 页（下） 佩纳宫一景——一个凶神恶煞的地狱之神的雕像。宫内外的许多装饰都是混凝土制成的。

第 106—107 页 辛特拉全景。佩纳宫看起来就像是一座童话中的城堡。同巴伐利亚的路德维希二世王宫一样，佩纳宫迎合了当时的审美趣味，融合了哥特式、曼努埃尔和德国盛行的申克尔建筑风格。

（Ludwig von Eschwege）为其妻子葡萄牙的玛丽亚二世王后而建的。埃施韦格将圆顶、城墙、通道和装饰完美地融合进佩纳宫，宫中装饰部分的灵感部分来源于巴伐利亚国王路德维希二世的王宫，部分受中欧申克尔（Schinkel）作品的启发。

除皇宫外，辛特拉还有很多教堂、修道院和名门望族的别墅。其中一处就是令人叹为观止的维多利亚风格的蒙塞拉特住宅。该住宅始建于 1793 年。当时白手起家的英国富豪威廉 · 贝克福德（William Beckford）租下这片房产，并按他高雅的个人品位对其内部和花园进行装饰。五十年后，蒙塞拉特住宅被另一位叫弗朗西斯 · 库克（Francis Cook）的英国爵士买下，他从印度的宫殿得到灵感，对住宅进行了重建。

1887 年，里斯本和辛特拉之间开通铁路，人人都能来这里一饱眼福。尽管辛特拉不断与时俱进，但当地的浪漫主义风情依旧，令人神往。

第 107 页（左下） 蒙塞拉特别墅是一栋富丽堂皇的住宅，其名字和两个古怪的人物有关。第一位是英国作家威廉 · 贝克福德，他从 1793 年至 1799 年住在这里，把这里变成了世外桃源般的胜地。第二位是约 50 年后居住于此的富豪弗朗西斯 · 库克，他受亚洲风格启发，按维多利亚式的品位对这所住宅进行了重建，并在花园里种植了热带植物和各种针叶树，使花园更加美不胜收。

第 107 页（右下） 贵族大厅（Salão Nobre）的装饰是浪漫主义和折中风格的，这是佩纳宫中内部装饰最素雅的一处建筑。贵族大厅的位置原是一所为庆祝瓦斯科 · 达伽马的航海舰队凯旋而建的修道院。

▌第 108 页（左上） 布达城堡（Budavári Palota）入口。布达城堡现为四个博物馆所在地，其中最著名的是匈牙利国家美术馆和布达佩斯历史博物馆。

▌第 108 页（右上） 布达山上一座中世纪堡垒的南墙。布达是多瑙河（Danube River）右岸一座超过 60 米高的山丘。

▌第 108—109 页 布达山上的城市风光。图片中前面是王宫，建于 13 世纪，在抵抗土耳其人入侵的血腥战争中惨遭摧毁，18 世纪时扩建，1890 年按新巴洛克风格翻修。

布达佩斯的多瑙河两岸和布达城堡区

匈牙利

布达佩斯
入选年份：1987
遴选标准：(Ⅱ)(Ⅳ)

19世纪末，奥匈帝国对于国际事务有着举足轻重的影响力，首都布达佩斯一时风光无限。作曲家古斯塔夫·马勒（Gustav Mahler）和巴尔托克·贝拉（Bartók Béla）在艺术学院演出自己的作品，新艺术运动风格的建筑在居民区如雨后春笋般涌现出来。由于使用了一套电力照明系统，城市的夜晚灯火通明；1896年，欧洲大陆第一个地下铁路系统在此开通。这些都是为了庆祝匈牙利（Hungarian State）1000周年，但是布达佩斯的历史比这个国家还要久远。

盖勒特山（Gellert Hills）上的第一定居点叫作阿克恩克（Ak Ink），意为“水分充足的石头”，公元前1世纪由凯尔特人建立。基督教时期初期，这里成为罗马行省潘诺尼亚（Pannonia Inferiore）的首府，取名为“阿昆库姆”，但不久被匈奴人攻占。匈奴帝国分崩离析后，此地又经历格皮德人、伦巴第人、阿瓦尔人、其他日耳曼人和中亚人的时代。马扎尔人（Magyars，匈牙利的主要民族）首次出现在匈牙利是在9世纪，定都于埃斯泰尔戈姆（Esztergom），后来在13世纪迁都佩斯（Pest）附近的欧布达（Obuda）——也就是罗马时期的阿昆库姆（Aquincum）。佩斯是一个贸易小镇，日耳曼人和匈牙利人聚居在这里。

13世纪中叶，由于鞑靼人入侵，贝拉四世开始在多瑙河右岸一处海拔约60米的山地上修建皇宫和防御城墙。多瑙河右岸地形较高，比位于平原上的佩斯更容易防守。围绕山上堡垒兴起的布达（Buda）城，是这个地区建立的第三座城市。1395年，匈牙利王国的第二所大学在此建立；1473年，匈牙利第一本书——《布达编年史》（*Budai krónika*）出版。

作为匈牙利政治、经济和文化中心，布达城在15世纪末和16世纪初达到鼎盛时期，人们从欧洲各地慕名来到这里观光游览。虽然城墙在16世纪初期得到加固，但未能抵御土耳其人的进攻，土耳其人用阴谋诡计夺取了布达城。奥斯曼帝国（Ottoman）的统治标志着城市长期衰败的开始，1686年一次长时间的围攻之后，奥斯曼帝国在布达城的统治结束。战乱导致布达城几乎失去了所有的居民，在哈布斯堡王朝（Hapsburg Empire）沦为省级城市，这种状况一直持续到19世纪中叶。

第109页（右上）为纪念马加什一世而建的巴洛克风格的喷泉。马加什一世是15世纪下半叶统治匈牙利的一位贤明的君主和将军，他带领史称“黑军”的三万雇佣兵抵御了土耳其人的进攻。

第109页（下）从渔人堡（Fishermen's Rampart）进入王宫的入口。那个青铜骑士雕像是阿拉乔斯·斯特罗布尔（Alajos Stróbl）为圣斯蒂芬国王雕刻的，圣斯蒂芬国王是匈牙利的一位具有传奇色彩的奠基者。

▌第 110 页（上） 新哥特式风格的匈牙利国会大厦金碧辉煌。这座建筑是为庆祝匈牙利从哈布斯堡王朝获得独立而建的，高大宏伟，共有 29 级台阶和 691 间房屋。

纳粹统治时期，布达城同样遭到严重破坏，今天的布达城呈现出多种多样的风格。城市街道四通八达，北到城堡及居民区，南到王宫，街道两旁排列着哥特式、文艺复兴式和巴洛克式风格的建筑。有些建筑中可见土耳其统治的痕迹，比如建于 1566—1570 年的基拉伊（Király）公共浴场，后来又增建了新古典主义风格的侧廊。

布拉城最引人注目的建筑就是圣母教堂（Church of Our Blessed Lady）了，也称马加什

教堂（Matthias Church），因为教堂里保存着 1458 年至 1490 年帝国的统治者马加什一世的盔甲。教堂的历史和这座城市的历史一样几经风霜：13 世纪，这里建起第一座宗教建筑，不久一座哥特式的教堂取而代之，但这座教堂没有修建完成。奥斯曼王朝时期，教堂又改成清真寺，1686 年大围攻时，建筑的塔楼和房顶因遭破坏而坍塌。重建时加入了巴洛克元素，19 世纪，因为在建筑中发现了中世纪时期的哥特式元素，这里便被重新改建为哥特式建筑。建筑中最引人注目的便是新哥特式的钟塔和南门，南门上描绘着“圣母之死”的场景，教堂内部的墙上灰泥粉饰，装饰着图案精美的壁画，充满生气。

教堂后面是渔人堡（Fishermen’s Rampart），这是一座新哥特式和新罗曼风格的建筑，从渔人堡上可以看到城市的全景。渔人堡这个名字源自它所俯瞰的那片市区，过去渔人生活在那里。另一个原因是古代这里曾设鱼市，多瑙河平静的河水流经附近，将布达城一分为二。

其后不久，塞切尼·伊斯特凡伯爵执意要在河上架一座桥，倒是做了件好事。他曾经因为住在河东岸，错过了在河西岸举办的父亲的葬礼。1848 年，塞切尼链桥（Széchenyi Lánchid）竣工，多瑙河两岸首次被连接在一起。

▌第 110 页（中） 圣母教堂的正面图，因马加什一世的王冠存放于此，故该教堂也叫马加什教堂。这座哥特式风格的教堂建于 1260 年，几经沉浮。土耳其人统治时期，用作清真寺，1873 年，教堂翻修，由建筑师弗里杰·舒勒克（Frigyes Schulek）重新打造。

▌第 110 页（下） 渔人堡建于 19—20 世纪，以砂石为建筑材料，呈新罗曼风格和新哥特风格。堡垒上装饰着中世纪时期各个英雄的雕像，塔顶状如头盔，象征马扎尔人部落。

▌第 110—111 页 多瑙河和佩斯城风光。图片中间是塞切尼链桥，1839 年，塞切尼 · 伊斯特凡下定决心，委托英国工程师亚当 · 克拉克（Adam Clark）建造。河左岸是高大宏伟的东方新哥特风格的国会大厦，19 世纪末由建筑师斯坦德尔（Steindl）设计建造。

▌第 111 页（左上） 布达城一座老房子的细节图，房子上有一个供奉着玛丽亚和耶稣的神龛。

▌第 111 页（右上） 城堡山区一个新艺术运动风格的宫殿上想象力丰富的装饰。19 世纪末 20 世纪初，这种折中风格的建筑极为盛行。厄登 · 莱希纳（Ödön Lechner）是匈牙利最伟大的折中风格建筑师。

阿索斯山

希腊

恰尔基迪半岛（Chalcidian Peninsula）
入选年份：1988
遴选标准：C（Ⅰ）（Ⅱ）（Ⅳ）（Ⅴ）（Ⅵ）；N（Ⅲ）

1927年希腊宪法中，有一条关于阿索斯山的附加条款，规定了阿索斯山修士团体的独立地位及其与国家和教会之间的关系，并对修士团体内部的行政责任和等级关系作了说明。宪法还规定，阿索斯山在政治事务上受希腊外交部管辖，在宗教事务上则服从君士坦丁堡普世牧首。半岛半自治的性质由此确立，这种性质源于其历史上长期独立的传统。

在神话故事中，阿索斯是一位色雷斯大力士，他想向波塞冬抛巨石，但石头从他指间滑落，形成一座山，这座山便以他的名字命名为“阿索斯山”。在流传的另一种传说中，阿索斯山，也称为“圣山”，是耶稣赠予的礼物，耶稣曾在拜访朋友拉撒路期间，在这里遭遇海难。

在古典主义时期，阿索斯山就曾出现在荷马（Homer）、希罗多德（Herodotus）和斯特雷波（Strabo）的著作中，后来该地被罗马人统治。

宗教人士最早定居在这里的时间已不可考究，但有记录显示，自8世纪开始，就有修士和隐士居住在恰尔基迪半岛最东端的海角，海拔2039米的阿索斯山就雄踞在半道上。据了解，843年阿索斯山的修士代表团曾出席拜占庭帝国狄奥多拉皇后召开的大公会议。885年，巴西尔皇帝颁布法令，正式批准阿索斯山为专由修士和隐士管理的区域，这些隐士和修士在祷告和冥想中度过一生。

9世纪末，修道院社区已初具规模，修士们在简陋的棚屋里过着禁欲苦行的生活。除了872年建于耶里索斯（Lerissos）

第112页 伊维龙修道院（Iviron Monastery）克索利肯教堂（Katholikon）中的壁画细节图。该壁画创作于16世纪，很可能是底比斯艺术家弗兰戈斯·卡特拉诺斯（Frangos Katelanos）的作品。

第112—113页 伊维龙修道院由来自如今所称的格鲁吉亚一地的隐士们建于10世纪晚期，屹立于眺望着大海的岩石嶙峋的岬角上。克索利肯教堂和其他16座礼拜堂面朝修道院的主庭院，其中一座礼拜堂中供奉着神圣的圣母玛利亚的肖像。

第113页（左上） 伊维龙修道院中的壁画。这些壁画的画法和年代表明，受希腊艺术影响的克里特学派艺术家曾在此创作。

第113页（右上） 为纪念耶稣诞生而修建的西蒙岩修道院（Simonopetra Monastery）以圣徒西蒙的名字命名。14世纪，圣徒西蒙曾居住在阿索斯山上。西蒙岩修道院共有七层，是当地最大的修道院。

第114页（上） 从大拉伏拉修道院（Great Lavra Monastery）上俯瞰的景色图。该修道院由圣阿萨纳西奥斯（Saint Athanasios）于963年在尼基弗鲁斯二世帮助下修建，是阿索斯山上最古老的修道院之一，也是唯一一座免遭火灾破坏的修道院。

第114—115页 大拉伏拉教堂入口，墙壁上装饰着1535年克里特人塞奥法尼斯·斯特雷查斯（Theophanis Strelitzas）创作的壁画。这位画家把希腊艺术形式和与东正教肖像画法完美结合在了一起。

▌第 115 页（上） 圣潘捷列伊蒙修道院（Agios Panteleimon）高大精致的穹顶。因 1875 年大批俄罗斯僧侣居住在此，故也称其为俄国修道院。

▌第 115 页（下） 伊维龙修道院的一幅壁画上描绘的一位圣徒的肖像。

的科洛波修道院（Monastery of Kolobou）外，没有其他一般性组织。10 世纪末，一位来自特拉比松帝国的僧侣改变了阿索斯山的命运，他就是阿萨纳西奥斯。阿萨纳西奥斯出身于一个富足家庭，但却喜欢过清贫的生活，他利用和尼基弗鲁斯二世的友好关系修建了大拉伏拉修道院，时至今日，该修道院依然是修道院社区的中心。处于修道院中央位置的克索里肯教堂里有几座为纪念圣尼古拉和四十位烈士而建的礼拜堂，该教堂至今仍是大拉伏拉修道院食堂、厨房和图书馆所在地。僧侣们的住所分布在修道院周围的四个耳房中。

阿萨纳西奥斯一生坎坷。隐士们更喜欢独自冥想，因此反对建立有组织的修道院团体。但是尼基弗鲁斯二世支持他，并于 971 年签发特拉戈斯诏令，规定了阿索斯山上的修士们必须遵从的第一批准则。随着东正教和天主教的和解，阿索斯山开始受到来自罗马教廷的压力，但是在拜占庭帝国的支持下，14 世纪时，阿索斯山上至少修建了 40 座修道院。

至此，恰尔基迪半岛的繁荣已是日暮途穷。随着土耳其人攻陷君士坦丁堡，其后的 400 年，阿索斯山一直处于奥斯曼帝国统治下。土耳其国王并没有修改关于阿索斯山的法律，但是却对修道院征收越来越高的赋税，不仅导致僧侣的数量逐渐减少，而且他们不得不寻求俄罗斯人、瓦拉几亚人和摩尔达维亚人的帮助。19 世纪，希腊独立后，欧洲各地尤其是俄国的僧侣纷纷来到阿索斯山。1875 年，这些僧侣在规模宏大的阿吉欧·庞特尔雷蒙（Aghios Panteleimon）修道院站稳脚跟，这座大型修道院的典型特征就是洋葱状的穹顶，极具沙皇俄国东正教教堂风格。

如今，阿索斯山共有 20 座修道院，里边居住着 1500 名僧侣。自拜占庭时期开始，这些建筑就不断翻修扩建，形成了多种风格的混合体，样式奇特。每个修道院就像一座迷宫，里面的建筑一座挨着一座，礼拜堂鳞次栉比，它们都有各自独特的用途。但是这些建筑中最初的壁画却很少保存下来，大拉伏拉修道院的壁画创作于 13 世纪，瓦托派季乌修道院（Vatopedi Monastery）中残余的镶嵌图案源于 11 世纪。修道院食堂里圣彼得和圣保罗的肖像画的创作年代稍晚一些。每个修道院都有自己供奉的肖像，有的创作年代可追溯至拜占庭时期。图书馆中收藏着大量重要的希腊和斯拉夫文稿。

尽管修道院命运多舛，阿索斯山的自然风光依然吸引着欧洲各地的神秘主义者慕名而来。半岛的女性被禁止踏进阿索斯山，这条严格的禁令依然有效，以免僧侣们受世俗诱惑干扰。

伊斯坦布尔历史区

土耳其

伊斯坦布尔（Istanbul）省
入选年份：1985
遴选标准：C（Ⅰ）（Ⅱ）（Ⅲ）（Ⅵ）

1453年，奥斯曼帝国征服了拜占庭帝国，导致基督教衰落，伊斯兰世界不断壮大。据说，穆罕默德二世因此被称为“征服者”，他为了感谢安拉真主引领他占领了君士坦丁堡，也就是他所称的“世界上最灿烂辉煌的城市”，举行了盛大的庆祝活动。此后每年5月29日，伊斯坦布尔都会举行周年庆典。

根据有关文字记述，围攻拜占庭之战激烈残酷、跌宕起伏，涌现出许多可歌可泣的英雄人物，充斥着阴谋、背叛和诡计。比如，有人建议陆路把奥斯曼战舰运到君士坦丁堡南部的海湾，突袭拜占庭人，拜占庭人为了从北面保护金角湾（逻辑上这是唯一可通往城市的路线），用一条铁链封锁了博斯普鲁斯海峡。攻陷君士坦丁堡的决胜因素在于“世界上最大的火炮”，连天炮火破坏了防御城墙。大炮是穆罕默德二世从一名匈牙利商人那里买入的，这个商人本是虔诚的基督教拥护者，到博斯普鲁斯海峡岸边打算把大炮提供给拜占庭人。但是，面对金钱的诱惑，他的信念动摇了，知道拜占庭人没有财力购买大炮后，便把它卖给了有钱的穆斯林。

当时，这座曾是世界上最宏伟壮丽、灿烂辉煌的城市非常荒凉，债台高筑，人口减少，满目疮痍。第四次十字军东征期间，遭本是同根生的基督教十字军战士占领之后，君士坦丁堡陷入全面衰败。这些十字军战士并没有继续东征，从异教徒手中夺取巴勒斯坦和叙利亚，而是就地洗劫一空，并在君士坦丁堡占据了长达半个多世纪。

在对抵抗地区进行了三天洗劫之后（这是奥斯曼帝国的一贯做法），穆罕默德二世进入了圣索菲亚大教堂（Hagia Sophia）。据说，在进入教堂厚重的入口通道之前，他会在头上撒满灰烬，以示对这座当时基督教世界最大教堂的尊敬。然而，尊敬归尊敬，他还是把教堂改建成了清真寺，结束了它1000多年的传统。今天的圣索菲亚大教堂已不再具有宗教意义，成为了历史遗迹。尽管如此，人们只要一踏入教堂，仍会感受到这座宏伟壮丽的教堂之神圣和庄严。该教堂最初是查士丁尼一世为了赞美上帝的神圣和重现罗马帝国的荣光，于532—538年建造的。

圣索菲亚大教堂也被称为圣智教堂，坐落在一个更早的长方形教堂遗址上，这座长方形教堂建于狄奥多西一世统治时期，后在一次暴动中被毁。在长方形教堂之前，这里是希腊时期的卫城。

圣索菲亚大教堂由两名希腊建筑师——特拉勒斯的安提莫斯（Anthemius of Tralles）和米利都的伊西多尔（Isidore of Miletus）建造设计，两人构想的教堂综合了早期长方形基督教堂和皇家宫殿的风格。

当时，人们还没有完全掌握克服重力的办法，建造穹顶便成了一项挑战，他们从罗得岛（Rhodes）进口了质地疏松的黏土来制造中空的砖块。教堂内部的装饰材料华丽珍贵，查士丁尼一世订购了各种镶嵌图案瓷砖，却引发了基督教会和拜占庭帝国之间的争议。教会认为这些现实主义的肖像画金光闪闪是对上帝的大不敬，因此想改用禁欲风格的装饰材料。然而市民们围着教堂对这些镶嵌图案装饰大加赞美。在这些市民的支持下，帝国统治者在与教会意志的对抗中胜出。尽管这些镶嵌图案在这场争论中被保存了下来，但是许多却没能躲过穆斯林的圣像破坏运动。在幸存的镶嵌图案中（去除了土耳其人涂的一层石灰之后得以修复），最重要的是《迪西

第116页（上） 圣索菲亚大教堂东画廊中的基督圣容镶嵌图案。这些镶嵌图案在6世纪创作之时，因其大量使用黄金和珍贵材料而被拜占庭教会的代表认为是对上帝的大不敬。

第116页（下） 圣索菲亚大教堂（也被称为“圣智教堂”）内部。图为其皇家风格的回廊和直径为32米的中央圆顶。

第 117 页 圣索菲亚大教堂的鸟瞰图，宏伟壮观。1453 年，穆罕默德二世攻陷了君士坦丁堡，教堂被改为清真寺。直到 1932 年，土耳其政府撤销了其宗教地位，将其设为博物馆。

第 118 页（上） 托普卡帕宫（Topkapi Palace）建于 1459—1465 年，是拥有 400 年历史的奥斯曼帝国的象征。按照伊斯兰传统，宫殿里分布着众多庭院，每个庭院周围耸立着一座楼阁。

第 118—119 页 远远地就能望见苏丹艾哈迈德清真寺的主体部分及其六个光塔。这座清真寺建于 1609 年，与附近的圣索菲亚大教堂同样壮观。

第 119 页（上） 苏莱曼尼耶清真寺俯瞰着金角湾，它由建筑师希南设计，建造于 1550—1557 年。

斯》（位于南画廊的一幅画，画上基督坐在圣母玛利亚和圣施洗约翰中间）、第三道门之上的万能主宰基督圣像，以及位于上层画廊中的圣徒画像，上层画廊本来是留出来放妇女画像的。

对奥斯曼帝国来说，圣菲索亚大教堂既是一个典范，也是一个挑战。从穆罕默德二世开始，建造一座与圣索菲亚大教堂同样气势恢宏的清真寺就被提上了日程。但是，穆斯林在这座城市统治了100年之后，这一目标才得以实现。苏莱曼苏丹委派其禁卫军及军事天才希南（Sinan）在金角湾要地为其建造一座清真寺。希南曾监督过圣索菲亚大教堂的加固和翻修工作，对这座教堂十分着迷。为了表明他有能力“超过希腊人”，1550—1557年间，他建造了一座宏大的穹顶建筑，即苏莱曼清真寺。这座清真寺极具几何美感，光影完美地搭配在一起，装饰优雅简约。这里后来成为奥斯曼帝国时期伊斯坦布尔的象征（希南因这座建筑还获得了“土耳其米开朗琪罗”的美誉），四座尖细的光塔高高地耸立着。

第二座可以和圣索菲亚大教堂相媲美的建筑就是位于其对面的苏丹艾哈迈德清真寺（Sultan Ahmed Camii）。这座清真寺建于17世纪初，被大众称为蓝色清真寺。这座穹顶建筑造型十分和谐。蓝色清真寺

第119页（左中） 苏丹艾哈迈德清真寺的另一个名字——蓝色清真寺更广为人知。这个名字来源于贴满清真寺墙面的蓝色瓷砖，共2000块，产于伊兹尼克城。

第119页（右中） 托普卡帕宫后宫一间富丽堂皇的宫殿。几个世纪以来，许多西方国家游客被这个神秘的地方深深吸引。据说，穆罕默德二世统治时期，这里居住着688位妃妾。最有名的还是罗克塞拉娜，他是苏莱曼一世的皇后。

第119页（下） 苏丹艾哈迈德清真寺入口处。镀金的阿拉伯式花饰以及土耳其清真寺内典型的大型吊灯十分醒目。

之名源于其墙面贴满的蓝色瓷砖，产于伊兹尼克城（Iznik）。

伊斯坦布尔还有许多奥斯曼帝国时期的遗迹，其中最重要的就是托普卡帕宫（Topkapi Palace）、带有商队旅店的大集市（Great Bazaar）及市内众多清真寺。但是，联合国教科文组织更关注君士坦丁堡和拜占庭时期更古老的遗迹，这些地方需要大规模的修复。这些遗迹之所以重要，是因为它们彰显了一个城市的精神，在悠久的历史中，伴着城市见证了许多伟大文明的

兴衰。更重要的是，这座城市总能从废墟上崛起，城市名称几经变更，从君士坦丁堡到拜占庭再到伊斯坦布尔，每次都比之前更辉煌灿烂。

位于圣索菲亚大教堂和蓝色清真寺之间的古代竞技场是文明延续的典型象征，也为城市管理者敲响了警钟。如今，这里已成为一个广阔的广场，地下有许多著名的蓄水池，为城市在遭围攻时提供用水保障。古竞技场是在君士坦丁大帝的命令下修建的，竞技场上矗立着一根希腊圆柱，这根圆柱本来位于德尔菲阿波罗神庙前，330 年，君士坦丁大帝将其运到了这座当时新兴起的城市。竞技场很快便成为这座城市的聚会场所，至今依然如此。在拜占庭时期，竞技场用于战车比赛，比赛经常引起政治暴动，并且会导致皇室陷入穷困。几个世纪之后，1826 年，城市屡次爆发骚乱，奥斯曼帝国走向衰落，竞技场成为马哈茂德二世进行著名的禁卫军大屠杀的场所。

这座城市历史悠久、实力强大的另一个重要体现是其复杂的防御系统，5 世纪时为抵御来自大陆的侵犯而修建。该防御系统包括 96 座塔楼、13 个大门以及另外 11 个在警戒堡垒保护之下的大门。防御城墙曾被十字军推倒，后来又遭到穆罕默德二世威猛的匈牙利大炮轰击，但此后一直被完好保存。到 19 世纪，由于不再使用，这些城墙逐渐沦为废墟。1980 年，城墙的修复工作开始，但因没有按其原始风貌修复，一度遭到了猛烈的批评。

过去几十年，伊斯坦布尔人口迅猛增长，如今已成为拥有几千万人口的大都市，城市发展一发不可收。许多古代建筑遗址周围分布着居民区，这些建筑遗址的

保护工作迫在眉睫。例如，建于 12 世纪的万能主宰者基督修道院建筑群包括三座装饰着精美的镶嵌图案的教堂，是 200 多年中拜占庭帝国皇帝的休息场所。奥斯曼帝国征服拜占庭后，该建筑群变成一所古兰经学校，后来又改建为泽伊雷克（Zeyrek Camii）清真寺。如今这里依然是穆斯林的宗教场所，但它已被联合国教科文组织列为世界 100 处濒危遗迹之一。

第 120 页（左） 竞技场中央矗立着一座埃及风格的方尖碑。竞技场现在是圣索菲亚大教堂和蓝色清真寺之间的一个广场。方尖碑原本有 36 米高，但在运输过程中断裂了。广场上还有一根来自德尔菲的阿波罗神庙的希腊圆柱。

第 120 页（右） 地下水宫殿（Yerabatan Saray）很可能建于君士坦丁大帝统治时期，是这座城市规模最大的古代蓄水池。它靠 336 根科林斯石柱支撑着，可储存 80000 立方米的水。

第 120—121 页 图为大集市中的一个主要走廊，地毯和其他商品琳琅满目，整个建筑群可容纳 5000 多间商铺。

第 121 页（左上） 君士坦丁堡的城墙建于 5 世纪西奥多修斯二世统治时期，共长 6650 米，如今已成废墟，城墙修复工程备受争议。

第 121 页（右上） 图为万能主宰者基督修道院。伊琳娜女皇在 12 世纪在该修道院内修建了教堂。

BAKTIROĞLU 23
ANTIQUE

大马士革古城

阿拉伯叙利亚共和国

大马士革（Damascus）行政区
入选年份：1979
列入《濒危世界遗产名录》年份：2013
遴选标准：C（Ⅰ）（Ⅱ）（Ⅲ）（Ⅳ）（Ⅵ）

据说，每个有文化的人都觉得自己有两个故乡——自己的家乡和叙利亚。叙利亚是农业、字母表、三大一神论宗教、哲学、贸易和民主的发源地。首都大马士革还在和叙利亚北部城市阿勒颇（Aleppo）争夺世界上最古老城市的称号。想到叙利亚是这样一个文化底蕴深厚的国家，每个人都会对其冲突不断的现状感到悲痛。叙利亚的冲突已经破坏了阿勒颇大部分文化和建筑遗产，由于大马士革古城远离现代区域，目前还没有受到大范围影响。

大马士革－阿什－闪（Dimashq-ash-Sham），也就是当地居民所说的“闪族”，名字源于诺亚长子闪。据《圣经》记载，闪在大洪水暴发之后来此定居。关于该地最早的文字记载发现于幼发拉底河（Euphrates）流域的马里（Mari），刻在新石器时代的黏土板上。此外，还有一份写

在莎草纸上的文献证明，大马士革早在公元前9000年就已和埃及有贸易往来。

这些记录的残片没有显示在远古时代大马士革的统治者是谁，但可以肯定的是，在公元前2000年，大马士革曾是阿拉米人王国的首都。后来亚述人登陆叙利亚腓尼基（Phoenician）海岸，将阿拉米人赶了出去。巴比伦国王尼布甲尼撒（Nebuchadnezzar）曾统治这里30年之久，后来在公元前538年，波斯国王居鲁士占领了大马士革，并将其立为首都。不过，直到公元前333年，亚历山大大帝统治时

▌第 122—123 页　图为倭马亚大清真寺围着廊柱的庭院，前景中是宝库，这个八边形的建筑用于存放珍宝。为了安全起见，用了八根原来罗马神庙中的科林斯式廊柱来支撑。

▌第 123 页（左）　倭马亚大清真寺全景图。其周围的建筑形成了哈米迪亚集市（Suq al-Hamadiyyeh）。

▌第 123 页（右）　倭马亚大清真寺巨大的祷告大厅中心是一座建于 19 世纪的大理石建筑。据说圣施洗约翰就葬于此，他也被列为伊斯兰圣徒。

期，这里才成为从东地中海到阿富汗疆域辽阔帝国的中心。

公元前 64 年，罗马人来到这里，大马士革开启了黄金时代。罗马人在原有的基础上打造了一座辉煌灿烂的城市，很快大马士革便成为罗马帝国十个重要的中心之一。罗马商业贵族阶级中就有大马士革人，他们搭建起了当时欧洲和东方的贸易桥梁。大马士革生产的宝剑和纺织品远销到各地。

公元 34 年，出生于塔尔苏斯（Tarsus）的罗马显贵索尔，也就是广为人知的保罗，沿着给大马士革带来巨大财富的道路行走时，被眼前绚丽夺目的景色深深吸引，从此他便皈依了当时在罗马帝国引起巨大骚动的新基督教。因为大马士革的民众既有信教的，也有不信教的，长达一个世纪的时间，大马士革主教的权力不断增强，最后仅次于安提阿牧首。

公元 395 年，拜占庭帝国取代了罗马帝国，但大马士革真正的转折点发生在西方统治 1000 年后，当时倭马亚王朝哈里发的军队从阿拉伯半岛抵达叙利亚，强迫人们转而信奉当时刚诞生的伊斯兰教。倭马亚王朝对大马士革的美丽感到震撼，把这

▌第 122 页（上）　埃及风格的西塔（加尔比亚尖塔）由马姆鲁克的卡特贝苏丹于 1488 年建造。

▌第 122 页（下）　倭马亚大清真寺南墙上拜占庭艺术家创作的镶嵌图案。尽管在历史上遭到破坏，它依然是世界上最大的镶嵌图案之一。图中这幅画展现的是天堂花园的景象。

座城市发展为了穆斯林世界第一个最大的都城，仅仅一个世纪的时间，大马士革的面积就从大西洋沿岸延伸至了印度洋。

今天，被高墙圈起来的大马士革古城融合了倭马亚王朝、罗马帝国、古基督教和拜占庭遗迹，十分奇特。比如，倭马亚王朝的城市中心是一座清真寺，这座清真寺建在一座纪念圣施洗约翰的教堂遗址之上，在教堂之前这里是一座纪念朱庇特的罗马神庙，在这座罗马神庙之前，这里是一座纪念阿拉美亚神哈达德的神庙。

为了弘扬倭马亚王朝的荣威，705 年，阿尔・瓦利德一世开始修建一座新清真寺。这项工程斥资巨大，耗费了 1100 万第纳尔金币，耗时 10 年之久，动用了 1200 名劳力。这座清真寺外墙朴实无华，从外面完全想不到里面竟然如此华丽典雅，它是对安拉真主最伟大的赞礼之一。“天堂之门”（大清真寺的主要入口）通往一个环绕着圆柱的巨大庭院。最初，外墙镶满了镶嵌图案砖，覆盖面积超过 4459 平方米，后来大部分镶嵌图案瓷砖在 1893 年火灾中被毁。然而，残留部分足以表明，其工艺可以和

伊斯坦布尔的圣菲索亚大教堂或拉韦纳（Ravenna）长方形廊柱式教堂的镶嵌图案艺术相媲美。拜占庭人喜欢创作人物形象作品，技艺十分精湛，但伊斯兰教规定不准创作人物塑像和作品，阿尔便想出一个避开教规的办法，他决定把大清真寺的墙壁装饰成“上帝之城”，用金黄色和 30 种深浅不同的绿色来描绘伊斯兰教天堂里四条河中的青金石和海蓝宝石。瓦利德一世还很欣赏罗马建筑，下令把原来朱庇特神庙的廊柱用于大清真寺建筑。这些廊柱有着科林斯式的柱头，支撑着这座镶嵌着洁

白无瑕的镶嵌图案瓷砖的八边形建筑。这座建筑有“宝库”之称，里边存放着大马士革的宝物和文件。

从祈祷大厅里圣施洗约翰的墓中可以明显地看出基督教和伊斯兰教的融合。该清真寺中有一座光塔是纪念耶稣而建的，因此，穆斯林相信在审判之日，耶稣会降临人间，一只脚就落在这个巨大的光塔上。

价值。在基督教徒仍然居住的几条街道附近，一些犹太人的古旧房屋保留了下来。

750 年，阿拔斯王朝推翻了倭马亚王朝，伊斯兰世界的首都从大马士革转移到巴格达。但是，大马士革的建筑依然被当作安达卢西亚（Andalusia），尤其是科尔多瓦（Cordoba）的阿拉伯建筑典范。例如，大马士革的玫瑰被用作格拉纳达阿尔罕布拉宫（Alhambra）的装饰主题。大马士革

数市场一样，集市上方有一个高大的金属穹顶。穿过一片罗马拱门的废墟，就来到了倭马亚大清真寺，进入四通八达的小巷。这些小巷里有许多公共浴场和商队旅馆，其中最宏大壮观的旅馆位于香料市场，由 18 世纪中期大马士革的统治者阿萨德·帕夏·阿尔·阿兹姆所建。他也是阿兹姆宫的建造者。宫殿周围是一些开满鲜花的庭院，令人如痴如醉。这个宫殿还是艺术与

大马士革是伊斯兰四大圣城之一。据说，在倭马亚大清真寺祷告一次，抵得上在其他地方祷告一万次。一些历史名人的遗体葬在大马士革的陵墓和清真寺中，例如 12 世纪打败十字军的圣人和军队领袖萨拉丁，以及什叶派崇拜的先知的孙女赛达·鲁卡亚。

位于地下的简陋的亚拿尼亚教堂（church of Ananias）是亚拿尼亚的居所。亚拿尼亚是修行者，曾在这里收留圣保罗，后来受洗成为真正的基督教信徒。亚拿尼亚教堂对于基督教徒来说具有极大的象征经历了长期的贸易繁荣，但是在十字军东征期间却日渐衰微，而且在 1400 年遭到帖木儿率领的蒙古军队的洗劫。

1516 年，土耳其人来到大马士革，其统治一直持续到第一次世界大战结束。在土耳其帝国统治期间，大马士革迎来第二次黄金时期。土耳其人热爱美和世俗生活，重新修复了倭马亚大清真寺，并把大马士革发展成了繁荣的商业中心。

此后，大马士革古城几乎没再变化。从古城墙主要的大门“解放之门”进去，就到了哈米迪亚集市，和大马士革的大多传统博物馆的所在地，博物馆各个展室墙壁上贴着细木护壁板，共陈列着上千件展品。

阿兹姆宫给了土耳其贵族们建造房屋的灵感，这些房屋洋溢着幸福快乐。其中两座房屋——贝特西巴伊和贝特尼扎姆，在其壁画、木雕、粉饰灰泥和大理石修复之后，重现昔日光彩。进入这些房屋，人们很容易就会理解大马士革一位无名诗人说的一句话，他说这座城市的房屋是用泥土、水、木头、草秸、颜料、石头、大理石、玻璃、诗歌和爱打造的。

▌第 124 页（左） 波斯风格的赛达·鲁卡亚陵墓建于 19 世纪，旨在纪念什叶派崇拜的先知的孙女。这座年轻的殉道者的陵墓受到成千上万名妇女的朝拜。

▌第 124 页（右） 伊斯兰英雄萨拉丁之墓建于 1196 年，但在历史上长期被忽视，直到 1898 年威廉二世请人将其修复，并作为贡品献给阿卜杜勒 - 哈米德二世，才引起人们的重视。

▌第 125 页（上） 贝特阿兹姆（Bait Azem）是土耳其总督在大马士革府邸，建于 18 世纪中叶。其内部富丽堂皇，庭院美轮美奂，如今被用作流行艺术和传统的博物馆。

▌第 125 页（左下） 图为贝特尼扎姆精美繁复、五颜六色的大理石墙壁及室内喷泉。贝特尼扎姆是大马士革古城里最美丽迷人、保存最好的土耳其人的房屋之一。

▌第 125 页（右下）“太阳之门”（Bab Sharqi）是大马士革现存最古老的罗马时期的遗迹，也是七八个古城门中唯一保留了原始风貌的城门。

耶路撒冷古城及其城墙

以色列

耶路撒冷（Jerusalem）地区（由约旦推荐的遗址）
入选年份：1981
列入《濒危世界遗产名录》年份：1982
遴选标准：C（Ⅱ）（Ⅲ）（Ⅵ）

1947年，联合国通过一项决议，规定耶路撒冷为一个单列城市，既不属于以色列，也不属于巴勒斯坦。然而，半个多世纪以后，巴以双方对耶路撒冷地区仍存在争议，该地区似乎成为双方永无休止的争端，且他们经常采用武力手段而非外交手段解决。1981年，耶路撒冷入选联合国教科文组织《世界遗产名录》，一年后紧接着被列入《濒危世界遗产名录》。除了双方争端的直接影响外，耶路撒冷还受到城市野蛮扩张、旅游业的负面效应以及对遗迹缺乏保护

等影响。“耶路撒冷”意为“人人之城”，如今却沦为“无人之城”。

耶路撒冷被认为是三大一神论宗教——犹太教、基督教和伊斯兰教的圣城。对于犹太人来说，它是亚伯拉罕牺牲的地方；对于基督徒来说，这里是耶稣被钉死在十字架和复活的地方；对于穆斯林来说，这里是先知穆罕默德升天的地方。

尽管如今耶路撒冷看起来俨然已是一座现代化城市，但其古城面积不足1.3平方千米，周围围着高约12米、长4千米的城墙，5000多年来，历尽沧桑。

耶路撒冷于公元前3000年前后由迦南人（Canaanites）开始建城。公元前1000年左右，《圣经》中的大卫王征服了这座城市，国王所罗门在此建立了圣殿，耶路撒冷由此成为圣城。公元前586年，尼布甲尼撒二世攻占耶路撒冷，捣毁圣殿，并将城里的居民流放到巴比伦尼亚（Babylonia）。五十年后，波斯王居鲁士二世占领了巴比伦尼亚，将犹太人遣送回耶路撒冷，并修复了圣殿。波斯王朝在这座城市的统治一直持续到公元前333年，当时亚历山大大帝吞并了巴勒斯坦，仅仅几年后，它又落入埃及国王托勒密一世手中。

公元前198年，塞琉古王朝国王安条克三世征服了犹地亚地区（Judea，耶路

撒冷是其一部分），并把犹地亚变成了叙利亚的附属国，直到犹地亚人奋起反抗塞琉古王朝统治，这种状况才结束。公元前168年，圣殿重新被奉为神圣，在马加比家族（Maccabees）领导的犹太王朝的统治下，耶路撒冷开始繁荣了起来，公元前63年，被罗马人征服。耶路撒冷在希律王赫罗德（Herod）时期得以重建，希律王是罗马帝国委任的，权力仍掌握在罗马总督手里，判处耶稣钉在十字架上的庞修斯·彼拉多就是一位罗马总督。

此后，犹太人多次想要脱离罗马人的统治。公元70年叛乱发生后，第二座神殿被毁。公元135年叛乱之后，犹太人被逐

第126页（左下） 巴布拉赫迈（黄金大门）在三大宗教的古代文献中都有提及。对犹太人来说，弥赛亚经由此门进入耶路撒冷；对基督徒来说，耶稣通过这道门最后一次进入耶路撒冷；对穆斯林来说，这是“仁慈之门”，在末日审判时，正义之人将从此门通过。

第126—127页 图为耶路撒冷的景观，近景是岩石圆顶清真寺（Dome of the Rock）。由于人口不断增长、大众旅游的发展，再加上不断爆发的巴以冲突，这座脆弱古老的城市正面临严重的危机。

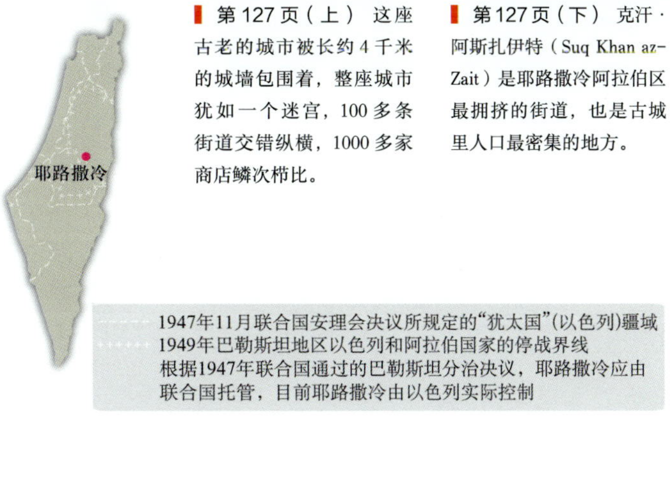

第127页（上） 这座古老的城市被长约4千米的城墙包围着，整座城市犹如一个迷宫，100多条街道交错纵横，1000多家商店鳞次栉比。

第127页（下） 克汗·阿斯扎伊特（Suq Khan az-Zait）是耶路撒冷阿拉伯区最拥挤的街道，也是古城里人口最密集的地方。

出耶路撒冷。4 世纪时，基督教在罗马世界取得合法地位，耶路撒冷成为一个重要的圣地，兴建了许多教堂，包括耶稣复活的圣墓教堂（Holy Sepulcher）。

除了 614 年至 628 年波斯人的短暂统治外，这座城市一直处于罗马人的统治之下，罗马覆灭之后，便落入拜占庭之手。638 年，阿拉伯人占领了这座城市，并在圣殿的位置修建了岩石圆顶清真寺。尽管屈辱，但犹太人和基督徒依然和穆斯林继续和睦相处。996 年，哈基姆开始迫害非穆斯林人口，打破了和睦相处的局面。西方的基督教世界迅速做出反应，发动了一场夺回圣城的运动。经过一次大规模的围剿，十字军在 1099 年胜利进入耶路撒冷。但是不到一个世纪的时间，萨拉丁就使这座城市重新回到了伊斯兰统治之下。耶路撒冷在穆斯林统治下，先后经历了阿尤布王朝 (Ayyubid)、马穆鲁克王朝（Mamlukes）和奥斯曼帝国（Ottomans）。1917 年，耶路撒冷被英国占领，此后直到 1948 年一直是英国在巴勒斯坦委任统治的首都。1967 年，埃及和以色列爆发六日战争，耶路撒冷国际化的计划就此失败，之后耶路撒冷一直战火频仍。

耶路撒冷古城的城墙由奥斯曼帝国建于 16 世纪末，这座城墙围住的城市被划分为三个区域：希伯来区、穆斯林区和包括一块亚美尼亚区的基督教区。除了五颜六色的露天剧场和白色的石头房子，这里还有大量在战火硝烟和历史变迁中幸存下来的宗教建筑，展现了耶路撒冷宗教生活的多元性。其中，哭墙（Wailing Wall）、圣墓教堂和岩石圆顶清真寺是三大宗教最宏伟壮丽的建筑，展现了耶路撒冷在文化和政治方面的强盛。

根据犹太神话，依偎着圣城西墙的摩利亚山（Mount Moriah）是宇宙的中心。这里是以色列祖先亚伯拉罕准备把儿子艾萨克献为燔祭的地方，也是所罗门修建神殿存放十诫碑的地方。公元 70 年，第二座神殿被毁，犹太人用“哭墙”纪念神殿。“哭墙”由希律王修建，后来成为奥斯曼帝国防御墙的一部分。几个世纪以来，“上帝的选民们”日日夜夜来到这里为神殿的遭遇哭泣，他们把内心的祈祷和向上帝的忏悔写在纸条上折好，放在石头缝隙中。

耸立于哭墙之上的是最古老的伊斯兰艺术杰作萨赫莱清真寺（Qubbat as-Sakhrah），也叫岩石圆顶清真寺。修建该清真寺是出于政治原因，建造过程从 685 年持续到 691 年。哈里发阿卜德·阿尔·马利克建造该清真寺是为了巩固自己对阿拉伯半岛上的敌人苏丹的霸权。他根据自己的需要对《古兰经》第 17 章进行解释，确定以色列神殿遗址所在的位置就是穆罕默德升天的地方。因此，他围着留有先知穆

第 128 页（左上、中上和右上） 著名的“哭墙”。公元 70 年，第二座神殿在一次起义中被毁，当地的希伯来人来到这里哭泣。信徒们把祈祷写在纸条上放在墙的石头缝隙中。

第 128 页（下） 来哭墙朝拜的传统始于奥斯曼时期，当时古城中的建筑已十分密集，几乎延伸到了这个墙根，人们只剩下一片狭窄的祷告空间。古城中的阿拉伯区在 1967 年六日战争中被拆毁。

第 129 页 哭墙由希律王建于公元前 20 年，是第二座犹太神殿的地基。如今，象征着伊斯兰教和犹太教艰难共处的岩石圆顶清真寺就坐落于哭墙后面。

罕默德脚印的石头建立了一座气势非凡的建筑。在一个石头台基上矗立着两个同心的柱廊，第一个是八角形的，第二个是圆形的，支撑着一个直径约 20 米、高约 30 米的圆顶。清真寺内部装饰着大量几何、书法和鲜花图案的镶嵌图案瓷砖，总面积达 1282 平方米，富丽堂皇，其中最古老的镶嵌图案瓷砖画由拜占庭工匠制作。十字军占领耶路撒冷后，把岩石圆顶清真寺改为了基督教堂，并在圆顶上方放置了一个金色十字架，后来被土耳其人移除。16 世纪时，苏莱曼一世用 45000 块蓝色和金色的釉陶锦砖装饰了圆顶和外墙。蓝色是天空的颜色，因此象征着无限；金色象征着安拉真主的权力。20 世纪 90 年代初，约旦国王侯赛因一世为了表示对这个伊斯兰世界第三大圣地的敬意，用纯金片装饰了该清真寺整个圆顶。

第 130 页（左上） 两个同心的柱廊，一个是八角形的，另一个是圆形的，支撑着一个高约 20 米的清真寺圆顶。

第 130 页（右上） 20 世纪 90 年代初，先知穆罕默德的后裔约旦国王侯赛因一世用纯金片装饰了清真寺圆顶。

第 130 页（下） 岩石圆顶清真寺的基石是一块圣石。亚伯拉罕在此准备将他的儿子献为燔祭，穆罕默德从这里升入天堂，就座于安拉真主的身旁。

第 130—131 页 萨赫莱清真寺（岩石圆顶清真寺）由哈里发阿卜德·阿尔·马利克建于 685 年至 691 年，为伊斯兰艺术最早的杰作。为了巩固其在伊斯兰世界的政权，阿卜德·阿尔·马利克命令建筑师按照圆形建筑圣墓教堂（Holy Sepulcher）建造了此清真寺。

第 131 页（上） 苏莱曼一世用 45000 块蓝色和金色的釉陶锦砖装饰了清真寺的圆顶和外墙。蓝色代表天堂的颜色，金色象征着安拉真主的权力。

第 132 页（上） 通往圣墓教堂的庭院左边排列着四十殉教者礼拜堂（Chapel of the 40 Martyrs）、希腊东正教的圣约翰礼拜堂（Greek Orthodox Chapel of St. John）和圣詹姆士礼拜堂（Chapel of St. James）。圣墓教堂的正面建于 12 世纪十字军东征时期。

第 132 页（下） 圣墓教堂周围房屋密布。由于耶路撒冷的城市扩张，城市建筑挤得几乎让人喘不上来气。

圣墓教堂位于维亚多勒罗沙街道（Via Dolorosa）的尽头，远离犹太人和穆斯林圣地，传统意义上人们认为这条街道就是耶稣受难的地方。哈德良皇帝曾在此处修建一座献给维纳斯的神殿。据说，326 年，君士坦丁大帝的母亲来到耶路撒冷，在这里发现了圣十字架，并命令在此修建一座教堂。为了避免与异教神殿雷同，选用了一座用于举行会议和进行贸易的非宗教建筑作为教堂的模型。圣墓教堂多次被毁，其现在的样子是十字军东征时期按最初君士坦丁教堂的样子修建的。这座圆形教堂直径约为 40 米，被认为是耶稣受死、埋葬和复活的地方。圣墓教堂上还建着一座带有长廊和庭院的长方形教堂。六个基督教教派的代表每天轮流看管这座基督教最神圣的建筑。

除了这些三大宗教的主要建筑，耶路撒冷古城到处都是修道院和基督教各教派的教堂，其中有建在圣母玛利亚诞生之地的圣安妮教堂（St. Anne's），此外还有犹太教教堂、塔木德经学院（Talmudic Colleges）、清真寺以及建于马穆鲁克（Mamluke）和奥斯曼时期的非宗教建筑。然而，最震撼人心的流动景观还是从世界各地蜂拥而来的人群，为圣地传递着和平的消息。

第 133 页（左上） 圣墓教堂的希腊式唱诗席凯瑟利肯（Katholikon）代表基督教的六大教派。

第 133 页（中上） 圣母祭坛矗立在基督受难的位置上，基督在这里被钉在了十字架上。

第 133 页（右上） 圣墓教堂入口处的涂油礼之石（Unction Stone）。据说人们把耶稣从十字架上解下来后，安放在这块大理石上涂抹膏油。

第 133 页（左下） 圆形建筑圣墓教堂直径约 40 米，覆盖了耶稣受难的地方。几个世纪以来，又增建了许多礼拜堂，用来存放在保卫圣墓教堂中发挥重要作用的人的遗体，其中有十字军东征的领袖鲍德温一世和戈弗雷迪布廖恩。

第 133 页（右下） 圣墓教堂穹顶上的壁画《全能基督》。

▌第 134 页（上） 王侯广场（Meidan Imam）曾是萨非王朝（Safavid empire）的权力象征，长 500 米，宽 150 米。旁边坐落着皇家清真寺（Royal Mosque）、希克斯罗图福拉清真寺（Sheikh Lotfollah Mosque）、阿里卡普王宫以及通往城市大巴扎（Grand Bazaar）的入口。

▌第 134—135 页 皇家清真寺壮观的中央庭院。入口和门廊装饰着绿松石和金色的瓷砖，倒映在宽阔的池塘水面上。皇家清真寺建于 17 世纪早期，是波斯建筑的典范。

▌第 135 页（右上） 皇家清真寺内部装饰着艺术家阿里·礼萨·阿巴西（Ali Reza Abbassi）创作的精美的花纹和书法图案。阿里·礼萨·阿巴西来自大不里士（Tabriz），属于萨非王朝的子民，是那个时代最著名的波斯艺术家。

伊斯法罕王侯广场

伊朗

伊斯法罕（Isfahan）省
入选年份：1979
遴选标准：C（I）（V）（VI）

第 135 页（中） 伊斯法罕一景。图中可见皇家清真寺的两个光塔。背景中是纪念什叶派神学家希克斯·罗图福拉（Sheikh Lotfollah）的清真寺。虽然希克斯·罗图福拉清真寺规模较小，但是装饰着阿拉伯图案的穹顶可以和皇家清真寺相媲美。

17世纪前来伊斯法罕观光的游客都对“Esfahan nesf-é jahan”这句话耳熟能详，其意思是“伊斯法罕乃世界中心”。他们会惊奇于这座城市雄伟壮观的建筑及其繁荣广泛的贸易活动。然而，这座城市其实是一个野心十足的统治者通过利用两个唯利是图的人在短短三十年时间内建立起来的。

整个 16 世纪，统治了波斯 150 年之久的萨非王朝眼看着自己的疆域被奥斯曼帝国不断蚕食。直到安东尼·谢利（Anthony Shirley）和他的兄弟罗伯特前来觐见萨非王朝的沙阿阿拔斯一世才出现转机。这两名英国探险家向欧洲宫廷提议，采取外交手段支援萨非王朝反抗奥斯曼帝国入侵，以此换得荣誉和报酬。而且他们还提出要向波斯人展示新发明火药的威力，并教波斯人制造大炮。萨非王朝和这两位探险家之间达成协议，结果不到两年时间，阿拔斯一世便收复了波斯的大部分领土。

1598 年，成功进入伊斯法罕后，阿拔斯一世决定把这座城市立为新首都，并开始大兴土木以庆祝这次伟大胜利。他在原来规模不大的土耳其宫殿的基础上修建了阿里卡普宫（Ali Qapu），将其作为皇宫，宫殿正面就是古老的纳加什 - 伊 - 贾汗广场（esplanade of Nagash-e-Jahan），长 500 米，宽 150 米。阿拔斯一世将广场重新命名为国王广场，后来称作王侯广场。在广场东面，阿拔斯一世下令修建了皇家清真寺。

皇家清真寺建成于阿拔斯一世去世一年后的 1628 年，被认为是波斯艺术的杰出典范之一。据估计，这座建筑用了 1800 万块砖，表面贴了 472500 块蓝色瓷砖。传统做法是使用单色瓷砖，铺好后在上面雕饰花纹，但阿拔斯一世已经迫不及待想要看到最终成效了，便下令使用饰有花纹图案的七彩瓷砖，加快工程进度。

清真寺的大门高 27 米，大门顶端是一个巨大的穹顶，两侧有两个圆柱形光塔。为了让清真寺大门和广场位于一条轴线上，同时确保米哈拉布指示麦加方向，建筑师阿布林·卡辛（Abu' l Qasin）把整个建筑群“旋转”了 45 度。这个清真寺建筑群包括几个门厅、带有穹顶的巨大的祈祷大厅和古兰经学院，这些建筑全部围着一个有廊柱的庭院排列着。

1602 年，阿拔斯一世在王侯广场西面又建了一座清真寺，献给他的岳父，著名的什叶派神学家希克斯·罗图福拉。这座清真寺的规模要小得多，而且没有光塔（因为该清真寺仅供皇室使用），但其精美的瓷砖和精巧的结构可以和皇家清真寺相媲美。广场北面是宏伟的加萨里亚市场（Qeyssarieh）大门。为了促进贸易的发展，阿拔斯一世邀请亚美尼亚商人来此进行贸

第 135 页（下） 皇家清真寺内部唯一没有贴瓷砖的地方是祷告大厅里的柱子。这片庞大的建筑群有好几个古兰经学院。

易，并给予东印度公司的英国和荷兰代表一些特权。

王侯广场是阿拔斯一世的权力中心，广场四周的廊柱环绕着这两座清真寺、皇宫以及加萨里亚市场，使其构成了一个和谐的整体。尽管阿拔斯一世在波斯艺术史上留下了显赫的地位，但是他的残忍暴戾也遗臭万年。为了在波斯推行什叶派教义和法尔斯语，他大规模屠杀逊尼派教徒。此外，他生怕被人谋杀，便命人把长子杀了，而且把两个小儿子弄瞎，以防他们夺权篡位。

后来，阿拔斯一世的孙子萨菲继承了皇位。萨菲同样铲除了所有威胁王位的人，包括他母亲，并因此在历史上留名。阿拔斯二世继承萨菲王位的时候仅仅是一个十岁的孩子，实权则掌握在辅佐大臣和太傅手中，萨菲王朝和伊斯法罕开始走向衰落。18 世纪初，这座城市受到阿富汗人的威胁，1736 年，伊朗迁都马什哈德（Mashhad）。

第 136 页（左上） 蓝底彩色陶器上的花饰细节图。

第 136—137 页 图中是皇家清真寺的两个光塔中的一个以及希克斯·罗图福拉清真寺穹顶。两座建筑的瓷砖装饰都采用了七彩上色技术。

第 137 页（上） 希克斯·罗图福拉清真寺内部装饰富丽堂皇。该清真寺建于 1602 年至 1619 年，阿拔斯为其岳父修建，仅供皇室使用。

第 137 页（下） 图为希克斯·罗图福拉清真寺。入口有一个拱顶，上面装饰着模仿钟乳石的图案。这种装饰源于倭马亚王朝和阿拔斯王朝的建筑风格。

泰姬陵

印度 | 北方邦阿格拉（Agra, Uttar Pradesh）
入选年份：1983
遴选标准：C（Ⅰ）

第 138 页（中） 泰姬陵里的花园代表安拉的天国，混合了莫卧儿、波斯和阿拉伯风格。中央池塘象征着《古兰经》里提到的天上的池塘卡瓦萨尔。

第 138 页（下） 乔克伊吉洛卡纳（Chowk-i-Jilo Khana）是泰姬陵入口处的建筑。它是由红砂岩建成的，建筑中间完全是伊斯兰风格，但是两侧的寺庙是印度风格。墙壁的砂岩和大理石上装饰着文字图案。

第 138—139 页 拂晓时分泰姬陵的经典景色。泰姬陵高 75 米，坐落在一个边长 57 米的台基上。每个角上有一个尖塔，这些尖塔看起来稍微向外倾斜。

印度最著名的建筑泰姬陵，历时 20 年，动用了 20000 名男女劳工才建造完成。不远处有一座叫穆姆塔扎巴德（Mumtazabad）的城镇，也就是今天的泰姬甘吉（Taj Ganj），是当时劳工居住的地方。1000 头大象在默格拉纳（Makrana）矿山和阿格拉之间来回运输巨大的白色大理石块，附近的法塔赫布尔西格里（Fatehpur Sikri）提供了 114000 车红砂岩，那里的居民也被雇来烧制建筑所用的砖块。

据 17 世纪的一个编年史家所说，为了装饰泰姬陵，从各地采购了大量珍品，数目惊人，其中包括来自阿富汗的天青石、西藏的绿松石、中国的水晶、旁遮普的碧玉、波斯的缟玛瑙、也门的玛瑙、阿拉伯海的珊瑚和欧洲的玉髓。斋浦尔（Jaipur）的商人负责采购瓜廖尔磁铁矿和巴格达红玉髓中的钻石。

所有这些开销都由莫卧儿皇帝沙贾汉支付。他十分富有，并享有“世界之王”的称号，1627 年至 1666 年在位，统治着西起坎大哈（Kandahar）、东到阿萨姆邦（Assam）、北起帕米尔（Pamir）高原、南到德干（Deccan）平原的辽阔国土，以前还没有哪个印度统治者统治过如此庞大的国家。然而即使如此，这项花费也是一笔不小的开支，但在建设泰姬陵的 20 年中，他从来没向人民征收过一卢比的税，在他看来，泰姬陵是一项“私人工程”。

20 世纪印度伟大诗人罗宾德拉纳特・泰戈尔（Rabindranath Tagore）把泰姬陵比喻为“永恒面颊上的一滴眼泪”。泰姬陵或许是男人送给女人的最伟大最无价的礼物。沙贾汉建造泰姬陵是为了存放爱妃穆姆塔兹・马哈尔的遗体，这样她的记忆就会永垂不朽。

虽然穆姆塔兹·马哈尔不是沙贾汉唯一的妻子（沙贾汉后宫佳丽五千），但却是皇帝唯一因爱而迎娶的妃子，并非像当时的传统那样出于国家政治的原因。穆姆塔兹·马哈尔本名阿珠曼德·芭奴·贝冈，是一位波斯高官的女儿，1612 年 3 月 27 日和沙贾汉大婚，次日因其美貌获沙贾汉的父亲贾汉吉尔赐封昵称穆姆塔兹·马哈尔，意为“宫中花魁”。她和沙贾汉一生恩爱，形影不离，被宠幸一生，享尽荣华富贵。她美貌与智慧并存，辅佐沙贾汉朝政，甚至陪同沙贾汉征战沙场。他们共育有 14 个子女，1631 年，她在德干战场附近的帐篷里生最后一个孩子的时候死于难产。

据传，穆姆塔兹·马哈尔奄奄一息之时，请沙贾汉答应为她建造世界上最漂亮的陵墓。不管这个传说是真是假，不建成泰姬陵沙贾汉难以心安。

沙贾汉一回到阿格拉，就在亚穆纳（Yamuna）河畔买下了一块地，他有两个目的：第一个是用来建造坟墓，第二个是在穆姆塔兹·马哈尔的忌日周年纪念活动时用于朝拜。

几个世纪以来，人们对于谁是泰姬陵的设计者一直有许多猜测。有人认为是威尼斯人彼得罗·韦罗内西（Pietro Veronesi），

根据当时的文献，在修建泰姬陵的二十年间，彼得罗·韦罗内西一直在为莫卧儿帝国服务。但是，一名意大利人不可能建造出这样一座融合了印度和波斯风格的建筑，哪怕是当时著名的詹洛伦佐·贝尼尼也不太可能。最后，专家们都认为泰姬陵是当时东方建筑大师的集体智慧结晶。

泰姬陵建筑群的入口是一个高30米的红砂岩大门，上面用优美的字体装饰着《古兰经》中的经文。两侧矗立着两座印度风格的寺庙，从这儿可以看到陵墓的风景。这座宏伟壮丽的建筑高达75米，坐落在一个边长57米的基座上。四角各矗立着一座高47米的尖塔，这些尖塔看起来稍微向外倾斜，这样发生地震时，这些尖塔就不会倒向中间的陵墓。泰姬陵巨大的圆顶上屹立着一个9米高的青铜塔尖，圆顶上曾经覆盖着黄金。这个圆顶很可能是从伊斯坦布尔请来的伊斯梅尔·埃芬迪（Ismail Effendi）设计的，他曾为奥斯曼苏丹设计过许多灿烂辉煌的建筑。

泰姬陵是一项工程奇迹。它的围墙每平方米承受着97吨的重量，而圆顶本身就重达13000多吨。这座大理石覆盖的建筑用砖块、木柱和打入台基的铁条加固的拱门支撑着。泰姬陵的水井系统保护它免受亚穆纳河洪水之灾，这条河偏离了自然路线，从泰姬陵中流过，使这座建筑锦上添花，尤其是早晨泰姬陵倒映在水中更是美轮美奂。泰姬陵不仅建筑工艺精湛，镶嵌细工师、珠宝切割家以及在其表面雕上优美花饰的雕刻家用非凡的技艺一同让这座陵墓成为举世无双的杰作。最让参观者叹为观止的还是泰姬陵的和谐与对称，整个建筑群浑然一体。

陵墓两侧有两座完全相同的红砂岩建

筑，完全是莫卧儿风格，上面各有八个圆顶。左边面向麦加的那个是清真寺；右边的建筑是欢迎朝圣者的地方，被称为贾瓦布，意为“回应”。陵墓中央是波斯风格的花园夏巴（char bagh），是天堂的象征。这个花园里到处都是喷泉，布局以 4 和 4 的倍数为特色，极为对称。这个正方形的花园共分为四部分，最初有 16 个花圃，每个花圃中有 400 种植物。

泰姬陵中唯一打破对称结构的是沙贾汉自己的墓。陵墓中有一个巨大的墓室，墓室中排列着壁龛，装饰着半宝石、镶嵌图案和大理石石雕，里面放置着两个空墓：中间那个是穆姆塔兹的，左边那个是沙贾汉的。沙贾汉在世之时，墓室上盖着毛毯，上面装饰着烛台和宝物。这对皇家夫妇的真正陵墓位于假墓室之下，布局同样不对称。之所以不对称是因为沙贾汉本不想自己死后葬在这里，他想在亚穆纳河对岸用黑色大理石建造一座和泰姬陵一模一样的建筑，用一座坚固的金桥把这两座建筑连接起来。但是，他儿子奥朗则布谋杀了皇室一半成员，夺得皇位，在沙贾汉去世后，奥朗则布没有把他的建筑工程当回事，就把他葬在了自己母亲旁边。

沙贾汉在位时期是莫卧儿王朝的顶峰时期，他死后，莫卧儿王朝因内部纷争而分崩离析，走向衰落。此外，泰姬陵也不断遭受洗劫。银子打造的大门被融化掉，代之以铜制大门，许多珍贵的宝石被偷走，英国人来到印度后，用铜换走了装饰圆顶内部的黄金。

出生于印度的英国作家拉迪亚德·基普林（Rudyard Kipling）称泰姬陵为“梦想穿越的象牙大门”，他的许多同胞也认为它是世界第八大奇迹。尽管如此，仍然有人建议把泰姬陵拆毁，然后把其建筑材料卖给英国人，来装饰英国人的宅邸。

印度独立后，泰姬陵几经修复，现已重现其最初的光彩，但是阿格拉地区近 200 座铸造厂排放的有毒气体严重污染着这座白色大理石建筑。

第 141 页（右上） 用大理石、宝石和半宝石雕刻的水仙花、郁金香和玫瑰图案。这些宝石从亚洲和欧洲各地运过来，造价不菲。

第 141 页（右下） 从亚穆纳河看到的泰姬陵景象。建造泰姬陵时，沙贾汉把这条河改道了，让它可以从泰姬陵建筑群流过。他本打算在河对岸用黑色大理石建造一座一模一样的建筑，等自己死后就葬在那里，但是他儿子奥朗则布登基以后，考虑到建造工程耗资巨大，取消了这项工程。

第 141 页（左下） 陵墓里的景观。雕刻着花边的大理石围栏围着的是沙贾汉和他的爱妃穆姆塔兹·马哈尔的两座空墓。他们真正的坟墓位于围栏下的地下室。

第 140—141 页 泰姬陵侧面图。泰姬陵各面都有拱形的壁龛，叫作皮什塔克，正面装饰着花纹图案和《古兰经》中赞美穆斯林天堂的经文。

紫禁城

中国

北京
入选年份：1987
遴选标准：C（Ⅲ）（Ⅳ）

中国官方称其为“故宫”，但对中国老百姓来说，这座中国最宏伟的建筑群叫“紫禁城”，位于北京市中心，占地面积 74.3 公顷，有 9999 座房屋。

曾经任何人未经允许进入这座雍容华贵的宫殿，都将被处以死刑。这里曾居住过明清 24 位皇帝。

1407 年（永乐五年）初，这位明朝的第三位皇帝开始修建紫禁城，历时 14 年，动用了 100 万劳力，其中 10 万人是当时最优秀的工匠。宫殿的台基和浮雕所用的石料来自北京城外的房山，为了方便运输，路边每隔 50 米就凿一口井，在寒冷的冬天，把井水泼到路面上，结冰后更容易拖动石头。紫禁城用的樟木柱子是从云南和四川运来的。为了烧制金黄色的瓦，在建筑地附近建了很多窑。修建围墙时，在熟石灰中加入红色颜料、糯米和蛋清，使围墙更加坚固。墙体光滑，底部厚约 8.5 米，上面厚 6.7 米。宫殿里面的地板用砖铺就，走在上面，脚步声清脆悦耳。除了地板和瓦片，其余部分为木质结构，也正因此，紫禁城中很多房屋毁于火灾，今天我们看到的大部分房屋建于 18—19 世纪。

紫禁城分为外朝和内廷两部分，外朝是皇帝处理政务的地方，内廷是皇帝嫔妃居住的地方。故宫建筑群南北向排列，皇宫沿中轴线全部坐北朝南，宫殿名字体现了儒家思想。中轴线两侧对称分布着的房屋是嫔妃、仆人和约 20 万名太监居住的地方。

紫禁城的正门午门（南门）高 35.66 米，有 5 个通道，上边还坐落着 5 个城楼。中间那个通道平时只能皇帝出入，此外皇帝大婚之日迎娶的妃子和通过科举考试的考生在他们金榜题名之日也可以通行。午门之上中间那个城楼是皇帝颁布诏书的地方，随后密使把诏书送到礼部，礼部再把诏书下发到各省。

穿过壮观的午门，就到了金水河流经的一个巨大的庭院。金水河上有五座桥，象征着儒家的“五常”。穿过太和门（两旁有两座铜狮子守卫着），就进入了一个能够容纳 10 万人的大型宫殿——太和殿。太和殿高 37.5 米，是紫禁城中最宏伟壮观的建筑，也是明清时期北京城最高的建筑。太和殿象征着皇权，内有 72 根雕饰着龙和祥云图案的柱子，是皇帝举行庆典和寿辰之日接受朝贺的地方。

太和殿两侧的房间用于觐见以及存放官文。其中一间就是文渊阁，这里存放着世界上最早最大的百科全书《四库全书》。太和殿前有两个巨大的青铜容器，是围着太和殿分布的一圈青铜容器中仅存的两个。过去这些青铜容器中会盛满水，以防发生火灾。另一个防火措施就是太和殿里面的青铜五爪龙塑像，每个 4.5 吨重，用来求雨。

保和殿是故宫建筑群中第二大建筑，用于举行宫廷盛宴。始建于 1420 年，于 1625 年和 1765 年重修。保和殿中有一套精妙的水利工程系统，与建筑艺术结合在了一起。这套复杂的排水系统包括保和殿

第 142—143 页　紫禁城占地面积约 74.3 公顷，是明清 24 位皇帝的住所，里面有 9999 座房屋，由 100 万名劳力建于 1407—1421 年，是世界上最大的宫殿建筑群。

第 143 页（左中）　穿过午门（正门）后进入一个巨大的庭院，金水河从庭院中流过，河上有 5 座桥象征儒家“五常”。

第 143 页（右中）　太和殿两侧分别矗立着一只鹤和一只乌龟的铜塑像，象征长寿。龟背上有一个盖子，下边是中空的，用来焚香。

第 143 页（右下）　太和殿是皇宫中最大的建筑，象征皇权，是朝廷举行庆典的地方。

第 142 页（左上）　根据中国传统，宫殿的顶端都饰有巨兽。在太和殿屋顶上，有一个神祇骑着一只凤凰，后面跟着其他神兽。

周围望柱上的1412个大理石雕刻的龙头。下雨天，雨水就会从每个石雕龙头中喷涌而出。

前往内廷需要经过一条长16.5米的大理石路，上面装饰着双龙戏珠的图案，这种图案在紫禁城中到处可见。最先来到的是乾清宫和坤宁宫。乾清宫建于1420年，最初是皇帝的私人住所，后来成为接待室，里面有四面巨大的镜子，在当时十分稀有。康熙和乾隆曾分别于1722年和1785年在这里举行过千叟宴，邀请全国各地60岁以上的人来此参宴。

坤宁宫是紫禁城中唯一具有满族风格的建筑，是皇帝度过新婚之夜的地方。房间的墙壁涂成了红色，贴着双喜字，炕还保留在原处。隔壁房间是每天祭神的地方。

再往前走就到了御花园。御花园占地面积1.2公顷，景色迷人，建筑精美，是皇室休闲娱乐的地方。主体建筑前有一棵树龄达400年的松树，是皇帝和皇后关系和睦的象征。

紫禁城的内廷建筑中，养心殿因其历史重要性脱颖而出。养心殿曾是皇帝的寝宫。1912年2月12日，孙中山领导和发起辛亥革命后，溥仪皇帝就是在养心殿退位，但他仍可继续生活在紫禁城，直到1924年。

不远处是嫔妃们居住的西六宫，如今仍然是晚清时期的装饰样式。附近的宁寿宫建于1689年，是紫禁城比例缩小后的翻

第144页（上） 保和殿入口处的台阶上有一块长16.57米、宽3.07米的大理石石碑，重达250多吨，上面饰有龙和祥云的图案。

第144页（左中） 乾清门是通往内廷的主要大门。清朝时，皇帝坐在乾清门中央的龙椅上，听大臣们奏报，然后作出诏令。

第144页（右中） 乾清宫建于1420年，最初是皇帝的私人住所，后来作为接待室。皇帝宝座位于乾清宫正中间，周围摆着大镜子，装饰精美。

第144页（下） 通往乾清宫龙座的阶梯细节图。楼梯栏杆精雕细琢，香炉用来为皇帝的房屋香薰。

第145页 乾清宫入口两座坚固的铜狮子。每只狮子爪子下都有一个球，象征皇权和国家的统一。

▌147（左） 御花园中的雨花殿建于明朝1417年。这个皇家私人花园占地12015平方米。

版，里面收藏着10万件绘画作品。乐寿堂中有一座一吨重的玉石塑像，还有一条长2.16米、宽1.4米的精美的毯子，用极细的象牙丝织成。展出的众多珍宝中有明代的珠宝和家具、藏族的圣骨盒以及绢画等。

紫禁城中很多属于皇家的物品后来在辛亥革命中被盗。中华人民共和国成立后，紫禁城的管理人员从全国各地积极地搜集那些失窃的珍贵文物。

▌146页（左下） 御花园的一个入口，里面建有堆秀山。这是一座小小的假山，从堆秀山上可以眺望整个紫禁城的风景。

▌146页（右下）和147页（右） 除了20多栋建筑，御花园里还有许多奇异动物的青铜塑像，如这两张图中的狮子和大象。

▌146—147页 养心殿建于明朝，清朝雍正年间重修，是紫禁城中的重要建筑，皇储在这里学习处理朝政。

古京都历史遗迹

日本 | 本州岛京都辖区（Island of Honshu, Prefecture of Kyoto）
入选年份：1994
遴选标准：C（Ⅱ）（Ⅳ）

1600年左右，权势强大的德川幕府开始将政治权力从京都转移到江户，但是京都仍是帝国权力的所在地，直到1868年，明治天皇把太政官（Dajokan）也搬到了江户，后来江户改名为东京。

失去了日本政治和经济中心地位的京都比东京建成时间早1100多年，当时东方各帝国之间的外交关系发生了微妙的变化。日本的桓武天皇十分羡慕当时中国唐朝的都城长安的美景，于是决定把日本朝廷从长冈京市迁至山城，在那里新建一个城市。因此，公元794年，平安京或简称京都，便在本州岛南部三面环山的地带建立了起来。

京都面积23.3平方千米，城市布局完全模仿中国唐朝长安。横七竖八的街道把城市分为了1200块大小相同的区域。城市被一道防护堤隔离起来，用来进行防御，巨大的朝南的罗生门（Rashomon）通向城市的主要街道朱雀大街（Suzaku），皇宫就位于这条街的尽头。皇宫建筑群里不仅有皇帝的住所，还包括政府所在地及相关建筑。京都最初的规划包括两个市场，一个提供给工匠，一个提供给商人。贵族家族根据等级获得分地。这个最初的城市规划形成了整个平安时期的城市基础，直到12世纪末。尽管京都遭遇过多次火灾和战乱，整个城市几乎被摧毁，但是从现在的街道布局依然可见其最初的规划样貌。

京都仍然保留着建成之初的遗迹，比如供奉着城市保护神的下鸭神社（Shimogamo Temple）。据说，这座城市的位置是由贺茂建角身和玉依姬两位神发现的，下鸭神社的53座建筑中供奉着这两位神。比平安时期历史更早的是上贺茂神社（Kamigamo Temple），这座神社建于一个花园地带，包括第一座牌坊和第二座牌坊（日本寺庙典型的庙门）中间的一片区域，这片区域饲养用于神圣典礼的纯种良马。

平安时代留下的最重要的遗产是平等院（Byodoin）和醍醐寺（Daigoji）。平等

第148页（上） 上贺茂神社（Kamigamo Temple）建于公元794年迁都京都之前，该神社用来供奉强大的加茂家族的守护神。

第148页（下） 平等院（Byodoin Temple）凤凰殿中巨大的阿弥托佛像，周围环绕着52个演奏乐器和跳舞的木制佛像。

第148—149页 平等院建于10世纪末，最初用作民房，后来在1052年被改为圣堂，院子中央的凤凰殿再现了净土宗佛教中阿弥陀佛的天堂。

院建于宇治（Uji）河西岸，是一个贵族的府邸，998 年捐赠给大臣藤原道长，1052 年藤原道长去世后，他儿子为了纪念他，把平等院改为一个宗教场所。平等院中美丽的凤凰殿再现了净土宗中阿弥陀佛的极乐世界。凤凰殿两侧走廊的顶上装饰着两只展翅待飞的凤凰。殿内有一尊巨大的阿弥陀佛像，周围环绕着 52 个演奏乐器和跳舞的木制佛像。醍醐寺是京都地区最古老、保存最完好的建筑，16 世纪后部分重修，寺内有一个建于 952 年的五层高的宝塔。

东寺（Toji）的历史也可以追溯到这个城市建立之时，796 年，为了使城市得到神的保佑而建。两年后，在一名德高望重的将军的提议下，在苦行僧圆珍隐居的地方修建了清水寺（Kiyomizu Temple）。788 年，最澄和尚修建了延历寺（Hieizan Enryakuji Temple），创建了一个宗教团体。888 年，宇多天皇修建了仁和寺（Ninnaji Temple），后来改称御室宫（Omuro Palace）。负责看管这座建筑的是皇室僧人，这个传统一直持续到明治时期。然而，这些建筑几个世纪以来遭到严重毁坏，大部分都经过了大规模修建。

京都在平安时代也是繁荣的文化中心，奠定了日本诗歌、文学和宗教的基础。905 年，日本天皇命纪贯之（Ki no Tsurayuki）编撰了《古今和歌集》

第 149 页（右上）醍醐寺中有 100 多座楼阁，主要建筑是村上天皇建于 952 年的一座五层宝塔，这座宝塔是京都最古老的遗迹，其他建筑大多建于 16 世纪。

第 149 页（右下）醍醐寺内宝塔精雕细琢的屋檐。15 世纪应仁之乱时，寺里许多建筑都在两场大火中被毁。

(*Kokin Wakashū*)，为后世的一些作品如《源氏物语》《快乐王子》和《枕草子》提供了灵感。《枕草子》描写的是宫女清少纳言风流的闺中秘事。两大佛教派别天台宗和真言宗分别在延历寺和东寺发展起来。

镰仓（1185—1333年）、室町（1333—1573年）和安土桃山（1573—1598年）统治时期，内战不断，文化巨变。禅宗、净土宗、净土真宗和日莲宗的佛教流派首次出现。镰仓时期，明里和尚在山腰上一

处合适冥思的地方建立了高山寺（Kozanji Temple）。西芳寺（Saihoji Temple）因其房顶和墙上的120种青苔而得名。西芳寺中还有一座禅宗花园，里面的岩石和沙滩融为一体，和谐自然。1339年，禅宗大师梦

窗疏石为室町幕府的第一代征夷大将军足利尊氏修建了天龙寺（Tenryuji Temple）。天龙寺建于一座皇家宅邸的遗址之上，以纪念后醍醐天皇。天龙寺中有一处名为北条的建筑，其后面有一座花园，花园里花圃围绕着池塘，贵族风格和禅宗风格融合在一起，花园的样式和颜色随着四季的变化而不同。

室町时代（Muromachi period）的建筑主要有：1397年建立的带有一座金色宝塔的鹿苑寺（Rokuonji Temple）；有一座银色楼阁的慈照寺（Jishoji Temple），里面供奉着令人尊敬的观世音菩萨；还有1450年建立的龙安寺（Ryoanji Temple）。在这一时代，能剧、茶道、插花等艺术在京都发展起来。1462年，池坊专庆为了装饰一个贵族家庭创设了插花艺术。

应仁之乱（1467—1477年）破坏了城市的大部分地区。接下来一个世纪，内战不断，桃山部族在战争中获胜。1573年，织田信长上台执政，之后是丰臣秀吉和德川家康。德川家康和前面几位统治者一样利用残忍的手段保持了政局稳定：把所有敌对势力赶尽杀绝。丰臣秀吉在其在位的短短几年中，开始迁移这个城市寺町地区幸存下来的寺庙，德川家康接续了这一工作，而且还建成了庞大的二条城。二条城建成于1603年，此后直到1867年幕府将军德川庆喜把行政权力交还给天皇前，这里一直是重大活动的举办地。二条城有两部分：本丸御殿和雄伟的二之丸御殿。这两座建筑的装饰都是桃山风格，造型精巧，装饰华丽。江户时代（1600—1868年）是相对和平稳定的时期，尽管此时政治中心

▌第150页（左上） 东寺建于796年，为了祈求上天保佑这座新首都城市而建。平安时代末（12世纪），佛教真言宗在此兴盛起来。

▌第150页（左下） 据传，778年，圆珍和尚在此修建了一座小庙，20年后这里修建了清水寺。今天的许多建筑是1631—1633年建立的。

▌第150页（上中） 龙是东方象征艺术中经常使用的图案。这是通往清水寺的一个门上装饰着的龙，这座镀铜的塑像也是一个喷泉，水从龙嘴里喷出。

▌第150页（右上） 清水寺中除了主要的宝殿和一座造型优雅的三层宝塔，还有很多美丽的花园。

▌第150—151页 二条城建成于1603年，1626年翻新，里面有两座建筑，本丸御殿和二之丸御殿，宫殿的房间中装饰着绘画和木刻。

已迁往东京，京都作为文化和商业中心重新繁荣了起来。1631年至1633年，德川家光重修了包括清水寺在内的许多建筑。1644年，他在东寺里建造了日本最大的宝塔，高达57米，共有5层。

京都幸免于第二次世界大战的轰炸，20世纪仍然是日本的一个“孤岛”。1994年，为了纪念日本1200年的历史，人们穿着17世纪的服装，举办了盛大的庆祝活动。进入京都的茶室，可以感受到日本传统生活的慢节奏，人们会产生一种京都仍是日本首都的错觉。

非斯的阿拉伯人聚居区

摩洛哥

非斯（Fez）
入选年份：1981
遴选标准：C（II）（V）

1921年，法国休伯特·利奥泰将军发布通告，禁止非穆斯林进入摩洛哥当地的清真寺和伊斯兰教场所。通告是根据1912年3月30日签订的《法摩保护制条约》中的部分条例做出的。虽然游客无法进入神圣的宗教建筑欣赏其内部华丽的装饰，但至少可以感受非斯阿拉伯人聚居区的魅力。这里的1000条小巷纵横交错，宛若一个迷宫，聚居区的色彩、气息和声音让人不禁想起这个城市作为摩洛哥王朝首都的时代。

非斯坐落在肥沃的萨斯（Saïss）平原东端，向南延伸到阿特拉斯（Atlas）山脉的丘陵附近，789年由自称是先知穆罕默德后裔的苏丹穆雷·伊德里斯一世建立。非斯这个名字来源于阿拉伯文“fas”，意为“神赐的金银锄头”，用来选出建立城市的地址。809年，穆雷·伊德里斯一世的儿子伊德里斯二世将非斯立为伊德里斯王朝的首都。十多年后，伊德里斯二世接受了从倭马亚王朝领地科尔多瓦逃出来的8000个穆斯林家庭，这些穆斯林在流经谷地的季节性河流非斯河右岸定居下来。825年，从今天的突尼斯凯鲁万来的犹太人和柏柏尔人在非斯河左岸定居下来。

当时，这两个居住区分别位于高墙之内，过着各自的生活。科尔多瓦人在右岸修建了西班牙伊斯兰建筑风格的安达鲁清真寺（Mosque of AlAndalus），而右岸的卡鲁因清真寺（Mosque of Al-Qarawiyin）则由一名来自凯鲁万的商人的女儿法蒂玛建立。

不久，卡鲁因清真寺中就增建了一座古兰经学院，今天这座学院被认为是世界上现存的最古老的大学之一。接下来的一百年中，两个居民区日趋繁荣，又修建了许多清真寺、公共浴场、集市和商队旅店。

1055 年，非斯落入穆拉比特王朝统治之下，穆拉比特王朝将首都迁往了马拉喀什（Marrakech），但是一个世纪后穆瓦希德王朝推翻了穆拉比特王朝。为了获得人民的支持，穆瓦希德王朝苏丹把两个居住区的围墙拆除了，打造成一个新的居民区，在两片居民区周边建立了防御城楼。

穆瓦希德王朝的统治标志着非斯商业繁荣的开端，并且非斯也逐渐发展为宗教和文化中心。穆瓦希德王朝时期扩建了卡鲁因清真寺，扩建后可容纳 20000 名祷告的信徒，还建造了一个像格拉纳达的阿尔罕布拉宫一样的巨大的王宫，周围环绕着立柱，此外还用白色和蓝色的彩釉陶瓷装饰了清真寺。苏丹优素福·本·塔什芬统治时期，非斯还修建了精巧的供水系统。到 12 世纪末，这座城市里的清真寺、伊斯兰学校和大部分房屋都用上了自来水。

1250 年，马林王朝掌权，把首都迁回非斯，但是城墙里已容不下新统治者带来的这些平民和军队，因此开始建立“非斯新城”，原来的城市则成了“非斯老城”，即现在的穆斯林聚居区。

16 世纪初，萨阿德王朝掌权，非斯的发展中断了，直到 1666 年，在苏丹穆莱·阿卜杜拉的统治下，非斯才再次繁荣起来。穆斯林聚居区的商人组成由“穆哈台斯布（监察官）”控制的行会，商栈和市

第 152 页（上） 卡鲁因清真寺里用来行净身礼的庭院。该庭院由来自凯鲁万的法蒂玛·伊本·穆罕默德于 859 年创建，956 年和 1135 年又两次扩建，是这个国家最大的清真寺，至今仍是重要的伊斯兰教育中心。

第 152 页（下） 卡鲁因清真寺覆盖着绿色琉璃瓦片的房顶。这座巨大的宗教建筑里有一个藏有 30000 多册古籍的图书馆。

第 152—153 页 非斯原来的中心非斯老城，由苏丹穆雷·伊德里斯一世建于 789 年。从空中看上去，非斯阿拉伯人聚居区整齐划一，布局工整，精美绝伦。

第 153 页（上） 建于 12 世纪非斯城墙上的防御城楼。阿尔穆罕苏丹当初建这些城楼来代替 9 世纪的防御工事。非斯城最初分为两部分，一部分由从科尔多瓦逃来的犹太人居住，另一个由来自凯鲁万的柏柏尔人居住。

第 153 页（右下） 阿拉伯人聚居区的一个大门，展现了非斯在历史上的重要地位，以及中世纪晚期穆斯林建筑师的高超技能。

第 153 页（左下） 建于 9 世纪的安达鲁清真寺入口。其建筑和装饰是典型的西班牙摩尔人风格。

场按所卖的商品划分为不同的区域，后来发展为北非最大市场的马格里布依然沿用着这种市场体系。

巴布耶鲁（Bab Bou Jeloud）是一座用彩釉装饰的大门，通往非斯老城，绿色瓷砖代表伊斯兰教，蓝色瓷砖是代表非斯城市的颜色，这里还是塔拉科比拉（Talaa Kebira）大街的起点，大街两旁排列着穆瓦希德王朝的建筑。从这条大街延伸出的许多小巷通往各个露天市场，市场里有陶器店、布店、鞋店、香料店，还有最有特色的酒馆和皮革染坊。

第 154 页　建于马林王朝的一座宫殿里优雅的石头和木制装饰，这座宫殿位于非斯老城阿拉伯人聚居区的中心。

第 155 页（右上）　塔拉科比拉大街是马格里布地区最大的穆斯林聚居区的主要街道，图为其附近巷子里的一个露天市场。1666 年，穆斯林聚居区的商人组成了有制度的行会。

第 155 页（左上）　建于马林王朝的“木匠宫殿”，这是一座供旅行商人休息的客栈。

第 155 页（左下）　巴布耶鲁的细节图。它装饰着绿色和蓝色的彩釉陶瓷，通往同名的穆斯林学校和塔拉科比大街。

第 155 页（右下）　非斯的皮革作坊世界闻名，大染缸通常放在隐蔽的处理工厂的平房房顶上。

古达米斯老城

利比亚

哈姆拉沙漠（al-Hamadah al-Hamra）
入选年份：1986
入选《濒危世界遗产名录》年份：2016
遴选标准：C（Ⅴ）

根据图阿雷格人的传说，古达米斯（Ghadames）的名字来自阿拉伯语，与一个旅行队的不幸遭遇有关。这个旅行队不小心把一些食物弄丢了，第二天，他们准备吃饭时，才想起来食物丢在了昨天吃午饭的地方，“昨天的午饭”用阿拉伯语说就是“ghada ams”。

第156页（左） 古达米斯的狭窄街道。城市中心围绕着玛吉利斯（广场）而建，古老的贾米阿提克清真寺和尤努斯清真寺就矗立在那里。

其实，这个哈姆拉沙漠高原上的壮丽绿洲可以追溯到早期文明时期。这个绿洲是利比亚、阿尔及利亚和突尼斯三国交界的地方。这里的第一批定居点形成于约1万年前，当时正值新石器时代取代了旧石器时代，撒哈拉还是一片肥沃的平原。艾因法拉斯泉（Ain al-Faras spring）是一片绿洲的源头，这片绿洲面积约17平方千米，是苏丹和地中海商旅沿线上的休憩点。公元前19年，罗马人在此建立了希达姆斯城（Cidamus），此后这个地方的重要性日益凸显，罗马人在这里统治了长达几个世纪之久。3世纪时，绿洲里驻扎了一个大部队，4—5世纪拜占庭帝国统治时期，这里建立了一个主教辖区。

667年，横扫北非的阿拉伯人在西迪·奥克巴的统帅下开始征服这个地区，由此开启了古达米斯的鼎盛时期。仅仅几十年后，古达米斯就成为阿拉伯世界的一个主要连接点，其地盘迅速扩展到了大西洋。从8世纪开始，古达米斯就是一个重要的贸易城镇，城市布局围绕着一个中心广场和巨大的贾米阿提克清真寺（Jami' al-Atiq）、尤努斯清真寺（Yunus mosque）展开，这是利比亚最古老的两座清真寺，

第156页（右） 古达米斯的许多建筑都用石灰涂成了白色，而且有带着锋利尖角的外墙。这些设计的用意现在尚不明确。

均为横向布局，分别有两个和三个与穆斯林朝拜方向平行的通道。

古达米斯城被称为“沙漠中的珍珠”，其最著名的一点在于城市布局和原始和谐的城市建筑。古达米斯远处撒哈拉大沙漠北部边缘，使得其城市规划十分独特。为了在酷暑和寒冬中保护这座城市，狭窄蜿蜒的绿洲街道上排列着房屋，整个城市变成了私人建筑和公共区域的单纯组合。

古达米斯的房子用泥土、黏土和棕榈

第 156—157 页 古达米斯城一景。被称为“艾因法拉斯”的喷泉为 75 公顷的绿洲和约 25000 棵棕榈树提供了水源。

第 157 页（上） 绿洲里一个典型的房屋的入口。靠近房屋底层的是储物室和另一个服务性房间。

树干建成，有三层高，每层都有独特的用途：底层入口旁边有两间服务性房间；第二层是塔玛纳特（tamanat），有一个巨大的天窗来提供光照，这是房子的主要起居室，周围通过台阶通往其他房间；从塔玛纳特往上的顶层是阳台，用作厨房和妇女活动场所。

19 世纪下半叶，横穿撒哈拉的贸易路线不再繁荣，古达米斯的未来似乎不太乐观。这片绿洲经历了风风雨雨，在殖民时期经历过炮火和围攻。1982 年卡扎非（Gaddafi）委托建筑师建立现代古达米斯城，之后，许多房屋被废弃，这片绿洲成为一个有趣的露天博物馆。由于利比亚冲突不断，政局动荡，2016 年，古达米斯城列入联合国教科文组织《濒危世界遗产名录》。旅游业发展不起来，当地就没有修复这些建筑的资金、保障和意愿。这些雄伟壮丽的建筑同时也不堪一击。由于气候变化，这些建筑经常被沙漠中的狂风暴雨吹打，情况更是雪上加霜。

第 158 页 一座房子的入口。绿洲上所有的建筑都是用未经加工的泥土建造的，但水平承重结构是用棕榈树干建造的。

第 159 页（上） 古达米斯的街道密切地连接着房屋。房屋和街道构成了这座城市独特的内部结构，几个世纪以来不断发展，以改善撒哈拉气候下的居住条件。

第 159 页（左中） 这片绿洲中的街道通常宽 2.5～3 米，穿过装饰性的拱门或居住区。

第 159 页（右中） 古达米斯城房屋的主要居住区是塔玛纳特。高 4～4.88 米，形状为规整的立方体，周围各个房间通过阶梯连通。

第 159 页（下） 古达米斯人的厨房在房子的顶层，这是为女性保留的，厨房一般面对着露台，可以进入附近的房间。

伊斯兰开罗城

埃及

开罗省（Cairo Governorate）
入选年份：1979
遴选标准：C（Ⅰ）（Ⅴ）（Ⅵ）

开罗人认为，建于1392年的这座城市最大的市集汉哈利利（Khan al-Khalili），对于发现美洲起到了关键作用。他们称克里斯托弗·哥伦布航海是为了打破当时马穆鲁克人（Mameluks）所统治的开罗对世界香料市场的垄断。

开罗促使发现美洲大陆这个说法可能有些夸张，但是自从开罗建立之后，这座城市的影响已越过埃及延至非洲大陆。开罗在阿拉伯语中叫作“加西拉”（al-Qahirah），是“胜利”的意思。现在开罗地域广阔，人口多达1500万，是非洲最大的都会，但因其重要性，埃及人直接把它称为“马斯尔”（Masr），即（整个）“埃及”。

与人们的想法相反，尽管埃及文明可以追溯到已知历史的最早时期，开罗却是一个比较年轻的城市，直到969年才正式建立。在此之前，有三个城镇傍尼罗河（Nile）而建，就位于现在开罗所处的地方。他们现在是开罗伊斯兰中心的一部分，其面积加起来有6.44平方千米。第一个城市福斯塔特（al-Fustat）其实只是一个军营，由第一个统治埃及的阿拉伯人阿姆鲁于641年所建。在倭马亚王朝哈里发帝国的统治下，这座小城镇逐渐繁荣起来，直到750年被阿拔斯王朝征服。阿拔斯王朝在尼罗河的西岸新建城市加塔伊（al-Qatai）。870年，阿拔斯哈里发伊本·图伦反抗巴格达政权，自封埃及国王，建立图伦王朝并建都加塔伊（al-Qata'i）。879年，他下令修建一座清真寺。

这座清真寺设计简朴，以净礼喷泉为中心形成一个建筑群，是埃及最大、最古老的清真寺。这座清真寺除了在马穆鲁克时期增添了华丽马赛克壁龛，以及奥斯曼人对其进行过修缮外，其原有建筑几乎保持不变。祈祷厅一边被分割为五个朝向麦加方向的中殿，另一边有两个中殿。厅内四周的西卡莫面板上雕刻着《古兰经》（*Koran*）经文。

30多年后，阿拔斯王朝为报复伊本·图伦的反叛，摧毁了王宫和加塔伊著名的花园，并恢复福斯塔特作为权力中心的地位。然而，此时的阿拔斯埃及正陷于一片混乱，同时一个新的王朝——法蒂玛，已经在现在的突尼斯掌握大权。作为先知穆罕默德的女儿法蒂玛的直系后裔，法蒂玛王朝的政权因而具有正统性，他们向东征服阿拉伯世界并传播什叶派教义。乔哈尔被指派领军远征福斯塔特，他以前在西西里（Sicily）是一个奴隶，后来成为法蒂玛王朝最勇猛的将领。

乔哈尔修建的第一个纪念性建筑物是为了表示对什叶派教义的尊敬。972年，他建造了爱资哈尔（al-Azhar）清真寺以纪念穆罕默德之女法蒂玛·扎哈拉。不久之后建立了一个附属伊斯兰学校——爱兹哈尔大学，975年开始讲授经课，由此，爱资哈尔成为世界上最古老的大学之一。与此同时，巴格达政权衰落，西班牙收复科尔多瓦，导致这些城市的大学都关闭了，而整个伊斯兰世界的学者都来到了开罗。到11世纪末，已经有10000名学生进入爱兹哈尔大学学习，从此，那里一直是伊斯兰文化的灯塔。经过了几个世纪，它也成了埃及所有政治和社会变革的动力来源。

第160页（上）　艾哈迈德·伊本·图伦清真寺外墙上的装饰瓦。这座清真寺建于879年，与阿拔斯王朝的哈里发同名。

第160—161页　爱资哈尔清真寺。它建于972年，由法蒂玛王朝的乔哈尔为纪念先知穆罕默德的女儿修建，不久后扩建了一所伊斯兰世界很重要的古兰经学院。

第161页（右上）　伊本·图伦清真寺带柱廊的大厅，中央是一个供信徒施行洗礼的建筑。这是埃及最古老的一座清真寺。

第161页（中上）　塔伊贝西尔学院（Taybesir Madrasa）的柱廊。属于爱资哈尔清真寺大学建筑群的一部分，建于1309年，周围是图书馆。

第161页（中下）　爱资哈尔清真寺的内部。这个建筑群的建筑特征在几个世纪里不断被改变，体现了所有统治过开罗的王朝的影响。

▌第162页（左上） 穆罕默德·阿里清真寺的圆顶。这座土耳其风格的清真寺是由约瑟夫·布希纳赫设计的，由埃及的统治者穆罕默德·阿里帕夏在1830—1857年修建。

▌第162页（右上） 穆罕默德·阿里清真寺的内部。它通常被称为“雪花石膏清真寺（alabaster mosque）”，因为这种从贝尼苏韦夫（Beni Suef）挖出来的材料被广泛地用来装饰祈祷大厅。

▌第162—163页 城堡是一个优秀的防御建筑群，它是由萨拉丁在1176—1183年为了抵挡十字军对这座城市的进攻而建。从那以后，这座堡垒一直作为一个军事要塞，防御墙高9.75米、厚2.75米。

▌第163页（上） 哈基姆清真寺是由哈里发阿齐兹和他的儿子埃勒·哈基姆于990-1013年修建的，是开罗的第二大法蒂玛清真寺，曾被用作关押十字军囚犯的监狱、拿破仑军队的仓库，加麦尔·纳赛尔总统时期的学校。

从建筑学角度看，今天位于伊斯兰开罗中心的爱资哈尔清真寺是埃及接受过的所有文化风格和文化影响的缩影。寺内有五座带有小阳台和典雅浅浮雕的宣礼塔，并且有六个入口。最主要的一个是建于18世纪的巴布·姆萨伊尼（Bab el-Muzayini），也叫作“理发师之门”（因为学生们在进入大学之前必须在这里理发）。从这扇门进入，就有一个小庭院通往阿克布哈维亚学院（Aqbaughawiya Madrasah）（建于1340年，现用作图书馆）。另一边的巴布·加伊特拜（Bab el-Qaitbay）通往最大的庭院，那里排列着修建于各个时期的院子。这些院子反映了学校师生所来自的伊斯兰世界不同地区的名字和装饰风格。

哈基姆清真寺（Mosque of al-Hakim），建于990—1013年，可以追溯到法蒂玛时期。尽管在马穆鲁克时期经过了重修，但是它仍然保留原来的大理石墙和精美的灰泥粉饰。它还有很大的历史价值，因为它是由德鲁兹教派的创始人修建的。阿克马尔清真寺（Mosque of al-Aqmar，灰色清真寺）是一座优雅的石头建筑，它的入口通道有钟乳石装饰。这座清真寺和开罗的一些最漂亮的大门都建于11世纪末期，如巴布·埃勒·纳斯尔（Bab el Nasr）和巴布·祖维拉（Bab Zuwaylah）。

然而，此时法蒂玛的统治地位已经开始衰落。12世纪初，埃及成为十字军和从中亚大草原过来的新兴伊斯兰势力塞尔柱王朝的战场。1168年，在努尔丁的率领下，塞尔柱人占领了开罗。第二年，这位新的统治者去世，一个年轻的首领萨拉丁掌握了开罗城的政权，他注定要成为中世纪历史上最重要的人物之一。人们更多地称呼他为“残酷的萨拉丁”。

尽管基督徒认为他很残忍，但作为一个统治者，萨拉丁促进了开罗人民和平共处，并新建了很多建筑来发展这座城市。萨拉丁城堡是开罗的珍宝之一，唯一的缺点是修建它所用的部分石块是从金字塔上拆下来的。城堡的围墙高10米、厚3米，里面的建筑显示出萨拉丁的军事天赋，其中包括一个深达87米的蓄水池。假如城堡被围攻了，蓄水池几乎可以保证无限制的供水。这个建筑群随后又增建了一座王宫和能够养4800匹马的马厩。

1182年，萨拉丁为了保卫巴勒斯坦和叙利亚离开了开罗，再也没有回来。他军队中的成员和朝廷中的要臣大部分是奴隶或战俘，后来皈依伊斯兰教。结果，他们取得了塞尔柱王朝的信任，并且在朝中有着举足轻重的地位。他们被称为马穆鲁克人，并且在1249年萨拉丁的继承者死后，继承了开罗的统治权，作为专制君主一直统治到15世纪末。这一期间，他们进一步建设发展开罗城，修建清真寺、公共建筑和住宅、公共浴室、神学院、驿站、市场和喷泉。其中最能体现典型的马穆鲁克建筑风格的建筑群卡拉乌恩清真寺（Qala’un Mosque）建筑群，包括一个清真寺、一所学院（古兰经学院）、一座陵墓和一所运

▌第163页（左下） 巴布·祖维拉标志着法蒂玛王朝时期开罗的南部边界。直到1087年巴德·加马里建造了一个有三个大门的防御墙，这座城市才有了防御功能，它是委托叙利亚建筑师设计的。

▌第163页（右下） 爱资哈尔清真寺五个宣礼塔之一，背景是整个城市。今天，开罗有1500万居民，是非洲最大的城市。

营到 1920 年的马里斯坦医院。值得一提的清真寺有 14 世纪的阿克桑库尔清真寺（Aqsunqur Mosque），人们通常把它叫作蓝色清真寺，这样命名是因为它使用的伊兹尼克（Iznik）产出的蓝色和天青色瓷砖；另外还有 15 世纪的穆阿台兹清真寺（Mosque of al-Mu'ayyad），又叫作红色清真寺，寺内有嵌有象牙和珍珠母的精美大理石装饰品。

马穆鲁克发展时期的开罗发展到了顶峰，成为东西方贸易的交汇点。1488 年，一条经过好望角的贸易路线开辟，这标志着埃及垄断地位的结束。同时，土耳其人打败了马穆鲁克人，开启对埃及的统治一直到 19 世纪初。

开罗的贸易仍然兴旺，市场众多，尤其是汉哈利利集市。开罗人擅于珠宝制作、玻璃吹制、木雕和刺绣。人们可以在固力宫（El-Ghuri Wakala）的墙后面欣赏到他们精湛的手工艺水平。固力宫是这座城市最吸引人的建筑之一，为了给来自亚洲、非洲和欧洲的商人提供住宿而建造。

第 164 页（右上） 一些马穆鲁克统治者的坟墓。马穆鲁克是被解放的奴隶，他们在萨拉丁的孙子去世后掌权。

第 164 页（左下） 在风格上，苏丹哈桑清真寺（Sultan Hassan Mosque）和它的伊斯兰学校被认为是城市中最统一、最和谐的纪念性建筑。于 1256 年为纪念苏丹哈桑穆罕默德·加拉乌恩而建。如此设计，四个逊尼派就都有自己的学院，尽管是与其他三个共用建筑。

第 164—165 页 豪什·埃勒·巴沙（Haush al-Basha）不同寻常的洛可可式圆顶是马穆鲁克人在这座城市留下的众多印记之一，另外还有清真寺、公共建筑、古兰经学院和商队旅舍。

第 165 页（上） 豪什·埃勒·巴沙的南部墓地埋葬着马穆鲁克人的坟墓。马穆鲁克人从 13 世纪中叶到 15 世纪末统治着开罗。

第165页（右上）1284年，马穆鲁克统治者曼苏尔沿着法蒂玛王朝时期开罗的穆兹（Muizz）街建造了苏丹卡拉乌恩建筑群。这是代表马穆鲁克时代叙利亚建筑风格的第一个典范。

第165页（右下）这是红色清真寺，位于巴布·祖维拉（Bab Zuwayla）附近，由苏丹穆阿台兹于1415年至1420年间建造。内部墙壁全部镶嵌着彩色大理石制成的几何图案。

纽约自由女神像

美国 纽约
入选年份：1984
遴选标准：C（I）（VI）

▌**第166页（左）** 为庆祝美国独立一百周年而捐赠，自由女神像直到1886年的10月28日才揭幕。

1986年7月3日的晚上，成千上万的人来到纽约港观看烟花表演，这场表演耗资200万美元。这是一笔大数目，但是与为了纪念自由女神像100周年而花费的8700万美元重修资金相比，就显得微不足道了。为了让这座近120年来一直作为美国象征的建筑重现最初的辉煌，这些花费都是值得的。

1865年春，当南方联盟军队投降，结束内战时，弗雷德里克·奥古斯特·巴托尔迪（Frédéric Auguste Bartholdi）就萌生了一个想法，想要创作一件象征法国和美国在为自由而战中的兄弟情的雕塑作品。1871年，这位艺术家跨越大西洋，把他的计划提交给了总统尤利西斯·格兰特。最后决定，为了庆祝美国独立一百周年，这座雕像将于1876年7月4日揭幕，由美国政府为雕像建造基座。

这些设想是很美好的。但是当时两国的经济状况都不太好，财政连续好几年出现问题。直到约瑟夫·普利策（Joseph Pulitzer，普利策新闻奖以他的名字命名）发起了一项活动，在他的报纸《世界报》（*The World*）专栏上发表了一系列言辞慷慨的社论，为迎接自由女神像筹款，鼓励所有美国人参与到这项事业中来。1884年，雕像终于竣工。一年之后，当基座准备就绪后，组成雕像的350块铜片由法国护卫舰伊泽尔号穿过大西洋，送到了美国。

1886年10月28日，在纽约港前面的贝德罗岛（Bedloe Island）上，格罗夫·克利夫兰总统揭幕了“自由照耀世界”雕像，比原计划晚了十多年。它高46米，如果包括水泥基座在内，则有93米高，近3万吨重，中间用亚历山大·古斯塔夫·埃菲尔（Alexandre Gustave Eiffel）设计的铁塔来承重。外层铜片重34吨，但厚度只有2.37毫米，不到十分之一英寸，它们挂在中央支撑架上，历经沧桑。为了建造史上最大的金属雕像，巴托尔迪制作了更大尺寸的模型，其中一些保存在基座里面的雕像博物馆里。为了塑造自由女神的形象，这位法国雕塑家找了他的母亲做模特，但是这个姿势很容易让她疲劳，所以巴尔托迪走上巴黎街道寻找一个容貌与他的母亲相似的年轻女子。他遇到了珍妮·埃米莉·巴厄·皮西厄。完成了模特任务后，她便成为巴尔托迪的妻子。

从自由女神雕像的基座开始，要爬354级台阶才能到达王冠，那是对公众开放的最高点，在那里可以看到纽约港的壮丽景色。王冠是最具象征意义的部分之一：它的七个点代表七大洋（北冰洋、南冰洋、北大西洋、南大西洋、北太平洋、南太平洋和印度洋），或者可能代表七大洲（北美和南美、欧洲、亚洲、非洲、大洋洲和南极洲）。皇冠上的窗户据说代表地球上的25种天然矿物。这位妇女右手拿着火炬，这个火炬重建于1986年，周围镶有24克拉的黄金，代表着自由带来的光芒。她左手拿着的板上刻有罗马数字美国独立纪念日的日期——1776年7月4日。雕像的长袍是为了纪念历史上第一个民主“实验”国——罗马共和国，而她脚边断裂的锁链则象征着废除奴隶制的胜利。

自由女神雕像建在伍德古堡（Fort Wood）内。伍德堡位于贝德罗岛上，保卫着纽约港。自由女神像最初是由美国灯塔委员会管理，之后移交给了战争部，最后在1933年移交给了美国国家公园管理局（National Park Service）。1956年，该岛重新命名为自由岛。

奇怪的是，没有人见过这尊铜像原来的颜色。材料氧化速度很快，意味着当她到达纽约时，她已经变成了非常深的棕色，近乎黑色。二十年后，她变成了特有的绿色，这种颜色象征着整个移民一代寻求致富和新生活的希望。

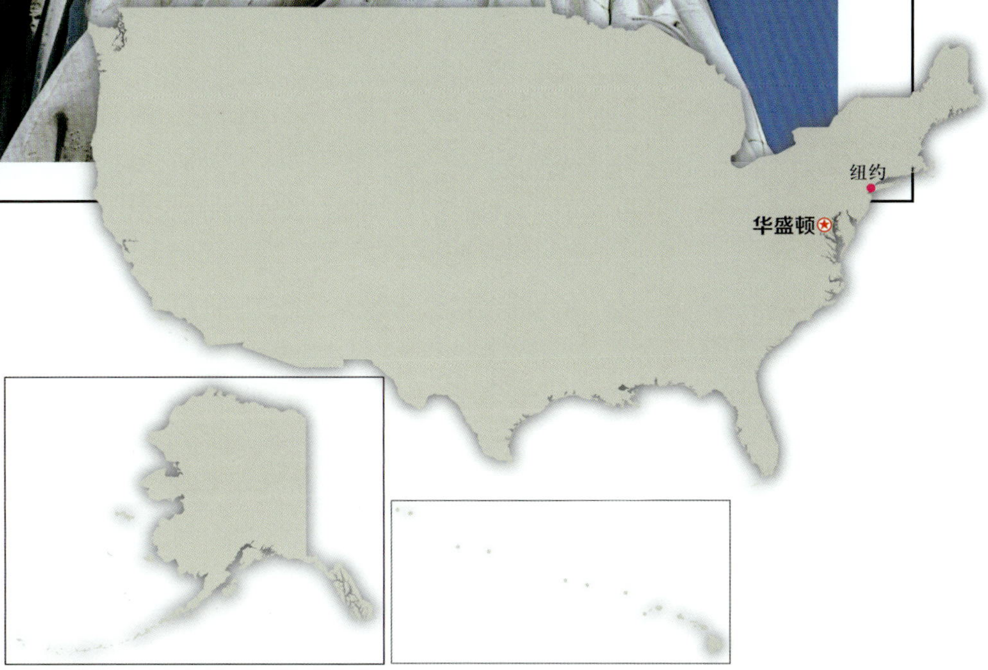

第 166 页（右） 雕像矗立于贝德罗岛伍德古堡院内，纽约港入口处，被放置在一个八角星形的底座上，里面有移民博物馆。

第 167 页（左）“自由照耀世界”（纪念碑的正式名称）的许多元素具有象征意义。火炬上面有 24 克拉金饰，代表着自由带来的光芒。她穿的长袍是为了纪念第一个民主实验国——罗马共和国。

第 167 页（右上）“自由女神”左手握着的板上写着 1776 年 7 月 4 日，即美国独立日。

陶斯印第安村

美国 新墨西哥州（New Mexico）陶斯印第安村（Taos Valley）
入选年份：1992
遴选标准：C（Ⅵ）

第168页（上） 格兰德河的一条支流向北流经陶斯村，这里至今仍是一片荒野。普韦布洛印第安人从13世纪早期开始在这一地区建立了几个村庄，现存的陶斯村可以追溯到1350年。

每年8月底，陶斯印第安村（Pueblo de Taos）会在蓝湖（Blue Lake）边举行入会仪式。如果想要参与社区的宗教生活，享有政治地位，就必须参加这个仪式。格兰德河的一条小支流经过蓝湖向北流去，对于陶斯村的普韦布洛印第安人来说，这个湖是生活在新墨西哥州和亚利桑那州地区的土著居民的发源地。1970年联邦政府决定把陶斯山谷之巅的圣湖归还给普韦布洛部落，这个决定成为美国与存留的土著居民之间和解的转折点。

有迹象表明，5000年前就有原始人类在此定居，但根据现有的实证，第一批定居者是阿纳萨齐印第安人，公元9世纪左右生活在这一地区的“祖先”。人们对他们的文明所知甚少，但可以肯定的是，在普韦布洛房屋建造出来之前，他们就住在挖出的地下避难所里。陶斯印第安村建于14世纪中期，在今天陶斯城的北部，相距数英里。

第168页（下） 陶斯村大多数房子前面都有烤面包用的烤炉。这些圆形的烤箱显然是源自阿拉伯，这种设计在1540年被西班牙人带到北美。

1540年，第一批欧洲人踏进陶斯村，他们是由埃尔南·阿尔瓦拉多率领的征服者，方济会的传教士紧随其后。得益于西班牙国王菲利普二世的善意，普韦布洛印第安人获得了一定的自治权，直到16世纪末，这些社区的生活环境相对和平。这一时期，用烧结砖建造的普韦布洛人建筑受到西班牙的影响，也间接地受到了在伊比利亚半岛（Iberian peninsula）占主导地位的阿拉伯建筑的影响。早在几个世纪前普韦布洛人了就知道烧砖的技术，但直到这时，他们才开始使用木模具使砖形成规则的形状，并建造圆形烤箱来烤面包，这很明显是阿拉伯风格。

17世纪，西班牙人的影响更加显著，1680年普韦布洛人起义，但1692年被镇压而失败。接下来的一个世纪，大批农业移民来到新墨西哥州，并在当地村庄附近建立了自给自足的农场。西班牙殖民地结束时，普韦布洛人受到了一定程度的孤立，但这恰好使他们得以坚持自己的传统、保持独立的精神。1821年墨西哥摆脱了西班牙的统治，赢得了独立。这个新兴国家和从美洲东海岸长途跋涉而来的皮货商人之间的矛盾很快就爆发了。这些“山里人”——作为丹尼尔·布恩(Daniel Boone)的集体无意识和政治学家戴维·克罗克特(Davy Crockett)的蛮荒形象的象征——与印第安人一起生活，学习他们的狩猎技术，并接受他们的习俗。他们还和印第安人一起战斗，保卫土著普韦布洛人的村庄对抗游牧民族比如纳瓦霍人和阿帕奇人的攻击。美国的西部扩张在1846年的战争中达到高潮，之后包括亚利桑那州在内的新墨西哥州成为美国版图的一部分。在这些年中，基特·卡森在内战中为保卫飘扬在陶斯印

第168—169页 陶斯村村里所有的建筑都是用黏土（一种泥土和稻草的混合物）砖砌成的，内村糊上泥。虽然每个雨季过后都需要维护它，但这种材料可以保持房子冬暖夏凉。

第169页（下） 圣弗朗西斯科·德·阿西斯教堂（Church of San Francisco de Asis）是陶斯最有趣的建筑之一。自19世纪末，艺术家和前卫的知识分子就对这座村庄的原始建筑非常感兴趣。

第安村的联邦旗帜而奋战。

“入侵者”的到来并没有就此结束。19世纪70年代出现了淘金热，更多的人来此寻求财富，并在此定居。20世纪初，艺术家们也纷纷来此；欧内斯特·布鲁曼沙因（Ernest Blumenschein）和伯特·菲利普斯（Bert Phillips）是首批“侨民”，后来还有很多知识分子，如画家乔治亚·奥基弗（Georgia O'Keeffe）、摄影师安塞尔·亚当斯（Ansel Adams），精神分析学家卡尔·荣格（Carl Jung），作家劳伦斯（D.H. Lawrence）。

尽管受到许多外界的影响，陶斯村的建筑和文化仍然保存了下来，今天这个村庄是美国国土上最古老的定居点之一。普韦布洛人通过设立部落首领和部落理事会来维护他们对土地的主权，而繁荣的手工艺和旅游业确保了他们经济的独立。

瓦哈卡历史中心

墨西哥

瓦哈卡州（State of Oaxaca）
入选年份：1987
遴选标准：C（Ⅰ）（Ⅱ）（Ⅲ）（Ⅳ）

第 170 页（上） 宪法广场的回廊是瓦哈卡居民集会的地方。后面可以看到耶稣会士 1579 年建造的耶稣会教堂装饰着仿银器饰品的正面。

第 170—171 页 从大教堂俯瞰下的阿拉梅达宫（Alameida di Plaza）及宪法广场的夜景。瓦哈卡最重要的宗教建筑并不是最令人印象深刻的那个。它建于 1574 年，在接下来的四个世纪里经历了巨大的变化，因此失去了风格的统一性。

瓦哈卡（Oaxaca）的加西亚·比希尔（Calle García Vigil）大街上有一座为纪念这座城市的宠儿贝尼托·胡亚雷斯而建的博物馆。1858 年当选墨西哥总统的胡亚雷斯是一个出身卑微的萨巴特克（Zapotec）土著人，他在自己家里接受方济会修士的教育。他反抗社会偏见和天主教会的强大力量，并从 1862 年起抵抗法国的入侵，因此英名长存。他的格言“和平即是对他人权力的尊重”，很快成为所有为国家民主而战的自由主义者的标语。

从一开始，瓦哈卡就是移居于此的奥尔梅克（Olmec）、萨波特克（Zapotec）和米斯特克（Mixtec）土著居民的居住城市，他们后来与西班牙征服者和平共处。今天，在这个地区仍然有 16 个不同的民族，大约 150 种方言。每年 7 月，人们都会庆祝缤纷多彩的盖拉盖查节，土著群体会跳舞并交换礼物，以示相互尊重。

1521 年，征服特诺奇提特兰 (Tenoch-titlán) 后，埃尔南·科尔特斯派他的中尉弗朗西斯科·奥罗斯科带领部队进军当时被称为瓦西亚卡克（Huaxyacac）的城市。它是山谷中最重要的城镇，海拔 1600 米，四周群山环绕。虽然奥罗斯科给科尔特斯写了一封信，说明他反对占领该地区，因为这里既没有贵重金属，又居住着非常好战的土著居民，科尔特斯还是要他亲自去检查那里的情况。奥罗斯科爱上了这个地方的自然美景，并成功地与当地人达成了协议。1532 年 4 月 25 日，西班牙国王批准建立这座城市，并赐予科尔特斯德尔瓦莱·瓦哈卡侯爵的称号。

城市的布局是由阿隆索·加西亚·布拉沃（Alonso García Bravo）设计，他还设计了埃斯科里亚尔建筑群，以及规划了墨西哥城和韦拉克鲁斯（Veracruz）的布局。宪法广场（zócalo）是墨西哥最漂亮的广场之一，在其两边，首先建设的是西班牙司令部和大教堂（位于纪念死者的萨波特克神庙所在地）。

这座城市的主街道从广场开始呈扇形分布，据规划者所说，它们代表神圣与世俗之间的平衡。不寻常的是，瓦哈卡从来没有必要修筑城墙，事实上，瓦哈卡可以相对自由地处理自己的事务。周围种植的作物有玉米、小麦、咖啡和甘蔗，甘蔗作为甜品供给西班牙宫廷。也是在这里，人们发现了可以从小麦寄生虫——胭脂虫中提取出来一种红色染料用来给织物染色。

这座城市建立后不久，多明我会的僧侣来到这里开始建宗教建筑。西班牙巴洛克风格在瓦哈卡与当地传统、城市教堂和精致的装饰和谐地结合在一起，是墨西哥最好的梅斯蒂索（Mestizo）建筑的代表。大教堂的建造一直持续到 1733 年，但更宏

第 171 页（左） 马塞多尼奥·阿尔卡拉大街（Calle Macedonio Alcalá）是这座城市的主要大街，街边排列着西班牙名人故居，一些房屋现在已经成为博物馆或艺术展馆。

第 171 页（右） 瓦哈卡历史中心典型的殖民地风格房子的正面。色彩明丽，熟铁制成的栏杆做工精致。

伟更奢华的建筑是圣多明戈大教堂（Iglesia de Santo Domingo）。这座 16 世纪后期的建筑的正面由精心雕刻的石头和两侧各一个的钟楼组成。内部镶有几百千克重的黄金。高高的祭坛、墙上和天花板上描绘《圣经》场景的装饰都非常精美。在唱诗班的低墙上，一个镀金的灰泥浅浮雕描绘了多米尼加人以藤蔓的形式排列的宗谱。与教堂相连的是一座大修道院，现在是地区博物馆。其中一个展览展示了米斯特克的黄金物品，这些物品是在阿尔班山（Monte Albán）附近的一个考古遗址挖掘过程中发现的。

巴洛克式建筑的其他典范是圣母七苦圣殿（Basilica della Nuestra Señora della Soledad）和伊格莱西亚·圣菲利普·内里教堂（Iglesia de San Felipe Neri）。后者在墨西哥战争期间被用作兵营。它于 1920 年恢复为教堂，被重新装饰，加上了新艺术元素，在城市广场附近的优雅的马塞多尼奥·阿尔卡拉剧院（Teatro Macedonio Alcalá）也可以看到这种风格。宪法广场的回廊是城市繁忙生活的中心。

许多作家和艺术家描绘了瓦哈卡的美丽之处。弗里德里希·尼采（Friedrich Nietzche）想在那里过退休生活，还有奥尔德斯·赫胥黎（Aldous Huxley）和伊塔罗·卡尔维诺（Italo Calvino）都留在了这座城市。它如今的气氛很像魔幻现实主义之父加夫列尔·加西亚·马尔克斯（Gabriel García Márquez）小说中的气氛。

第 172 页（左上） 1697 年为瓦哈卡的保护神圣母索莱达而建。这座大教堂是这座城市最辉煌的巴洛克风格的典范。在教堂里，圣母由于拥有超凡能力而受到敬奉。

第 172 页（右上） 圣多明戈大教堂正立面有一个中部 26 米高的建筑和两个 35 米高的塔。圆顶覆盖着上釉的花砖。朴素的外表与里面华丽的巴洛克装饰形成鲜明的对比。

第 172 页（下） 马塞多尼奥·阿尔卡拉剧院的主入口。1909 年 9 月 15 日正式营业。在最初的 50 年里，还是一个娱乐场所。内部的装饰是帝国风格。

第 173 页（上） 圣多明戈大教堂的内部是墨西哥巴洛克风格的最佳典范之一，镶嵌着上百千克的黄金。高大的圣坛与拱顶一样非常精美，装饰着描绘《圣经》场景和多名我教派殉教者的圆形雕饰。

第 173 页（下） 圣多明戈大教堂的正面有一个浅浮雕，展示的是圣多米尼克和圣希波吕忒支撑着圣灵降临的教堂。

特立尼达岛和甘蔗谷

古巴

圣斯皮里图斯省（Province of Sancti Spíritus）
入选年份：1988
遴选标准：C（Ⅳ）（Ⅴ）

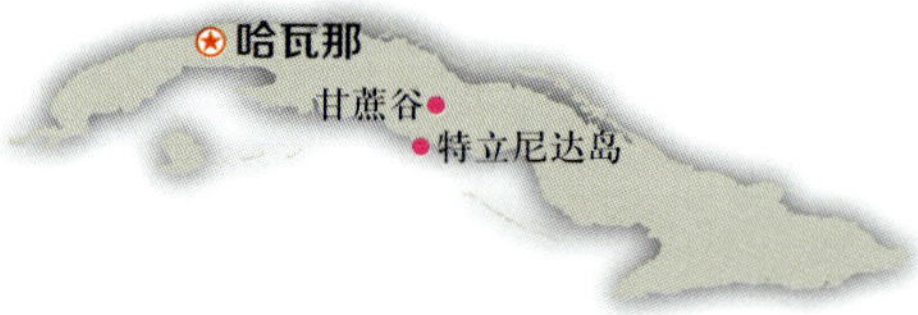

旧殖民时期，特立尼达（Trinidad）的房屋被粉刷成了蓝色、黄色和粉色。特立尼达的老人喜欢坐在庭院的树荫下讲代代相传下来的这座城市最快乐时光的故事。1850年，一艘装载法国家具的轮船停泊在附近的港口。这批货物是康德·德·布鲁内（Conde de Brunet）订购的，用来装饰他在市长广场新建的房子。特立尼达所有的骡夫都被雇来沿着连接港口和小镇的道路运送宝贵的货物。晚上，大家聚集在广场上来庆祝这些货物的到来，有镶着华丽边框的镜子、四根帐杆的大床和里摩日瓷器。

今天，这些珍宝和其他来自特立尼达贵族府邸的物品在曾经的布鲁内宫（Casa Brunet）浪漫派博物馆展出，它们象征着这座古巴中部的小镇作为甘蔗大国的一部分最繁荣的时代。

事实上，特立尼达的历史开始于西班牙殖民早期。1514年，迭戈·委拉斯开兹上尉在这里建造了一个用于在新大陆探索的基地。四年后，科尔特斯从特立尼达出发远航去征服墨西哥。然而，特立尼达一直是走私者的藏身之处，直到18世纪末，随着奴隶起义和甘蔗种植园被烧毁，许多地主从海地移民到这里。

在新来的人眼里，特立尼达附近的圣路易斯山谷（San Luis）是种植甘蔗的理想之地。埃斯坎布雷山脉（Escambray）俯视着它，阿加巴马河(Agabama)给它带来肥沃的土壤。这个想法特别有吸引力，因为随着海地精炼厂的关闭，糖的价格急剧上升。因此，从法国人开始，后被西班牙人学习，这里在20年里建造了约50座蔗糖厂（带有蔗糖作坊的种植园），它们建在圣路易斯277平方千米的各个地方。据估计，这里大约有2800名奴隶每年砍下4400吨的甘蔗，这些甘蔗可以制成770吨棒棒糖、1000桶甘蔗酒（烈酒）和1000桶糖蜜。

靠这些利润丰厚的贸易，特立尼达的地主竞相建造种满鲜花的庭院和豪华宅邸，这些宅邸用木雕、做工精致的金属和灰泥加以装饰。1817年，古巴最大的大教堂圣三一大教堂（Iglesia Parroquial de la Santísima Trinidad）开始建造，它的辉煌和圣坛使一个世纪前的圣弗朗西斯科教堂黯然失色。

这里的制糖业一直繁荣兴盛，直到20

第174页（下） 这个华丽的庭院是布鲁纳的一部分，属于一个富裕的蔗糖老板。1974年，这座建筑成了浪漫派博物馆。

第175页（上） 大量的保存完好的殖民时代的房子使特立尼达成为了加勒比地区最美丽的地方。

第175页（左下） 浪漫派博物馆中的一个展室，于1974年开放，位于一座1840年左右为布鲁纳伯爵而建的两层楼房里。

第174—175页 特立尼达中心的一条街道，两旁是殖民时代色彩鲜艳的房屋。背景是圣弗朗西斯科的钟楼。

第175页（右下） 马纳卡斯·伊斯纳加塔楼是甘蔗谷的一个标志，建于19世纪初，高43.5米，有184级台阶。以前被用来监督甘蔗田里砍蔗工的工作。

世纪时这里土壤的肥沃度下降，特立尼达的重要性也随着附近卡马圭（Camagüey）港口的建立而下降。

特立尼达历史上最富有的时期以这座城市的建筑为标志，它们要么在古巴革命后被分配给普通人（可能是在种植园里从事艰苦工作的奴隶的后代），要么变成了博物馆。坐落在甘蔗谷（Valle de los Ingenios）里的建筑是加勒比地区最重要的农业建筑群的代表。共有 77 座建筑，其中 11 座是种植园主的家，3 座是糖厂废墟，其余的是仓库、机房和砍蔗工人居住的棚屋。

保存最完好的建筑是在一个叫作马纳卡斯·伊斯纳加（Ingenio Manacas Iznaga）的种植园里，它是 1857 年前最大、最高产的种植园。在这里，牙买加铁路仍在运转，之所以如此命名，是因为这条铁路来自当时的英国殖民地牙买加。有一段时间，人们用火车把甘蔗汁运往工厂进行提炼。这个种植园也是马纳卡斯·伊斯纳加瞭望台的所在地，它建于 19 世纪初，是为了让种植园主可以监视奴隶们工作。这是该山谷中第一个被宣布为国家级历史遗产的建筑，从此它就成为该山谷的象征。

第 176—177 页　面对着马约尔广场，特立尼达至圣教堂是古巴最大的教堂。它建于 1892 年，位于一座 16 世纪教堂的基址上，属于新古典主义的风格。木制圣坛代替了传统的大理石圣坛。

第 177 页（左上）　一些特立尼达的旧房子成了博物馆。建筑博物馆原先是马纳卡斯·伊斯纳加的地主于 1738 年建的房子。

第 177 页（右上）　特立尼达城殖民地中心的另一条街道。在 18 世纪，整个特立尼达街区被海盗占领，他们的房子可以在现在的西罗·雷东多街道（Calle Ciro Redondo）看到。

第 176 页（上）　特立尼达市中心之景。圣路易斯山谷里的第一个西班牙殖民地源于 1514 年，迭戈·委拉斯开兹上尉在这里建立了一个探索新大陆的基地。

第 176 页（中和下）　浪漫派博物馆的 14 个展室中的两个展室，保存着 19 世纪城里富有地主的家具和装饰物。

第 178 页　罗萨里奥·多斯普雷托斯教堂，位于佩洛尼奥区，是 18 世纪由奴隶以巴洛克风格建造的。他们大多在夜间工作，使用走私的材料。

巴伊亚的萨尔瓦多历史中心

巴西

巴伊亚州（Bahia state）
入选年份：1985
遴选标准：C（Ⅳ）（Ⅵ）

▌第 179 页（左上） 主教座堂广场（Praça da Sé）的殖民时期的房子在城市的中心。这个广场是以巴伊亚大教堂（Sé da Bahia）命名的，它是拉丁美洲最宏伟的教堂之一，建于 1533 年，四个世纪后被拆除。

在每年 12 月 31 日的晚上，船夫之神的雕像被带到圣母受孕教堂（Igreja Nossa Senhora da Conceição）。为了庆祝新年的到来，第二天早上，数十艘船只将从那里护卫雕像前往平安圣母主教座堂（Igreja Nossa Senhora da Boa Viagem），雕像被收藏到房椽上，直到下一年这一时刻。尽管这一仪式继承自葡萄牙的传统，但萨尔瓦多·德·巴伊亚（Salvador de Bahia）以宗教和海洋双重仪式开始新的一年也不足为奇，因为这两种元素一直决定着这座城市的生活方式。

萨尔瓦多（Salvador）是巴西东北部巴伊亚州的首府。它坐落在广阔又平静的托多苏斯桑托斯海湾（Baía de Todos os Santos），这个名字来源于 1501 年 11 月 1 日亚美利哥·韦斯普奇的船员在到达那里时所起的名字。几年后，迪奥戈·阿尔瓦雷斯指挥的一艘船在那里失事了，住在海岸上的图皮南巴（Tupinambá）部落给了他庇护。他娶了酋长塔帕里卡的女儿，并在葡萄牙国王约翰三世下令在海湾建造一座城市时起了决定性的作用。

1549 年，一支载着 1000 多名殖民者的舰队在托梅·德·索萨船长的指挥下离开了欧洲海岸。当他们到达托多苏斯桑托斯湾海岸时，受到了阿尔瓦雷斯和当地居民的热烈欢迎。这就是新殖民地的首都萨尔瓦多的开始，托梅·德·索萨被授予巴西总督的头衔。

半个世纪后，这座城市拥有了 1600 名居民，主要从事甘蔗、烟草和棉花的贸易。不久，利润丰厚的奴隶贸易开始了，南美洲土著人、葡萄牙殖民者和非洲奴隶的融合，使巴伊亚成为一个多民族城市。这种

▌第 179（右中） 卡尔莫修道院教堂（Igreja do convto do Carmo）的巴洛克祭坛。该建筑群始建于 17 世纪，将伟大的建筑和与巴西独立有关的重要事件连接在一起。

▌第 179 页（左下） 雄伟的市政主立面，总督的故居，顶部有一个圆顶。巴伊亚曾是葡萄牙美洲的首都，直到 1763 年君主决定把首都迁到里约热内卢。

▌第 179 页（右下） 巴伊亚港。左边的拉塞尔达电梯（Elevator Lacerda）是 1868 年安装的大型电梯，方便人们进入上面的城市区域。

第 180 页（上） 圣弗朗西斯科教堂的回廊装饰着蓝色和白色的上光花砖。方济各会士于 1587 年抵达巴伊亚，但在获得土地建造修道院之前，他们不得不等待了一个世纪。

第 180 页（下） 从佩洛尼奥广场可以看到，圣母受孕教堂的双钟楼俯瞰着殖民时期的房屋。这个地区名字意思是“鞭打的地方”，因为奴隶在那里被买卖。

突然的繁荣自然引起了准备远征征服巴伊亚的外国人的注意。

首先来的是东印度公司的荷兰人，他们在 1624—1625 年统治着这座城市。一旦和平恢复，巴伊亚就成为来自内陆金矿和钻石矿的新财富的宝库。富有的葡萄牙权贵们开始为自己建造宏伟的房屋和巴洛克式的教堂。到 1763 年，这座城市发展迅速，不同种姓和国籍的居民人数达到了 6 万，但后来葡萄牙君主决定把首都迁往南边同样繁荣的城市里约热内卢。这标志着

萨尔瓦多·巴伊亚的衰落，1822 年从葡萄牙统治下独立后，也依然继续衰落。

这座城市以其殖民时期的建筑之美而闻名。在城市低地，过去欧洲的影响表现在为保护重要港口和货物运抵的模范市场（Mercado Modelo）而修建的防御工事遗迹。另一方面，在山顶，有一座巨大的邦芬主教座堂（Igreja do Nosso Senhor do Bomfim），是献给先贤圣人的。巴伊亚的日常生活大部分是在地势高处，由一个电梯连接到港口，这个电梯最初是耶稣会士在 1610 年建造的，用来减轻奴隶的工作。今天，只能看到 1868 年安装的大型蒸汽驱动铁制设备“拉塞尔达电梯”，最初的电梯设备已不见踪影。巴伊亚地势较高的地区不仅有贵族和商人的房屋，而且有这座城市的大多数教堂。传说有 365 座教堂，一年中每一天使用一座教堂，见证了这座城市的宗教力量。在这里，天主教和非洲奴隶的万物有灵论相融合，共同形成了对坎多姆布雷（Candomblé）的崇拜。最好的教堂无疑是圣弗朗西斯科（Igreja de São Francisco），它的墙壁和祭坛上完全覆盖着金叶。

附近是古老的佩洛尼奥（Pelourinho）区，一个迷人的 17、18 世纪建筑群。佩洛尼奥这个名字的意思是“鞭打的地方”，因为奴隶在这里被买卖。今天，位于佩洛尼奥广场的旧奴隶市场是萨尔瓦多之家的所在地，以纪念这位伟大的巴西作家，他在大学期间曾住在附近的酒店。

第 181 页（左上） 位于同名广场上的圣弗朗西斯科教堂建于 1708 年至 1723 年，是繁复华丽的洛克风格。它被认为是巴西最美的教堂。

第 181 页（右上） 邦芬教堂是为这座城市的守护神而建的，是巴伊亚最受人喜爱的教堂。它位于白撒城区（Cidade Baixa），于 1722 年完工，有一个洛可可风格的正面，装饰着葡萄牙光花砖。

第 181 页（下） 作为世界上葡萄牙巴洛克风格最好的典范，圣弗朗西斯科教堂内部装饰风格是完全由金叶覆盖的蓝花楹木制装饰。

古代文明
Ancient Civilizations

导言

在人类文明的短暂历史中，许多文化曾历辉煌。其遗址见证了往昔的兴衰更替：泰国古都大城府，玛雅城邦奇钦·伊查，古国迦太基，约旦古城佩特拉，秘鲁印加遗址马丘比丘和拉帕·努伊岛（又称复活节岛）等。这些古文明或创造了帝国，之后或缓慢或迅速地衰落，最终都湮没于历史长河之中。

这些国家往往被敌国打败而消失。如高棉人，他们在临近洞里萨湖岸的柬埔寨森林正中建造了雄伟的吴哥窑建筑群，从 9 世纪到 15 世纪一直统治着柬埔寨，后来却落入邻国暹罗人之手。古国迦太基也是如此，它当时是古罗马在地中海对岸的劲敌，却被古罗马将领西庇阿·阿非利加努斯打败，随后在公元前 146 年被其子西庇阿·埃米利安努斯的军队夷为平地。几个世纪后，伟大的罗马帝国也有相似的遭遇，被野蛮人入侵并占领。

然而，其他文明却有着不同的结局。例如，玛雅帝国可能因气候突变而解体，迫使其子民迁往其他纬度地区。可以肯定的是，拉帕·努伊岛的居民受害于自身的繁荣发展，致使其文明在 15 至 16 世纪间瓦解。他们过度开采环境中的稀缺资源，甚至连最后一棵树都不放过，最终在内部争斗中灭亡，只留下了岛上巨大而神秘的摩埃石像，以及太平洋地区唯一的书面语——朗格朗戈语。

约四分之一的联合国教科文组织世界遗产形成了蜿蜒穿越古文明历史的小径。小径始于最早发现人类印迹的地方，如埃塞俄比亚的阿瓦什河谷和奥莫低谷，或南非的斯瓦特克兰斯、斯特克方丹和科罗姆德拉伊化石遗址，在此发现的原始人类化石可以追溯到 350 万年前；随后是诞生艺术的遗址，按时间顺序，包括几处岩画遗址，如澳大利亚卡卡杜国家公园，利比亚塔德拉尔特·阿卡库斯，以及法国韦泽尔山谷，山谷中有被誉为“旧石器时代艺术的西斯廷教堂”的拉斯科洞窟；沿着小径继续前行，来到新石器时代的遗址，在此人类开始锻造金属，创造现代社会；直到到达更接近我们当今文化的遗址：美索不达米亚、古埃及、希腊的雅典和德尔斐，再到罗马，最终行至亚洲和中美洲文明。

只有少数文化的痕迹留存至今，其他文化则留下了非凡的遗迹，彰显了他们当时的技能和财富，并使我们能据此重构几千年来文明的进程。在这些宝贵的文明记忆中，埃及、希腊、罗马和伟大的前哥伦布文明自然占据了重要部分。从金字塔和雅典卫城，到庞贝古城、罗马的帝国广场、古城帕伦克和提卡尔，这些民族给我们留下了如此繁多且宏伟的文化遗产，实在无法仅寥寥提及几处。然而，对于伟大文化的概览必然不能忽略非凡的佛教遗址。这些遗址在印度，在中国，或是在独特的普韦布洛印第安人聚居地梅萨维尔德。

现代世界发源于这些民族和他们的文明之中，亦源于其极其悠久且灿烂的历史之中。也正是他们残存的痕迹使我们能够继续保留关于人类起源的记忆。

第 183 页　柬埔寨吴哥窟的精美装饰中出现了阿普沙拉女神（一种为高棉统治者的神殿带来欢乐的生物）的面容。在这里，印度教和佛教在 12 世纪至 13 世纪交汇，长期共存。

巨石阵和埃夫伯里

英国

英格兰威塞克斯王国威尔特郡
入选年份：1986
遴选标准：C（Ⅰ）（Ⅱ）（Ⅲ）

第184页 图为巨石阵的鸟瞰图。巨石阵是世界上最著名、最神秘的巨石遗址，建于公元前3100年至公元前1600年间。撇开神话和民间传说不谈，今天即使是科学界也无法对其目的和用途提供明确的解释。

谁建造了巨石阵？几个世纪以来，对此已有数十个传说在人们口中流传，还提出了有些合理但也有些非常不靠谱的假设。是凯尔特人、撒克逊人、古埃及人、罗马人还是亚特兰蒂斯人？或者，有没有可能是来自外太空的人？又或者，像一些人提出的假设那样，这些巨石是1968年披头士狂热高峰期时一群狂热的英国人为了寻找新的精神寄托而“战略性”放置的？

显然都不是，至少最后一个想法肯定是错误的。关于巨石阵的首个书面文献可以追溯到1135年。蒙茅斯的杰弗里（Geoffrey of Monmouth）在他的《不列颠诸王史》一书中称，这些巨石是由一个巨人部落从非洲带到爱尔兰的，然后由魔法师梅林让它们飞越海洋，到达索尔兹伯里平原（Salisbury Plain）向亚瑟王（King Arthur）致敬。然而，凯尔特人的祭司德鲁伊一直称巨石阵是由他们的祖先建造的。直至1985年，古代德鲁伊教团都还一直在夏至时身着白色外衣，手持竖琴和小号参观巨石阵，举行入教庆典。

即使是科学界也无法就这个世界上最著名的巨石遗址给出明确的答案。2003年，妇科医生安东尼·珀克斯（Anthony Perks）在英国《皇家医学会志》（*Journal of The Royal Society of Medicine*）上发表的最新研究中提出，由石块形成的环代表着女性的性器官，地母神（Earth Mother）——新石器时代的主要崇拜的女神——通过这个器官“生”下了动植物。然而，很多人对此有异议，一直担任该遗址负责人的考古学家大卫·迈尔斯（David Miles）还书面驳斥了她的研究。

不管是谁建造了巨石阵（这个名字来源于一个意思是“悬着的石头”的古老盎格鲁－撒克逊词汇），这座遗址是在公元前3100年到公元前1600年间分三个阶段建造而成的。在第一阶段，修建了一个直径约91.44米的圆形土垒；它的边界是一条沟渠，不远处有56个坑，它们组成了一个圆圈，这些坑曾经应该是填满了相等数量的木杆。这些坑被称为奥布里洞（Aubrey Holes），是以1666年首次描述它们的人的名字命名的。在第二阶段，大约公元前2550年，第一批石头出现了。它们被称为“蓝砂岩”，虽然它们每个重约5吨，但他们是遗址中最小的石头。他们从威尔士西南部彭布罗克（Pembroke）的采石场被运送到380千米外的索尔兹伯里平原，可能是先通过海路，然后顺着埃文河（River Avon）漂流，最后通过陆路运输到索尔兹伯里平原。在第三阶段，大约公元前2100年，巨石阵被建成了现如今看到的结构，其由每块重约30吨的巨石组成，它们是从大约30千米外的莫尔伯勒（Marlborough）丘陵运来的。这些始新世时期（地质时代中古近纪的第二个主要分期）的石块被称为萨尔森石，在威塞克斯的古语中意思是“外来者”。

巨石阵遗址的最外层是一条长约594米的大道，两边都是平行的沟渠，沟渠间相距约23米。这条大道通向一块“脚跟石”（Heel Stone），这是另一种萨尔森石，在夏至时，它的影子会投射到遗址的正中心。再往前走，这条大道通向圆形土垒。在它的入口处是“屠宰石”（Slaughter Stone），它的名字是由数千年来雨水“熔化”的铁在岩石上留下的红色痕迹而得名的。从这里可以看到遗址的中心部分是由同心圆的巨石结构。外圈由30个萨尔森石组成，其中有17个仍保留在原位，它们高达4米，并通过一系列由榫卯连接固定的框相互连接在一起。在离这个圈3米远的地方，还有另一个圈，这一圈有60块高约2.13米的蓝砂石（其中许多已经倒下或破碎）。在两个圆圈的中心矗立着一个巨大的马蹄形结构（如今已不完整），由五个三巨石结构组成，其中最高的一个高达7米，每个三巨石结构都是一块水平巨石搭在两块直立的巨石上。最后，一块不太大的蓝砂石马蹄铁形石环绕着中心所谓的祭坛石，尽管它没有同期其他地方建造的祭坛的典型排水系统。

巨石阵的名气和壮观掩盖了威尔特郡拥有许多新石器时代遗址的事实，如欧洲最大的史前墓丘——锡尔伯里丘（Silbury Hill）、英格兰最大的墓室——西肯尼特长冢（West Kennet Long Barrow）和埃夫伯里（Avebury）。埃夫伯里是世界上最大的石圈，占地约12公顷。它是由一个直径正好一英里（约1.6千米）的土垒形成的，它围绕着一个由98块石头组成的圆圈（其中27块石头至今仍在原地）。与巨石阵的巨石一样，埃夫伯里的石头也来自莫尔伯勒丘陵。埃夫伯里有几块极大的巨石，比如重达66吨的斯温顿石（Swindon Stone）和魔鬼椅（Devil's Chair），魔鬼椅是根据一

第185页（上） 图为萨尔森石围成的石圈，这些巨大的石块是约公元前2100年从30千米外的莫尔伯勒丘陵运到巨石阵的。

第185页（下） 图为巨石阵石圈内以马蹄形矗立的五个巨大的三巨石结构（两个直立巨石上搭着一个水平巨石）的细节。最高的一个高达7米以上。

第 186 页 威尔特郡有许多石圈、巨石，最重要的是，还有坟冢。图中的坟冢位于埃夫伯里附近的麦田里。

第 186—187 页 埃夫伯里的石圈占地约 12 公顷，是世界上最大的石圈。其土垒从沟渠底部到墙的最高点有 17 米高。

个传说命名的，即如果你逆时针绕着石头跑 100 圈，就有可能召唤出魔鬼。

虽然学者们一致认为巨石阵和埃夫伯里是礼拜场所，但对其布局的惊人天文巧合仍存在着无数猜测。目前还不清楚该遗址是否像许多人所说的那样，是一个用于研究天空的古代天文台，也不清楚它是否只是一个用来标记四季事件的日历，比如播种和收获谷物。有些人进一步猜测，它是用来预测日食的，尽管古代巨石阵中的人肯定不会拥有如此先进的知识。

这里就出现了另一种理论——巨石阵是由一个来自更先进文化的人设计的，他来到索尔兹伯里平原，向当地人传授竖立巨石所需的知识。此外，这个人还必须在巨石阵建造的 1500 年间定期返回。然而，这只是那些相信外星人和飞碟的人的说法。

第 187 页（左下） 图为埃夫伯里的一些石头。其中最有趣的是斯温顿石（最大的那块石头，重达 66 吨）和魔鬼椅。

第 187 页（右下） 原来的 98 块石头中只有 27 块留了下来。几个世纪以来，先民们在石头周围生火加热，再把冷水泼在上面破坏了大部分巨石。破碎的石块随后被用来建造埃夫伯里村。

韦泽尔峡谷的壁画岩洞

法国

多尔多涅省，阿基坦大区
入选年份：1979
遴选标准：C（Ⅰ）（Ⅲ）

登山俯瞰法国多尔多涅省韦泽尔河（Vézère River）左岸的蒙蒂尼亚克（Montignac）村，对马塞尔·拉维达、雅克·马尔萨、乔治·阿涅尔和西蒙·科恩卡斯来说，本该只是一次有趣的郊游，然而，它却成了20世纪最著名的考古发现之一。

那是1940年9月12日，这四个男孩莽莽撞撞，只带着一支昏暗的手电筒，就决定爬进树林中央一棵倒下的树留下的坑里。他们随着填住洞穴入口的一堆石头一起滑下来，突然发现自己进入了一个很大的洞口，这个洞口如今被称为“公牛大厅”（Great Hall of the Bulls）。公牛大厅的壁画可能是世界上旧石器时代艺术最杰出的例子。这些壁画两边墙壁上的面积约18.6平方米，两边墙壁在几乎圆形的峡谷中弯曲形成一个拱顶，壁画由三组动物组成：马、公牛和鹿。

男孩们很惊讶他们发现了如此绝妙的艺术品，于是立刻报告了老师，最终这一

发现登上了校报。此后，考古学家开始陆续抵达法国拉斯科（Lascaux）。为首的是修道院院长安德烈·格洛里，他用25年多的时间精心复制了所有的壁画。之所以花了这么长时间，是因为拉斯科洞穴一直延伸到山的深处超过100米，而且其中至少有七个重要壁画区域。在左侧，公牛大厅的后面就是彩绘画廊，其特色是动物，这些动物覆盖了与洞穴拱顶一样大的墙

壁，因此被称为法国的“史前西斯廷教堂”（Prehistoric Sistine Chapel）。右侧是横向通道，其次是主画廊，然后是猫像室，它处在有壁画的区域的最里面。穿过一条侧道通向版画室，然后是死尸坑。除了壁画，里面还发现有各种各样的手工制品，其中包括 21 盏由粗糙石头制成的精致灯具，14 个骨矛头，一个画家的“调色板”，多亏了它，人们才有机会研究旧石器时代艺术家使用的颜料，以及从颜料中提取的 8 个矿物团块。

总体而言，石窟的墙壁和拱顶上总共有近 1500 处壁画，一些人认为这些壁画是在 1.7 万年前绘制的，另一些人则认为是 1.5 万年前绘制的。无论是哪一种，它们都代表了旧石器时代石窟壁画的顶点，在 1.8 至 1.7 万年前的马格德林文化（Magdalenian）时期，壁画广泛分布在多尔多涅地区。仅在韦泽尔峡谷就发现了 147 处史前遗址和 25 个彩绘洞穴，这让重建人类在引入农业之前阶段的生活方式成为可能。

然而，公众无法接触到拉斯科洞穴已有大约 60 年的时间。早在 1955 年，由于空气中二氧化碳含量过高，壁画上出现了菌斑，几年后，还出现了由藻类和苔藓产生的绿色污迹。这让专家们十分担忧，因此，法国文化部长安德烈·马尔罗决定于 1963 年 4 月 20 日起关闭该石窟。

消除了环境污染的原因后，拉斯科的壁画恢复了原始状态，但它们依旧对公众关闭。1980 年，当局决定制作一个完整的石窟复制品，他们以极高的准确性完成了这项工作，并使用了能够完美复制原始岩石的颜色、切口甚至颗粒质量的材料。拉斯科复制洞窟 2 号（Lascaux II）于 1983 年向公众开放。

2001 年，又有一些对原始石窟壁画的新威胁出现了：在一些岩石和洞穴地面上发现了细菌和真菌的菌落，不得不用杀菌剂和抗生素进行处理这些细菌和真菌。虽然问题已经解决，但人们仍然很担心这一文明诞生留下的非同遗产的生物环境的脆弱性。

第 188 页（右上） 图为拉斯科洞窟墙壁上画着的一头长着巨大角的公牛。

第 188 页（左下） 公牛大厅后殿的壁画被认为是世界上旧石器时代艺术的最佳典范。

第 188—189 页 奔腾的牛和马使公牛大厅的内部充满活力。

第 189 页（上和下） 旧石器时代的人们为了绘制拉斯科洞窟中近 1500 处壁画（第 29 页下图是所谓的“中国马”），使用了 12 种颜料，从淡黄色到黑色。

加尔桥

法国

普罗旺斯
入选年份：1985
遴选标准：C（Ⅰ）（Ⅲ）（Ⅳ）

1958年，加尔东河（Gardon River）的严重洪灾给普罗旺斯的尼姆地区造成了巨大的破坏。勒穆兰附近横跨河流的现代铁路桥被冲走了，但位于其上游的、已经屹立了2000年的加尔桥（Pont Du Gard）却依旧冷静地矗立在汹涌的河水中。洪灾紧急状态过去后，每个人都为古罗马人建造的这座桥所带来的福祉而欢欣雀跃。这座不朽的建筑每年接待超过200万名游客，是法国仅次于圣米歇尔山（Mont-Saint-Miche）的第二大省级旅游景点，就连当今的工程师们都不得不感叹自己被古代的工程师们“打败”了。

根据历史文献记载，加尔桥以及从Ucetia镇的水源输送到尼姆的整个渡槽设计都归功于奥古斯都的女婿马库斯·阿格里帕。阿格里帕以其工程技能而闻名，他于公元前19年拜访了高卢人，并很快开始了这项巨大的水利工程。

这条渡槽大约是在图拉真统治时期（公元98—117年）建成，呈U形，长约48千米，其中约35千米在地下，总高度差仅约17米。最让人惊叹的不是渡槽的长度，而是它超高的精确度：从水源到位于当时尼姆郊区的巨大蓄水池（罗马人称为分水站），水沿着恒定的坡度流下，坡度约每千米34厘米，即坡度极小，约0.00034°。十条运河从分水站出发，为大约5万名居民的浴室、房屋和公共建筑供水。因此，他们每人每天大约分配了106加仑（约401.25升）的用水，即使按照现代标准，这个数量也是足够的。这条渡槽的建造大约耗资3000万塞斯太尔斯（古罗马货币），相当于支付500名罗马军团军官50年工资所需的钱。

整个建筑最宏伟的象征是加尔桥。它雄伟、高雅，且精致，桥长约300米，高约48米，为三层拱门结构。最低的第一层有6个拱门，宽度从约16米到约21米不等，支撑着一条在18世纪中叶为马车加宽的道路。第二层有11个拱门。最上面一层，也就是第三层，有35个小拱门，水渠由此层经过。这座桥是用当地开采的化石石块密密麻麻堆积建成的。它淡黄色的色调与周围的青山和葡萄园景观完美融合。每块石头重6.6吨，并且在没有砂浆的情况下以惊人的精度组装起来。

普罗旺斯人民的长期居住和不断发展为桥梁的保护提供了保障。第一次修复工程是在拿破仑三世统治期间进行的，最近一次修复工程才刚刚结束，耗资3000万欧元，其中大部分资金用于建造游客中心。对这个罗马遗址的加固需要更换约298立方米的石头，大约占整个结构的5%。

第 190 页　图为加尔的正面视图，展示了其和谐的三层拱门结构。该桥是法国省内仅次于圣米歇尔山的第二大省级旅游景点。

第 190—191 页　加尔桥雄伟，高雅，且精致，长约 300 米，高出水面约 48 米，其淡黄色的石头可以与周边风景完美地协调在一起。

第 191 页（下）　图为加尔桥的鸟瞰图，该桥是作为渡槽的一部分建造的，该渡槽将水输送到约 48 千米外的尼姆。它由奥古斯都的女婿马库斯 · 阿格里帕于公元前 19 年前后设计，并在图拉真统治期间完工。

阿尔勒城的古罗马建筑

法国 普罗旺斯，罗讷河口省
入选年份：1981
遴选标准：C（Ⅱ）（Ⅳ）

文森特·梵高（Vincent Van Gogh）的《阿尔勒竞技场上的观众》是一幅非常精彩的画作，目前收藏于俄罗斯圣彼得堡艾尔米塔什博物馆（Hermitage Museum in St. Petersburg）。其画中温暖的色彩和浮躁的笔触给人一种焦虑的期待和压倒性的激情，这正是观看斗牛的观众所感受到的情绪。1888 年，当这幅画完成时，阿尔勒的圆形剧场仅仅修复完成大约 50 年。经过几个世纪的掠夺，它被变成了一座堡垒，然后变成了穷人的住宅区，然后又干回了原来的老本行，成了残酷的竞技场。它建于公元 90 年至公元 100 年间，呈椭圆形，最长轴约 136 米，最短轴约 107 米，由两个部分组成，每个部分有 60 个拱门，可容纳 2.4 万人。竞技场本身与观众席之间有一堵高墙隔开，这堵墙是为了保护观众免受比赛中野兽的伤害。这座宏伟的建筑并不是这座城市罗马时期唯一幸存的建筑。公元前 49 年，阿尔勒是罗讷河左岸的一个小镇，由恺撒第六军团的退伍军人殖民，因此也可以将其叫作恺撒第六军团阿尔勒居住地，那里居住着凯尔特－利古里亚（Celtic-Ligurian）和希腊血统的人。这座城市当时比现在更靠近大海，很快就建立了蓬勃发展的经济，并启用了宏伟的城市发展规划。

阿尔勒占地约 40 公顷，由一道防御墙围住。通往马赛的那段路被用作东西轴线，而卡杜斯和其他街道则被描绘成一个网格。为 1 万名观众建造的剧场（现今已修复并重新投入使用）和公共集会场所的历史可以追溯到公元前 40 年至公元前 14 年，屋大维统治期间。公共集会场所位于奥古斯都监护神（Genius Augusti）的圣殿周围，周围环绕着竖立在密室外的门廊。

在公元 2 世纪至 3 世纪中叶的一段经济停滞期后，阿尔勒经历了一场复兴，这要归功于其纺织业的扩张和以生产石棺而闻名全帝国的凿工技能。公元 4 世纪，当君士坦丁被选为皇帝时，他决定在阿尔勒定居，因此授予这座城市名字为加卢拉罗马（Gallula Roma）。为了使阿尔勒成为名副其实的皇家住所，人们进行了一项宏大的建设和扩建计划。如今，在皇帝宫殿的遗迹中，人们可以看到奥古斯都圣所下方的浴室和加密门廊。由君士坦丁修复的加密门廊由两个约 91.5 米长的拱廊组成。在其中一处，发现了两根花岗岩柱子的底座，上面刻有铭文，记录了皇帝为美化城市而建造的这些纪念碑，以及监督工程的人的名字。

第 192 页（上） 阿尔勒圆形剧场厚厚的圆形墙壁的特点是圆形拱门与矩形飞檐和塔楼交替出现。它们包围了恺撒大帝在巩固征服高卢期间为驻扎他的军团而修建的兵营。

第 192 页（下） 与罗马竞技场不同的是，圆形剧场的地下室几乎完好无损地保留了原有的材料。房间结构类似，用来存放舞台机器。

第 192—193 页 阿尔勒壮观的圆形剧场是普罗旺斯最重要的罗马遗址，建于公元 90 年至公元 100 年，几个世纪以来，它已被洗劫一空，变成了一座堡垒，甚至变成了住宅区。

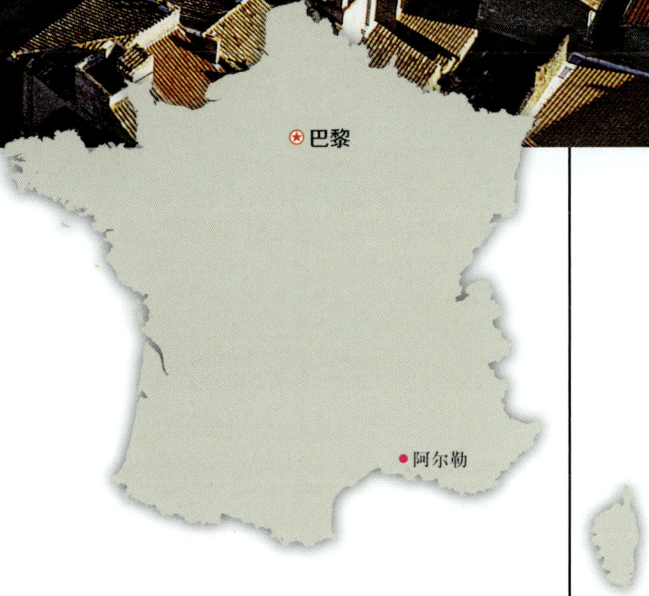

第 193 页（下） 这座优雅的剧场建于屋大维时期。阿尔勒由凯尔特人建立，后被罗马人殖民，罗马人建造了这座城市，并将其命名为恺撒第六军团阿尔勒居住地。

梅里达古罗马遗址

西班牙

埃斯特雷马杜拉自治区，巴达霍斯省
入选年份：1993
遴选标准：C（Ⅲ）（Ⅳ）

第 194 页　梅里达最大的宝藏之一是横跨瓜地亚纳河的朴实无华的桥梁，它是现存最长的罗马桥梁。建于公元 1 世纪末，有 81 个拱门，全长约 792 米。

第 194—195 页　梅里达的圆形剧场于公元前 8 年在竞技期间落成。观众席有三层，可容纳 1.4 万名观众。

卢西塔尼亚大桥（Puente Lusitania）于 1991 年在梅里达落成。这座横跨瓜地亚纳河（Guadiana River）的细长建筑是当地居民的骄傲，不仅仅因为它是由当代最著名的建筑师之一圣地亚哥·卡拉特拉瓦（Santiago Calatrava）设计的。而且最近的研究发现梅里达与该桥有一种特殊的联系，这种联系从桥梁第一块石头的铺设就开始了，它也标志着这座城市的奠基。

第 195 页（左下）　圣拉萨罗（或称“牛尾”）渡槽长 1600 米，横跨阿尔巴雷加斯河，将地下泉水输送到城市中。

公元前 25 年，奥古斯都皇帝的使节普布利乌斯·卡里修斯到达瓜地亚纳河岸边。周围土地肥沃，附近的山上流淌着无数的淡水，还有丰富的花岗岩。这些资源足以让他们决定在梅里达建立奥古斯都·劳里克殖民地。它是由第五云雀军团和第十盖米纳军团的退伍军人组成，他们战胜了代表对罗马帝国扩张至已知世界西部边缘的最后抵抗力量——坎塔布里亚人（Cantabrian）和阿斯图里亚斯人（Asturian）。

在新殖民地修建了一条渡槽，从城市北部的普洛塞庇娜泉（Proserpina Spring）引水。它长约 830 米，高达 25 米，横跨阿尔巴雷加斯河（Albarregas River）。虽然时至今日超过一半的拱门已被毁坏，但它的结构依旧宏伟，建造它的花岗岩块和砖的颜色也一样鲜艳。瓜地亚纳河上的桥是与渡槽同时修建的。它的跨度约 792 米，由 81 个拱门支撑，平均高度高于河流水位约 12 米。这座桥除了是到达罗马梅里达的主要途径外，从 16 世纪开始，它就成了普拉塔之路（Via De La Plata）的枢纽，西班牙人就是沿着这条路将他们从美洲殖民地运来的白银运往马德里的国库。

很快这座城市繁荣起来，公元前 15 年，马库斯·阿格里帕来到这里主持庆祝罗马卢西塔尼亚省建立的庆祝活动，梅里达是卢西塔尼亚省的首府。借此机会，阿格里帕主持了剧场的落成仪式，剧场可容纳 6000 名观众，观众席为不同社会阶层划分为三个等级的座位。这个圆形剧场可容纳 1.4 万名观众，几年前就已经完工，曾用于举办角斗士比赛，这些建筑共同标志着一系列重要建筑的开始，这些建筑将使梅里达成为“帝国罗马尼的望远镜和堡垒”。

由于儒略－克劳狄王朝皇帝的兴趣，在公元 1 世纪，这座城市驻扎了 9 万名士兵，见证了整个古罗马西班牙的经济快速增长。用大理石铺设公共集会场所，建造阿耳忒弥斯神庙（Temple of Diana）和一个可以容纳 3 万人的巨大椭圆形露天圆形竞技场。这座神庙是这座城市的主要宗教建筑，坐落于卡杜斯和德库马努斯的交界处。尽管它叫这个名字，但它是献给君主崇拜信

第 195 页（右下）　洛斯米拉格罗斯渡槽（Los Milagros Aqueduct）长约 830 米，高约 25 米。它建于公元前 1 世纪末和公元 3 世纪之间的两个阶段。它从普洛塞庇娜泉向城市输送水。

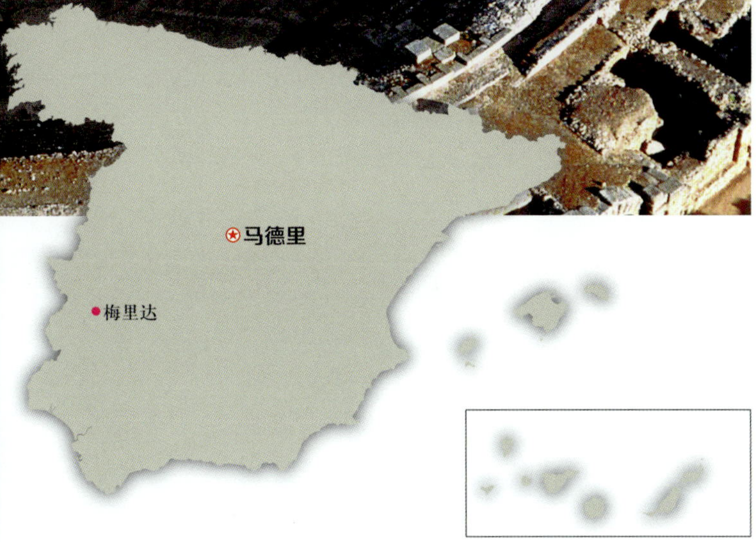
马德里
梅里达

仰的，这是由于发现了奥古斯特二世的雕像和埃涅阿斯、安喀塞斯和阿斯卡尼俄斯组成的雕塑群而确定的。

梅里达的发展在公元 2 世纪西班牙本土人图拉真和哈德良统治下达到了巅峰。在此期间，建造了许多贵族别墅并用镶嵌画进行装饰——现今在考古博物馆保存了许多马赛克镶嵌画——或扩建了现有的建筑。由于来自北非各省的军队的到来，这座城市的人口也有所增加。这些士兵带来了一种与火星崇拜有关的新宗教。因此，从公元 155 年开始，梅里达成为密特拉教的中心之一，正如在城市中发现的许多描绘与公牛搏斗的神的浅浮雕所证明的那样。事实上，西班牙人对斗牛的热情起源于梅里达。

第 196 页（左上和右上） 丰收场景的镶嵌画地板（右，细节图）是圆形剧场多姆斯（Roman House）最有趣的特色。这是帝国时代晚期贵族住宅的一个著名例子，将镶嵌画围绕着一个装饰有柱廊的中央庭院布置。

第 196 页（下） 阿耳忒弥斯神庙（建于公元 1 世纪末和公元 2 世纪初）位于现代梅里达的中心，是一座宏伟的六边形花岗岩建筑，基座长约 41 米，宽约 22 米。

▌第 196—197 页　梅里达的罗马剧场由马库斯·阿格里帕于公元前 15 年建造，以向这座被指定为卢西塔尼亚首府的城市致敬。梅里达的罗马剧场可容纳约 6000 名观众。

▌第 197 页（下）　图为收藏在国家罗马艺术博物馆（National Museum of Roman Art）一个公元 4 世纪的马赛克镶嵌画上的猎豹画面。博物馆收藏了来自梅里达罗马别墅的镶嵌画、雕塑和壁画，在博物馆建造过程中还发现了许多墓地物品。

古罗马

意大利

拉齐奥大区
入选年份：1980、1990
遴选标准：(Ⅰ)(Ⅱ)(Ⅲ)(Ⅳ)(Ⅵ)

“面包和马戏”（拉丁语：Panem et circenses）来自尤维纳利斯（Juvenal）在公元81年的讽刺作品，它指的是罗马统治者能够保持控制民众的基本公式。一方面分发食物和公共浴场，另一方面是角斗士、奇珍异兽、体育比赛和戏剧表演，二者都是皇帝用来转移人民不满的工具。

罗马是世界上第一个真正的大都市。这座城市有100万居民，甚至可能达到了150万人。其城市布局复杂，自然环境严重限制了合理的规划，像现代大都市一样，这座城市已经存在交通和过度拥挤问题。此外，卫生条件差，随时存在火灾危险，以及缺乏公共秩序等问题也随之而来。

因此，皇帝们试图转移民众对日常工作的注意力也就不足为奇了。当尤维纳利斯写下尖刻的句子时，罗马最著名的用于娱乐的建筑才刚刚落成。罗马斗兽场（Colosseum），或称弗莱文圆形剧场（Flavian Amphitheater）由韦帕芗（Vespasian）下令修建，于公元80年提图斯（Titus）在位期间建成，高约48米，宽约188米，内有四层，可容纳5万名观众。建造它需要约10万立方米的洞石（石灰华）和330吨的铁。第一层高约10.5米，装饰有多立克（Doric）半柱；第二层高约12米，为爱奥尼柱；第三层高约12米，为科林斯式廊柱。顶层是砖砌的，由杆子支撑着天幕，这是露天剧场为观众遮阳的帐篷。

罗马于公元前753年在帕拉蒂尼山（Palatine Hill）地区建立，周围有许多村庄，到公元前8世纪末，罗马已成为地中海最重要的定居点之一。在塔奎尼乌斯·布里斯库斯（Tarquinius Priscus）和塞尔维乌斯·图利乌斯（Servius Tullius）的领导下，进行了第一批公共工程建设，修建了道路、广场、排水和供水系统，甚至还铺设了第一条街道（公元前625年），该街道至今仍可在帝国广场（Imperial Forums）地区看到。从公元前509年开始，

▌第 198 页（上） 穆内拉角斗游戏（munera gladiatoria），最初是一种仪式，在公元前 105 年发展成为残酷的公共游戏。这幅公元 4 世纪的镶嵌画展示了不同类型的战斗人员的真实或"专业"姓名。

▌第 198 页（左下和右下） 罗马斗兽场，更确切地说，是弗莱文圆形剧场，建于公元 75 年至 80 年的五年间，但直到几年后图密善统治期间才开始建造第四个建筑。皇帝和祭司的讲台位于建筑较短轴线的两侧。本鸟瞰图从水平角度展示了地下动物围栏和储藏室的复杂性。

▌第 199 页 向罗马斗兽场延伸的罗马广场：最明显的特征是保存完好的安托尼努斯和法乌斯提那神庙（Temple of Antoninus and Faustina）和马克森提乌斯大教堂（Basilica of Maxentius），以及卡斯托耳和波鲁克斯神庙（Temple of Castor and Pollux）中幸存的三根柱子。

这座城市由共和制政府管理，在几个世纪的时间里，它成为帝国的首都。罗马在公元前3世纪和2世纪的布匿战争中取得了胜利，成为地中海无可争议的统治者。

然而，罗马保留至今的遗迹都是为了在帝国时代点缀城市而建造的。广场是罗马帝国的心脏。它们是为了庆祝这座城市的伟大而建造的，用于行政职能，它们建在一个曾用于角斗的地区。总共有五个广场：恺撒广场（Caesar's Forum）、奥古斯都广场（Augustus's Forum）、和平广场（Forum of Peace）、涅尔瓦广场（Nerva's Forum）和图拉真广场（Trajan's Forum）。它们的建成标志着罗马从共和制向帝国过渡。所有重要的皇帝都走上了与尤利乌斯·恺撒相同的道路，都希望为自己的逝世留下印记，因此就形成了这个集体遗址，成为世界上最丰富、最迷人的考古区之一。

恺撒广场占地约160米×78米，是一个矩形广场，内有双柱柱廊。在广场的尽头处矗立着维纳斯神庙，恺撒建造这座神庙是为了纪念其在法萨卢斯战役（Battle of Pharsalus）中的胜利。这座寺庙的建造使广场变得更加重要，并且是政治自我赞扬

第200页（左上） 君士坦丁凯旋门（Constantine's Arch）部分是通过回收其他遗迹的浅浮雕建造的，君士坦丁凯旋门用来庆祝米尔维安大桥战役胜利，随后君士坦丁将信奉基督教合法化。

第200—201页 圣道（Sacred Way）是罗马广场的轴线，它上面被马克森提乌斯大教堂的圆顶房间占据。对面是玛格利塔里安楹廊（Porticus Margaritaria）的遗迹，里面可能有珠宝店。

第201页（上） 受图拉真专栏的启发，马可·奥勒留柱展示了对萨尔马提亚人（Sarmathians）和德国人的军事行动。这些浮雕是关于帝国军团的着装、生活和演习的宝贵信息来源。

第201页（中） 图拉真广场的布局由大马士革的阿波罗多洛斯（Apollodorus of Damascus）设计，其部分仍然清晰可见。半圆形区域的白色柱子矗立在市场的前面，那里六层楼高的建筑物中都是商店。

第201页（下） 马可·奥勒留柱由28块石块组成，上面雕刻着20个浮雕。1588年在教皇西斯笃五世的推动下进行了修复，导致顶部的皇帝雕像被圣保罗的雕像取代。

的最引人注目的例子之一。

奥古斯都为了给自己的广场再往北一点腾出空间，不得不在附近的苏布拉（Suburra）买下大量私人住宅。新广场于公元前2年落成，其内有巨大的雕像，其中包括一尊约17米高的皇帝雕像，它靠着一堵墙矗立着，这堵墙是为了保护广场免受火灾建造的。在广场的后面有一座巨大的神庙，供奉着战神玛尔斯（或称复仇者玛尔斯），也是模仿恺撒广场的形式。巨大的凹槽柱子支撑着一个三角形龛楣，两边有战神玛尔斯、爱与美的女神维纳斯、维纳斯之子埃涅阿斯和玛尔斯之子罗慕路斯的形象。

韦帕芗广场（Vespasian's Forum，也叫和平广场），和涅尔瓦广场都没有那么壮观。韦帕芗广场是一个巨大的广场，两侧有建于公元71年至75年之间的和平神庙（Templum Pacis/Temple of Peace），为了庆祝内战后的和平而建造。涅尔瓦广场位于奥古斯都广场、恺撒广场、韦帕芗广场和共和广场之间的一块较小的区域内，所以也被称为过渡广场（Transitorium），它是由图密善皇帝下令修建的，但直到公元98年才建成，那时的皇帝已由涅尔瓦继任，涅尔瓦便以自己的名字命名了这个广场。

最雄伟的广场是图拉真为纪念公元105年罗马成功征服达契亚（Dacia）而建造的。为了建造这座广场，他毫不犹豫地拆除了奎里纳莱宫（Quirinale）的一部分，图拉真市场（Trajan Markets）就是在奎里纳莱山沿着陡峭山坡建造的。图拉真柱（Trajan's Column）放置于在广场内，并于113年5月18日落成。它是由大块的大理石制成的，其底部被挖空以为皇帝建造了一座陵墓，其内

第200页（右上） 乌尔比亚大教堂（Basilica Ulpia）的灰色柱子部分与砖块结合在一起，构成了图拉真柱。以图拉真皇帝的名字命名的广场是罗马最宏伟的广场。

还有一段通往顶部的螺旋楼梯。它的外部有一块长长的螺旋楣板，上面雕刻着2500个人物，描绘了两场达契亚战役。

古罗马各地都竖起了柱子来庆祝战争的胜利。176年，马可·奥勒留开始建造一座纪念碑，以纪念自己赢得了战胜德国人的胜利。它于192年完工，高100罗马英尺（相当于现代的96英尺，约29.26米），如果考虑到教皇西斯笃五世在1589年放置在顶部的圣保罗雕像，那么它高约42米。马可·奥勒留的柱子由28个大理石柱组成，一个一个堆叠而成，上面装饰有一个螺旋形的浅浮雕，共计绕了21圈。里面有一个有203级台阶的螺旋楼梯，可以攀爬到雕像上。

在联合国教科文组织保护下的其他遗迹中，最雄伟、保存最完好的是万神庙（Pantheon）。它由马库斯·阿格里帕于公元前27年建造，由哈德良于公元118年至125年重建。它是一个圆形建筑，有一个半球圆顶和一个带柱廊的矩形门廊。超过30米高呈圆形的墙支撑着鼓形墙壁，在圆顶的中心有一个约9米宽的眼孔，为内部提供光线。609年，教皇波尼法爵四世将这座建筑改造成一座教堂，如今它是拉斐尔、维托里奥·埃马努埃莱二世、翁贝托一世和萨伏依·玛格丽塔的墓葬所在地。

这些墓地遗址也不应该被遗忘。奥古斯都的陵墓确实令人印象深刻，它始建于公元前28年，那时他击败了马克·安东尼和克娄巴特拉七世。其墓直径约87米，高约44米，墓呈圆柱形，由石灰华石块制成，其中心是入口，前面有一小段台阶。在入口的两侧，两根柱子上都刻着皇帝生平的铭文——奥古斯都神的功业（Res Gestae）——的青铜碑。从陵墓地道可以进入两条环绕着墓室的圆形走廊。在墓室的中心有一个圆柱形的核，里面排列着石灰华石块，整个建筑都以它为中心。

同样令人印象深刻的是哈德良陵墓，它始建于公元121年。如今它已成为位于梵蒂冈附近的圣天使城堡（Castel Sant'Angelo）。最初，它是由一个正方形的底座组成的，我们今天看到的建筑物的圆柱形主体就位于该方形底座上。这个圆柱体高约21米，直径约64米。第二个较小的圆柱体在安放哈德良骨灰的中心上方。再往上，现在站着一位手持宝剑天使的地方，曾经有一辆由四匹青铜马拉着的战车，将皇帝的雕像运往天上。

以上是联合国教科文组织将罗马古城列入《世界遗产名录》理由的一个简短总结。

帝国时代留给永恒之城罗马的不可思议的遗产，还需要更多的篇幅来介绍。值得一提的建筑有：卡拉卡拉浴场

第202页（上）和第203页（右下） 奥古斯都陵墓建于公元前28年，埋葬着罗马第一位皇帝及其亲属和后代的骨灰。尽管该建筑在帝国时代被用于各种用途（堡垒、采石场、剧场，直到1936年），但它仍然部分保留了三层结构中的两层。

第202页（下） 早在帝国时代，哈德良陵墓（现在的圣天使城堡）已经具备了决定其未来的防御功能。它甚至在动荡时期为教皇们提供了避难所。

第202—203页 万神庙是世界上最大胆、最匀称的建筑之一。尽管人类和自然灾难一直侵袭着罗马，它还是幸存了下来。建造圆顶的混凝土在朝眼孔位置建造时混合了越来越轻的材料。

第203页（左下） 金库照亮了万神庙圆顶的完美半球。这座建筑通过象征太阳的约9米宽的眼孔自然照明。

▌第 204 页（左上） 作为双色调镶嵌画的一部分，这个爱神骑着海豚的形象装饰了卡拉卡拉浴场的一个房间的地板，那里曾经是罗马最壮观的浴场。

▌第 204 页（右上） 图为尼禄金宫尚存房间里保留着的不同的壁画。金宫的建造始于公元 64 年，但皇帝并没有享受多久的欢乐，因为他在公元 68 年就自杀了。

（Caracalla's Baths）和巨大的马克西穆斯竞技场（Circus Maximus），马克西穆斯竞技场在公元 2 世纪重建后可容纳 35 万名观众，还有最近发现的一些古代遗址，如金宫（Domus Aurea，尼禄的宏伟住所）和沿亚壁古道（Appian Way）的墓葬。发掘工作仍在继续，罗马一定会继续发掘出更多古代伟大的奇迹。

▌第 204 页（中） 马克西穆斯竞技场留下的遗迹让人回想起罗马早期几个世纪，伊特鲁里亚（Etruscan）国王塔尔坎的王国。从公元前 4 世纪到公元 6 世纪，这里都是赛马场，可以容纳 35 万名观众。

▌第 204 页（下） 金宫的八角形房间是尼禄巨大住宅的焦点（目前只能通过预订才能参观）。尼禄皇帝死后，人们千方百计地将其拆解，并在其他建筑中重复使用这些材料，金宫最原始的样子已不复存在了。

第204—205页 图为空无一人的帝国最华丽壮观的浴室。该建筑群由卡拉卡拉下令建造，包括热水池和冷水池、商店、图书馆、按摩室、美容室和花园。

第205页（下） 在金宫的约3万平方米的壁画中，有1200幅已经修复。在某种程度上，这些壁画之所以幸存下来，是因为其所在的房间早在罗马时代就被掩埋在其他巨大的建筑之下，也因此到处都是瓦砾。

庞贝、赫库兰尼姆古城和奥普隆蒂斯

意大利

坎帕尼亚大区，那不勒斯省
入选年份：1997
遴选标准：C（Ⅲ）（Ⅳ）（Ⅴ）

“一团黑色的、可怕的云中不时地冒出一阵阵火成岩的蛇形蒸汽，它一次又一次地张开大嘴，吐出长长的奇异火焰，类似于闪电，但要大得多……不久之后，云层……开始降落到地球上，并覆盖了海洋……”，这是小普林尼（Pliny the Younger）写给塔西陀（Tacitus）的一封信中描述了维苏威火山灾难性喷发的一段文字。此时是公元79年8月24日（尽管2018年发现的铭文证实了日期应推迟到同年10月17日），小普林尼还是个男孩，他和他的叔叔老普林尼（Pliny the Elder）住在坎帕尼亚（Campania）海岸米塞诺角（Cape Misenum）的别墅里。从清晨开始，小规模地震的隆隆声和硫黄的恶臭让这位著名的老年博物学家选择出海，前往庞贝（Pompeii）和赫库兰尼姆古城（Herculanum），在那里他可以从更近的角度观察和诠释这位“可怕的神童”。

老普林尼和其他成千上万的人一起死于火山喷发，他的侄子抄写了他的笔记。这些笔记现在是对坎帕尼亚海岸宏伟城市的墓葬最生动的描述。几天前，维苏威火山开始发出声音，庞贝的居民匆忙庆祝了伏尔卡纳利亚（Vulcanalia），这是一种用来讨好生活在地球深处的火神的祭祀仪式。一些人决定离开这座城市，但大多数人对从山上倾泻而下的震耳欲聋的浮石雨感到惊讶又好奇。8月25日早上，当火山以约97千米/小时的速度向空中抛出燃烧的火山灰和小石头时，就再也没有任何可以逃生的途径了。这两座城市曾经是古罗马人的骄傲，是贵族家庭放松和娱乐的地方，现在却被埋在约6米深的火山灰下。

公元前6世纪，萨莫奈人（Samnites）在早期的希腊、伊特鲁里亚和原住民的“混居”定居点上建立了庞贝城。公元前80年，当卢基乌斯·科尔内利乌斯·苏拉将军在那里建立了庞贝殖民地时，庞贝落入罗马人手中。这座城市坐落在沙诺河（Sarnus River）河口俯瞰大海的平原上，周围是肥沃的田野，公共建筑和私人建筑很快在这片土地上建成，其中最重要的是献给维纳斯的神庙。在皇帝奥古斯都（公元前27年—公元14年）和提贝里乌斯（公元14—37年）统治期间，它经历了一场“建设狂潮”。然后，在公元62年，一场猛烈的地震袭击了维苏威火山周

第206页（下） 一个悲剧面具悬挂在维纳斯码头之家（House of Venus Marina）的自然画上。讽刺的是，在公元79年，这座美丽的宅院在火山喷发时正在修复，它是庞贝最不为人所知的宅院之一。

第206—207页 在这张鸟瞰图中，大剧场保存完好的洞穴略微朝西北方向，与大卡杜斯和维苏威火山完全一致。

第207页（左上） 这幅画是在尼禄统治时期（庞贝城的最后几年）的面包师特伦斯·诺伊斯和他妻子的肖像，现藏于那不勒斯考古博物馆中，挂在以这位男士命名的房子的桌子上。

第207页（右上）“萨福”（Sappho）是这幅画的传统名称，尽管它可能是一个虚构的人物。在罗马妇女中，写作并不是一种常见的消遣方式。

第207页（中） 弓箭手阿波罗，在供奉着神的寺庙黑色废墟的东南角。可能有人试图拯救这尊在建筑外发现的雕像的原作[现在收藏在那不勒斯国家博物馆（National Museum in Naples）]。

第207页（下） 喷泉通常装饰有半身像，从半身像中喷出水柱。其中一个雕像上是一位手持聚宝盆的女子的脸，她的名字就是该市的一条主要街道（见图）——阿邦丹扎大道的名字。

▌第 208 页（上） 维提之家（House Of The Vettii）的大理石水池和中庭中的丘比特雕像，几乎仍然保留着所有的原始状态。

▌第 208 页（下） 维提之家中的招待所（普林尼和维特鲁威引用的“房间”）装饰有戏剧性的景观和神话插图，所有这些都是以非凡的体量和透视感创作的。

▌第 208—209 页 亚历山大大帝（左边的光头）准备投出他的长矛，而旁边的大流士（Darius）正不安地注视着。这幅著名的镶嵌画就在农牧神之家。

围的整个地区，其威力之大，以至于 17 年后火山喷发时，庞贝、赫库兰尼姆和沿海所有的别墅仍处于重建阶段。

在波旁（Bourbon）王朝统治期间，开始清除厚厚的火山灰，从而重现了这些城市在公元 79 年的样子，并为现代世界提供了罗马时代生活的迷人快照。寺庙、浴场、房屋、城乡别墅、剧场、街道、渡槽、各种商店，甚至妓院，现在都可以看到它们原来的辉煌。在离火山最近的小镇赫库兰尼姆，甚至木制家具和食物都保存得很完好。

对庞贝古城约 63 公顷土地的挖掘已经延伸了约 44 公顷，并发现了一系列具有重要历史和艺术价值的建筑。有寺庙［最重要的是伊西斯神庙（Temple of Isis），由获得自由的奴隶波皮迪乌斯·阿姆皮亚图斯（Popidius Ampiatus）建造，他后来成为该市最富有的人］、广场、浴场和大量的豪华私人住宅。农牧神之家（House of the Faun），以在蓄水池（主院收集雨水的池子）中央发现的青铜雕像命名，占地约 3010 平方米。它是在公元 62 年地震后在之前的建筑物上建造的，是庞贝最令人印象深刻的房子。其有饰有各种壁画的房间布置在两个中庭和两个带柱廊的花园周围。精美的雕塑和雕刻画装饰，比如描绘波斯国王大流士一世和亚历山大大帝之间战斗

第 209 页（下） 维提家族是一个富裕的自由人家庭，他们在公元 1 世纪初搬到了庞贝。以他们的名字命名的房子是在公元 62 年大地震后修复的，这是对即将到来的灾难的第一次严重警告。新的壁画是以第四种风格完成的，其特点奇妙，几乎是空灵的图案。这就是这些丘比特生产香水的情况，在画的中心处，有两个人物在研磨配料。

第210页（上） 马库斯·卢克莱修斯·弗朗托（Marcus Lucretus Fronto）家中工作室的壁画由玛尔斯和维纳斯的神话相关的传统主题（插图左侧）构成。马库斯的名字多次出现在墙上，他是当时的建筑治安法官。

第210—211页 神秘别墅的名字来自描绘酒神“神秘”入会仪式的各个阶段的图像序列。因为同公共宗教偏好不同，该仪式的发起者注定要隐姓埋名。酒神的伴侣和导师、职司森林的神祇之一——西勒努斯、酒神的随从——羊男萨提尔、酒神的狂女——迈那得斯和手持鞭子的恶魔构成了一个在古代就已经很有名的怪圈。

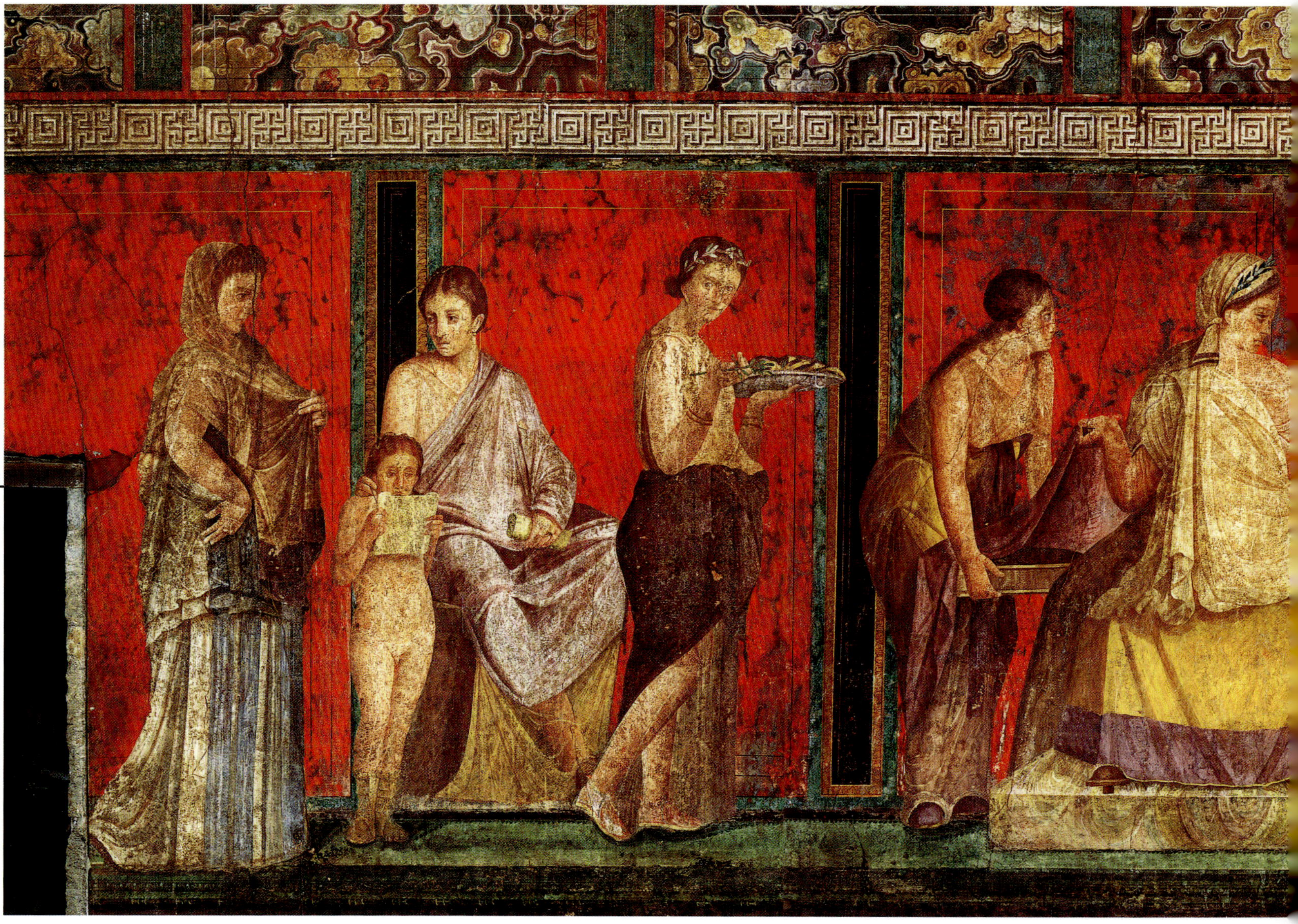

的杰出地板镶嵌画，现在可以在那不勒斯的考古博物馆看到。贵族住宅的典型代表是“魔幻现实主义”风格的壁画，这些壁画有时画建筑物，有时画神话人物，使人感觉房间更加宽敞。

私人花园里设置了大量宏伟的喷泉，通常装饰有雕塑。它们是考古学家在2018年取得的一系列非凡发现的一部分，其中包括位于被称为五号区域挖掘地的魔法花园之家（House of the Enchand Garden）和宙斯之家（House of the Zeus）。

这些特点在别墅中也有体现。在庞贝，最令人印象深刻的是神秘别墅（Villa of the Mysteries），这是一座奢华的住宅，

第211页（上） 如今，一张简单的大理石桌子装饰着弗朗托家族的中庭，前景可以看到蓄水池，背景是办公区。这座房子于1900年清除了灰烬，并立即安装了屋顶，以保护它们重见光明。

第 212 页（左上） 图中在海神尼普顿和海后安菲特里忒之家（House of Neptune and Amphitrite）的卧躺餐厅可以看到，宁芙神庙（nymphaeum），还有一幅美丽的多彩镶嵌画（右），这座房子的名字就是从这幅镶嵌画来的。

第 212 页（右上） 奥古斯塔利学院（Colcio Degli Augustali）装饰着第三种风格的绘画。它展现的是对皇帝的崇拜，有六名任命的管理人，任期一年。提贝里乌斯在火山爆发前几年正式宣布奥古斯都的神化。

第212—213页　这张鸟瞰图覆盖了赫库兰尼姆的整个挖掘区。右上角是郊区浴场，对面角落是奥古斯塔利学院，中央前景是城市浴场。与庞贝不同的是，赫库兰尼姆被淹没在泥浆和火山碎屑之下。

第213页（上）　在郊区浴场的昏暗光线下，可以看到一个半身像和一个大理石游泳池。前厅被拱廊上方的一盏灯照亮。

第213页（下）　鹿之家（House of the Deer）建于公元55年至公元70年之间，是赫库兰尼姆最大的建筑之一。这些城市建筑保存完好，尤其是在地上建筑更加完整。它们一起组成了一个大约三分之一庞贝大小的小镇，大约有5000名居民。

也是一座从事农业生产的乡村别墅。

另一方面，在赫库兰尼姆古城可以看到非常精美的莎草纸别墅（Villa of the Papyruses），那里还有一座大教堂、带有附属宫殿的浴场和一个可容纳3000名观众的剧场。莎草纸别墅建在向大海倾斜的平台上，拥有一个约66米长的游泳池，一个约91.5米长、36.5米宽的镶嵌画柱廊，50座青铜雕像和20座大理石雕像。这座别墅是以其图书馆内1758份莎草纸的重要发现而命名的，这些莎草纸上有伊壁鸠鲁学派加达拉的哲学家菲洛德摩斯（Philodemus）的文本。

另有两座非凡的住宅位于奥普隆蒂斯（Oplontis），距离现代城镇托雷安农齐亚塔（Torre Annunziata）所在的庞贝有大约5千米。第一座是一个完美的“欧蒂姆别墅”（休闲），归属于尼禄皇帝的第二任妻子波培娅·萨宾娜。它建于公元1世纪，在克劳迪斯统治期间扩建，规模宏大，有一个非常壮观的浴场。第二栋别墅被称为“卢修斯·克拉苏别墅”（Villa of Lucius Crassius），是一个住宅综合体，附带一个生产农产品和销售葡萄酒的农场。在火山喷发的那一刻，有54名男子躲进了农场的储藏室，他们的遗骸和庞贝、赫库兰尼姆的许多其他死者一样，考古学家已经能够通过将液体石膏倒入他们分解的尸体留下的石化灰烬的空洞和空腔中来进行铸模。如今他们算是“起死回生”了，他们脸上的表情，可能是那个“世界末日”最恐怖、最迷人的遗物。

奇伦托和迪亚诺河谷国家公园，帕埃斯图姆和韦利亚考古遗址

意大利 | 坎帕尼亚大区，萨莱诺省
入选年份：1998
遴选标准：C（Ⅲ）（Ⅳ）

帕埃斯图姆（Paestum）的玫瑰，一直受到维吉尔（Virgil）和其他罗马诗人的称赞，在很长一段时间内甚至比它的神庙更出名。在皮拉奈奇（Piranesi）的画作中，可以看到这些玫瑰繁花似锦、竞相开放，与背景的废墟形成鲜明对比，在歌德的《意大利游记》（*Journey in Italy*）中也可以看到对这些玫瑰的描述。1802年，旅行家约翰·戈特弗里德·索伊默（Johann Gottfried Seume）甚至不惜从遥远的德国莱比锡徒步出发，只为闻到他梦寐以求的那些玫瑰令人陶醉的香味。

帕埃斯图姆所在的肥沃平原一侧是温暖的第勒尼安海（Tyrrhenian Sea），另一侧是拥有绝佳气候和植物群的奇伦托（Cilento）的绿色山丘。

正是因为那里的风景、丰富的水资源和靠近海洋的地理位置，自远古以来，便让奇伦托地区和迪亚诺河谷（Vallo Di Diano）的平坦土地在地中海文明的发展中发挥了根本性作用。该地区自新石器时代就有人居住，在公元前7世纪，希腊色萨利大区（Thessaly）的人们建立波塞冬尼亚（Poseidonia）之前，该地区曾被安纳托利亚－爱琴海人殖民。公元前237年，罗马人到来后，该城市由波塞冬尼亚更名为帕埃斯图姆。

将波塞多尼亚与奥德修斯和塞壬、伊阿宋和阿尔戈英雄的神话以及赫拉克勒斯和半人马的战斗联系在一起，波塞多尼亚的故事愈发丰满且令人印象深刻，玫瑰色

的石灰岩神庙在特殊的条件下幸存至今就是最好的证明。那里最早的建筑是巴西利卡（Basilica），这个名字是由在18世纪为波旁王朝工作的考古学家在第一次挖掘时命名的，尽管它实际上是一座献给赫拉的神庙。它建于公元前6世纪中叶，采用多立克风格（Doric style），其锥形柱子的中轴很正，柱顶装饰着绿叶编成的皇冠，而这些皇冠完好无损，实在神奇。与巴西利卡并列的海王星神庙（Temple of

▍第214页（左） 海王星神庙（公元前460年）是帕埃斯图姆最大、保存最完好的建筑，最初是献给赫拉的。它的正面有六根柱子，较长的侧边有十四根柱子。它的建设体现了很强的专业性，整体非常和谐。

▍第214—215页 图片右侧的巴西利卡（海王星神庙在左侧）是帕埃斯图姆最古老的遗迹（约公元前550年）。它的名字起源于18世纪，当时考古学家错误地将这座实际上是献给赫拉的神庙解释为罗马时代的市政建筑。

▍第215页（上） 谷神庙，或称雅典娜神庙，建在这座城市的最高点上。它建于公元前500年前后，由于它将古老的多立克风格和爱奥尼风格相融合，因此具有极大的建筑意义。

Neptune），或称波塞冬神庙（Poseidonion），是帕埃斯图姆最大、保存最完好的建筑。它建于公元前460年至公元前450年之间，采用多立克风格，其壮观和风格让人想起奥林匹亚的宙斯神庙。在圆形剧

▍第215页（下） 罗马人于公元前273年到帕埃斯图姆，仅对城市布局进行了部分修改。航拍图是罗马人建造的圆形剧场以及献给朱庇特、朱诺和弥涅耳瓦的神庙。

第 216 页（上） 画有《潜水人之墓》的石板现在陈列在帕埃斯图姆国家考古博物馆。考古学家一致认为，这幅画着正在潜水的裸体年轻人的精美画作应该被解读为生与死之间突然转换的象征性表现。

第 216—217 页和第 217 页（下）《潜水人之墓》的侧板描绘了一场宴会。将这一欢乐的场景与阁楼陶器上发现的高度相似的场景进行比较，可以确定该墓的年代为公元前 475—前 470 年。

场（Amphitheater）和民用建筑遗迹的另一边坐落着雅典娜神庙，后更名为谷神庙（Temple of Ceres），其历史可以追溯到公元前510年，由于它融合了多立克和爱奥尼风格（Ionic style），它的比例相较于其他两座神庙会更轻、更优雅。

公元前4世纪，波塞多尼亚的希腊人开始与卢卡尼亚人和伊特鲁里亚人共同居住，不同的文化开始慢慢融合。卢卡尼亚人负责建造角落平滑的巨大的四边形防御墙。伊特鲁里亚人负责修建位于城市边界外的巨大墓地中的坟冢，这些坟冢于1968年被发现。其中最有趣的是潜水人之墓（Tomb of the Diver），它的名字来自一幅著名的壁画，壁画中一个年轻人从跳板上跳下。

公元前273年，波塞多尼亚与罗马的联系促成了意大利神庙（Italic Temple）的建造，这座神庙是专门献给罗马神话中的朱庇特、朱诺和弥涅耳瓦三联神的。

尽管该城市后来更名了，但它在很长一段时间内基本上保持自治，附近的城市埃利亚，或称韦利亚（Velia）也是如此。韦利亚的挖掘工作仍在进行中，但在中世纪时，诺曼人用其神庙的石头建造城堡后，这座城市的大部分地区都已经消失了。尽管如此，韦利亚仍然保留着那些辉煌时代的记忆，当时它是哲学家巴门尼德（Parmenides）和芝诺（Zeno）的出生地，在那个古老的时期，大希腊文化是地中海所有地区的文化。

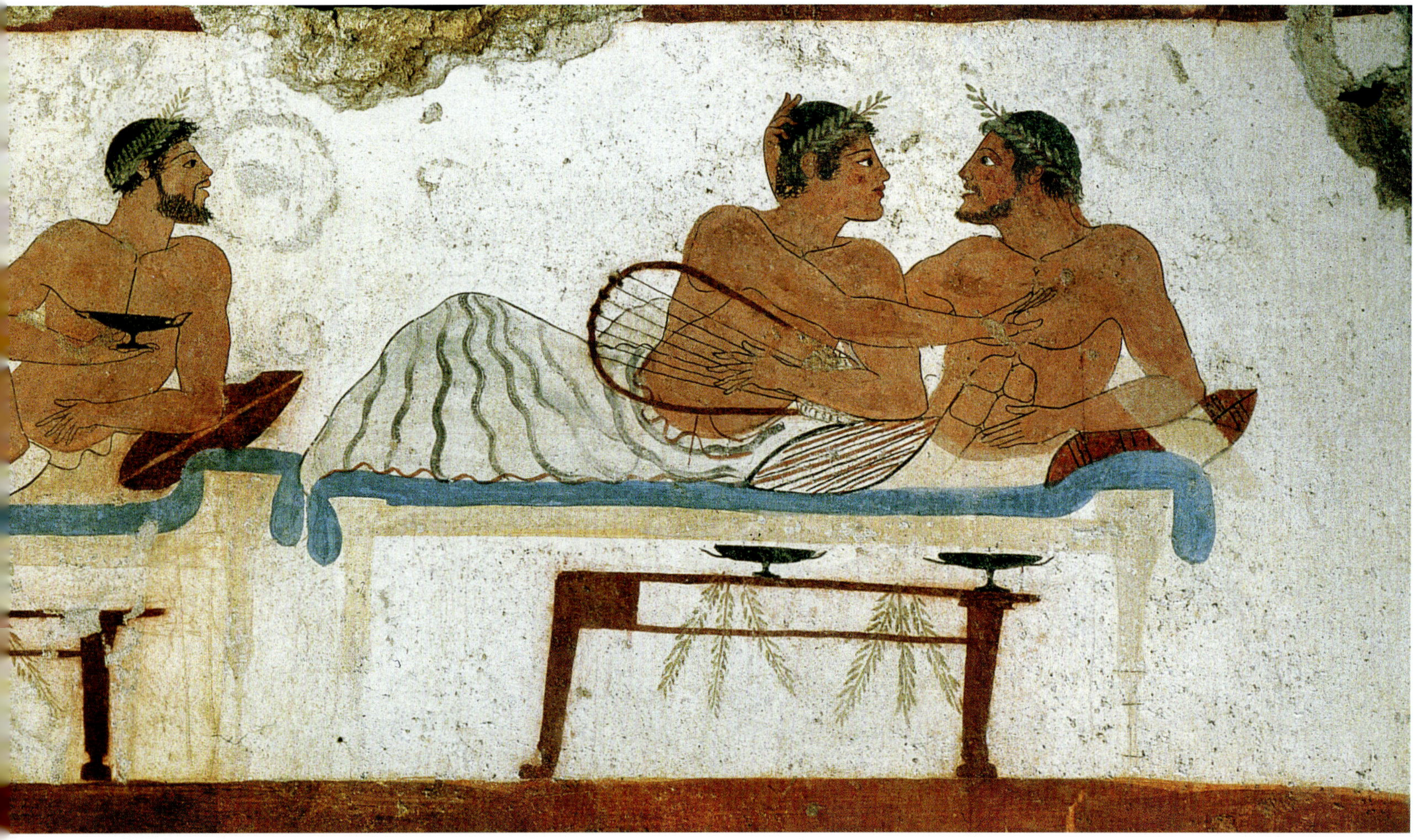

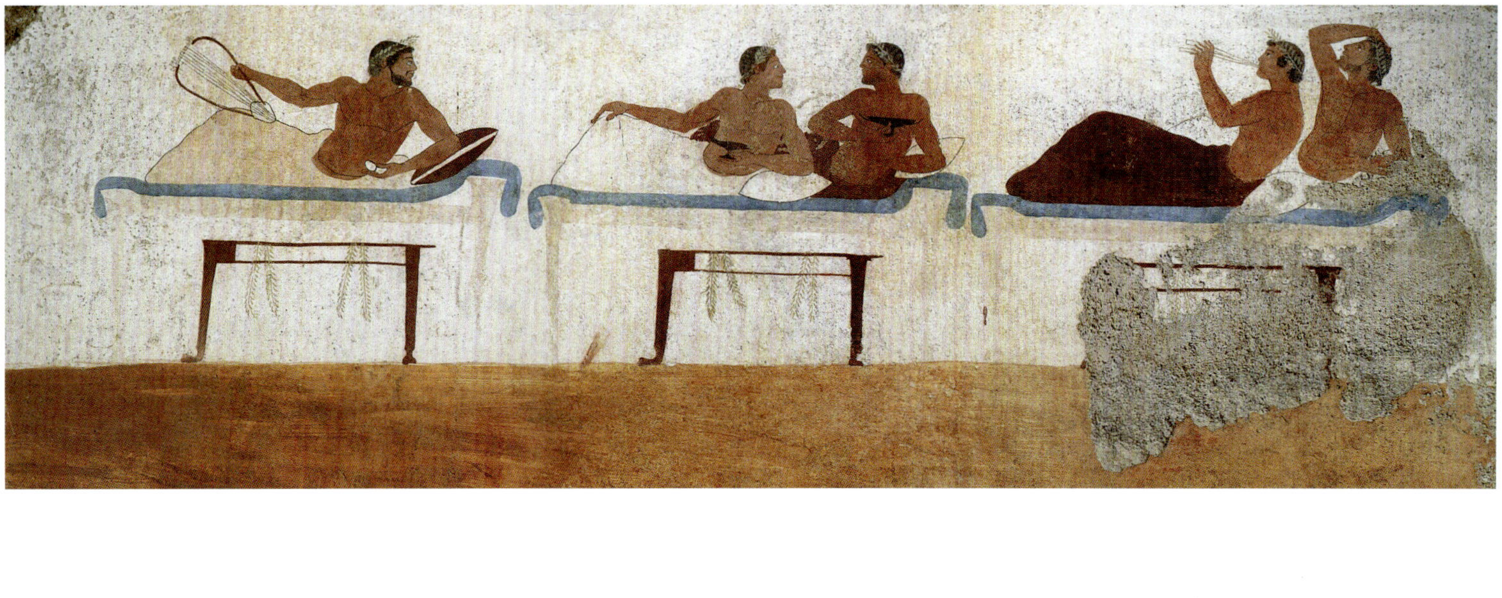

第 218—219 页　早在迈锡尼时代，德尔斐就有一个礼拜场所，在这里几乎可以看到它的全部内容。然而，第一个女祭司的圣所建于公元前 8 世纪初。

第 218 页（下）　翁法洛斯或称“肚脐”，标志着世界中心的石头，是德尔斐的圣心。当地博物馆的石头虽然很古老，但并不是原石，原石早在几个世纪前便已丢失。

第 219 页（左）　这座古色古香的多利克风格的库罗斯，超过 2 米高，是阿尔戈斯的波里米德斯在公元前 610—前 580 年之间雕刻的，是描绘赫拉一位女祭司的两个虔诚的儿子克里奥比和比顿的雕像之一。然而，根据另一种解释，他们代表狄俄斯库里。1893 年在阿波罗圣殿发现的青年雕像，现保存在德尔斐博物馆（Museum Of Delphi）。

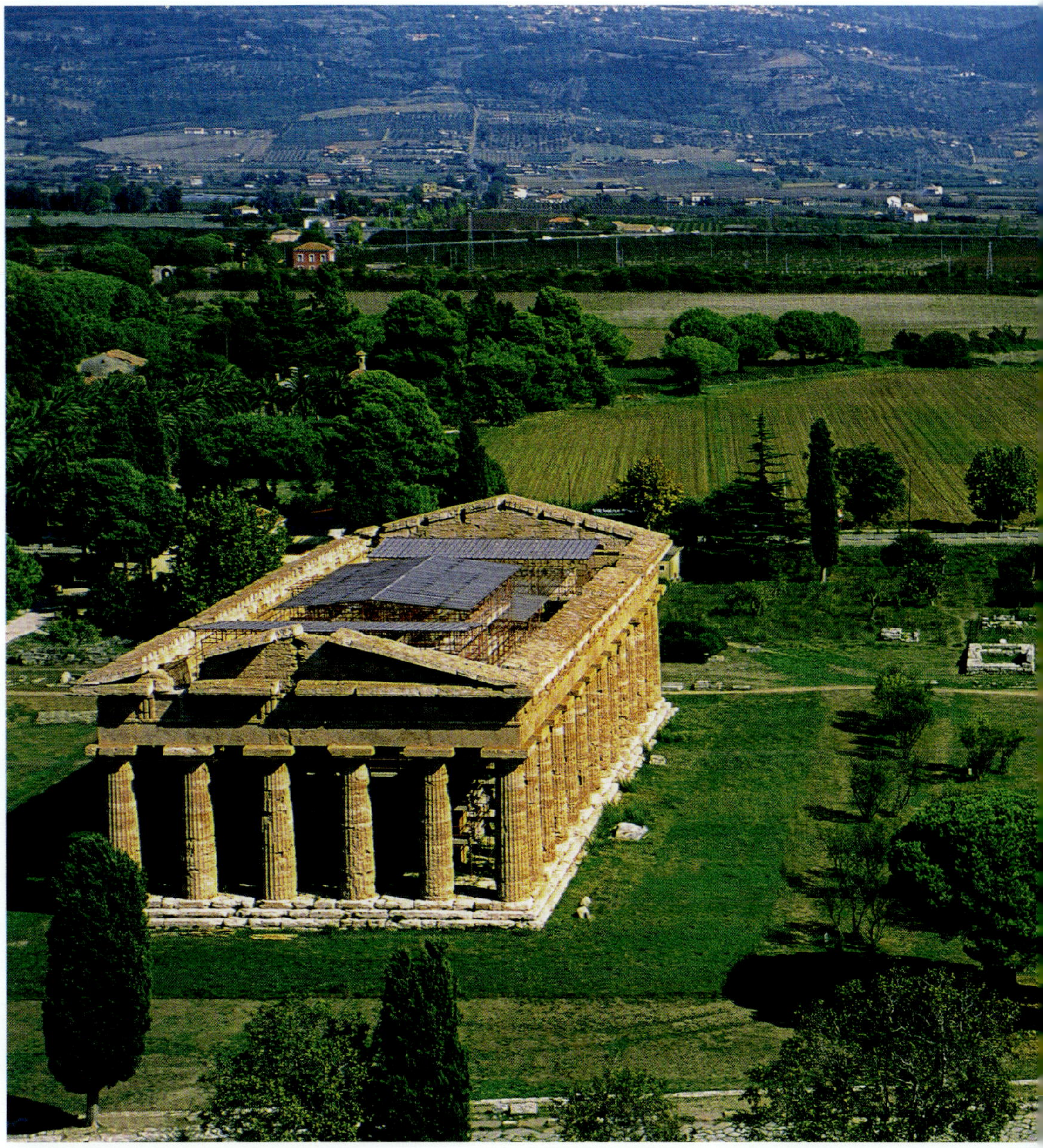

德尔斐考古遗址

希腊

中希腊大区，福基斯州
入选年份：1987
遴选标准：C（Ⅰ）（Ⅱ）（Ⅲ）（Ⅳ）（Ⅵ）

第 219 页（右上） 用于仅次于奥运会的皮媞亚运动会的德尔斐运动场建于公元前 5 世纪，并于公元 2 世纪以牺牲了希律德·阿提库斯为代价进行了重建，石阶看台和巨大入口就是在这个时候增加的。

第 219 页（右下） 观众可以在德尔斐剧场有 35 排座位的观众席上观看赞歌、阿波罗大战皮同以及以上帝的名义进行的仪式舞蹈。

关于古希腊最重要的宗教场所起源的传说始于宙斯在世界的两极放出了两只鹰，他们相遇的地方，后来被称为德尔斐（Delphi），是众神之王宙斯放置标志着世界中心的宗教性圆形石器翁法洛斯（omphalos）的地方。大地女神盖亚和她的儿子巨蟒皮同一直住在这里，直到阿波罗占领了该地，因为他被这个地方的美深深迷住，所以他离开奥林匹斯山并击败了皮同占领了德尔斐。从那时起，阿波罗一年十二个月中有九个月都住在德尔斐，将另外三个月作为杀害对手的流亡期。在德尔斐逗留期间，他通过他的女祭司皮媞亚与人类交谈。

从传说到历史，这里有礼拜场所的最早证据可以追溯到迈锡尼时代，尽管为容纳神谕而建造的圣殿直到公元前 8 世纪才建成。来自希腊和罗马文学的作家，如普林尼（Pliny）、柏拉图（Plato）、埃斯库罗斯（Aeschylus）、西塞罗（Cicero）和斯特拉波（Strabo），都留下了对该遗址的丰富描述和在那里宣布的预言。将军、殖民者，甚至是受健康和金钱问题困扰的普通市民，都咨询皮媞亚。神谕的反应也被记录在神话故事中，最著名的是俄狄浦斯的故事，他被预言会杀了自己的父亲并娶自己的母亲，他试图以各种可能的方式逃避他的命运，但都徒劳无功。

现在看到的阿波罗神庙遗迹是公元前 4 世纪的多利克建筑，它建在另一座更古老的建筑之上。在这两个建筑的中心是圣殿（禁区），皮媞亚手持橄榄枝坐在那里。根据传统，这位女祭司——一个可以是年轻或年长、贵族或普通的女人，唯一的要求是她必须是德尔斐人——陷入某种恍惚状态，并从地缝中冒出的甜蜜气味中获得灵感。经过几个世纪的争论，最近发现的使人迷醉气体的痕迹来自考古遗址下面的地质层，这证明了古希腊和罗马来源的真实性。

虽然这个地方仍然非常美丽，但德尔斐只是它最辉煌时期的影子，直到公元 191 年被罗马人征服。在那之前，地中海盆地各地的人们都会来这里参观，他们带来了礼物来感谢阿波罗和他的女祭司。在

挖掘过程中发现的高质量物品可以在遗址旁边的博物馆中看到，但本应在通往阿波罗神庙的神圣道路上排列着的许多建筑、供奉的寺庙和3000尊雕像却没剩几个了。考古学家唯一能够重建的建筑是雅典人的宝库，它可以追溯到公元前5世纪末，是在公元前490年马拉松战役战胜波斯人后建造的。公元前5世纪黑白大理石希俄斯祭坛（Altar of Chios）的废墟在雅典人在公元前478年修建的爱奥尼亚柱廊（Ionic Stoa）以及装饰在缪斯女神的圣泉卡斯塔利亚旁的两个大喷泉中清晰可见，圣泉卡斯塔利亚是朝圣者在进入神示所之前净化自己的地方。同样令人感兴趣的，以及比宗教建筑保存得更好的还有剧场（公元前4世纪，但在帝国时代由罗马人重建）和建于公元前5世纪的运动场，它是用来举办皮媞亚运动会（重要性仅次于奥运会）的，并在公元2世纪由希律德·阿提库斯（Herod Atticus）重

▍第220—221页　图中是名为玛玛雅（Marmaria）的“大理石采石场”，这里实际是一座圆庙，雅典娜的圣殿（公元前4世纪），以及之前雅典娜神庙的遗迹，据推测是在公元前6世纪末建造的。

▍第221页（左上）　圆庙大约建于公元前380年，1938年部分重建。它的功能不得而知，但考虑到它精致的整体造型，它无疑是一座重要的建筑，可能是一个献给盖亚的圣所。

▍第221页（右上）　雅典柱廊建于公元前479年，用来存放萨拉米斯海战（Naval battle of Salamis）的战利品，这标志着波斯人的惨败。

▍第220页（左）　在德尔斐博物馆的纳克索斯狮身人面像是向女祭司致敬的，是公元前6世纪中叶由岛民捐赠的。它有一张女人的脸和一副长着翅膀的狗的身体。

建。罗马人征服了德尔斐后，虽然还是允许了祭司在接下来的两个世纪里继续在那里传播预言，但他们对德尔斐的财富和体育名声比其宗教价值更感兴趣。然而，在公元393年，罗马皇帝狄奥多西一世废除了“邪恶的仪式和异教游戏”，这标志着该遗址的永远消亡。

第222页　德尔斐考古博物馆收藏了大量该遗址的雕像，以及来自宝库和圣所的珍贵作品，以及来自礼服的金纽扣等“从属”物品。

▌第222—223页　这幅锡夫诺斯宝库（the treasury of the Siphnians）的浅浮雕是成熟古代艺术的一个极好的例子，浅浮雕刻画着巨灵癸干忒斯或奥林匹亚诸神对巨人发动的战争。宝库存放着“什一税”，这是希腊城邦支付给阿波罗的贡品。

▌第223页（左上）　德尔斐博物馆保存的这块小小的供奉牌匾上装饰有一只亚洲狮鹫。该博物馆于1903年落成，但经过多次扩建；1974年增加了一个新大厅，用来存放黄金和象牙物品。

▌第223页（右上）　这个自然大小的头部雕像是用克里斯里凡亭（chryselephantine）技艺制成的，用黄金做衣服，用象牙做肉体，该头部雕像很可能描绘的是阿波罗神。

雅典卫城

希腊 阿提卡
入选年份：1987
遴选标准：C（Ⅰ）（Ⅱ）（Ⅲ）（Ⅳ）（Ⅵ）

第224—225页　该地区最早在新石器时代有人定居，迈锡尼时期雅典卫城是一个坚固的堡垒。公元前6世纪，暴君庇西特拉图开始了最终造就雅典卫城的永垂不朽的工程。图中最显著的是帕特农神庙（或称雅典娜帕特农神庙）。

第 224 页（下） 此处是帕特农神庙的西侧，建于公元前 447—前 432 年。西瓮楣（tympanum）的三尊雕像的原件描绘了雅典娜和波塞冬之间的比赛，现在藏于卫城博物馆（Acropolis Museum）。

第 225 页（下） 三个年轻的运水者将他们的罐子扛在左肩膀上，这是帕特农神庙北面浮雕的一个细节。作为一个整体，这一部分描绘了一个祭祀队伍。一些平均长度约 1.22 米的木块存放于卫城博物馆，而另一些则存放在大英博物馆。

在战争与和平时期，雅典娜是希腊最辉煌、最强大的城市的女神，她以拥有高超的智慧著称。根据神话，她在争夺阿提卡的斗争中战胜了她的兄弟波塞冬，然后她把阿提卡交给了国王凯克洛普斯，雅典娜出现在国王面前时，她正处在将要建造雅典卫城的山顶，显得极为壮观。当时她送给国王一棵橄榄树，而波塞冬却在之前向国王送上了一匹马——一种有效的战争工具。国王的智慧使他接受了看似谦逊的橄榄树，它象征着辛勤、可靠的工作（与石油贸易有关），但最重要的是，橄榄树象征着城市进步必须坚持和平与正义。

公元前 7 世纪，人们为雅典娜、宙斯、阿耳忒弥斯、赫拉克勒斯建造神庙，甚至反对波塞冬都与这一传奇事件有关，神庙的建造地点——陡峭的岩石山，后来成为雅典城邦的宗教中心，这里在今天也统治着希腊的首都。然而这里实际上自新石器时代以来就一直有人居住，迈锡尼人在这里建造了一座要塞。第一个让雅典卫城具有不朽面貌的人是公元前 6 世纪的暴君庇西特拉图，他也是发起泛雅典娜节（Panathenian Games）的领袖。泛雅典娜节每四年举行一次，以纪念雅典娜女神。一百年后，在波斯人入侵雅典但却还未放置自己的神明崇拜的间歇时，统治者客蒙委托建筑师卡利特瑞特（Kallicrates）为雅典卫城设计了一座宏伟的庙宇。

公元前 449 年，人们将雅典卫城改造成古典世界最非凡、最美丽的建筑群。它融汇哲学观念、伦理宗教价值、政治意愿以及雅典城邦引以为豪的技术。雅典卫城的发展背后有两个主要人物：代表雅典民主的城市领袖伯里克利和他的密友菲狄亚斯，后者可能是历史上最伟大的雕塑家。

卡利特瑞特建造的供奉雅典娜·帕特农的神庙（常名为帕特农神庙）的建筑工程曾一度中断，后在建筑师伊克提诺斯（Ictinus）的指导下完成。他改变了最初的计划，将神庙变成了一座非凡的多立克八面式翼状神庙，该设计中的每一项测量、比例和排列都考虑到了毕达哥拉斯（Pythagoras）和柏拉图（Plato）的算术、几何和哲学理论，只是将其转化在石头的排列中。为调和和减弱建筑个别元素的影响，建造者使用了许多技术，借以影响观察者视角、创造光学上的错觉，这一技术即使在今天也十分令人震惊。

除建筑方面的专业知识外，帕特农神庙的装饰由菲狄亚斯——那个时代最伟大的大师完成，他凭借绝妙的技艺将这座神庙改造成了名不虚传的“完美的实验”。不幸的是，菲狄亚斯用克里斯里凡亭技艺，用象牙和黄金雕刻的巨大雅典娜雕像已经被摧毁，在现场人们已无法欣赏装饰它的大部分浮雕，因为它们散落在欧洲的博物

馆，尤其是伦敦的大英博物馆。然而，当站在帕特农神庙旁边时，人们很容易想象到这一雕塑杰作再现在神庙旁。这些雕塑最初被涂成鲜艳的颜色，描绘了雅典娜从宙斯头顶诞生的场景，以及女神和波塞冬对这座城市的霸权之争。

92 个墙面（其中 41 个至今仍在）上的雕刻装饰描绘了善与恶之间斗争的寓言，例如希腊人和特洛伊人之间的战争（这是一个史诗般的图景，希腊人对波斯人恨之入骨），以及与亚马逊人、半人马人和巨人的战斗。菲狄亚斯的至尊杰作是神庙内殿中的爱奥尼亚式楣版（神庙内雅典娜女神的住所），描绘了雅典公民在泛雅典娜节日期间绵延不断且庄严的游行队伍。这些人物的可塑性令人震惊，最薄的里衣都有着丰富的细节，以及对个人珠宝、发型、面部表情和手势的精心刻画，这些均可让人们迅速了解游行中各个人物的心理，展示了菲狄亚斯无论在身体上还是在哲学上，都对人体有着特殊认识。

随着帕特农神庙近乎完工，公元前 437 年伯里克利开始为雅典卫城建造一个意义非凡的入口，这一入口有着协调的比例、体现出优雅与庄严。这是一个艰巨的任务，但另一位伟大的建筑师穆内西克莱斯（Mnesicles）欣然接受了这一挑战。工程仅用了四年时间，这一速度前所未有。这个工程造就了辉煌的雅典卫城城门，穆内西克莱斯以“上升”的视角进行了设计，完美地克服了其与帕特农神庙“对比”产生的问题。优雅的柱廊结构与门廊的两翼排列在陡峭的台阶上，强化了雅典卫城的神圣性。大约 12 年后，卡利特瑞特再次被要求为雅典娜和奈基设计一座优雅的小庙宇，建在卫城城门旁边的一块突出的岩石上，该神庙上面装饰着菲狄亚斯学校里的一位优秀学生（不幸匿名）的胜利的寓言。

第 226 页（上） 女像柱门廊位于厄瑞克忒翁神庙的南侧，大约在公元前 420 年以爱奥尼亚风格建造。人们认为是阿尔卡美涅斯创造了女像柱，此处为六个原始优雅女像柱中的五个，它们现在位于卫城博物馆；第六个在伦敦的大英博物馆。

第 226 页（中） 厄瑞克忒翁神庙的东立面装饰着六根优雅的爱奥尼亚式柱。根据传统，它建在雅典娜和波塞冬之间的比赛场地上，这场比赛决定了谁将成为这座城市的保护人。附近有一棵橄榄树，据说是雅典娜的圣树。

第 226 页（下） 雅典娜与奈基的小庙宇是一座双柱式建筑，由建筑师卡利特瑞特在公元前 5 世纪末以奥尼亚式风格建造，这意味着它的布局是矩形的，短边有两个柱状门廊。

第 226—227 页　这张照片显示了厄瑞克忒翁神庙的东南角，可以清楚地看到女像柱的门廊。这座建筑大约在公元前 420 年以爱奥尼亚式风格建造，分为两个部分，供奉阿提卡的两位主神雅典娜和波塞冬－厄瑞克透斯。

第 227 页（上）　卫城城门是雅典卫城入口处的雄伟塔楼，由穆内西克莱斯设计，建于公元前 437—前 432 年；它们包括一个中心结构和两个横向结构。北翼是绘画陈列馆，它的墙壁上装饰着壁画和彩绘嵌板。

第 228 页（上） 赫罗德 · 阿提库斯（Herod Atticus）的剧院面向南，俯瞰着雅典卫城西南角的现代城市。公元 2 世纪著名的艺术赞助人、文学家和智者捐赠给雅典卫城这座剧院，目前其仍然用于重要的戏剧表演。赫罗德 · 阿提库斯是安敦宁 · 毕尤的执政官，在雅典讲授修辞学。

第 228—229 页 狄奥尼修斯 · 狄奥尼索斯剧场（Dionysios Eleuthereus，公元前 5 世纪）的洞穴矗立在雅典卫城的南坡上，背景中可以看到它的东南角。这个剧场是希腊世界上最有名的剧场，它的名字来源于大酒神节，这是一个为纪念音乐之神而举行的宏大节日。

第 228 页（下） 在罗马广场门廊的废墟之外，八角形的风塔可以追溯到公元前 1 世纪，也就是希腊化时代晚期。它有两个功能：里面有一个水钟，外面有描绘风的浮雕装饰（仍然部分可见）。塔顶顶部的风向标指示了风向，可以通过风向标所指向的起伏来识别。

第 229 页（上） 从内部看，这个雅典卫城的入口是通往罗马集市的西面主要入口。如今，集市的遗迹已所剩无几，但它是一个巨大的建筑群：四面是门廊，三面是商铺，面积约为 8361 平方米。

第 229 页（右中）和（右下） 这座巨大但残缺不全的雕像（右上）可能代表着特里同，是在阿格里帕剧院（Agrippa's Odeon）附近发现的。这座建筑坐落在阿塔罗斯柱廊（Stoa of Attalus，照片底部）的对面，经过修复后看起来像是一座当代建筑。今天，这里是古广场博物馆（Agora Museum）的所在地。

在雅典卫城上建造的最后一座建筑是厄瑞克忒翁神庙（Erechtheum）。这座寺庙坐落在帕特农神庙以北，附近有一棵神圣的橄榄树（这棵树传统上被认为是雅典娜送给这座城市的礼物），但神庙的设计者不为人知。它是献给与波塞冬和赫菲斯托斯等神圣人物有关的早期教派。这座寺庙的一个独特元素是凉廊（loggia），凉廊中有六个女像柱（Caryatids），它们取代了支撑柱；这些女像柱很可能是菲狄亚斯的另一个学生阿尔卡美涅斯（Alcamenes）的作品。今天雕像的复制品支撑着这一长廊，原作的遗迹已经存放在遗址博物馆里，免受城市大气污染的破坏。

尽管雅典衰落了，但雅典卫城在很长一段时间内仍受人尊敬，这不仅仅是因为它的宗教意义。对罗马人来说，雅典卫城是一座代表古希腊哲学、政治和美学精髓的博物馆。换句话说，它是罗马可以效仿的典范。

后期人们将帕特农神庙改造成了一座拜占庭式教堂，后来人们又将其改造成一座清真寺，但它和雅典卫城上的其他建筑几乎毫发无损地度过了最黑暗的时代。雅典卫城遭受的第一次伤害发生在 1687 年；当时，土耳其人占领了这座山，他们在威尼斯人围城期间将帕特农神庙变成了军火库。威尼斯人发射了一枚燃烧弹，造成巨大爆炸，摧毁了一部分神庙。

对古迹影响最严重的袭击发生在 19 世纪初（据说是出于和平的意图）。也许是由于对美的热爱，也可能是由于嫉妒，英国驻君士坦丁堡大使埃尔金勋爵将菲迪亚斯的杰作从山墙墙饰上取下，并将它们运回英国。

第 229 页（左下） 赫淮斯托斯神庙（即赫菲斯托斯神庙）也被称为忒修斯，因为英雄忒修斯的遗体可能被埋葬在那里。忒修斯的遗骸是在公元前 5 世纪由政治家和将军客蒙在斯基罗斯岛（Skiros）发现的，他在那里与波斯人作战。这座寺庙以其良好的条件而闻名，其独特之处在于它仍然保留着原来的屋顶。

第230页 迈锡尼坐落于一片荒凉狭窄的平地上，位于阿尔戈利斯州的埃维亚岛的两座山脉之间，迈锡尼建立了希腊最重要的史前文明之一，在公元前16—前12世纪之间蓬勃发展。它的墙壁6~8米厚，长约0.8千米。

迈锡尼考古遗址

希腊

伯罗奔尼撒大区阿尔戈利斯州
入选年份：1999
遴选标准：C（I）（II）（Ⅲ）Ⅳ）（Ⅵ）

“这太让人兴奋了！陛下，我向您宣布，我发现那些坟墓根据传统，它们属于阿伽门农（Agamemnon）、卡桑德拉（Cassandra）、厄菲阿尔特（Eurymedon）和他们的同伴。在墓穴里我发现了大量的宝藏，其中任意一个宝藏都能让一座博物馆名扬四海。”这是海因里希·施利曼（Heinrich Schliemann）于1876年12月6日向希腊国王乔治一世汇报的信息。这位德国考古学家兴奋极了：他三个月前才开始挖掘迈锡尼遗址（Mycenae），已经取得极为丰硕的成果，验证了他的直觉。他按照帕萨尼亚斯（Pausanias，公元2世纪的希腊地理学家）给出的提示，认为迈锡尼就是荷马在《伊利亚特》中叙述的亚契亚人（Achaeans，向特洛伊宣战的民族）的城市。

那天，施利曼手里拿着一个他在其中一个坟墓里发现的奇妙的金箔面具。他欣喜若狂地叫道：“我见到了阿伽门农的脸！”尽管许多人认为施利曼没有受过正规教育，是个粗俗的自学者，并且有着商人险恶的陋习，但他无疑有一个闪光点，那就是为考古研究开辟了一个新世界，并为理解希腊史前最重要的文明铺平了道路，这一文明繁荣于公元前16—前12世纪。

事实上，人们早在30年前就已知道了迈锡尼的确切位置。在阿尔戈利斯州的埃维亚岛（Euboea）的两座山脉之间的一片平地上，人们发现了长达近1英里（约1.6千米）环形墙的一部分，其厚度6~8米；人们还发现了雄伟的狮子门（Lion Gate，两只风格化的狮子被雕刻在支撑三角形额枋的柱子的浅浮雕上，因此得名）。然而，施利曼对城墙或大门并不感兴趣，甚至没有考虑到皇宫的废墟、礼拜场所、房屋或重要的粮仓。他挖了很大的壕沟穿过城墙，破坏了迈锡尼中晚期的重要考古遗址。然而，他确实在城墙内发现了A墓圈（有19个坟墓），在狮子门外发现了B墓圈（有25个坟墓，其中14个是皇家陵墓）。施利曼相信B墓圈中有阿伽门农的坟墓。

这两个建筑群分别可以追溯到公元前15世纪和公元前16世纪。有些是从岩石中挖出来的竖穴墓，有些是古坟墓。在里

第231页（上） 由于希腊考古学家施利曼于1876年12月6日在迈锡尼A墓圈的第五号墓穴发现了这一黄金死亡面具，因此人们也将其称为“施利曼的阿伽门农”。其可追溯到公元前16世纪下半叶，现在收藏于雅典国立博物馆。

第232页（下） 在这幅来自迈锡尼宫殿的壁画遗迹中描绘了一位贵妇。壁画现收藏于雅典国立博物馆。

▌第 232 页（上） 克吕泰涅斯特拉墓（Clytemnestra）是迈锡尼的九座蜂巢墓之一，其墓穴（圆形或半椭圆形圆顶结构）可追溯到公元前 14 世纪末。

▌第 232 页（左中）和（右下） 最美丽的迈锡尼王室陵墓［顶部是阿特鲁斯（Atreus）的财宝；底部是克吕泰涅斯特拉墓］前有一条长长的通往古庙的甬道（故希腊语：dromos，也名圣路）。

▌第 232 页（右中） 可能由于施利曼开展的工作，迈锡尼人的民居未得到很好的保护。在寻找墓地的过程中，他挖掘了穿过城墙的大型沟壕。

▌第 232 页（左下） 大坡道也有几段台阶，从狮子门通往阿特里兹（Atrids）的皇宫。

▌第 233 页 狮子门以四个巨石为框架，组成部分包括一个扁平的三角形额枋。狮子门对面有一根柱子，柱子两侧有两只雕刻成浅浮雕的狮子。大门阴郁而庄严，代表了迈锡尼建筑的艺术高度。

面，他发现了金银制成的珠宝、面具和花瓶，大多装饰着抽象的图案；还有来自努比亚、安纳托利亚、叙利亚和美索不达米亚等遥远地方的服装和商品的残骸，这些表明迈锡尼时期取得了高度文明和财富。

满怀热情的施利曼以《荷马史诗》为“指南”，于 1884 年在威廉·德普费尔德（Wilhelm Dörpfeld）的帮助下，在阿尔戈利斯进行了一次新的挖掘，发掘出了失落的城市梯林斯（Tiryns），在《伊利亚特》中这座城市由国王狄俄墨得斯统治。梯林斯遗址号称拥有非同寻常的围墙，长近 735 米，厚达 8 米，将牢房和走廊封闭起来。在城墙内，他发现了一座巨大的皇宫和一座城市，从迈锡尼文明最早的时候起，这座宫殿就与迈锡尼不可分割地联系在一起。

对于参观者来说，迈锡尼和梯林斯的遗址不像希腊那些更为精致、“崭新”的考古区那样魅力无穷，但对考古学家来说，它们对于理解后来的希腊文明至关重要，因为它们是早期迈锡尼文明的遗存。而且即使人们对遗迹的发现者恨之入骨，也不得不感谢那个“有远见卓识的”施利曼。

第 234 页（左） A 墓圈的墓穴出土了各种各样的日常物品，比如人们于三号墓葬中的一位妇女的身体上，发现了这枚金银长针。

第 234—235 页 A 墓圈中有六座皇家陵墓，其深度 0.91~3.96 米，由双层圆形围墙围住。其中埋葬着 19 具遗骨，在那里发现的随葬品中包括约 13.5 千克的黄金。

第 234 页（下） 这件标本可以追溯到公元前 15 世纪，现在保存在雅典国立博物馆，但其远没有“阿伽门农的面具”那么精致。

第 235 页（左下） A 墓圈发现的这把青铜匕首的刀刃上装饰着金银相间的猎狮场景。这件作品可追溯到公元前 16 世纪。

第 235 页（右下） A 墓圈的四号墓穴中发现的涅斯托尔杯（Nestor's Cup），其高约 14.5 厘米，手柄末端有两个动物雕像，看起来像是在咬杯子边缘或从杯子里喝水。

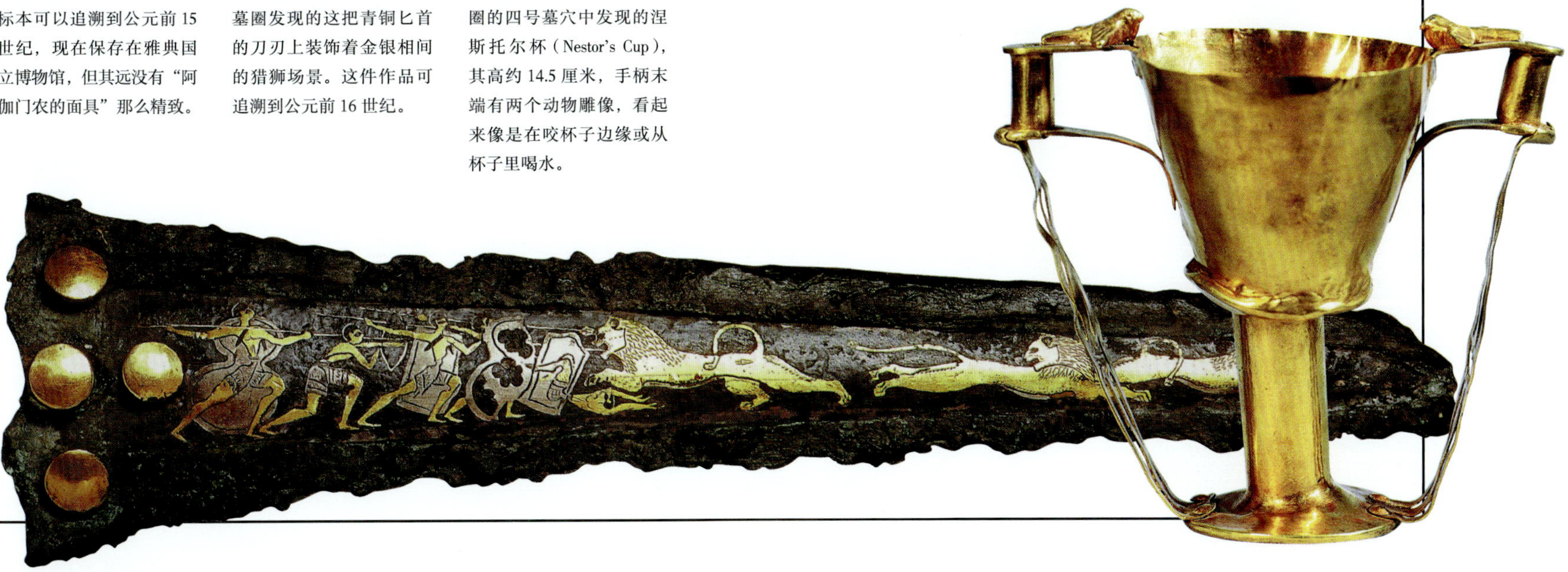

马耳他的巨石庙宇

马耳他

马耳他和戈佐岛上的各个地方
入选年份：1980，1992
遴选标准：C（Ⅳ）

1913年，马耳他考古学家泰米斯托克利斯·扎米特（Themistocles Zanmit）听闻了一位农民不同寻常的抱怨，他在保拉（Paola）附近的田地里发现了巨石。当扎米特前去看的时候，他发现这是巨石般的塔尔西安神庙。在此十年前，一个偶然事件揭示了另一座非凡的地下神庙——哈尔·萨夫列尼地下宫殿（Hal Saflieni）的入口。在那次事件中，挖井的工人不得不中断挖掘，因为他们发现了一层岩石，其中隐藏着三个地下洞穴。这些房间早在6000年前就在岩石中挖掘出来，里面有一个很可能用于礼仪室的房间，人们还发现了一系列的地下墓穴，其中有近7000个坟墓、护身符、小雕像、花瓶和其他物品。

在20世纪初，马耳他（Malta）和戈佐岛（Gozo）引起了许多专家，特别是英国学者的兴趣。为解开散布在两座岛屿上的许多巨石古迹的谜团，英国学者开始进行一系列的挖掘。其中一些遗迹甚至比巨石阵还古老，4000—2500年前，一个可能从西西里到达这些岛屿的民族建造了这些古迹，尽管可能由于征服者或流行病，他们的文明后来完全消失了。即使在今天，人们也只能对寺庙建造者的文化和命运做出假设。他们以农业为生，是一个崇尚和平的民族（在任何地方都没有最基本的防御工事或武器）；他们拥有家畜，并在手工艺品生产方面发展了非凡的技能。至于他们的"精神生活"，研究人员发现了许多大大小小的母神雕像，这些雕塑常见于地中海地区，表明这一民族秉持着与生育有关的教派。

目前还不可能确定该教派的牧师是男性还是女性；他们是社区的首领，还是仅扮演一个礼仪性的角色。马耳他的主要神庙——塔尔西安和哈尔·萨夫列尼、哈扎伊姆和姆纳德拉、斯科巴和塔哈格拉特、塔尔卡迪和布吉巴——以及戈佐岛的杰刚梯亚建筑群，它们都是成对建造的，彼此之间的距离很短，学者因此认为它们可能分别供男性和女性牧师使用。每一座巨石建筑都有一半的拱形屋顶，人们猜测另一半的覆盖物均为动物的皮。

尽管规模巨大（塔尔西安占地约4180平方米），但这些寺庙建在三叶草平面上，其主屋仅有约4.88米宽、约3.05米高。这意味着一次最多只能有十几个人进入，也表明仪式并未很受欢迎。然而墙上的痕迹表明，这个房间全部装饰以赭石色的灰泥，上面有螺旋形的装饰和以极高艺术技巧绘制的动物图案。

▌第 236 页（左上） 保拉村的塔尔西安神庙的一个入口。这个巨大的建筑群是马耳他考古学家泰米斯托克利斯·扎米特在 1913 年偶然发现的。

▌第 236 页（左下） 该图似乎展示了塔克西安巨型女神雕像的下半部分。许多与该教派有关的图像和动物祭祀的遗骸表明，马耳他和戈佐岛的巨石庙宇具有神庙的功能。

▌第 236 页（右上） 这座名为“马耳他沉睡的女人”（Sleeping Woman of Malta）的陶俑是在哈尔·萨夫列尼地下宫殿中发现的。这是最精致的母神形象之一，她与整个地中海地区的生育崇拜联系在一起。

▌第 236—237 页 岛上的巨石古迹中，塔尔西安代表了早期马耳他人的艺术表现力的顶峰。石头上的装饰灵感来自大自然：主要的图案是螺旋形装饰和鱼。

▌第 237 页（左上） 只有鸟瞰图才能让观测者完整地了解塔尔西安的巨石建筑群。它总共占地约 4180 平方米，大部分建筑可以追溯到公元前 3000—前 2500 年，但它最早的核心部分建造于约公元前 3600 年。

▌第 237 页（右上） 哈尔·萨夫列尼地下宫殿的房间之一。这座岩石墓从大约 6000 年前开始从岩石中挖掘出来，由一个很可能是礼仪室的巨大房间和一处地下墓穴组成，人们在墓穴中发现了大约 7000 人的遗骸。

一些神庙的主屋中，与入口处相对的墙壁上有一个壁龛（名为“神谕之龛”，Gate of the oracle），这一位置阳光在春分时会照进来。许多巨石矗立在与太阳一致的位置，对于学者来说这表明历史上第一个历法可能来自马耳他。这甚至可能会让马耳他成为下一个新纪元运动狂热者的打卡胜地。

▌**第239页（中）** 在古老的马耳他语中，哈扎伊姆的意思是“直立的石头”，它的名字来源于建筑群边缘的这些门石，每个重约70吨。

▌**第239页（下）** 戈佐岛上的杰刚梯亚神庙。根据一个古老的传说，这个神秘的地方是一位拥有超人力量的女巨人卡拉的住处。

▌**第238页（上）** 位于马耳他南部一处高原上的哈扎伊姆。没有证据表明这些寺庙的屋顶为石头制成的，而且据推测，它们的顶篷上覆盖着动物皮。

▌**第238—239页** 姆纳德拉是马耳他最古老的寺庙，建于公元前4000年前后。请注意，三叶草平面图是岛上所有巨石建筑群的特征。

▌**第238页（左下）** 这处“神谕之门”是从一块巨大的石头中挖掘出来的，通往哈扎伊姆其中一座神庙的入口。该建筑群在公元前3600年—前2700年之间分几个阶段建造。

▌**第238页（右下）** 尽管马耳他的巨石建筑群非常大，但供奉礼拜的房间不允许许多人同时进入，这表明仪式仅对少数人开放。

▌**第239页（上）** 通往哈扎伊姆礼仪室的通道之一。对于新石器时代的马耳他人民，我们知之甚少或一无所知，也不了解他们的灭亡（可能是由于战争或流行病造成的）。

迦太基遗址

突尼斯

突尼斯地区
入选年份：1979
遴选标准：C（Ⅱ）（Ⅲ）（Ⅵ）

第 240—241 页　在安东尼浴场中，如今仅剩下底层，那里有储藏室和加热水的炉子。桑拿厅在由巨型柱子支撑的地台上。图片右侧的其中一根柱子是近年来重建的。它几乎有 15 米高，柱头是科林斯式廊柱。

▍第 240 页（下） 安东尼浴场建于公元 146 年至 162 年之间的海滨，这绝对是迦太基最令人印象深刻的建筑群之一。据估计，仅冷水浴室就占地约 47 米 × 22 米。

▍第 241 页（左上） 图中所示的古代迦太基的大部分遗迹，都来自罗马时代。最初的布匿人定居点在公元 7 世纪至 8 世纪被阿拉伯人摧毁。

公元前 218—前 217 年，年轻的迦太基将军汉尼拔率领一支由 38000 名士兵、8000 名骑兵和大约 40 头大象组成的军队越过了阿尔卑斯山。他的计划是直捣敌人的心脏，征服罗马，进而控制地中海。起先，汉尼拔在特雷比亚河（Trebbia River）、特拉西梅诺湖（Lake Trasimeno）和坎尼（Cannae）进行的战争中都取得了胜利，其战略似乎很奏效。但到达罗马城门后，他的军队因为疲累而耽搁了时间，让敌人有时间重新部署，这导致战场又回到了非洲。经过 15 年不间断的战争，204 年，非洲人大西庇阿在扎马（Zama）重创了迦太基人，迦太基（Carthage）城被迫投降。

迦太基在历史上最为著名的事件是其军队在三次布匿战争（Punic Wars）中挑战罗马霸权，但这座城市的历史至少可追溯到之前 600 年，正式始于公元前 814 年。传说迦太基是由狄多建立的，在其弟弟皮格马利翁为夺取王位而杀害了她的丈夫后，狄多逃离了提尔。事实上，迦太基很可能是一群流亡者在试图夺取腓尼基（Phoenician）城市失败后，在如今突尼斯的海岸上建立的新定居点。

布匿迦太基几乎没有留下什么遗迹。先是罗马人对其进行了破坏，随后在公元 700 年前后被阿拉伯人彻底摧毁。最引人入胜的遗迹是在拜尔萨山（Birsa Hill）上发现的，山上卫城矗立，且当时有城墙环绕。在卫城中只发现了几个坟墓，没有一座公共建筑和房屋在战争中幸存下来。一些废墟来自托菲特（Tophet）圣所，那里是用于殉葬的地方，有一座供奉腓尼基人信奉的神巴力和塔尼特的庙宇。为了这些神，迦太基贵族的孩子们成了祭品。1921 年出土的许多石碑在一定程度上帮助人们了解了那个时代的习俗。这座城市以北不远的海边有两大港口的遗迹——商业港口和军事港口，正是这两大港口让迦太基强大起来的。

从罗马时代开始，又涌现出了很多遗迹，比如建于公元 146—162 年的安东尼大型浴场（large baths of Antoninus）的遗迹。如今，人们只能看到底层，那里是仆人的房间以及用来放置加热水的炉子，水在这里加热后被送到上层浴室中，而这些炉子被直径近 2.13 米的柱子支撑着，每根

▍第 241 页（右上） 图中所示为罗马时代的一些发现，阿拉伯式风格的迦太基国家博物馆（Museum of Carthage）收藏着三个重要时期的藏品：腓尼基 - 布匿时期、非洲罗马时期和阿拉伯时期。

▍第 241 页（中） 鸟巢之屋（该建筑的名字来自一幅绘有无数鸟类的镶嵌画）拥有一个壮丽的柱廊。

▍第 241 页（下） 特别观察房屋的结构，罗马别墅的公园一直延伸到大海。该地的发掘发现了大量的贵族住宅，它们的镶嵌画被保存在巴尔杜博物馆（Bardo Museum）。

▌第 242 页（上）和 242 页（左下） 安东尼浴场的巨型支撑柱直径近 2.13 米，重量超过 70 吨。其中一个柱头（最近发现的）高度超过 0.91 米，重量超过 4 吨。

▌第 242 页（左中） 迦太基的圆形竞技场被誉为罗马帝国最雄伟的竞技场之一，早在它成为数千名基督徒殉难的场所之前，它就因野兽和角斗士之间的战斗而闻名于帝国上下。直到中世纪，它因其美丽的拱门而备受赞扬，后来它的石块被陆续拆下。如今只剩下部分遗迹，隐藏在松树的翠绿之中。

▌第 242 页（右中） 哈德良剧场是一座保存完好的宏伟建筑，至今仍在 7—8 月间举办国际音乐、歌曲和舞蹈节。

▌第 242 页（右下） 一幅镶嵌画描绘了一位骑士，背景是博吉 - 杰迪德山（Hill of Borj-Jedid）热带植被掩映下的豪华宫殿。该山现今仍出土了属于不同时期的遗迹，其中包括一些布匿时代的坟墓。

▌第 243 页 鸟巢之屋的露台上覆盖着一层巨大的地板，该地板来源于另一座住宅，部分绘有马匹和它们骑手的方形镶嵌画，另一部分是大理石。在原来的 98 件文物中，有 62 件被保存了下来。

柱子重达 70 吨。其中一根柱子是近些年重建的，高达 14.94 米，而冷水浴室（正在重建）的拱顶会超过 20 米高。不远处就是达穆斯 · 卡里塔（Damus el-Karita）大教堂，它的名字可能是对拉丁语“Domus Charitatis”的变形，圣奥古斯丁于 399—413 年在那里布道。

圆形竞技场用于举办角斗士战斗表演和野生动物间打斗表演。它在整个罗马帝国都很有名，被誉为帝国最大的圆形竞技场之一，但如今你只能在松树之间看到很小一部分，因为几个世纪以来，它的大多数石块都被拿走用来建造其他建筑了。在圆形竞技场的东北方向，有几个巨大的蓄水池，在罗马时期为这座城市提供了主要的水源。哈德良皇帝建造的剧场或古代地中海大国的寺庙和房屋的遗迹都寥寥无几了。

幸运的是，这座城市伟大的见证都保存在国家博物馆的藏品中，该博物馆设在白衣神父神学院（White Fathers Seminary）里，旁边是法国人于 1890 年建造的圣路易斯大教堂（Cathedral of Saint Louis）。该博物馆内有在挖掘过程中发现的花瓶、雕塑、碑文和陶瓷；这些是迦太基（无论是布匿人、罗马人还是阿拉伯人所生活的迦太基）最后的有形遗迹以及一个失落帝国的存在的痕迹。

塞卜拉泰考古遗址

利比亚

扎维耶省
入选年份：1982
列入《世界濒危遗产名录》年份：2016
遴选标准：C（Ⅲ）

尽管 20 世纪 20 年代意属利比亚的总督伊塔洛·巴尔博（Italo Balbo）并没有作为著名军事策划者或管理者而被载入历史，但任何了解古代的人都会感激他，因为他让塞卜拉泰（Sabratha）的剧场恢复了昔日的辉煌。巴尔博被废墟的美丽迷住，动用了意大利政府的大量资金，赞助了一项大规模的挖掘和修复工作。

考古学家贾科莫·朱斯蒂（Giacomo Giusti）和贾科莫·卡普托（Giacomo Caputo）受委托真正重建了非洲最大的剧场，该剧场是公元 190 年为康茂德皇帝建造的。其舞台近 46 米长，观众席可容纳 5000 名观众，宽度刚好超过 100 码（91.44 米）。舞台后面是一个令人惊叹的舞台背景，由三个半圆形的壁龛和 108 根由不同颜色大理石制成的科林斯式廊柱组成，柱顶上有精美的装饰。同样壮观的是壁龛中的高浮雕，上面雕刻着舞蹈场景、神话人物，以及对罗马和塞卜拉泰关系的寓言庆祝。

然而，剧场并不是塞卜拉泰唯一的奇迹。这座位于罗马的黎波里塔尼亚（Tripolitania）的港口城市由布匿殖民者于公元前 4 世纪建立，通过向罗马出口非洲动物和象牙，该港口城市在公元 138 年至 210 年间享有巨大财富。在那个黄金世纪，塞卜拉泰见证了用大理石和灰泥衬里的砂岩建造纪念性建筑的过程。其中之一就是伊西斯神庙（Temple Of Isis），它坐落在俯瞰大海的壮丽位置上，它的信仰从埃及传到了罗马城市，被奉为水手的保护神。其他的有朱庇特神庙、塞拉比斯圣殿（Sanctuary of Serapis）、利柏耳·佩特神庙（Temple of Liber Pater）和被称为 B 陵墓的建筑。B 陵墓也是由意大利考古学家重建的，其特点是金字塔屋顶，融合了布匿、埃及、希腊化和罗马建筑元素。特别突出的是排档间饰的高浮雕装饰，周围有狮子支撑着约 3 米高的男性雕像。尽管许多雕像和镶嵌画已经被摧毁或被转移到考古区边界的博物馆（不幸的是，利比亚冲突期间的抢掠导致联合国教科文组织决定将该

▍第 244 页（上和下） 剧场舞台的边缘装饰着一些壁龛和嵌板，浅浮雕和高浮雕代表着神灵、舞者、悲剧演员和历史场景，展现了罗马和塞卜拉泰之间的关系。

▍第 244 页（中） 这座宏伟的剧场是罗马阿非利加行省（Roman Africa）最重要的剧场，由康茂德皇帝在公元 190 年前后建造。得益于可追溯到意大利殖民利比亚时代的巧妙修复工程，该建筑恢复了原有的辉煌。

▍第 244—245 页 塞卜拉泰剧场优雅的舞台背景让人回想起一座皇家宫殿的外立面。它长约 45 米，由 108 根科林斯式廊柱组成，柱子由不同颜色的大理石制成，柱头上有精美的装饰。两边都被对口或“角”（舞台的直线与观众席的连接处）所包围。

遗址和其他利比亚遗址列入《世界濒危遗产名录》)，但公共建筑，如广场、元老院和三大浴场建筑群，仍旧壮丽无比。

公元 3 世纪罗马的衰落也标志着塞卜拉泰的衰落，并且塞卜拉泰在 365 年遭受了一场地震。这座城市不得不等待近两个世纪才在拜占庭人的统治下重获新生，修建了防御城墙和华丽的查士丁尼大教堂（Basilica of Justinian）。

事实上，塞卜拉泰已经有一座大教堂

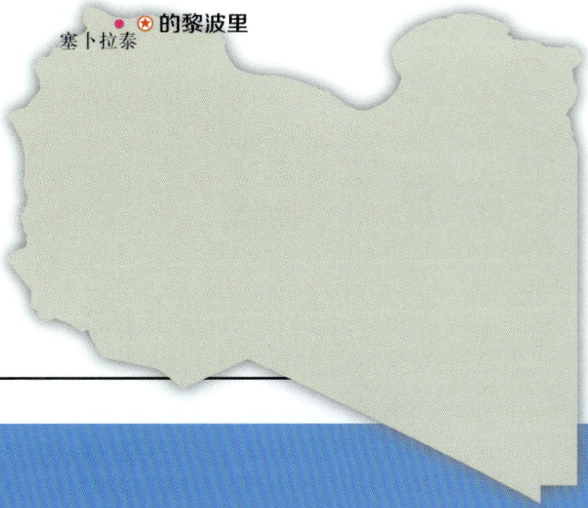

了（现今只剩下地基），它在公元 1 世纪曾是法庭和罗马皇帝的礼拜场所，在 300 年后被改造成基督教教堂。

公元 158 年，这座建筑曾是一个轰动整个罗马事件的发生地。哲学家阿普列尤斯（Apuleius）的审判就是在那里进行的，他被指控使用魔法勾引并娶了一位富有的老寡妇，以继承她的钱财。作为《金驴记》（*The Golden Ass*）的作者，他亲自为自己辩护：他在法庭的辩论总结持续了整整四天，最后被宣告无罪。他的辩论总结，后来被转录，成为演说杰作，这本书不仅给它的作者带来了巨大的声誉，而且是了解公元 2 世纪塞卜拉泰日常生活的宝贵资源。

第 246 页（上） 虽然这座雕像没有头颅，但通过其标志和高贵的服装，人们认为这个雕像人物可能是提图斯皇帝。这座雕塑被保存在塞卜拉泰博物馆，该博物馆里有许多布匿文物。

第 246 页（左下） 距离宏伟主剧场不远处的塞卜拉泰圆形剧场建于公元 2 世纪末至公元 3 世纪初。不幸的是，这个剧场在最近的冲突中被迫击炮炸毁了。

第 246 页（右下） 图为沿海住宅区全景。由于其有利地位，自腓尼基时代以来，塞卜拉泰就靠非洲货物的海上贸易而繁荣起来。

第 246—247 页 伊西斯神庙位于俯瞰大海的绝佳位置，其有两排柱子和部分矮墙。这座建筑建在离中心较远的位置，部分甚至处在 4 世纪修建的城墙之外。

第 247 页（左下） 伊西斯神庙的柱子是用当地相当劣质的砂岩雕刻而成的，为保护这些古迹，使用了大量石膏进行抹灰。

第 247 页（右下） 这座朱庇特半身像几乎是自然比例的两倍，可能是朱庇特神庙雕像的一部分，是塞卜拉泰博物馆的重要文物之一。

▌第 248 页（左上） 图中的八角形的水池在美丽镶嵌画的中心，该画放置在靠近海边豪华浴场中的一个主要房间内。从这里可以欣赏到海岸的壮丽景色和城市古港口仓库的废墟。

▌第 248 页（右上） 图中海神留着浓密的绿色胡须，头上戴着水果皇冠，这幅八角形图案来自装饰在海滨浴场房间的镶嵌画。

▌第 248 页（中） 作为元老院阶级的聚会场所，塞卜拉泰的元老院有大量的柱子，柱子上有白色大理石制成的科林斯柱式柱头。该建筑面向城市生活的中心——广场。

▌第 248 页（下） 这座线条柔和的大理石雕像雕刻了一位水中的仙女，一位被认为是淡水泉水保护者的仙女。它曾经装饰过塞卜拉泰众多喷泉中的一个。

▌第 248—249 页　图为B 陵墓隐约可见的废墟。该遗迹有金字塔形顶，混合了布匿、埃及、希腊和罗马风格的元素。其排档间饰是独特的高浮雕装饰，由狮子支撑着约 3 米高的男性雕像（现在在塞卜拉泰博物馆）。

▌第 249 页（上）　这幅精致的镶嵌画描绘了一位基督教圣徒，其历史可以追溯到拜占庭时代塞卜拉泰复兴的时代。这幅重要的镶嵌画，连同现场发现的其他镶嵌画一样，都保存在塞卜拉泰博物馆中。

大莱普提斯考古遗址

利比亚

胡姆斯地区
入选年份：1982
列入《世界濒危遗产名录》年份：2016
遴选标准：遴选标准（Ⅰ）（Ⅱ）（Ⅲ）

第 250—251 页 作为罗马帝国最热闹的商业和贸易场所之一，大莱普提斯的市场由许多八角形亭子、门廊、作坊和一个雄伟的中央亭楼组成。

第 250 页（下） 塞普蒂米乌斯·塞维鲁拱门饰有科林斯式廊柱和珍贵的大理浅浮雕，高约 1.68 米，建于公元 203 年皇帝 57 岁生日之际，地点在南北主街卡杜斯和东西主街德库马努斯的交汇处。

▌第 251 页（上） 图为通向水果和蔬菜市场区域的楼梯和拱门。建造大莱普提斯主要遗迹时使用的优质砂岩来自该市以南约 19.31 千米的拉斯哈曼（Ras el-Hammam）采石场。

卢修斯·塞普蒂米乌斯·塞维鲁（Lucius Septimius Severus）是布匿裔（Punic）富商的儿子，公元 146 年出生于莱普提斯（Leptis）市，在他还是个孩子的时候就被送到罗马学习。当时，他是一个“真正的非洲人”，拉丁语说得很差。然而，在短短几年的时间里，其倔强、刚毅的气质和口才引起了朝廷的注意。他迅速崛起，并直接登上顶峰，于 193 年被封为皇帝。他等了十年才回到莱普提斯的家，其荣誉为莱普提斯冠以“大”的头衔，成为大莱普提斯（Leptis Magna）。他尽其所能让这座城市变得强大。他在城市的入口处建造了以他的名字命名的宏伟凯旋门，周围环绕着四个装饰有柱子和浅浮雕的喷泉。然后，他完全重建了港口，并通过一座引人注目的柱廊将其连接到市中心，落成了一座典雅的水神庙，并建造了一个巨大的广场，周围有一片石柱林，上面饰有美杜莎的头像。然而，最杰出的建筑是巴西利卡（在他的儿子卡拉卡拉统治期间建造完成），它有一个 30.5 米高的主厅，到处都雕着仙女、老鼠簕叶、葡萄和石榴的美丽浮雕。

说实话，莱普提斯已经是一座宏伟的城市了。它有 8 万居民，被整个帝国称为“非洲明珠”。就像塞普蒂米乌斯·塞维鲁一样，这座城市在与罗马接触后繁荣起来。它由来自提尔的腓尼基人建立，几个世纪以来一直在迦太基人的统治下，但这种情况在公元前 146 年结束了，当时罗马人跨海击败了他们的历史对手并占领了这座城市。它成为的黎波里塔尼亚最重要的城市，后来成为整个非洲行省。多亏了其港口和商人的技能，莱普提斯通过竞技场中交易黄金、象牙、乌木、奴隶和野生动物而致富。在扩建码头和市场的同时，建造了越来越宏伟的民用和宗教建筑。这些都是由商人阶层的家庭资助的，他们竞相进口最美丽的大理石和最熟练的艺术家和装饰师。富有的汉尼拔·塔帕皮乌斯·鲁弗斯（Hannibal Tapius Rufus）赞助了剧场（装饰有雕像，可谓是城市的瑰宝）和市场（其中心有两个雅致的八角形售货亭，周围有许多展示商品的柜台）的建设，这让市民们感到无比惊讶。另一方面，弗拉维尼家族负责建造莱普提斯最独特的建

▌第 251 页（中） 在粉色花岗岩柱子的包围下，哈德良皇帝下令建造的豪华浴场于公元 127 年落成并矗立在广场上。该建筑群位于瓦迪莱布达（Wadi Lebda）的小溪附近，洗澡所需的水就是从这里引过来的。

▌第 251 页（下） 东西街道德库马努斯宽约 21 米，铺设完美无缺，通向港口。这条路线的标志是塞普蒂米乌斯·塞维鲁的纪念拱门，以及建于公元 37 年较朴素的提贝里乌斯（Tiberius）拱门和建于公元 109—111 年图拉真拱门（如图所示）。

第 252 页（上） 非凡的塞维鲁广场（Severan Forum）与大教堂之间被一堵高大的砂岩墙隔开，占地 100 米 × 60 米。最初，它是用珍贵材料建造的：拱门是绿色的云母大理石，柱子是埃及粉色花岗岩，地板是明亮的白色大理石。

第 252 页（中） 广场门廊上的碑文赞颂了卢修斯·塞普蒂米乌斯·塞维鲁。他于公元 146 年出生于莱普提斯，47 岁时被选为皇帝，十年后回到这座城市，该城市因他的荣誉而获得了“大”的称号。

第 252 页（下） 图中所示门廊上的装饰品，是今天位于新的塞维鲁广场（Severan Forum）空地上的大约 70 个美杜莎头像之一，现在大多已被掠夺。16 世纪，法国领事克劳德·拉迈尔（Claude Lamaire）将 200 根柱子和装饰性大理石件带回法国。

筑，这是一座在海边挖掘出来的巨大圆形竞技场。

甚至在塞普蒂米乌斯·塞维鲁出现之前，其他皇帝就认为莱普提斯值得特别关注。哈德良在那里建造了一个宏伟的浴场，两座面向港口的大型寺庙和一座城墙。更早以前，尼禄皇帝通过挖掘堤坝保护住了港口，但这阻碍了水流，导致港口逐渐淤塞，从而严重影响了港口的运营。

尼禄的工程师们所犯的错误发生在莱普提斯最辉煌的时候，这标志着其衰落

第252—253页 宏伟的塞维鲁大教堂是由塞普蒂米乌斯·塞维鲁统治期间开始修建的，并于公元216年在他的儿子卡拉卡拉（Caracalla）统治时期修建完成。后来，在6世纪，这座建筑被查士丁尼一世改造成了一座基督教教堂。

第253页（左下） 图中两个粉色花岗岩柱子上的柱头共同支撑着仅存的一块三角楣饰上的有翼狮鹫，这块三角楣饰面向塞维鲁大教堂的后殿。

第253页（右下） 图中的装饰在温暖的阳光下更加活灵活现了。塞维鲁大教堂北后殿的一根柱子上的刻有众多神话人物、众神、半神人，中间还有老鼠簕叶和葡萄串。

的第一个迹象，尽管当时几乎不会察觉到这一点。大约在公元250年，随着塞维鲁王朝的终结，它很快就失去了威望，生意也随之下滑。它结束于365年，与的黎波里塔尼亚的所有城市一同被一场地震摧毁了。

利比亚持续的政治动荡威胁到了这一重要考古遗址的保护。安全无法保证导致旅游业停止。只剩下周围村庄的少数居民保护着遗址以免被掠夺，并试图靠人力保持遗迹免受不断生长的植被的影响。与此同时，海平面不断上升，侵蚀着“非洲瑰宝”的石头。

第254页（上）　巨大的莱普提斯港口对面是一片石柱林。这座城市是在公元前7—前6世纪由来自提尔的腓尼基人建立的，他们选择这个地点是因为这里有一个入口，它是亚历山大和迦太基之间海岸线上唯一的安全着陆点。

第254页（左下）、（右下）和255页（右下）　的黎波里博物馆保存着莱普提斯剧场的一些文物。从左到右是雅典娜雕像（戴着科林斯式的头盔、拿着长矛和脚边有盾牌），仙女雕像和马可·奥勒留的肖像画。所有的雕塑都可以追溯到公元1世纪和2世纪之间。

第254—255页　莱普提斯剧场位于全景位置，无论过去还是现在，都是罗马帝国中最宏伟的剧场之一。它建造于公元1世纪到2世纪之间，由商人汉尼拔·塔帕皮乌斯·鲁弗斯资助，他是城市贵族中较有影响力的成员。

第 255 页（左下） 大莱普提斯的温泉浴场周围是一个柱廊，柱子上有科林斯式廊柱，可以通过拱门进入。在其较短的一侧，可以看到水池内有便于入水的狭窄台阶。

孟菲斯及其墓地金字塔：从吉萨到代赫舒尔的金字塔场地群

埃及

吉萨省

入选年份：1979

遴选标准：C（Ⅰ）（Ⅲ）（Ⅵ）

起初，孟菲斯（Memphis）的名字是印布吉丹（Inbw-hdj），或称“白城”，可能指的是防御性宫殿的外观，尽管它只是城市的一部分，很可能位于现在被阿布西尔（Abusir）占领的地区。后来，由于它的一个寺庙围栏，它的名字改为“卜塔灵魂的所在”（Hwt-ke-pth），希腊语名字埃及就是从那里衍生出来的，最后是现代版本的埃及。然而，最合适的名字可能是安克塔沃（Ankh-tawy），或多或少意味着“两片土地上的生命”。这座古城位于尼罗河三角洲的顶端，在连接东西的商业路线的交汇处，这座古城今天最著名的名字是孟菲斯，它是从法老佩皮一世建造的金字塔的名字孟挪弗（Mennefer）衍生而来的。孟挪弗被改造成科普特人（Copt）的门菲（Menfe），然后变成了希腊的孟菲斯。

孟菲斯在埃及早期王朝（protodynastic period）和古王国时期（Old Kingdom，公元前3100—前2184年）是埃及的皇室住所和首都，至少在另外两千年里，它是该地区人口最多、最著名的城市之一。事实上，希罗多德、斯特拉波（Strabo）和西西里的狄奥多罗斯都在他们的著作中描述了它的壮丽。除了米特拉希纳（Mit Rahina）和萨卡拉（Saqqarah）发掘的为数不多的城市遗迹外，尼罗河西岸沙漠边缘绵延约30千米的巨大墓地中也发现了它伟大的现代证据。此外，还有赫尔万（Helwan）金字塔、代赫舒尔（Dahshur）金字塔、萨卡拉金字塔、阿布西尔金字塔、祖耶雅利安（Zawyer el-Aryan）金字塔、阿布拉瓦须（Abu Rawash）金字塔，当然还有吉萨（Giza）金字塔。根据19世纪英国考古学家威廉·马修·弗林德斯·皮特里（William Matthew Flinders Petrie）的说法，孟菲斯大约长11.27千米，宽6.44千米，位于现代城市米特拉希纳地区的普塔（Ptah）神庙周围。普塔是王朝时期开始（如果不是更早的话）这座城市的主要神，以他的名字建造的第一座寺庙可能隐藏在一个名为考姆法哈瑞（Kom el-Fakhry）的小丘下面。最近的一座寺庙建于拉美西斯二世统治时期，只有西区被挖掘出来，它由一个巨大的塔楼和一个有柱廊的神殿组成。附近的地基遗迹表明，存在一座被认为是图特摩斯四世（第十八王朝，公元前1419—前1386年在位）的更早的寺庙。孟菲斯的宏伟在西边开始变得明显起来，那里有达舒尔金字塔的区域，位于墓地的南端。一个参照点是第四王朝的开国元勋斯尼夫鲁的金字塔，他在公元前2630—前2606年担任法老，他的统治标志着从阶梯形金字塔

▌第 256 页　代赫舒尔那座令人敬畏的“红色金字塔”是以其核心花岗岩的颜色命名的。它是由第四王朝的法老斯尼夫鲁建造的。它高达 105 米，是仅次于胡夫和哈夫拉金字塔的第三大金字塔。

▌第 256—257 页　左塞尔在萨卡拉的葬礼遗址是阶梯金字塔最完好的例子。它的概念是由简单而古老的“长凳墓”叠加而来的，被称为“马斯塔巴”。

▌第 257 页（上）　第五王朝的第二位国王萨胡拉的殡仪庙的地基在阿布西尔国王殡仪庙的遗迹之前。最初，这座遗址是一个“真正的”金字塔，也就是说，它的侧面是光滑的，而不是台阶状的。

▌第 257 页（中）　雄伟的核心是美杜姆（Meidum）的斯尼夫鲁金字塔的全部遗迹。它最初是一座阶梯状的遗址，后来安装了光滑的侧面。

到光滑表面的结构的转变。在达舒尔，第十二王朝的法老阿蒙涅姆赫特二世、阿蒙涅姆赫特三世和辛努塞尔特三世又建造了三座金字塔。紧挨着皇家陵墓的是两组贵族陵墓，被称为马斯塔巴（mastabas）。它们是长方形的，两侧略有倾斜，由两个房间组成：墓室和礼拜堂。埋葬在其中的是公主伊提、克内姆特、伊蒂沃特和西默胡特，她们都是阿梅内哈特二世的女儿，以

▌第 257 页（下）　随着第十二王朝的到来，金字塔的时代结束了。图中所示的位于伊拉胡恩（Illahun）的辛努塞尔特（Senusret）葬礼遗址由于国王的英年早逝一直没有完工，后来完全倒塌了。

第 258 页（左上） 送葬者在萨卡拉金字塔和太阳庙的监督人提（Ti）的坟墓里抬着祭品，他是宫廷里的首席理发师。

第 258 页（右上） 贵族普塔霍特普在他位于萨卡拉的马斯塔巴的墙上用精雕细刻的象形文字面对着自己的名字。这个名字的意思是"（神）普塔很高兴"。

及第十二王朝法老家族的其他成员。再往北走，在萨卡拉，古埃及的整个历史可以囊括在一个地方。它涵盖了从第一王朝传说中的法老美尼斯，被认为是孟菲斯的创始人，建造的第一座未烘烤的砖制墓碑，

第 258 页（下） 在萨卡拉的马斯塔巴上，米列鲁卡雕刻在右边，其脚下雕刻着小尺寸的他的母亲和妻子，他的两个儿子之一雕刻在左边。

第 259 页 维齐尔米列鲁卡走向站在阶梯式祭台上的供品桌。按照惯例，大权贵的陵墓矗立在他们曾侍奉过的国王的金字塔附近。在这种情况下，法老就是特提。

第 260 页（上） 巨大的、逐渐重叠的花岗岩石块形成了位于胡夫金字塔中心的大画廊。这条通道长约 47 米，高约 8.53 米。

一直到希腊－罗马时期。第一王朝的皇室、贵族和高官的陵墓沿着沙漠高原的东缘延伸。主宰萨卡拉的是左塞尔的阶梯金字塔，这是已知的 97 座埃及金字塔中最古老的一座，建于公元前 27 世纪中叶，周围是用来庆祝皇家禧年的寺庙和建筑。萨卡拉至少还有另外 13 座皇家金字塔，其中最著名的是位于墓地最北端的塞汉赫特（第三王朝的继承者）、尤纳斯和特提。在左塞尔金字塔的北面，除了数量不详的较新墓穴，还有最大面积的旧王国非王室墓穴。值得一提的是，它们有数百个，要么是因为它们来自特定阶层的人，要么是因为它们的建筑、结构或装饰方面。最近，该领域的考古学家发现了挖掘的新线索。

再往北有一些最著名的遗址，托勒密王朝（公元前 4 世纪掌权的马其顿统治者）希望看到这些遗址被列为世界七大奇迹之一。它们是吉萨的金字塔，由胡夫、哈夫拉和孟卡拉建造，他们是第四王朝的三位法老，几乎统治了公元前 26 世纪的整个埃及。事实上，吉萨高原（比平原高约 40 米，从这里可以看到尼罗河三角洲的绿色植物）从原始王朝时期就已经被用作墓地，但正是有了这三位法老，皇家陵墓才达到了最辉煌的境界。建造胡夫金字塔（希腊语中的“Cheops”）需要 35 年的工作和 250 万块每块重量在 2~75 吨的石块。它最初高约 147 米，方形底座两侧长约 230 米。今天，经过几千年的侵蚀，它仍然高达 138 米。入口位于大约 17 米高的地方，一条狭窄的走廊进入岩石，在第一个洞穴的遗址

第 260 页（下） 胡夫金字塔两侧的陡峭角度（为 51°，斯尼夫鲁金字塔为 45°，这是第一座幸存下来而没有坍塌的“真正”金字塔）使它的总高度达到约 147 米，而现在的高度是约 139 米。

第 260—261 页 目前尚不清楚为什么孟卡拉金字塔与吉萨的“巨人”相比是如此之小，但很可能前两座金字塔的建设对这个国家的要求太高，以至于不能复制。

第 261 页（左下） 第四王朝的第五位法老孟卡拉金字塔内的墙壁上的这些大型壁龛可能是用来供奉的。

第 261 页（右下） 哈夫拉的墓室是用倾斜的粉色花岗岩板覆盖的：这种布置可以重新分配金字塔上部的巨大重量，否则这将压垮一个平屋顶的空房间。在左边的墙上，贝尔佐尼（Belzoni）在 1818 年发现时刻下的胜利的文字显示了 19 世纪初考古学家的发掘。

Scoperta da G. Belzoni

内绵延约 100 米。这是第一个计划中法老的安放之处，但实际上，要到达他真正的墓室，必须走一条从入口到交叉口约 32 米的上升侧廊。从这里，一条通道通向一个被称为皇后室的中间房间，而近 49 米长，约 8.5 米高的大画廊通向法老真正的埋葬之地。在这里，在一个大约 10.06 米 ×4.88 米的房间里，矗立着胡夫的简易花岗岩石棺。哈夫拉（Khafre，希腊语：Chephren）建造了他的葬礼庙宇，就在他父亲的墓地以南一点。遗址两边长约 210 米，由于更倾斜，达到了更低的高度，略高于 143 米。

在哈夫拉金字塔的一侧和下坡处，有两座寺庙比胡夫金字塔的寺庙保存得更好。西边是神秘而巨大的狮身人面像雕塑，长约 55 米，高约 20 米。它是从用来为胡夫金字塔提供材料的采石场遗留下来的一块石块上雕刻而成的。该雕塑在埃及是独一无二的，它的完工日期在胡夫和哈夫拉统治之间摇摆不定，但几乎可以肯定是前者。在古埃及的象征意义上，这座雕塑代表了法老，在法老身上，野生动物的力量与人类的智慧相结合。在吉萨建造的最后一座金字塔是哈夫拉的儿子孟卡拉（希腊语：Mycerinus）的金字塔，位于高原南侧的剩余空间。它每边只有约 105 米，高约 65 米，墓室的布局与胡夫金字塔相同，标志着第四王朝最后一座巨大的葬礼遗址。寺庙的布局也很简单，装饰有由各种材料制成的精美雕像。有了这些建筑，大金字塔的时代就永远地结束了。

古代的资料几乎没有为我们提供有关建造这三座遗址所使用的技术的信息，但它们很可能是使用许多小坡道组装起来的，以便将石块运输到 25~390 米的高度，然后这些坡道被结合在一起，形成一个大坡道，用于建筑较高的部分。然而，任何理论都是纯粹的猜测。可以肯定的是，吉萨金字塔是古代世界上唯一几乎原封不动地保存到今天的奇迹，4500 年来一直令人惊叹和钦佩。就连伟大的拿破仑也在吉萨战役前夕告诫他的士兵说："从这些金字塔的顶端，40 个世纪的历史在凝视着你们。"

第 262 页（上） 斯芬克斯狮身人面像上描绘的国王的身份尚不清楚：它曾被认为是哈夫拉，因为遗址与他的金字塔坡道有关，但最近一些专家将它的建造与胡夫联系在一起。

第 262 页（下） 一个巨大的圣所位于狮身人面像前面，作为哈夫拉墓地的一部分，它分不同阶段建造。从右下角可以看到通往法老金字塔的坡道。

第 263 页 形成狮身人面像岩石的不一致分层从其不同部分的不同颜色中可见一斑。头部颜色较深，是最坚固的部分，而爪子看起来保存得很好，但实际上是"人造的"，里面衬着石灰石，很容易修复或更换。

底比斯古城及其墓地

埃及

基纳省
入选年份：1979
遴选标准：C（Ⅰ）（Ⅲ）（Ⅵ）

在开罗以南约676千米的地方，尼罗河（Nile River）蜿蜒曲折，两旁是低矮的山脉，旅游当然不是什么新鲜事，游客无法控制地想在遗址和艺术品上留下来过的标记也不是什么新鲜事。在公元前1570—前1070年新王国时期埃及王朝的首都底比斯（Thebes），游客们的涂鸦也成了一段历史。最先经过的是托勒密时代的希腊和罗马旅行者，他们在国王谷的法老陵墓的墙上留下了至少2000幅涂鸦。

除此之外，还有腓尼基语、塞浦路斯语（Cypriot）、吕基亚语（Lycian）、科普特语（Coptic）和其他语言的信息。所有这些都证明埃及的伟大在基督教时代开始之前就已经是传奇。

古希腊作家保萨尼亚斯（Pausanias）、斯特拉波和西西里的狄奥多罗斯将底比斯［埃及人称之为瓦塞特（Waset）］描述为一座奇迹之城，因此来自地中海另一边的富裕居民冒险前往埃及，欣赏宏伟的寺庙、壮观的门农巨像和无穷无尽的国王谷墓地。狄奥多罗斯认为：除了墓穴不可能会给后人留下更美的东西。

今天，坐落在尼罗河左岸的古都遗址上的城市卢克索（Luxor），至少有25万年人类居住史，是世界上最非凡的露天博物馆。现代城市以北几英里处矗立着位于卡纳克（Karnak）的阿蒙拉神庙（Amon-Ra），供奉着古埃及最重要的神之一——太阳神。它大约在公元前1900年由中王国第十二王朝的法老塞索斯特里斯一世建造，直到公元4世纪才停止扩张和变化。每个法老都想留下自己的印记，因为阿蒙拉神庙反映了古埃及人对世界的看法。它的结构沿着两条轴线展开：东西轴反映了太阳的轨迹，象征着事物的神性；而南北轴与尼罗河的流向平行，与君主的领土和职能相连，其中法老代表着一切神圣和人性的融合，法老的存在确保了王国的繁荣。

再往南，在尼罗河东岸城市的中心，矗立着卢克索神庙，它建于阿蒙霍特普三世（Amenhotep Ⅲ，公元前1386—前1349年）统治时期，通过一条长长的铺砌的游行道路（希腊语中的“Dromos”）与卡纳克神庙相连，两旁都是狮身人面像。在寺庙前仍然可以看到一段这样的景象。也被称为“阿蒙的南方后宫”，开始于阿蒙霍特普三世，结束于拉美西斯二世。根据莎草纸的记载，卡纳克大神庙里的崇拜阿蒙的祭司不少于2万人。每年一次，在欧佩特盛宴（feast of Opet）之际，祭司们会把阿蒙神像从神殿里移走，用一艘镀金木制的仿真船将其运送到卢克索神庙。

在河的对岸，阿蒙霍特普三世似乎要强调以卡纳克祭司为代表的神圣世界政府与尘世政府之间的距离，而建造了他的宫殿。在所有属于法老的居所中，这是幸存下来最好的一个。像埃及的其他住宅一样，它是用泥砖建造的（这就是为什么有这么多的住宅丢失了）。它不仅是国王和他的王后泰伊的家，也是他因娶了赫梯公主而收到的317个赫梯妃子的居所。

马尔卡塔（Malkata，宫殿的阿拉伯名字）也是法老的行政中心，附近有一个村庄，那里住着为法老服务的工匠和仆人。

一英里外矗立着门农巨像（Colossi of Memnon），这是阿蒙霍特普三世的两座巨大的石英岩雕像，每座高约 23 米，重约 1000 吨。他们立在法老陵寝的入口处。在这里，在代尔埃尔巴哈里（Deir el-Bahari）的石灰岩悬崖脚下，在第一座雄伟的陵寝后面，还有另外 14 座“千万年的陵寝”排成一排。这些是其他 14 位法老的陵寝，其

▌第 264 页（上） 拉美西斯二世巨大的雕像矗立在卢克索神庙中。

▌第 264 页（下） 卡纳克神庙中的大列柱室（Great Hypostyle Hall） 由 134 根砂岩柱子组成，分为 16 排，占地约 5 公顷。中央正厅的竖井高达 24 米。

▌第 264—265 页 在卡纳克建造扩建的阿蒙拉神庙需要 16 个世纪（大约从公元前 1950 年到公元前 350 年）。左边，对着河流，矗立着拉美西斯二世和霍朗赫布建造的塔楼；在前景中，圣湖和哈特谢普苏特的第八个塔楼旁边，坐落着整齐的粮仓和寺庙储藏室的地基。

▌第 265 页（左上） 卢克索神庙的废墟距离尼罗河东侧的“活人之岸”只有几米远。由阿蒙霍特普三世建造的大柱廊（中）曾被一座平行六面体建筑包围。

▌第 265 页（右上） 拉美西斯二世的塔身两侧是两尊法老巨像。它通向卢克索［又称“Ipet-Resit”或古埃及人的“南方的居住地”（Residence of the South）］神庙，在尼罗河泛滥的季节举行的伟大的欧佩特节期间，阿蒙的雕像每年都会被抬到那里。

第 266 页（上） 四尊无头巨像在拉美西姆（Ramesseum）第二宫的柱廊前排成一排。拉美西斯二世明显“痴迷”于复制自己的形象，人们对此有多种解读，包括最简单的宣传手段。

第 266 页（下） 拉美西斯二世在西底比斯［West Thebes，1839 年由让·弗朗索瓦·商博良（Jean François Champollion）命名为拉美西姆］建造的寺庙和行政综合体的原始大小的构想来源于天空。位于中心的花岗岩宫殿在几千年的历史中幸存了下来，但只能看到附属建筑地基，这些建筑是用未烧制的泥砖简易建造的。

中包括拉美西斯二世、阿蒙霍特普二世和塞提一世，其中最著名的就是这三位。陵寝的建造是为了永恒，以便他们的臣民可以永远记住法老。

尽管如此，和古代一样，今天底比斯的名声主要归功于帝王谷（Valley of the Kings），其次是王后谷（Valley of the Queens），这两个墓地位于悬崖的另一边。在这两个墓地之间，平民墓地被错误地称为“贵族陵墓”。这是一个由 500 个坟墓组成的建筑群，通过它们的建筑和装饰的朴素风格可以与皇家陵墓区分开来。

王后谷有 75~80 座来自第十八、十九和二十王朝的坟墓，其中不仅埋葬了法老的妻子，还埋葬了法老的孩子和家人。其中包括第二十王朝的提提王后、拉美西斯二世的第四个儿子小哈姆威舍和拉美西斯三世的儿子阿门希霍普谢夫的陵墓。然而，其中最著名的，也是被认为是古埃及最美丽的陵墓之一，无疑是拉美西斯二世最喜欢的妻子尼斐尔泰丽的陵墓。陵墓的墙壁和天花板上布满了“最美丽的女王”身着白衣、头戴秃鹰羽毛装饰的金冠，伴随着埃及众神和女神的场景。

帝王谷是底比斯石灰岩山脉中的一条深谷，在那里建造了 62 座坟墓。其中葬有许多法老的遗骸，但也有一些属于高官，还有一些是没有铭文的简单墓穴。第一个被埋葬在墓地里的法老可能是在十八王朝

第 266—267 页 公元前 2050 年—前 1450 年，曼图霍特普三世、哈特谢普苏特王后和图特摩斯三世的大庙宇都建在代尔巴哈里的砂岩悬崖脚下。在晨光中，可以在照片的上半部分可以看到帝王谷几个陵墓的入口处。

▌第 267 页（上） 著名的门农巨像矗立在阿蒙霍特普三世葬礼庙宇的入口处，阿蒙霍特普三世是未来的“异端”阿蒙霍特普四世的父亲。这两尊雕像的现状非常糟糕，但仍然显示出极其雄伟的气势。

▌第 267 页（中） 位于拉美西斯三世神庙（阿拉伯名称：Medinet Habu）的“migdol”（一种美索不达米亚建筑风格的塔）的废墟位于拉美西斯三世神庙的塔楼和礼仪宫前面，拉美西斯三世是埃及最后一位伟大的法老，他生活在辉煌的拉美西斯二世之后大约一个世纪。

▌第 267 页（下） 面向拉美西斯三世神庙第二个庭院的门廊状况极佳。它由完全刻有浮雕和彩绘的纸莎草柱支撑。在右边，法老接受“创世”神亚图姆的致敬。

初的图特摩斯一世（公元前 1524—前 1518 年），坟墓位于山谷的底部。在同一地点，他的坟墓之后是塞提二世的坟墓，然后是西普塔（Siptah）的坟墓。哈特谢普苏特（Hatshepsut）和图特摩斯四世的坟墓在一个小山谷中，而在墓地的中心发现了另外 15 个法老的坟墓。

皇家陵墓的布局是精心设计的，但通常包括一段楼梯，一条下行走廊，走廊上有一个或多个房间可以打开，最后是一个墓室，里面存放着法老的石棺。在这个房间里，根据古埃及宗教的说法，国王变成了一个神圣的实体。墙壁上排列着五颜六色的浅浮雕，描绘了来世和法老前往俄西里斯的旅程。

在底比斯最辉煌的时候，它代表着埃及权力的胜利，对希腊人和罗马人来说是一个奇迹之地，但在阿拉伯征服这个国家后，它就被遗忘了。直到 18 世纪初，耶稣会士克劳德·皮卡德（Claude Picard）

第 268 页（左上） 玛亚特女神接受尼斐尔泰丽（不可见的）的供品。王后先于丈夫拉美西斯二世去世，但她的死因无人知晓。在获得像阿布辛拜勒的小庙这样的建筑后，她便从有记录的历史中消失了。

第 268 页（右上） 王后谷（埃及时代称为“Ta Set Neferu”），“王室儿女之地”，位于帝王谷的西南部。起初，它是十八王朝王子和公主的墓地，但随着时间的推移，像尼斐尔泰丽（拉美西斯二世的主要妻子）这样的王后也被埋葬在这里。

第 268—269 页 蓝色背景上点缀着无数星星的天花板覆盖着装饰华丽的尼斐尔泰丽墓室——“黄金之家”。在背景中，朝北，可以看到通往“俄西里斯之家”的门，俄西里斯是监督复活的神。

第 269 页（上） 尼斐尔泰丽向亚图姆和俄西里斯（左）供奉食物，俄西里斯是死而复生的神，这里显示为一具绿色肉体的木乃伊。这些粮食包括被斩首的牛的身体和面包。

第269页（中） 尼斐尔泰丽和国际象棋的先驱塞尼特（senet）进行着一场挑战她命运的游戏。这是已故贵族在去往来世的旅途中必须独自（或在友善的神的帮助下）通过的众多考验之一。

第269页（下） 尼斐尔泰丽的墓中有各种装饰品，但画中戴着秃鹰的头饰，这表明她是多位王子的母亲。图中她还穿着白色礼服。

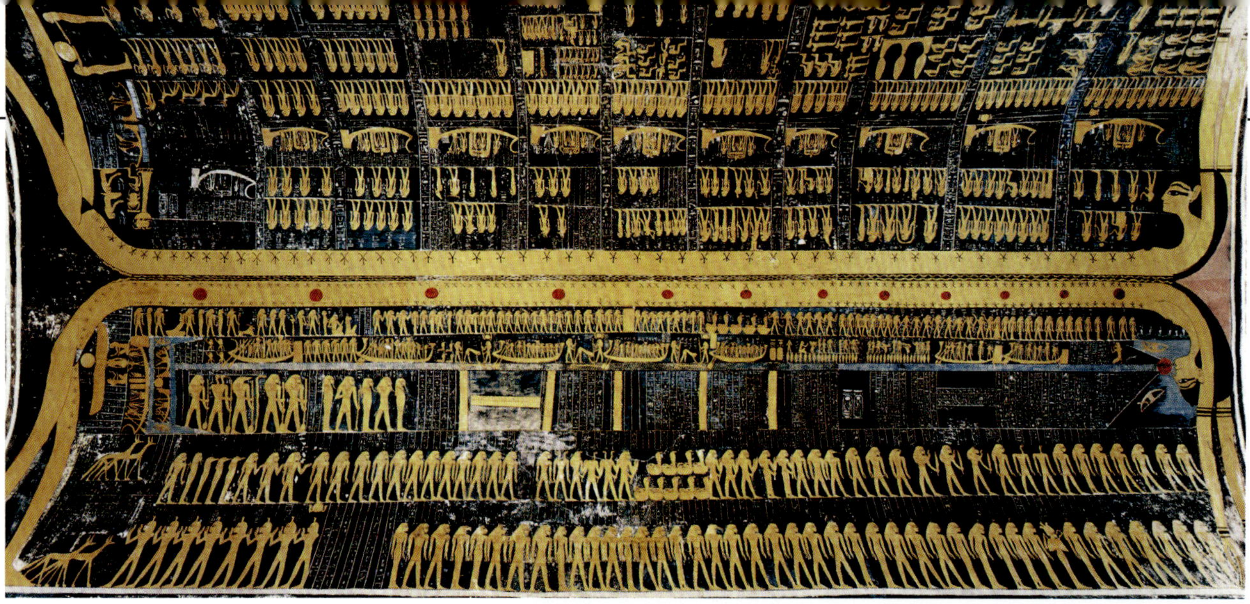

第270页（上） 太阳神在西底比斯的拉美西斯六世墓室天花板上进行他的日间和夜间旅行——用红色圆圈和星星描绘——穿过女神努特的双重身体。

第270页（下） 拉美西斯二世之父塞提一世陵墓的“天花板”上装饰着由神、象形文字和以神像和动物为代表的星座（其中星星用红点标记）。

于1726年才重新发现了它。丹麦艺术家弗雷德里克·路易斯·诺登（Frederik Ludwig Norden）是最早为底比斯画画的欧洲人之一，紧随其后的是理查德·波科克（Richard Poocke），他绘制了一幅详细的帝王谷地图。19世纪，随着古埃及“风格”

席卷欧洲，底比斯的遗址吸引了考古学家、像普罗斯珀尔·乔洛斯（Prosper Jollois）和埃杜代·德·维利尔斯（Edouard de Villiers）这样的学者，和像戴维·罗伯茨（David Roberts）这样的艺术家，当然也有许多不

择手段的游客通过走私古代物品来轻松获利。

尽管帝王谷的许多珍宝被盗，但整个 19 世纪和 20 世纪，欧洲学者对象形文字的破译和埃及首都的挖掘作出了决定性的贡献。终于在 1922 年，经过十年的辛勤工作，霍华德·卡特在国王谷发现了最后一座陵墓，无可否认，它是最迷人、最神秘的坟墓之一：少年法老图坦卡蒙（Tutankhamon）的墓地。

第 270—271 页 在阿蒙霍特普二世的生活中，出现了各种各样的神（哈托尔在前景中），他在十八王朝法老墓的墓室的六根柱子上的绘画中戴着法老巾冠（nemes）的头饰。

第 271 页（上） 国王谷地面上的黑色小点是墓穴的入口处。这个新的设计是在新王国时期发展起来的，基于通向墓室的向下倾斜的长廊。图坦卡蒙的陵墓位于照片中央的浅色区域。

第 271 页（下） 底部女神奈芙蒂斯展开翅膀保护图坦卡蒙最外面的石棺的一角，这座石棺是由精雕细琢的红色石英岩制成的。这座陵墓之所以出名，是因为它是唯一一座被发现几乎完好无损的陵墓，但事实上，与其他埃及国王的陵墓相比，它的规模很小。

内姆鲁特达格

土耳其

安纳托利亚东部
入选年份：1987
遴选标准：C（Ⅰ）（Ⅲ）（Ⅳ）

2003年2月，土耳其考古学家马哈茂德·阿斯兰（Mahmud Arslan）宣布其在约2205.84米高的内姆鲁特达格的石墓中发现了科马基尼国王（Commagene）安条克一世的墓室。在阿斯兰和约有40名考古学家和地质学家的团队前，曾有许多学者试图穿过这一高约50米、宽约152米的石堆，但均以失败告终。这一四面墓穴是将天然岩石切割，再用切割部分将墓穴密封打造而成的，只有依靠现代设备才可能进入。内部发现三具石棺，里面分别装有安条克一世、其父米特里达梯一世，另一具遗骸则身份不明。

这一发现为拨开该地的神秘面纱提供了支持。19世纪末，一位效忠于奥斯曼帝国（Ottomans）的地质学家在东安纳托利亚金牛座山脉（Taurus Mountain）的一座山峰上发现了内姆鲁特达格的遗址（Nemrut Dağ），并试图从历史的迷雾中刻画出安条克一世狂妄自大的形象。

亚历山大大帝在位时罗马帝国分裂产生了塞琉古帝国（Seleucid），而科马基尼王国也是公元前80世纪由塞琉古帝国（Seleucid）分裂产生的，是罗马帝国和波斯帝国的过渡。其创立者米特里达梯一世曾与罗马帝国结盟，但其儿子安条克一世于公元前69世纪上位后，国家开始实行既向波斯帝国提供信息又与罗马帝国交好的政策，试图借此实现国家独立。安条克一世还撰写了家谱，称自己既是亚历山大大帝的后代，拥有奥林匹斯众神的先祖，但这一自吹自擂的家世徒劳无获。其后，科马基尼王国的君主不过为罗马帝国的傀儡，该帝国的尴尬位置也于72世纪韦帕芗（Vespasian）将其并入叙利亚行省而宣告终结。

从内姆鲁特达格上安条克一世为自己建造的壮丽的庙宇和陵墓［名为“海若维塞”（Hierotheseion），其中涵盖了内姆鲁特达格的雕像，祭坛及古坟）］来看，他认为自己是一个伟大的统治者。他在该地留下了长篇碑文（名为“诺莫斯”，文中包含217行），不仅狂妄地称自己为神的后代，还预言自己的王朝将永存。

石堆旁的岩石上挖有三个平台。北侧平台为祭司居所，其围墙尚在，但墙上装饰的浅浮雕已经被风雨磨平。但东侧和西侧的神庙建筑保存完好，每侧各发现了

▌第 272—273 页 西侧平台上有五尊雄伟的雕塑。该图最前面是由一整个 8 吨重巨石雕刻的宙斯头像，从雕塑蜷曲的胡子和严厉的凝视中可以看出，这里宙斯的形象和波斯神阿胡拉·玛兹达联系在了一起。

▌第 273 页（上） 内姆鲁特达格的浅浮雕中，赫拉克勒斯（左）和米特里达梯一世相互问候。这一浮雕中的主题是国王和神明彼此熟悉，这表明科马基尼王国的统治者希望摆脱罗马帝国的控制。

五尊精美雕像。如今雕像散卧四周，但它们曾高达 7.92~10.05 米，每尊都由重达 8 吨的石块组成。有趣的是，我们可以明显地从这些雕像中看出希腊和波斯神灵的融合态势。在这两个平台上，宙斯像与波斯神阿胡拉·玛兹达（Ahura Mazda）、阿波罗·密特拉（Apollo and Mithras）、赫拉克勒斯·阿塔涅（Heracles and Atagnes）、堤喀（Tyche，科马基尼生育女神）和安条克一世的雕像放置在一起，它们头上戴的（现在散落在地上）王冠均为波斯风格。平台浅浮雕上记录了安条克一世和众神齐聚一堂的场景，他们的服饰也是波斯风格的。

内姆鲁特达格最神秘的当属西平台浮雕上的狮子，其鬃毛上有 19 颗星星，脖子上有一轮新月，背上有火星、木星和水星。根据专家的说法，这一浮雕记录了精确的天文信息，意义重大。考虑多种因素后，研究人员认为这些数据代表着一个特定的日期：公元前 62 年 7 月 7 日。或许就在这一天，安条克一世开始妄图永生。

▌第 273 页（左下） 该图为西侧平台景观，这里与东侧平台同为开放式神庙建筑群。北侧平台为祭司居所，并无雕塑。

▌第 273 页（右下） 该图为晨光下的东侧平台。左侧为狮子雕像，远处为五位均带有波斯风格头饰的神明雕塑头像。

巴尔米拉

叙利亚

胡姆斯省
入选年份：1980
列入《世界濒危遗产名录》时间：2013
遴选标准：C（Ⅰ）（Ⅱ）（Ⅳ）

第 274—275 页　巴尔米拉遗迹外包围着沙漠，俯瞰着巴尔米拉堡（Qalaat ibn Maan）所在的山丘，巴尔米拉堡是阿拉伯人于 13 世纪建造的一座堡垒。

第 274 页（下）　这是“伊斯兰国”摧毁该遗址前拍摄的柱廊街道景色。最初街道上全部排列着可分为四部分的柱廊，它们从东到西直穿过城市，长达 1188.72 米。

第275页（上） 这座已毁坏但目前正在修复的拱门建于塞普蒂米乌斯·塞维鲁（Septimus Severus）统治时期（公元193—211年），这一阶段巴尔米拉的城市发展迅猛，不断壮大。

教科文组织世界遗产委员会于2013年6月20日召开第37届会议，一致决定将阿拉伯叙利亚共和国遗址列入《世界濒危遗产名录》。这不仅仅是象征性的，它的目的是引起国际社会对叙利亚暴力冲突的关注，而这一问题正在让这个历史悠久的中东国家毁于一旦。然而两年后“伊斯兰国”（Islamic State）民兵使巴尔米拉考古遗址遭到系统性破坏，这一幕幕令人发指的画面证明当初争取到的关注不过是杯水车薪。2015年5月曝光的征服巴尔米拉（Palmyra）的视频堪称历史上最凶残的恐怖主义政治宣传片段，最终让哈里发国（Caliphate）获得了它想要的万众瞩目。此外，同年8月，哈里发国发布了一段惨无人道的视频，视频中显示了杰出的年迈考古学家哈立德·阿萨德（Khaled al-Asaad）遭斩首，他毕生致力于巴尔米拉的挖掘工作。根据军队简短公报，他被处死的原因为其“偶像崇拜的负责人”，真实原因是他拒绝透露巴尔米拉贵族装饰巨型殡仪塔和地下墓穴的独特石灰石雕塑的位置。2016年3月26日，当叙利亚总统阿萨德的军队重新占领巴尔米拉地区时，评估了考古遗址的损失。只有两座华丽神庙的入口还在，分别为建于公元32年的贝尔神庙（Bel Temples）和建于公元130—131年的巴尔沙明神庙（Baalshamin Temples）。凯旋门（Arch of Triumph）也被炸毁了，凯旋门建于公元2—3世纪，由罗马皇帝塞普蒂米乌斯·塞维鲁统治。其他许多遗迹，如广场、剧院和城堡的墙壁，受到破坏没那么严重。但考古学家认为，就算进行重建，巴尔米拉永远不会恢复过去的辉煌了，也就是由中东最美丽、最无情的女人泽诺比娅王后（Queen Zenobia）统治的那个时期。

公元274年，她斗胆挑战罗马帝国，并自食其果。然而，根据一部庆祝古罗马军事胜利的不朽著作《奥古斯塔史》（*History Oria Augusta*）记载，奥雷利安皇帝击败了她，但被其魅力、文化和智慧倾倒，于是在黄金流放时期将她作为情人安置在蒂沃利（Tivoli），泽诺比娅王后在那里度过了余生。

第275页（中） 柱廊街道的一段位于贝尔神庙的通廊和拱门之间。2015年9月15日，巴尔米拉最雄伟的建筑贝尔神庙被夷为平地。

第275页（下） 这幅图展示的同为供奉闪族万神殿天主的巴尔夏明神庙，可追溯至公元前3世纪，也被“伊斯兰国”军队摧毁。

第276页（上）贝尔神庙无尽的柱廊街道的另一端是葬礼神庙（funerary temple，公元3世纪），其实际为一座豪华坟墓，门廊前有六根柱子。

▌第276—277页　这一优雅四座纪念碑的主体是一个平台，上面曾矗立着四座宏伟的建筑，每座建筑各有一尊雕像。只有一根粉色阿斯旺大理石柱保留了下来，其他均为1∶1的复制品。

公元前19世纪的一份亚述合同中记载了第一个名为塔德莫居住地（Tadmor，该居住地的名字重新用于现代村庄）存在的证据。该居住地位于巴尔米拉考古区的边缘，也被“伊斯兰国”夷为平地。根据学者们的说法，这个名字是一个闪族语单词“塔玛”（Tamr），在阿拉伯语中的意思是“枣树”，它的词源与这个城市源自“棕榈树”拉丁文名称有关。塔德莫首次出现在汉谟拉比时代（Hammurabi）的巴比伦石板上，很久以后又出现在关于亚历山大大帝与波斯人的战争的记载中。从公元前一世纪开始的罗马时期，有更多书面材料可证明巴尔米拉城的发展。这座城市商人云集，其发展得益于罗马和波斯两大帝国。罗马皇帝哈德良（Hadrian）授予这座城市西维塔斯·利伯拉（Civitas Libera，意思为“自由之城”）的称号，罗马人是异国商品的忠实消费者，可能就是他们促使该城贸易范围扩大至印度和中国，使其极其富庶。公元77年，老普利尼（Pliny the Elder）在他的《自然历史》（*Naturalis Historia*）中写道：“巴尔米拉是一座环境优美，土地肥沃，水质洁净，水源丰富的城市，故而闻名于世。它的外面是飞啸黄沙，里面却是无尽的田野，是一片世外桃源”。尽管巴尔米拉人民普遍是闪族人，他们逐渐接受了罗马的社会和政治理念，但其东方渊源仍可明显地体现在艺术和传统上。大部分建筑可追溯到公元2世纪和3世纪，反映了这座商人之城的融合风格和无尽财富，他们争先恐后地用更加宏伟的古迹来装点他们的城市。该市占地约5.63平方千米，靠近伊夫泉（Efqa spring），这确保了有充足的水来灌溉橄榄树、棕榈树和石榴树。巴尔米拉缺乏系统的布局，它的住宅区符合东

▌第276页（左下）　这是贝尔神庙摧毁前的地窖。它坐落在一个巨大庭院的中心，庭院四周均为高墙。贝尔是闪族万神殿的主神，常与罗马神朱庇特联系在一起。

▌第276页（右下）　贝尔神庙的遗迹。2018年，联合国教科文组织拨出大量资金用于保护神庙门廊，这是遗址修复的第一步。

▌第277页（上和下）　巴尔米拉剧院（Theater of Palmyra，公元2世纪）也在近期的冲突中遭到破坏。其为中东最豪华的酒店之一，店中舞台长约48米，宽10米；剧院的正面是布景楼，楼上有门和一系列壁龛。但只有底楼保留了下来。

第 278—279 页 “伊斯兰国”偶像破坏的癫狂并没有放过墓之谷（Valley of the Tombs）珍贵的葬礼雕塑。虽然一部分雕塑惨遭破坏，但在考古遗址负责人哈立德·阿萨德的保护下，仍有一些被在暗中移走。阿萨德先生已英勇牺牲。

第 278 页（左下） 大部分巴尔米拉最原始、最古老的葬礼建筑之一的塔式坟墓都惨遭“伊斯兰国”军队摧毁。这些坟墓坐落在一个阶梯平台上，有好多层，各层均由一段台阶连接起来。

▌第 279 页（右上） 这位戴着柔软面纱的女士因被雕刻在了葬礼的雕塑上而永垂不朽。通过这些雕像，我们了解了巴尔米拉流行服饰和珠宝的宝贵信息。

▌第 279 页（下） 遗址的考古博物馆里保存着一块装饰着浮雕的墓碑。这一浮雕展示了逝者真实的生平。

▌第 278 页（右下） 依拉贝（Ehlabel，公元 103 年）的陵墓是一座四层楼高的优雅的塔楼，葬在这里的家族是该市最富有的家族之一，负责建造内博神庙（temple of Nebo）。

▌第 279 页（左上、中） 从雕像的细节和独特的面部特征可看出，这些均为逼真的死者肖像。它们的名字是“nafshâ”，这个词在闪族语言中的意思是“灵魂”或“人”。

方城市常见的独立原则，但在发展中融合了希腊和罗马的城市概念：一条长约 1200 米、宽约 22 米的科林斯式廊柱长街、一座剧院、一个温泉浴场，广泛使用希腊建筑风格（尤其是极为华丽的科林斯式建筑）。

法国考古学家保罗·维恩（Paul Veyne）在书中向被摧毁的珍宝和哈立德·阿萨德致敬，书中指出，巴尔米拉艺术和文化的本质体现在一幅浅浮雕上，它现在仍装饰在贝尔神庙上。浮雕描绘了一队男女去参拜信奉的神明；男人都雕刻出了侧面画像，而女人则裹着令人惊叹的一大片形态各异的面纱。维恩回忆起这一浅浮雕所引发考古学家的众多争论，其中一些人从中看到了抽象艺术的起源。但还有一种更为可能的情况，那就是这位默默无闻的艺术家面对如此多的东西方风格，决定创造自我风格，从而证明了一个发人深省的真理：那些只坚守一种文化的人，注定无法理解自己的文化。

巴勒贝克

黎巴嫩

贝卡谷地
入选年份：1984
遴选标准：C（Ⅰ）（Ⅳ）

尽管赫利奥波利斯是个让人振聋发聩的名字，但当尤利乌斯·恺撒大帝在公元前15年毫不费力地征服这座由腓尼基人建立的“太阳之城”（City of the Sun）时，它仍只是一座稍具财力的城市。皇帝按习俗在那里建立了一个殖民地，取名为朱莉娅·奥古斯塔·费利克斯·赫利奥波利塔纳（Julia Augusta Felix Heliopolitana），并在此驻扎了一支军团。但令人费解的是，他决定在那里建造帝国最宏伟的神庙。

5世纪的历史学家认为这座神庙是一大世界奇迹，他们也是最早将其称作巴勒贝克（Baalbek）的人之一，意思是“来自贝卡谷地的神”（巴尔，Baal）。这座神庙是献给太阳神朱庇特·赫利奥波利塔努斯的。这一建筑矗立在一座约79.55米×47.55米的长方形平台上，由至少700吨重的石块组成，周围有54根柱子，直径约2.21米，高约20.35米，如今只剩下六根：八根被查士丁尼（Justinian）带到君士坦丁堡用于建造圣索菲亚大教堂（Hagia Sophia），其余的有些用于在原地建造另一座拜占庭大教堂（如今已被摧毁），有些毁于地震。这座神庙里有一尊朱庇特的黄金雕像，吸引着来自罗马帝国各个地方的朝圣者来此祭拜。

神庙建造持续了大约150年，但一直未完工，尽管柱子和门楣的遗迹上装饰着狮头和公牛头，叶型装饰和玫瑰花表明这件雕塑极为复杂，许多皇帝都尽己所能将其打造成恺撒所希望的那样宏伟壮观。

大约在公元60年，罗马皇帝尼禄在神庙前建造了一座塔，允许朝圣者在高处瞻仰神像。图拉真（公元98—117年）负责

▌第280页（左） 卡拉卡拉（公元211—217年）负责建造了典雅的通廊，该通廊为公认的巴勒贝克宗教建筑群的入口，其中的一个门廊里有12根柱子，周围有两座塔。

▌第280页（右） 朱庇特神庙的景色。三石阵（Triliths，由三块巨石组成，每块巨石的重量在750吨到1000吨之间）用来建造其所在的巨大平台。

▌第281页 这是门楣的碎片和朱庇特神庙中仍然屹立不倒的六根精美柱子的遗迹。其他的48个柱子，有8个被带到君士坦丁堡建造圣索菲亚大教堂，其他已被摧毁。

▌第 282 页（上）及第 283 页（右） 巴克斯神庙是在安敦宁·毕尤（公元 138—161 年）的命令下建造的，至今仍高大雄伟。在约 18.90 米高的地方，神庙的 42 根柱子仍完好无损，内殿入口处以浅浮雕雕刻的叙事场景也保存完好。

▌第 282 页（下） 这是巴勒贝克考古遗址的全景。罗马人称这座城市为赫利奥波利斯；现名字可追溯到 5 世纪，意思是“贝卡河谷之神”（即巴尔）。

建造一个巨大的入口庭院。

神庙每面长度约 112.47 米，三面排列着 12 个出口，每个出口前都有一个立着埃及粉色花岗岩柱子的门廊。碑文写道观景楼上为各地牧师提供了庇护所，并为出身高贵的朝圣者提供了接待设施。

公元 145 年，皇帝安敦宁·毕尤下令建造巴克斯神庙（Temple of Bacchus），它正对朱庇特神庙，占地约 68.58 米 ×35.66 米，如今仍保存完好。它比例优雅，与精美绝伦的装饰一起，成为罗马艺术的杰作。神庙里有罗马万神殿的全部雕像，尽管它们的脸已被穆斯林入侵者砸碎，如今仍可辨认他们的身份。

巴勒贝克的第三座神庙是由塞普蒂米乌斯·塞维鲁在约公元 200 年建造的，它的纪念通廊是由其继任者卡拉卡拉建造的。献给维纳斯的塞维鲁神庙（Severan Temple）是一

第282—283页　朱庇特神庙大庭院两旁的建筑之一，从神庙走一段台阶即可到达。圣坛所建的地方比巴勒贝克其他纪念碑高至少6.7米，以强调其重要性。

座优雅的五角形建筑，周围是柱子和壁龛。该撒利亚的尤西比乌斯（Eusebius）是基督教教会的第一位历史学家，他写道，在这里令人震惊的是，“男人和女人不知廉耻地结婚，父亲和丈夫允许他们的女儿和妻子卖淫以取悦女神。”事实上，罗马人已经修改了当地闪族传统中的以神之名的卖淫习俗，正如巴勒贝克是罗马宗教、腓尼基宗教和当地文明神圣地三者融合的成果：人们认为木星是巴尔，维纳斯是阿斯塔特（Astarte），而他们的儿子巴克斯是自然的精神。

巴勒贝克自1955年重新焕发了生机并形成了一种“新的融合”，这要归功于一个远近闻名的音乐节。如今朱庇特神庙雄伟的柱子为赫伯特·冯·卡拉扬（Herbert Von Karajan）和姆斯蒂斯拉夫·罗斯特罗波维奇（Mstislv Rostropovich）等杰出艺术家提供新的创作背景。

马萨达

以色列

塔马尔地区
入选年份：2001
遴选标准：C（Ⅲ）（Ⅳ）（Ⅵ）

▌第 284 页（上） 马萨达上空鸟瞰图。始于 1963 年的挖掘不仅出土了希律王的建筑，而且还发现了一个居住地的遗迹，该遗迹可追溯至约公元前 4000 年的红铜时代。

▌第 284—285 页 马萨达峭壁俯瞰着死海西岸边的犹太沙漠和恩戈地绿洲。该山顶部平坦，尺寸约为 300 米 × 600 米，呈菱形。

▌第 285 页（左上） 西宫占地约 3994.83 平方米，是公元 73 年奋锐党设置屏障抵御罗马人围困的地方。虽然奋锐党没有被抓获，但他们集体自杀，堡垒中发现了他们的头骨遗骸。

▌第 285 页（右上） 当奋锐党占领马萨达时，他们拆除了西宫和希律王华丽宫殿中的家具，为这个犹太教派的贫困家庭提供更大空间。

▌第 285 页（左下） 浴室建筑群南边的一个储藏室。在挖掘开始之前，这些储藏室都覆盖在泥土和碎片之下，不为人知。被包围的奋锐党摧毁了这些屋室，以防罗马人掠夺他们的财产。

▌第 285 页（右下） 希律王宫殿中的游泳池。由瓦迪河（Wadi）到堡垒西边的水渠系统提供池内水源，该系统将水输送到 12 个水箱中，箱体总容量超过 4546 万升。

历史学家弗拉维奥・约瑟夫斯（Flavius Josephus）在《犹太战争史》（*History of the Jewish War*）中记录了奋锐党（Zealots）领袖艾力阿沙尔（Eleazar Ben Yair）的话，“我们手中的剑仍可助我们做一件善事：在敌人把我们沦为奴隶前，我们会作为自由人和妻子、孩子一起，向生命道别。”，这是书中最感人的几页，描绘了艾力阿沙尔与族人被罗马人围困在马萨达要塞时的场景，在公元 73 年那个戏剧性的夜晚，奋锐党同胞们拥抱了他们的亲人，然后集体结束了自己的生命。

第二天早上罗马人到达堡垒时，他们发现 960 具身体和大量烧毁的用品。这些死去的犹太人在圣殿摧毁后逃离耶路撒冷，敢于挑战罗马的权力。罗马人并不想以这种方式平息少数犹太人的叛乱。纵然攻克似乎无懈可击的马萨达应属无尽荣耀，但这结果对罗马人来说是一场苦涩的胜利。

马萨达山俯瞰死海西岸附近的犹太沙漠和恩戈地（Ein Gedi）绿洲。这座山就像一个岩石基座，顶部是一个约 300 米 × 600 米的菱形高原。由于瓦迪季节性洪流（wadi），犹太国王希律王于公元前 37 年至公元 4 年在山上建造了一个永久的军事驻防基地。他命令工程师挖建一个由运河和水库组成的蓄水网络以收集河水，但随后他被这里美丽的风景所吸引，便将这里改为住宅区。

我们今天仍可看到这位国王的宏伟图景。高原的北边有三个由石砌台阶相连的露台，露台上是一座宫殿，宫殿的庭院带有门廊，地板上装饰着几何镶嵌画图版，墙上有壁画。紧挨着宫殿的是储藏室，其中可容纳数量惊人的物品，储藏室旁是供客人和马萨达高级官员使用的犹太教堂和浴室建筑。

浴室里最精致的房间是热水室（calidarium），室内遍布陶瓦小孔的地板由 200 根柱子支撑，使下层火炉中的热气可沿空隙进入。建筑群中最令人印象深刻的是用作行政中心的西宫，占地约 4000 平方

▌第 286 页（上） 西宫会客厅的镶嵌画地板上绘有水果和几何图案的图章之一。这所西宫会客厅是由希律王打造的马萨达巨大的行政中心。

▌第 287 页 希律王的皇家宫殿建于高原的北端，所在的三个露台以阶梯相连。这所建筑高大雄伟，内部装饰精致典雅，足以见证这位犹太国王（公元前 37—公元 4 年）的雄心壮志。

米。其余建筑用于部队住宿。

虽然 19 世纪人们就已发现马萨达，但系统的发掘直到 1963 年才开始。除了雄伟建筑物的遗迹，考古人员还发现了大量的货物、硬币和头骨（可能属于奋锐党）。在山脚下可以清楚地看到罗马人在围城期间修筑防御工事的遗迹。

马萨达象征了犹太人为自由做出极大牺牲。然而奋锐党的抵抗和殉难并没有记录在犹太人神圣的成文法典中，唯一的书面记录来自弗拉维奥·约瑟夫斯。他偶然遇到了通过藏匿在水管中躲过大屠杀的两名妇女，从而得知这一事件。然而弗拉维奥·约瑟夫斯是一个叛徒：他生为犹太人却投靠罗马人，几个世纪以来，他消逝在犹太人的记忆中，随之带走了马萨达的那段故事，直到 1920 年作家伊扎克·兰丹（Isaac Lamdan）创作了一首名为《马萨达》的诗。正是这首诗背后的故事在第二次世界大战中激发了华沙犹太人区犹太人反抗纳粹运动。

▌第 286 页（左中） 5 世纪住在堡垒附近石窟里的僧侣建造了这座拜占庭式的小教堂。装饰地板的镶嵌画图版已被完全摧毁。

▌第 286 页（右中） 希律王宫殿的下层露台俯瞰死海。到达这座城堡需翻越一条陡峭的小路，现在游客可乘坐缆车到达。

▌第 286 页（下） 浴室中的热水室。热水室的地面由照片中的 200 根柱子支撑，并且有许多陶瓦小孔，地面下方炉子里受热空气可通过这些空隙进入房间。

佩特拉

约旦

马安地区
入选年份：1985
遴选标准：C（Ⅰ）（Ⅲ）（Ⅳ）

第 288 页（上） 日落时的佩特拉：低沉的微红灯光让这些建筑看起来非比寻常，岩石也显现出美妙的渐变色彩。

第 288 页（左下） 一辆马车穿过狭窄而美丽西克峡谷，这条峡谷将砂岩层中雕刻出长约 1200 米的裂缝。是通往纳巴泰城佩特拉的唯一入口。

熏香、藏红花、没药、豆蔻、胡椒、生姜和肉桂等食品调味料；香氛香膏和药物；从公元 1 世纪初开始尊贵的罗马贵族偏爱的布料薄纱与丝绸；根据一位不知姓名的希腊商人撰写的手册《厄立特利亚海航行记》（*Periplo del Mare Eritreo*），所有的这些商品均通过海路从印度运抵传说中也门王国的哈德拉毛港（Ports of Hadramauth）。之后，纳巴泰人穿过沙漠，将它们用大篷车从阿拉伯半岛运往美丽的佩特拉（Petra），在那里货物被分为多份，运往地中海、波斯和美索不达米亚等地。

半游牧商人因其能提供令人心驰神往的商品，赢得了罗马人和波斯人的尊敬，但我们对他们的了解却很少。一些学者认为他们是以东人，阻止了摩西（Moses）领导的犹太人外逃。关于纳巴泰人的第一次书面记载很晚才出现，我们可以在狄奥多罗斯·斯库鲁斯（Diodorus Schous）（公元前 80—前 20 年）的《历史丛书》（*Biblioteca History Orica*）第 19 卷中找到。其中记载的事件可追溯到公元前 315 年，描绘了迪亚多奇（Diadochs，亚历山大大帝的继任者）未能成功征服生活在佩特拉的纳巴泰人。

该部落下一记载开始于公元前 63 年，当时庞皮（Pompey）领导的罗马人成功地将自己的统治范围扩张至今天的叙利亚和约旦，而这两个地区的居民主要为纳巴泰人。尽管国家统治受到威胁，纳巴泰人还是设法守住首都，继续垄断来自红海的商品。

直到 106 年罗马才将纳巴泰人击败，当其国王拉贝雷二世死后，他们把他的城市让给了图拉真皇帝统治下的叙利亚总督科尼利厄斯·帕尔马。纳巴泰人的投降很可能是为达成一项外交协议，证据来自国家吞并后铸造的罗马硬币，为了庆祝吞并硬币上印的是“阿拉伯征服者”（Arabia adquisita），而不是“阿拉伯元首币”（Arabia capta），换言之这意味着这一吞并是行政性质的“财产转移”。

事实上，尽管罗马在人力和武器上具有压倒性的优势，但他们永远不可能武力夺取佩特拉。西克蛇道（Siq）——这条数千年来由该地区季节性洪流之一的瓦迪穆萨（Wadi Musa）形成的狭窄通道——是进入这座城市的唯一途径，通道的入口处几乎是看不见的。从蛇道起约 1189 米，沿着高达 100 米的砂岩墙有一系列的弯道和直角转弯。从这里进入是夺取该城市的唯一手段，但即使是对罗马这样的军队，这种方式也类似于自杀。

如今西克不再是一个无懈可击的军事屏障，而仅仅是通往卡兹尼神殿（Khazneh Fir'awn，又名“法老的宝藏”）的一条美丽

第 288 页（右下） 卡兹尼神殿的正面有两层楼高，高约 40 米，宽约 28 米。它复杂的外观来自后墙的凹陷，使建筑看起来像是一个巨大的框架。

第 289 页 从西克峡谷引人注目之处可以看到名为法老的宝藏的卡兹尼神殿，这是一座华丽的建筑，可能是为纪念阿雷忒三世而建造的，他的统治（公元前 84—前 56 年）恰逢纳巴泰人最繁盛的时期。

的通道，这座巨大的神殿是从岩石中挖掘出来的，是世界古代最非凡的纪念碑之一。英国考古学家伦纳德·伍利（Sir Leonard Woolley）写道："纳巴泰建筑师将古典建筑分解，把玩各个部分，将其随意排列，完全不在意最初的设计功能。"

卡兹尼神殿有两层立面，宽约28米，高约40米，其特点是设计非常精致。下层是由六根柱子组成的门廊，上层是一个圆屋，圆锥形屋顶上放置了一个瓮。神殿两侧有两个由柱子和亭子围成的半山墙，精巧非凡的装饰图案随处可见：雕像、柱子，和不断涌现的浮雕上布满了带有鲜花和浆果的花环图饰，让人想起希腊的装饰样式。像佩特拉的大多数古迹一样，这座建筑具有葬礼功能，很可能是为了纪念国王阿雷忒三世（公元前84—56年），他的统治恰逢纳巴泰人最繁荣的时期。卡兹尼神殿来源于阿拉伯人，他们长期以来一直相信这座圆形建筑的瓮中藏着宝藏。他们以反传统的狂热摧毁了立面上的雕像，就像一些贝都因人后来为了寻找宝藏而摧毁了双耳瓶一样。

从卡兹尼神殿出发，这座宏伟的城市通向一个四周环绕着粉色尖顶的中空区域，那里唯一保留下来的非石雕建筑被冠以错误的名称：法老女儿的城堡（古名 Qasr al Bint Fir'awn）。这座神庙体积巨大、装饰华丽，建筑结构是以尼罗河流域神庙为基础的。佩特拉和亚历山大之间在遥远的古代曾有商业活动，而神庙名字就源于埃及对当地文化的悠久影响。并且纳巴泰人为更好实现商业往来广泛吸收了所接触的其他民族的文化和艺术特征。

▌第 290 页（左上） 一条柱廊街道，于公元 1 世纪末和公元 2 世纪初建造。这条街道从东到西穿过这座城市，位置从“法老女儿的城堡”一直延伸到皇家寺庙。

▌第 290 页（右上） 剧院完全由砂岩雕刻而成，有一个可容纳 8500 名观众的观众席。最初布景墙是由大理石镶板和色彩鲜艳的石膏衬砌而成的。

▌第 290—291 页 左边是科林斯之墓（Corinthian Tomb）和宫殿之墓（Palace Tomb）。后者的名字是因为人们相信它的建筑风格模仿了雄伟的希腊住宅。这两座建筑都是集体坟墓，很可能属于王室成员。

▌第 291 页（上） 方尖碑之墓（Tomb of the Obelisks）的名字来源于四个象征着埋葬在墓穴中的逝者的浮雕方尖碑。它的挖掘地点位于西克通道的大型三棱柱上方。方尖碑和三棱柱的功能可能存在相似之处，它们的立面上布满了精致浮雕，十分引人注目。

▌第 291 页（下） 与佩特拉的许多其他坟墓一样，瓦迪法拉萨（Wadi Farasa）地区花园陵墓的门廊房间可能用于死者的祭日举行宴会，以纪念死者。

雄伟的代尔修道院（ad-Dayr）在风格上显然是希腊化的。它矗立与其同名的山顶上，通过岩石上无尽的台阶就能到达，石阶两旁排列着坟墓和虔诚的壁龛，就像圣道（Via Sacra）一样。然而，佩特拉的许多坟墓——瓮冢（Tomb of the Urn）——以及举行葬礼宴会的石质三叉戟，都装饰着亚述艺术典型的阶梯装饰。

纳巴泰人的房子已所剩无几，其很可能是用易腐烂的材料建造的。人们对这些人知之甚少，他们可能已融入阿拉伯民族。罗马人到来后，这座城市的重要地位逐渐丧失，尽管历史学家斯特拉博（Strabo）等

▌第 292 页（上） 这座公元 1 世纪末的神庙陵墓名为罗马士兵之墓，名称来源于中央壁龛里有一个穿着盔甲的人物雕塑。他是埋藏在这里的高级军官。

▌第 292 页（下） 在罗马士兵墓中的三棱柱的墙面上排列着半根柱子以及带有大窗户的壁龛。在大厅的中央有几张石凳，供前来参加葬礼的客人休憩。

▌第 292—293 页 考古学家认为，代尔修道院是为了纪念一位纳巴泰君主（也许是奥博达一世）而建造的一座寺庙，他在死后被奉为神明。

人仍对这座城市充满研究热情。然而在公元 3 世纪，随着帝国的衰落，罗马人对佩特拉失去了兴趣。这座城市的记忆成了一个由分散的贝都因部落成员守护的秘密，直到 1812 年 8 月 22 日，瑞士旅行家约翰·路德维希·伯克哈特（Johann Ludwig Burckhardt）重新发现了这座城市。

他的记述发表在《叙利亚和神圣之地游记》（*Travels in Syria and the Holy Land*）上，让 19 世纪正处于浪漫主义时期的欧洲人发现了这片沃土，这部作品也吸引了一位出身卑微的年轻苏格兰人出发前往这座非凡的城市。他的名字叫戴维·罗伯茨（David Roberts），他为佩特拉画了大约 100 幅素描和油画，也因此收获了荣誉，他回到英国后就成了他那个时代最伟大的风景画家，在他的作品与观点公之于众后，佩特拉又恢复了生机。

第 293 页（左下） 塞克斯修斯·弗洛伦蒂努斯（Sextius Florentinus）是公元127年的罗马阿拉伯省省长，其陵墓巨大的中央拱门上刻着一位女性形象。这很可能是希腊化衍生的象征蛇发女怪。

第 293 页（右下） 文艺复兴之墓的正面。这个奇特的名字来源于三角墙上的细节处理，类似于文艺复兴时期的意大利建筑。佩特拉墓的另一个不同寻常的装饰特征是楼梯上的浅浮雕。

波斯波利斯

伊朗

法尔斯省
入选年份：1979
遴选标准：C（Ⅰ）（Ⅲ）（Ⅵ）

所有来自幅员辽阔的波斯帝国的代表都参加了盛大的游行来庆祝新年。丰富多彩的节日庆典是统治者的骄傲，也为观众提供了娱乐活动。庆典以不朽万人军庄严的进行曲拉开序幕，然后是米底亚人（Medians，他们有幸率先开启波斯庆典），紧随其后的是拴着狮子的埃兰人（Elamites），安息人（Parthians），中亚的粟特人（Sogdians）。粟特人带来了单骑和兽皮作为献给皇帝的礼物，埃及人带来了基座和一头公牛，萨格旬人（Sagartians）带来了马和华丽的衣服，巴克特里亚人（Bactrians）带来骆驼，亚美尼亚人（Armenians）献给皇帝装满礼物的花瓶，巴比伦人（Babylonians）带着杯子和布料，锡利人（Cilicians）带着公羊，斯基泰人（Scythians）带着尖头武器，亚述人（Assyrians）带着长矛，吕底亚人带着战车，爱奥尼亚人（Ionians）带着盘子，最后是带着几十个大篮子的印度人民。

游行在波斯波利斯举行，我们可以在宏伟的浅浮雕上看到非常详细的记录。浮雕位于阿帕达纳（Apadana）阶梯的墙上，长达300米以上，按不同的顺序进行划分。这一有纪念意义的建筑由36根柱子支撑，高约25米，柱子上装饰着刻有狮鹫、狮子和公牛——专门用于万王之王的招待会，万王之王是阿契美尼德王朝（Achaemenids）的统治者，这一王朝是由至高无上的神阿胡拉·玛兹达选出的。这座宏伟的建筑是大流士（Darius，公元前522—前486年）下令建造的，其将波斯波利斯作为首都。

大流士一登上王位，就推行自由意志主义政策，在各省建立了拥有广泛政府权力的属地。事实上，他的“分权国家”无论是出于行政还是商业目的均无须建立一个新政府。因此国王仅选择了波斯波利斯作为国家中心，用于举行国家庆典并将帝国金库设立于此，库中储存着从帝国的各个角落送给他和他的继任者的礼物。

波斯波利斯建在一个长约450米、宽约100米、高约15米的石头平台上，通往波斯波利斯的唯一入口是由大流士的儿子薛西斯建造的一段通往国门的台阶。从

▌第 294 页（上） 波斯波利斯城是由大流士开始缔造的，他将城池建在一个人造平台上。他的继任者为此征用了来自帝国各个角落的数千名奴隶。

▌第 294 页（下） 现在看到的这头无角公牛拥有庞大的雕刻规模，但细节打造极为精细，用于柱子底座。波斯波利斯的柱子和基座通常是以动物的形式出现的。

▌第 294—295 页 据记载，该国宏伟的大门是由薛西斯一世建造的，通向阿帕达纳。阿帕达纳是一个有纪念意义的建筑，可容纳成千上万的人参加国家庆典。

▌第 295 页（上） 波斯波利斯非常富有，正如希罗多德所述，当亚历山大大帝在公元前 330 年摧毁这座城市时，需要 1 万头骡子和 5000 头骆驼来带走它的财宝。

▌第 295 页（下） 作为阿帕达纳入口处阿契美尼德力量的象征，这一神话生物名为拉玛苏，一种有着公牛身体、人头和尖须的半人半兽怪物。

第 296 页（左上） 正如议政厅上的这幅浮雕一样，大流士走动时总是由奴隶举着遮阳篷并随时洒水。从雕塑的脸部来看，他总是表现出一种权力感和近乎超自然的美。

第 296 页（右上） 大流士坐在宝座上，脚放在凳子上，以一种神圣的姿势欢迎他的臣民。在浮雕中，国王的形象总是比其他人物要高大。

高约 7 米的石牛上可以俯瞰这座三面敞开的建筑。阿帕达纳不远处是大流士建造的两座建筑，议政厅（Tripylon，装饰着浅浮雕）和塔查纳（Tachana，冬宫），入口处有公牛和拉玛苏的雕像（Lamasu，一种半人半兽的怪物，拥有公牛的身体，头部是一个尖胡子的人）。

再稍微向前走就是巨大的宝座室（Throne Room），也称为百柱之宫（Palace of a Hundred Columns），以及阿契美尼德王朝最后一位统治者阿尔塔薛西斯一世（公元前 358—前 338 年）未完工的宫殿。该建筑群包括薛西斯的宫殿，这是一个优雅的正方形空间，里面可以看到各式各样的房间。其中一个为后宫，但那里并没有嫔妃居住过，也没有他人宿于此，这里只是一个皇家金库。在 25000 块刻有楔形文字的石碑的法庭档案中，司库详细地清点了所有带给统治者的礼物。事实上，皇帝雇佣了 1438 人来看守和管理他的财富。

公元前 330 年，亚历山大大帝来到城门外，他的军队非常庞大，装备精良，波斯人只得不战而降。然而马其顿人一反常态摧毁了波斯波利斯，把它变成了一堆废墟，来报复阿契美尼德人于公元前 480 年摧毁雅典。然后亚历山大继续势不可当地朝着征服东方的目标前进。然而据说几年后，他返回时希望在波斯波利斯停留片刻，那里除了一个鬼魂一无所有。太阳落山时，他独自一人爬上了平台，流下了悔恨的泪水。

第 296—297 页 从装饰阿帕达纳露台底部的浮雕中我们可以看到大流士的臣民们在向其进贡。嵌入的柏树和棕榈树图案减轻了雕像的死板，这些树木图案的灵感来自国王和宫廷成员喜欢放松的花园。

第 297 页（上） 大流士宫殿中巨大楼梯上印有浮雕，浮雕为狮子和其猎物的图案，这是传统的波斯肖像图案。这一图案被希腊人吸纳，并用于雅典纪念碑的浮雕。

第 297 页（中） 从大流士宫殿敞开的大门里可以看到一个门廊，以及国王曾经举行宴会的花园。除了露台和楼梯，这座曾经宏伟的建筑还留下了巨大的石质飞檐。

第 297 页（下） 36 根柱子上装饰着绝妙的动物图案，它们支撑着阿帕达纳的雪松天花板，这些柱子经过几个世纪已腐烂。

第 298 页（上） 这是浮雕上的一个细节，展示了向波斯波利斯献贡的游行队伍。它象征着国王完全占有臣民的财产，也象征着臣民的忠诚。

第 298—299 页 希罗多德估计，大流士的军队有 500 万精兵，这还不包括“做面包的女人、妃子和太监。”这个数字是不切实际的：今天，人们认为阿契美尼德的军事力量不超过 5 万人。

第 299 页（上） 从衣着和用作礼物的携带物品里，我们可以判断出庄严的游行队伍中的不同民族。我们在这里看到锡利人为大流士带来了公羊。

第 299 页（中上） 马的展现非常详细和符合比例。正如色诺芬（Xenophon）所述，波斯人是优秀的骑手，骑马时不使用马镫。

第 299 页（中下） 吕底亚人用战车把他们的供品送到国王面前。每个代表团都由一名“门卫官”带领进入阿契美尼德首都。

第 299 页（下） 一名身穿阅兵式制服的皇家卫兵用双手拿着长矛，背上挂着箭袋。这是阿帕达纳东面楼梯上的一个浅浮雕的细节。

秦始皇陵

中国

陕西省临潼区
入选年份：1987
遴选标准：C（Ⅰ）（Ⅲ）（Ⅳ）（Ⅵ）

第 300 页（上） 西安博物馆的这一模型是根据西汉史学家、太史令司马迁的描述建造的。这是对皇帝仙逝后居住地的假想重建，尽管至今考古学家还没有发现秦始皇的墓室。

第 300—301 页 组成中国第一位皇帝秦始皇兵马俑的约 8000 尊雕塑都覆盖了一层保护层，以使其免受自然因素影响。

第 301 页（上） 士兵们最初携带的武器是木柄的，但几个世纪以来这些木质结构已腐烂。然而其他配件仍存在：青铜箭头，短兵相接时的匕首刀片，以及信号铃。

第 301 页（中） 这些雕像的含义存在争议。一些专家认为他们代表了真实的皇家卫士，而另一些专家则认为其为一种替代性殉葬品，以避免皇帝死后更多人牺牲。

第 301 页（下） 除了雕像，人们还发现这个土堆里有建筑碎片、工具和一个金属项圈。项圈表明陵墓的建造者还有部分囚犯，这证实了公元前 3 世纪的说法——建造陵墓总共投入了 70 万名奴隶，工作了长达 36 年。

一周的外出时间：这是所在机构为考古学家袁仲一估算的时间，他将出差一周前往距离西安约 32 千米的临潼。这位年轻学者的任务是去核实一个消息：一位农民在宴寨乡的集体农业用地上打井取水时发现了一尊兵马俑。那是 1974 年，没有人想到这座真人大小的士兵雕塑只是不可思议拼图中的一小块，这幅宏伟的拼图便是传说中的中国首位皇帝秦始皇（公元前 259—前 210 年）的陵墓。

三十年过去了，秦始皇陵墓的挖掘工作闻名世界。袁仲一，现在是一位享誉世界的考古学家，是兵马俑博物馆的馆长。他的名字还将继续为中华人民共和国考古历史的一部分，与 20 世纪亚洲最重要的考古发现紧密联系在一起。

“墓葬”一词似乎不能恰当形容这一有巨大历史意义的遗迹。这座地宫依照“龙”的形态建造，2002 年人们终于绘制出了其大致地图，地宫覆盖了大约 259 平方千米的平原，北接骊山，南连渭河。目前，游客只能进入三个坑，里面大约 8000 尊兵马俑，用于永久守卫秦始皇。雕像腰部以下均为实心，而躯干及头部为空心的；重约 218 千克，身高约 1.75 米到 2 米。有步兵、重骑兵、弓箭手、弓弩手、马兵、帝王护卫队的高级军官、马匹和战车，人像均装备着木制和金属武器，打造得极为逼真，细节也拿捏到位。虽然它们身上涂抹的许多矿物颜色已经褪去，但从每尊兵马俑的伤疤、嘴唇和割破的耳朵中，我们仍可清楚看到他们的面部特征和个人特色。

虽然兵马俑已有两千多年的历史，但他们仍栩栩如生，正如皇帝希望这座地宫（他国家的复制品）来世依旧存在。

秦始皇下葬的石基全部由青铜砌成，上面覆盖着一个含水层。它旁边有一处宫殿的微型复制品，复制品四面为一堵约 12 千米长的围墙。宫殿庭院周围排列着一系列建筑，考古学家在其中的一些房间里发

现了存放的黄金、宝石、精巧的器皿、食物和异域鸟类。此外，屋子里还有妃子、仆人、僧侣和园丁的尸骸，在皇帝去世后他们与其一同被活埋，跟随皇帝入土后的旅程。这个“地国”中还有一个巨大的墓地，按比例打造的长安城（Chang'an，秦朝都城，现名为西安），一个用珍珠模仿星座的天象仪，和用机械操纵的水银流体来代表中国最重要的河流。

第 302—303 页（上） 2 号坑发现的墓葬物品中包括这辆带篷战车，车中有皇家士兵的指挥官。除了兵马俑，在土丘西南部发现了大约 400 匹真马的遗骸，可能是秦始皇帝葬礼期间殉葬的马匹。

第 302—303 页（下） 一位高官的带篷马车前拴着四匹马。图中显示马匹肌肉紧致，鼻孔张开，鬃毛飞扬。体现了中国古代工匠造马时的巅峰技艺。

完成这项巨大工程花费了36年时间，投入了70万奴隶。根据传说，他们被活生生封死在了地宫中，以免泄露隐藏在地下宝藏的秘密。公元前246年秦始皇亲自下令修建这座陵墓。当时他只有13岁，刚刚继承了秦国王位。尽管他年纪轻轻，但他常常受死亡的恐惧所扰。这场噩梦折磨着他，进而导致了一种疾病，让他周遭围满了巫师、占卜师、法师、炼金士和江湖骗子。若不是这一切，他本该作为一名勇士、政治家和领袖，以他毋庸置疑的能力被世人铭记，并且可与奥古斯都和亚历山大大帝等伟人相提并论。

秦始皇可以说是中国的缔造者。公元前221年，他艰难地摆脱了贪得无厌的老师吕不韦的控制后，征服了七位敌国领袖，在这之后他发现自己统治着一片广袤的领土，有不同民族的百姓在此居住。为了保护帝国，他开始修建非凡的防御工事长城。他摒弃了封建制度，用复杂的官僚制度来统治领土，通过修建大型灌溉渠来鼓励发展农业，并统一了度量单位，同时规定了标准手推车轮之间的距离以便规划道路。他将货币统一为圆形方口钱币（这一货币形式在中国一直沿用至20世纪），并创建了标准表意文字体系，以统一帝国各个方位的书面和口语用语。

另一方面，为建造他那座神话般的陵墓，他牺牲了国家。这项工程需要源源不断流入大量资金，导致人民课税愈发繁重。此外，狂妄自大的秦始皇帝自诩为神，他将圣人孔子视为敌人，想要民众摒弃孔子教义。因此，他下令焚烧所有儒家书籍，但将有关占卜、医药、药理、农业和园艺的著作保留了下来。

随着年龄的增长，他完全沉迷于寻找永生的奇幻法则，进而变得越来越残暴。他听闻东方有长生不老的仙药，便派人东巡寻觅。最终，秦始皇没能承受身体和精神疾病的影响，于公元前210年便去世了。

送葬队伍横跨帝国大部分地区，场面十分壮观。当他的遗体到达陵墓时，陪葬的多达1000人。之后，“地下帝国”被泥土完全覆盖。这片平原自那时起便用来种植小麦。

第 304 页（左） 这些雕像特征古朴，同时也有一些比例错误（如手臂过短），但服装、发型以及最重要的面部细节处理非常真实，显示来自不同地域的士兵特征，相当震撼。

第 304 页（右） 这些雕像展示的人物类型多种多样，不同的姿势也凸显其个性特征，正如该图所示的跪着的弓箭手雕像（高约 1.22 米）。

第 305 页（左） 残留的星星点点的油漆痕迹可以显示出曾经使用过的油漆颜色，有助于人们识别士兵的军衔。从后面看，跪着的弓箭手穿着绿色制服，而他盔甲上的军章的衔接处仍可看到一些红色。

第 305 页（右） 尽管这一装甲步兵雕像细节丰富，但其并非为兵马俑。据分析，它们是从八个可能的模具之一中印刻出来的，但脸部特征经手工再次雕磨。

龙门石窟

中国

河南省洛阳市
入选年份：2000
遴选标准：C（Ⅰ）（Ⅱ）（Ⅲ）

浏览全部龙门石窟就如阅读一份吉尼斯世界纪录清单。龙门石窟共有2345个；沿伊河两旁的山坡绵延近1.6千米，有些只是很小的壁龛，有些是大型石洞。石窟总共包含10万多个佛教造像，尺寸从小于3厘米到超过17米不等，还有43座宝塔和3600多块石碑，上面刻着与中国古代历史有关的珍贵铭文。

石窟中的造像为公认的北魏至唐朝时期最丰富的中国艺术收藏品，自公元493年北魏都城从大同迁至洛阳开始，石窟历时四个世纪雕刻而成。洛阳沿伊河而建，与河两岸相对的两座山脉相距约11千米，形成了一条巨大的“R”形自然通道，古代中国人称其为“伊河之门”。当洛阳成为都城时，它的名字改为“龙门”，即“龙之门（Gate of the Dragon）”。

这些石窟都是从石壁中挖掘出来的，在数以千计的龙门石窟中，最令人印象深刻的可能是建于公元672—675年的唐代凤仙寺中的一座。工匠在雕刻过程中，将它封闭在一个屋顶中，以保护最大的龙门佛像不受自然因素的影响。龙门佛像高约17.15米，两侧分别有两名弟子和两名菩萨。根据传统，这座巨大的雕像完美地将道德、优雅和宁静结合在了一起。更切实的解释是这座雕塑的特征是按照女皇武则天打造的，这也是其名为“东方的维纳斯”（Venus of the East）的原因。

古阳洞也同样趣味十足，其开凿于公元495—575年，为第一座挖掘于山脉两侧的石窟，其中有着北魏艺术的最高表现形式：一尊佛像在神龛上冥想，脚下有两只狮子；以及其他雕塑、绘画和19品魏碑

第306页　该图为伊河侵蚀的悬崖景观，这片悬崖也是2345个龙门石窟所在之处。石窟创作于北魏时期，开始于493年并持续约400年。

第306—307页　托塔天王手持神塔，击败了一个来自冥界生物。在他旁边的是金刚，一个外表凶神恶煞的妖怪。这是凤仙寺的两个人物，装饰以唐朝的肖像形态。该洞穴建于公元672—675年。

▌第 307 页（左上） 龙门石窟中最不同寻常的雕像是奉先寺中的卢舍那佛。从图中我们可以看到其面容，为模仿武则天的五官而作。

▌第 307 页（右上） 这尊雕塑戴着珍贵的王冠，是奉先寺内环绕卢舍那佛像的大型雕像之一。

精品（共 20 品）。

万佛洞建于公元 690 年，以其所含佛像的数量而闻名。虽名为“万佛洞”，其南北墙雕像实际有 15000 多尊，而后墙上雕刻了 54 朵莲花，每朵莲花上都有一尊菩萨。莲花洞的顶棚上只有一朵莲花，雕刻于北魏 527 年前后。

同样精美非凡的还有宾阳洞，这是一个由三个洞口组成的石窟群，据说需要 800 人挖掘25年才能完成。中央洞穴长约12米，宽约 11 米，高约 9 米，由宣武帝元恪建于公元 500—523 年来纪念孝文帝和宣武帝生

▌第 308 页（上） 万佛洞北墙上装饰着数千尊佛像。事实上洞内至少有 15000 尊佛像，最小的不到 3 厘米。

▌第 308—309 页 公元 690 年，万佛洞中心的佛像坐在莲花之上，高宗皇帝和皇后武则天一起向佛陀为他们的子女祈福。

▌第 309 页（左上） 释迦牟尼手掌张开和手背朝下，两种手势分别表达了保佑和慈悲，佛陀两侧各有一尊菩萨。

▌第 309 页（右上） 龙门石窟中的雕塑不仅具有非凡的艺术价值，还为学者们提供了关于北魏、唐、隋、宋时期中国民间建筑、经济和服饰的宝贵信息。

母。里面有九尊佛像，其中最大的一尊高约 8.23 米。顶棚又一次出现了一朵巨大的莲花，旁边有 10 位仕女。不幸的是，墙壁上装饰的一幅非凡的礼佛图于 1935 年遭遇劫掠，现藏于美国的一家博物馆内。

虽然石窟总体状况良好，但由于风沙侵蚀等自然原因和人为破坏，龙门石窟遭遇了损坏。近期洛阳经济迅速发展，随之加剧了市区酸雨和汽车尾气的威胁。然而中国增强了艺术遗产的保护意识，中央和地方政府采取了彻底的保护措施：搬迁该地旅游设施，转移罗门村，并重建通道以最大限度地减少机动车产生的震动和灰尘等。

▌第 309 页（下） 龙门石窟雕像的大小千差万别。雕像平均体形略大于真人大小，而最小的仅约 3 厘米，最大的则超过 17 米。

桑吉佛教古迹

印度

中央邦
入选年份：1989
遴选标准：C（Ⅰ）（Ⅱ）（Ⅲ）（Ⅳ）（Ⅵ）

第 310 页（上） 佛教宇宙中的神圣动物，这些在大佛塔西托拉纳的顶端的大象雕刻精美，图案中它们受到阳伞的保护。

▌第 310—311 页　北陀兰那是大佛塔（也称佛塔 1）四个入口中最精致、保存最完好的。公元前 1 世纪百乘王朝（Satvahana dynasty）期间添加了这四个入口以完成古迹建设。

乍一看，这里似乎只是一座在广阔的印度平原上拔地而起的小山，虽然仅高约 91.44 米，但此处苦行的庄严让人忘记了它的不起眼。桑奇有着印度次大陆最古老的宗教古迹，不断反映出从公元前 3 世纪—公元 13 世纪佛教在精神和画像表达上的进步，也是在 13 世纪，印度教重新成为印度的主要宗教。

没有证据表明在通往涅槃的路上悉达多王子曾驻足桑奇。圣坛的建立主要归功于孔雀王朝（Mauryan dynasty）国王阿育王，从公元前 273—前 236 年大部分次大陆都是阿育王的领地。他和妻子皈依佛教，出生在桑吉附近的毗底沙（Vidisha），他下令建造各种佛塔（用砖头和灰泥制成的半球状纪念碑，象征着连接地球和天堂的圣山），以保存佛陀的遗物，如他的头发、牙齿和肩胛骨。

最雄伟的一座桑吉佛塔直径约 36.78 米，高约 17.07 米，顶端有一处伞盖（chattra），象征着佛教三宝（Three Jewels of Buddhism）：佛宝（佛陀本人）、法宝（佛教教义）和僧宝（僧侣团体）。它矗立在一个平台上，朝圣者们在这个平台上不断练习漫步仪式。四个陀兰那（torana，意思为大门）穿过佛塔周围的石栏，石栏上刻着的精美浮雕记录了佛祖生平、前世，以及阿育王在其帝国传播佛教的事迹的编年史。其中有两幅浮雕最为有趣，一幅描绘了佛陀对邪恶的恶魔马拉（Mara）施加给他的诱惑无动于衷，以及马卡皮·贾塔卡亲王（Makakapi Jataka）的传说，传说中他像一座横跨恒河的桥梁一样将自己伸展开来，来帮助 8 万只猴子逃脱敌人的追捕，成功拯救了它们。

冥想之佛的众多佛像吸引着信徒来到这一平台。这些雕塑出现于公元前 1 世纪笈多王朝统治时期，当时国家关于人类的神圣形象的禁令变得不那么严格，而在阿育王的浅浮雕中，佛陀的形象有：一棵菩

▌第 310 页（左下）　大佛塔北陀兰那上第二、第三顶梁细节展示。顶梁上部为狮子和木仙子雕塑。

▌第 310 页（右下）　这个由菩萨支撑的法轮浅浮雕也来自北陀兰那。浮雕描绘了《须大拿本生》（*Vessantara Jataka*）中的情节，讲述佛陀在获得开悟前化身的故事。

▌第 311 页（上）　如今看来大佛塔可追溯到公元前 2 世纪，但人们认为孔雀王朝阿育王在整个次大陆传播佛教留下了其中一部分佛塔，这一部分更为古老。

▌第 311 页（下）　图中这尊佛像是用砂岩雕刻，与西陀兰那佛像相照应，其与大佛塔中其他三尊佛像一样，均为对笈多王朝公元 450 年建立遗迹的补充。

▌第 312 页（上） 这是传统上常与印度教湿婆联系在一起的大腹便便的侏儒迦那（Gana），他支撑着佛塔 3 中唯一的陀兰那顶梁。

▌第 312 页（左中） 1851 年人们在佛塔 3 发现了两件珍贵的遗物：它们是镶嵌着珍珠、水晶、紫晶和天青石的骨头碎片，骨头来自佛陀最重要的两位弟子。今天，这些物品收藏于大英博物馆。

▌第 312 页（右中） 2 号塔只有一个陀兰那，矗立在一个台座（medhi）上，并被一个装饰着浅浮雕勋章的栏杆所包围。它可能建于公元前 2 世纪。

▌第 312 页（左下） 17 号寺庙是笈多王朝建筑的杰出典范，也是后来发展于卡杰拉霍和奥里萨邦（Orissa）古典印度教风格的先驱。这座寺庙有一个平顶，支撑该平顶的为四根装饰着狮子的柱子。

提树（佛祖在此树下获得启迪），法轮（象征佛祖布道），一匹马（象征佛祖放弃尘世的财富），一条线（象征通向涅槃的道路）。

在朝南的陀兰那旁，阿育王放置了一块石制方尖碑，上面刻着用印度最古老的语言巴利语（Pali）撰写的朝圣指南。在大佛塔（Great Stupa）周围建造了数十座其他佛塔，这些佛塔都较小，保护状态各异，印度许多不同佛教信仰阶段的寺庙和遗迹也是如此。18 号神庙始建于公元 7 世纪，因其鲜明的希腊外观令人惊诧不已，这也是亚历山大大帝在印度探险期间留下文化遗产的见证。

山南侧的 45 和 47 号寺院展示了佛教禁欲主义与更具情节性和戏剧性的印度教教派的融合。在这里，精心制作的高浮雕描绘了环绕着恒河和亚穆纳河（Yamuna rivers）神灵的佛陀，性感的舞者，甚至还有情欲场景，这开启了一个新的精神和艺术时代，这一时代将在未来的卡杰拉霍神庙里达到巅峰。

第312页（右下）45号寺院是桑吉寺庙中最宏伟、保存最完好的。请注意位于中心的寺庙；这座寺庙建于9—10世纪，当时印度的佛教正慢慢被印度教所取代。

第313页（上）这头大象是2号佛塔扶栏上雕刻描绘的动物之一。在其周围，朝圣者们以逆时针方向练习了一种名为内转经道（Pradakshinapatha）的漫步仪式。

第313页（下）这尊佛像位于45号寺院，头上佩戴的光环上装饰着精美花卉图案。寺院建筑群中还有印度教河神甘伽（Ganga）和亚穆纳的雕像。

阿旃陀石窟群

印度

马哈拉施特拉邦
入选年份：1983
遴选标准：C（Ⅰ）（Ⅱ）（Ⅲ）（Ⅵ）

第 314—315 页　26 号窟雄伟的寺庙（拥有正殿的佛教圣地）显现出一些阿旃陀最精致的建筑和装饰特色。房间后面有一座佛塔，上面有一尊坐佛像，奇怪的是它却面朝西。

第 314 页（下）　26 号窟外景装饰华丽。这是 7 世纪阿旃陀马蹄形悬崖西南端挖掘的五个洞穴中的一部分，其中一些洞穴尚未完工。

在持莲观音（Padmapani）雕像中，佛陀优雅地在左手的大拇指和食指之间持着一朵蓝色的莲花。一顶沉重的王冠压在他的头上，他那双杏色的大眼睛微闭着，透露出一种崇高且平和的神情。在他的周围，有一群喜气洋洋的乐师、情侣、猴子和孔雀。然而在僧伽罗国（Simhala），其场景以残酷的色彩为特点，一群遇难之人正经历着一群性感和嗜血的女魔部落的屠戮，而一位菩萨将他们拯救出来。

这些作品都为《佛本生经》的精彩插图，这本神圣的经文讲述了佛陀在通往开悟的道路上经历了多次化身。人们将这些经历绘入阿旃陀的 30 个洞穴中，这一系列作品具有非凡的艺术价值和宗教特质。此外，它们还生动地描绘了笈多王朝时期印度的行为和风俗习惯。

在德干平原瓦格霍拉河（Waghora River）弯道上有一座引人注目的马蹄形小山，这些洞穴正坐落于此。它们自公元 2 世纪至 6 世纪一直是大量僧侣的居住地，也在季风季节为旅者提供了避难所。一些洞穴是支提（Chaitya）寺庙，另一些是精舍（Vihara）。在最早的石窟中，佛像遵循小乘佛教的规定，只能用符号来表示佛陀，而在后来的石窟中，更自由的大乘法派风格突出，将其中每一位佛陀化身的生活都生动地表述了出来。

这些场景非常美丽，绘有大量的人物，有时会有残酷、宁静和世俗的特点，甚至有色情的意味。女人、男人、恶魔、人面和鸟身怪物（夜叉）、乐师［乾闼婆（gandharva）］和天国舞者（阿帕莎拉）都在其中，背景则有鲜花、树木、水果和动物。这些洞穴建筑特色鲜明，其中立有与绘画完美地融合在一起的雕塑，营造出美丽绝伦的内饰特征。这些石窟主要是由印度教艺术家完成，所以这些绘画的肖像化特征的融合同样值得注意，特别是在公元 4 世纪和 5 世纪，当时阿旃陀中一直有 200

第 315 页（中） 这是 19 号窟的正面，它是在 5 世纪下半叶大乘佛教达到顶峰的时候雕刻的。

第 315 页（下） 19 号窟是阿旃陀最壮观的洞穴。柱子上装饰着精致的菩萨和佛像。

第 315 页（左上） 26 号洞穴高浮雕的细节。佛陀坐在莲花宝座上，他的右边矗立着金刚菩萨。他手持权杖（金刚），梵天学派因此得名。

第 315 页（右上） 26 号窟中有一尊巨大的涅槃（Parinirvana）雕像，描绘的是佛陀从人间转世到涅槃的那一刻侧躺一边的佛像。光线透过洞穴入口处时增加了雕像的超凡效果。

▌第 316 页（上）2 号窟雕刻于 6 世纪，它是一座寺院。柱子和天花板上装饰着莲花勋章和一个有图案的桶形拱顶。这些很可能是亚历山大大帝带给印度的古希腊艺术的遗迹。

▌第 316—317 页 17 号窟门廊上壁画的细节，讲述的是佛陀前世的几次转世。在右边，两个皇室出身的人深情地拥抱在一起，享受最后一杯酒，然后把他们所有的东西都捐给了穷人。

名僧侣。

当时使用的绘画技术是蛋彩壁画，洞穴的墙壁和天花板上覆盖着一种混合物，其中包括黏土、牛粪和约 8 厘米厚的植物纤维，然后再涂上一层薄薄的泥土。泥浆还没干，艺术家就用朱砂棒勾勒出这幅画。然后再用天然颜料上色，最后用一层麸质将其固定住。

公元 650 年前后，相比佛教更多人信奉印度教，同时附近埃洛拉（Ellora）宗教社区的作用日益重要，所以人们遗弃了阿旃陀石窟。几个世纪以来这个地方在植被的遮掩下一直被世人遗忘。1819 年，一群英国军官在追捕老虎时寻着踪迹偶然重新发现了这里。然而与这一幸运的事件形成对比的是，这些杰作的研究人员遭遇了不幸的打击：1866 年，英国艺术家罗伯特·吉尔（Robert Gill）在阿旃陀花

第 317 页（上） 2 号窟其中一个佛龛的圣坛左侧，有两尊宏伟的夜叉雕像，他们是佛教守护神。

第 317 页（下） 17 号窟的门廊中描绘的这两个人穿着以中亚裁剪风格的衣服。壁画中包含的“异国”元素证明了亚洲各国人民之间商业和文化交流频繁。

了 26 年时间将绘画临摹到纸上，却眼睁睁看着自己的作品在伦敦水晶宫的一场大火中化为灰烬。十年后，维多利亚和阿尔伯特博物馆的另一场大火使他的助手的努力化为乌有。此外，受阿旃陀的统治者资助，1920 年由海得拉巴的尼扎姆（Nizam of Hyderabad）发起了第一次粗制滥造的修复尝试，结果弊大于利。

然而今天这一魔咒似乎已经消失了，印度考古调查所（Archaeological Survey of India）进行的保护工作已经有了可观的成果。

锡吉里亚

斯里兰卡

锡吉里亚地区
入选年份：1982
遴选标准：C（Ⅱ）（Ⅲ）（Ⅳ）

她们拥有琥珀色的皮肤，薄薄的衣服几乎无法遮盖住她们丰满的乳房。她们不约而同地以同样方式微笑，在献上莲花时她们投射出充满渴望的眼神。她们中的一些人在跳舞，戴着皇冠的脑袋摆动自如，手臂上也带着手镯。

她们或许是一种神圣的生物——佛教和印度教传统的天国舞者阿帕莎拉，又或许是宫廷中的仕女，画在锡吉里亚岩石西墙上的迷人的女孩是一首爱的颂歌，对自

然模仿的长期艺术实践衍生出她们令人震惊的现实主义形象。

根据《西希里维哈拉》（*Sihigiri Vihara*，一本古老的僧伽罗书，其中一些内容像是对锡吉里亚的“导游介绍”）的记载，一位艺术家（不幸的是匿名）在岩石上画了一个由500个女孩组成的宏伟队伍。她们是如此美丽，以至于无论谁看到了都会永远坠入爱河。

在国王卡沙帕一世统治期间，人们为这些女孩制作了陶俑，并将其作为纪念品赠予参观者。1500多年后的今天，队伍中只剩下22名女孩，但她们仍让人惊叹不已。

锡吉里亚堡是一座宏伟的君主之城，在斯里兰卡中心茂盛的热带雨林中有一处高约200米的砂岩巨石，这座城堡就在那

第 318 页（左） 在这个热带平原上空约 200 米高的堡垒俯视航拍图。顶部的宫殿自公元 477—495 年曾是僧伽罗国王卡沙帕一世的官邸。

第 318—319 页 画在城堡西面墙上的两个女孩可能是阿帕莎拉，也可能是仕女。画在左边的那个女孩递出的篮子里装着产自斯里兰卡的甜水果（类似于荔枝）。

第 319 页（上） 狮子雕塑所留下的全部遗迹只剩下两只巨大的前爪和两只威力无穷的后爪，这座雕塑是通往岩石顶端的陡峭台阶的入口。

里，看起来就像地球上的天堂。然而这座建于公元 477—495 年的僧伽罗王国却源起一次可怕的罪行：弑父。据最早有关僧伽罗历史的文献表明，卡沙帕一世在杀死自己的父亲达都舍那一世后建造了这座城市，他把还活着的父亲倒挂在坟墓里，然后从他同父异母的兄弟莫加拉纳（Mogallana）手中夺取了王位。

卡沙帕随后从当时王国的首都阿努拉德普勒逃到了锡吉里亚。他整齐地布置了花园和矮墙，在岩石基底建造了充满水的小堤坝，这些堤坝上装饰以水池、喷泉（其中一些现在在雨季仍然可以使用）和亭子，他还为卫队、宫廷要员和众多嫔妃建造了亭子。在岩石不远处他建造了一座岩石花园，这座花园过去狂野的外观（现在依旧）与下文对称风格的花园形成了鲜明的对比。在这座岩石花园的一个洞穴中，卡沙帕建造了一所会客厅，其中有一个约 4.88 米长的王座，多个雨水蓄水池，以及一个小剧院，锡兰岛历史上第一次音乐和诗歌表演就是在这里举行的。

凯特·比萨（Kat Bitha，镜墙）上有约 1500 幅涂鸦，上面写着简短的诗句和浪漫的诗歌。镜墙实际是一堵灰泥墙壁，却能像镜子一样闪闪发光，因此得名，其通向卡沙帕一世的宫殿入口处。这里的大门由砖头和木头砌成，里衬为灰泥，并在岩石上雕刻出了狮子的形状，如今只留下了狮子的四个爪子。从狮口而入，游客必须爬上几乎垂直的台阶才能到达绘有女孩游行队伍的岩石表面。今天因为更为安全的金属楼梯已经取代了曾经的古老梯道，人们只能看到过去的地基，但这一景色仍然值得人们为之攀爬。

卡沙帕一世在锡吉里亚的宫殿里生活了将近 18 年，而这正是莫加拉纳组建军队并向堡垒进军所需的时间。为了避免成为他同父异母的兄弟的俘虏，卡沙帕自己结束了生命，这也标志着锡吉里亚的终结。阿努拉德普勒重新成为首都，直到 14 世纪末苦行僧侣群体占据这个充满尘世欢愉的城市。

第 319 页（中） 曼妙的姿势，优雅的形态，生动的神韵以及精致的服装和珠宝：这些特点使锡吉里亚绘制的女孩成为东方艺术的杰作。

第 319 页（下） 据历史记载，无论谁看到锡吉里亚的女孩（最初有 500 人），都会疯狂地爱上她们。

大城（阿育他亚）

泰国

大城（阿育他亚）府
入选年份：1991
遴选标准：C（Ⅲ）

敌人自北而来，藏匿于素可泰府（Sukhothai）后的小山里。敌军人数众多，装备精良。国王拉玛铁菩提认为似乎任何抵抗都无济于事，所以在1350年的某天他做出一个艰难的决定，放弃建立了一百多年的都城暹罗（Siam），并号召他的军师和苦行僧提议新都城的选址。第一个人建议南下进入平原地区，因为在那里我军必能观察到远处进军的敌人。第二个人查阅了神圣的经文，建议前去有呈螺旋形流动"乃姆"（nam，泰语中"水"的前缀）的地方，因为水象征着泰国人民的根基。国王派使者根据以上条件前去侦察。使者回来后禀报了一处古老的高棉人定居点，该地位于华富里河（Mae nam Lopburi）、巴塞河（Pasak）和昭拍耶河（Chao Phraya）交汇处，水系结构复杂。拉玛铁菩提去了选定的地点，当他移走了第一铲土，土中露出了一只蜗牛——苦行者预言的螺旋形状。这便是大城的起源，其名称含义为"无人能敌"。它源于一个梵语（Sanskrit）单词——阿约提亚（Ayodhya），指的是印度史诗《罗摩衍那》（*Ramayana*）中罗摩神的住所。

这座新首都一直持续到1767年，这一年缅甸军队摧毁了这座城市。虽然在统治

▌第320页（左上） 拉布拉那寺在1967年的一场大火中烧毁，但之后的修复工作使得人们仍可欣赏到它曾经的塔楼。中央塔楼的地窖近期向公众开放，其中仍有少量壁画保留了下来。

▌第320页（右上） 这尊覆盖着黄色的丝绸帘子的佛像矗立在佛塔脚下，这座高棉风格的砖砌佛塔现已成为废墟，矗立在壮丽的玛哈泰寺之间。

▌第320页（左下） 玛哈泰寺建于1374年，这是其砖墙上排列着的一系列冥想姿势的佛像，这些佛像现在是无头的。

▌第320页（右下） 这尊佛像摧毁于几个世纪之前，其脸上缠绕着菩提树的树根。

▌第321页 拉布拉那寺是由大城府第七任国王包若玛拉嘉二世于15世纪建造的，用以纪念他的两位兄长。在其父拉查一世于1424年去世后，他们都死于争夺王位继承权的大象背决斗。

第 322 页　两个契迪佛塔，在拉布拉那寺的中心佛塔的两侧有两个类似于佛教舍利塔的圣物匣尖塔。与佛塔地窖里同样的是，人们在尖塔内部也发现了各种价值连城的物品，如今它们构成了大城府昭萨帕拉雅国家博物馆（Chao Sam Phraya National Museum）的核心藏品。

第 323 页（左上）　位于拉布拉那寺中心塔楼前的大型长方形建筑藏经阁（Mondop）深受缅甸的影响。藏经阁是一个亭子，也是通往寺庙的入口。

第 323 页（右上）　帕兰寺（Wat Phra Ram）的立柱形态优雅，比例匀称，矗立在以契迪佛塔为标志的阶梯平台上。这座寺庙建于 1369 年，15 世纪的修复让其保留了现在的状态，寺庙内仍残留着灰泥制的装饰。

者眼中这里远不能与素可泰相提并论，但曾来到大城皇宫的欧洲、中国访客都对这里绝佳的珍宝赞不绝口。在“大城时期”，这座城市据说居民人数多达 100 万，此时恰逢暹罗王朝的巅峰时期，其领土慢慢扩展至现在的老挝、柬埔寨和缅甸。

季风时节，大城似乎漂浮在水面之上。因为石头只能用于建造宗教建筑，其他房屋和宫殿均为木制，下有支撑结构。这些寺庙建于象征着佛教神话中救赎之船的工程之上，也因此在这座神奇的城市中只有寺庙保留了下来。其中最大的寺庙名为菩斯理善佩寺（Wat Phra Si Sanpet），供皇室成员使用，里面有一尊约 15.24 米高的佛像，佛像上覆盖着约 249.48 千克的金叶，但缅甸人入侵时将其熔毁。

寺庙建筑群主要由三座契迪佛塔（chedi，座钟型圣物匣佛塔）构成，中心是一个长满莲花的长方形水池。稍有一段距离的远处是矗立着的玛哈泰寺（Wat Phra Mahato），寺中有一座高棉风格的塔楼（名为尖塔“prang”），塔楼下方的支撑物为圣鸟迦楼罗（Garuda）的雕像。砖块和灰泥粉刷的佛像围绕在塔的周围，佛像四周布满了茂密生长的枝丫。玛哈泰寺庙对面是拉布拉那寺（Wat Ratburana）的废墟，一些契迪佛塔上仍带有壁画的碎片。

雕像、契迪佛塔、修道院地基的遗迹星星点点散落在山谷中，它们中有一半埋没在植被中。幸运的是，这种天然的遮盖物也让这些宝藏几个世纪以来免受偷窃。由于联合国教科文组织认可了该遗迹的价值，泰国当局启动了一项修复计划，并安排专职人员保护遗址安全。今天大城再次成为宗教象征，僧侣们又回到了这里，佛像也覆盖上了橙色的丝绸。

第 323 页（左下）　雄伟的菩斯理善佩寺（建于 1491 年）中曾满是珍宝，该寺为大城府统治者宫殿建筑群的一部分。皇室成员将其用作祈祷大厅。

第 323 页（右下）　这尊覆着金叶的佛像是大城府博物馆的藏品。该遗址最著名的雕像保存在毗邻菩斯理善佩寺的帕蒙空博碧寺（Viharn Phra Munkol Bopit），其深受泰国人民爱戴。

吴哥

柬埔寨

暹粒省
入选年份：1992
列入《世界濒危遗产名录》时间：1992
遴选标准：C（Ⅰ）（Ⅲ）（Ⅳ）

中国元代皇帝的使节周达观于1296年8月抵达吴哥，并在那里待了一年，他在日记（指元代周达观撰《真腊风土记》——编者注）中记录下了高棉帝国（Khmer Empire）的每一个秘密。他写道，“王国中心矗立着一座金塔……东侧有一座金桥，由两只金狮把守。这景象令人惊叹……”君主被视为半神，周围住着仆人、王后和妃子。在他的指挥下，王国等级森严，有着部长、将军和牧师。虽然高棉帝国此时已开始走向衰落，但周达观（在9世纪至14世纪东南亚文明统治时期唯一留下记录的人）笔下这里仍繁荣昌盛，其艺术的精湛程度在中世纪是无与伦比的。

欧洲人发现吴哥要归功于亨利·穆奥（Henry Mouhot），他在19世纪60年代访问了印度支那（Indochina）。“其中一座寺庙［指的是吴哥窟（Angkor Wat）］，”他说：“比希腊或罗马人留下的任何建筑都要宏伟。”事实上，早在穆奥的《暹罗柬埔寨老挝安南游记》（*Voyage à Siam et dans le Cambodge*）出版10年前，传教士夏尔·艾米尔·布意乎（Charles Emile Bouillevaux）便写了相关记录，但却未得到认可。此外，早在16世纪葡萄牙游客便到达吴哥，并将其描述为一座包围在城墙中的城市。甚至在穆奥“发现”吴哥窟时，这里仍居住着约1000名僧侣。

1878年，高棉艺术作品展出于巴黎世界博览会，结果一下子吴哥便成为几个法国考古探险队的目的地。1901年，法国远东学院（Ecole Française d'extrème Orient）成立，其主要目的是研究高棉帝国的伟大遗迹。很快首批富有的欧洲游客开始来到这里，收藏家们将吴哥的石块视为珍宝，争先恐后、不择手段地想将其收入囊中。在这些寻宝者中，有一位年轻进取的法国作家安德烈·马尔罗（André Malraux）。

1924年，马尔罗乘船前往远东探险。考虑到自己囊中羞涩，当他到达吴哥时便从班迭斯雷神庙（Banteay Srei，又名女王宫）中偷走了几个雕像块，想将其卖到巴黎。然而计划落空了：他因被指控走私文物入狱，他的妻子赶回法国寻找有权势的朋友，通过外交协调才得以获救。基于这一经历马尔罗创作了一部自传体小说《王家大道》（*Royal Way*，1930），取得了文坛

第 324 页（上） 吴哥窟的中心宝塔代表了梅鲁山（Mount Meru）五峰中最重要的一座——陆海环绕的印度教完美之山。中心宝塔中曾有一尊挂于立柱的毗湿奴黄金雕像，这也是皇帝自封的神。

第 324 页（中） 吴哥窟的中心矩形围墙长约 914.4 米，宽约 792.48 米，两边各有一扇门，但主入口位于西侧，这一入口有长约 235 米的门廊，上面还装饰着雕像和雕刻作品。

第 324 页（下） 吴哥窟的三层有四个围在回廊中的院子。建造吴哥窟所需的红土和砂岩来自几千米外的采石场，人们需要将材料放于木筏并沿暹粒河顺流而下。

第 324—325 页 吴哥窟需从外墙进入，走进一条约 487.68 米长的大道，道路两侧是装饰成印度神话中圣蛇那迦形态的栏杆。吴哥窟是为苏利耶跋摩二世（统治时间为 1112—1152 年）建造的灵堂。

第 326 页（上） 除墙壁周围引人注目的浅浮雕外，吴哥窟还拥有大量的雕像和雕刻作品，这些雕刻作品拥有罕见的和谐比例，比如两位舞者。注意他们发型的细节，紧身的衣服，以及手臂和脖子上的珠宝。

第 326 页（下）以及第 326—327 页 吴哥窟东画廊南段的俱卢之野大战的三个细节。印度教史诗《摩诃婆罗多》中描述了这场战斗。俱卢族和般度族的军队分别从北部和南部抵达，在这幅画立柱的中央展开激烈交锋；战斗人员进攻、扭打、紧贴在一起，形成了一幅非常美丽的图景。

上的首次成功。

从历史角度高棉人从 802 年开始定居于此，当时国王阇耶跋摩二世建都于荔枝山（Phnom Kulen），该地位于吴哥东北方向约 29 千米。公元 9 世纪末，高棉人开始在罗洛士建筑群（Roluos group）中建造大型长期使用的寺庙匹寇寺（Preah Ko），寺庙中有 6 座装饰以砂岩石雕和灰泥浮雕的石厅、供奉湿婆的巴孔寺（Bakong，包括一座方形金字塔，以及其旁的八座塔楼和一座次殿），以及建在大型水库中央小岛上的罗莱寺（Lolei）。

吴哥的建筑确实别具特色，而高棉首都规模庞大、错综复杂的水利系统也非常值得一提。这个占地约 380 平方千米遗址的中心有两个大型水库。它们名为巴赖（baray），位于吴哥城堡城墙的两侧。两个水库长约 8 千米，宽约 2.41 千米，附近洞里萨湖（Tonle Sap Lake）的洪水为其供水，据信其水用于灌溉城市所在的肥沃的冲积平原。

吴哥的中心景点是吴哥窟（也称小吴哥），这座宏伟的寺庙由国王苏利耶跋摩二世建造，其统治时间为 1112—1152 年。吴哥窟是一座由砂岩和红土（高棉人使用的两种石头）组成的三层楼高的巨大寺庙，第二层四角、第三层中心和四角处有尖顶宝塔。在吴哥窟周围还有一条呈矩形分布的巨型壕沟，宽约 190 米，东西长约 1463 米，南北长约 1280 米。从寺庙周围装饰着约 823 米的奇妙的浅浮雕可以看出，这是一座典型的印度教寺庙。漫步在走廊里，展现的一幕幕图景是俱卢族（Kaurava）和般度族（Pandava）间的俱卢之野大战（Battle of Kurukshetra），取材于印度教史诗《摩诃婆罗多》和《罗摩衍那》。一面墙上纪念着苏利耶跋摩二世的事迹，其中有一头大象庄重地横穿军队队伍，另一面墙则隐喻着印度教的地狱和天堂。最后还有一段记录了“波涛汹涌的牛奶海”，其中 88 个魔鬼（阿修罗）和 92 个神（提婆）为提取长生不老药，把大海变成了黄油。

第 327 页（下） 吴哥窟中也有日常生活的场景，尤其体现在门廊的角落中。另一方面，画廊里的大型展板专门展示战争场景，比如苏利耶跋摩二世军队和占族之战，还有代表印度教传统的神话场景。

第 328 页（上） 在巴戎寺的 54 座宝塔中，每座宝塔中都有观音菩萨神秘的笑脸，它们位于罗盘的基点上。这也代表了统治者正在思考如何治理王国，管理臣民。

第 328 页（中） 大吴哥的城墙长约 12 千米，高约 8 米，是阇耶跋摩七世在占族洗劫高棉首都后建造的。五个大门高约 20 米，两侧装饰着雕刻在石头上的象鼻。

阇耶跋摩七世的统治成就了高棉建筑的辉煌，其统治时间为 1181—1201 年。他建造了大吴哥（Angkor Thom，也称城堡）和高约 8 米，长约 12 千米的防御墙。城墙内有许多非凡的建筑，比如巴戎寺（Bayon temple）。这所寺庙中佛教取代了印度教，观世音菩萨被安放在 144 个巨大的君主面部石雕上，它们凝视着四面八方，而这尊菩萨雕塑本不应如此放置。巴戎寺的墙壁上雕刻着精美的浅浮雕，讲述着吴哥城中的日常生活，以及阇耶跋摩与高棉宿敌占族（Cham）进行的战争。

大吴哥中有许多壮丽的寺庙，如巴方寺（Baphuon）、圣琵丽寺（Preah Palilay）、提琶南寺（Tep Pranam），以及最重要的癞王台（Terrace of the Leprous King）。这一平台高约 7 米，上面按顺序装饰着五个精美雕塑，据传为高棉君主的火葬场。另一个令人瞩目的建筑是群象台（Terrace of the Elephants），其名称来源于墙上的厚皮动物装饰，这里为检阅军队的长廊。

在吴哥的 100 多座寺庙中，其他值得一提有：塔布隆寺（Ta Prohm），巨大的木棉树根压毁了它的墙壁；龙蟠水池（Preah Neak Pean），这座与众不同的小寺庙位于巨大水池的中央小岛上；以及班迭斯雷（Banteay Srei），该神庙也称女王宫，因其技艺精湛的雕塑雕刻而被视为高棉古典艺术的明珠，或许它就是因此吸引了像马尔罗等审美家的注意。

▌第 328 页（下） 群象台上的拥有三个脑袋的厚皮动物将它们的躯干伸展到地面，进而起到了柱子的支撑作用。

▌第 328—329 页 阇耶跋摩七世于 1181—1218 年建造了巴戎寺，他也建立了其他许多吴哥令人印象深刻的壮丽遗迹。巴戎寺是第一座标志着印度教向佛教转变的寺庙，同时也是吴哥仅存的几座位于山上的寺庙之一。

▌第 329 页（上） 巴戎寺和吴哥窟一样，在其约 1219 米的围墙上都装饰以精美的浅浮雕，其中有 11000 多个人物。在这里我们看到了行进中的占军。

▌第 329 页（下） 研究吴哥的考古学家 20 世纪 20 年代以前一直认为巴戎寺是一座供奉湿婆的印度教寺庙。直到 1928 年法国居美东方博物馆（Musée Guimet）馆长菲利普·斯特恩（Philippe Stern）和碑铭研究家乔治·赛代斯（Georges Coedes）才揭示了它的佛教本质。

然而这座伟大遗迹的保护情况自 20 世纪 20 年代以来一直没有好转。1992 年，联合国教科文组织将吴哥列为世界遗产，同时将高棉首府列为濒危遗产地之一。柬埔寨和越南之间的战争刚爆发后，联合国就对柬埔寨进行了干预，但武装土匪在该地区仍然活跃。

在政局稳定的今天，艺术品偷窃是最令人担忧的问题。由于该遗址面积广阔，无法守卫，价值连城的雕塑和碎片常遭偷窃。柬埔寨人民生活窘迫，无力保护艺术珍宝。尽管人们在该地改放复制品，而将 7000 多尊真迹保存于远离公众的地方，但每年仍有东南亚最伟大文明艺术作品流向西方。

第 330 页（左） 高棉传统艺术的明珠班迭斯雷（Banteay Srei，也名“粉色神庙”或“女王宫”）位于吴哥窟东北约 19.31 千米处。

第 330—331 页 尽管班迭斯雷已有 1000 多年的历史，但它在高棉寺庙群中保存最完好。在这幅无与伦比的美丽浮雕中，我们可以看到天空之神和雨水分配者因陀罗，他正骑在其三头象坐骑伊拉旺（Erawan）身上。

▌第 331 页（上） 班迭斯雷是于 10 世纪末专为湿婆而建的寺庙，其建筑特色是东西两侧都有入口的正方形布局。直到几年前该地才开放，因为战争期间该地区布满了地雷，战争结束前这里几乎不可能进入。

▌第 331 页（中） 与建筑群的其他部分不同，这三座中心圣殿塔里装饰着男神和女神，其雕刻或追溯到 13 世纪末，有很高的艺术价值。

▌第 331 页（下） 20 岁的安德烈 · 马尔罗正是在法国居美东方博物馆读到了亨利 · 帕芒提耶（Henri Parmentier）对德瓦塔（Devata）的描述，这些神雕刻在班迭斯雷的角落里，启发马尔罗踏上了前往柬埔寨的悲惨旅程。

第 332 页（上） 从上俯瞰可以很明显地看出，婆罗浮屠是为模仿曼陀罗而设计的，佛教徒、印度教徒和耆那教徒认为曼陀罗是一种“神圣的设计”，是怛特罗通向世净的路线图。

第 332—333 页 图中的壮丽景色展示了寺庙的宏伟壮观，沙兰德拉王朝统治者萨马尔贡塔于 8 世纪建造了这所寺庙，这位君主统治爪哇的时期为 6 世纪至 10 世纪。

婆罗浮屠寺庙群

印度尼西亚

中爪哇省雍亚卡他市
入选年份：1991
遴选标准：C（Ⅰ）（Ⅱ）（Ⅳ）

托马斯·斯坦福德·莱佛士爵士（Sir Thomas Stamford Raffles）是一位多才多艺、魅力无穷的英国殖民地官员，他的名字一直与东南亚的自然和历史紧密相连。为了纪念他，人们将世界上最大的花命名为莱佛士花（Rafflesia），因为这是他在探索马来西亚森林时发现的。他还发现了世界上最吸引人、最神秘的佛教古迹之一。

爪哇人一直在讲述关于婆罗浮屠神庙［是“不可言喻的立德之山”（Bhumisan Brabadura）的简写］的神话故事。但当莱佛士爵士得知这片山谷为绝妙古迹的所在地，并于1814年到达此处时，他只发现了散落在森林周围、半掩在火山灰中的石块。200人齐心协力花了6个星期的时间清理废墟和植被，最终他们发现了黑色花岗岩块，其中许多上面装饰着复杂的浅浮雕和雕塑。人们对其进行编号和分类，最后只需按照正确的顺序将其重新组装起来。自莱佛士开始，该项工作在150多年后顺利完成，这要感谢联合国教科文组织的支持和帮助。

今天，婆罗浮屠神庙雄伟地矗立在山谷中，显现出它古老的辉煌。据说这座神庙是在公元8世纪由沙兰德拉王朝统治者萨马尔贡塔建造的，其于公元6世纪至10世纪统治着爪哇岛。沙兰德拉是印度昌德拉王朝（因在卡杰拉霍建造寺庙而闻名）的一个分支，他们在皈依佛教后离开了次大陆。因此关于这座寺庙人们所知的建筑技术和肖像都是“印度人”的。目前尚不确定该寺庙的建造原因，建筑内大量的象征内容和晦涩信息的含义也尚未可知。

婆罗浮屠佛塔是一座莲花状的圆锥体建筑，莲花是佛陀的圣花。这座寺庙下面六层为方形，上面三层为圆形，楼层之上冠以一座中央舍利塔。寺庙所在的平台上装饰着160块浅浮雕板，展示了欲望支配的人间场景；连续的五个故事刻在了1300块浮雕版上，讲述了佛陀和43位菩萨的生活，其中一些情节来自《佛本生经》。上面的环形平台没有浮雕，但装饰着带有方形或菱形开口的小佛塔，里面镶嵌着92尊金刚萨埵（Vajrasattva）或五方佛（Dhyani）。每尊雕像都有一个手印姿势，表示五个方向的其中之一：东面，手印代表召唤天下见证佛陀开悟；南面，表示祝福；西面，表示冥想；北面，表示从一切恐惧中解脱；最后是中心，手印代表了对真理的教导。高高耸立的佛塔象征着佛陀、开悟和无限。

我们可以从婆罗浮屠的总体布局中很明显地看到，它是按照曼陀罗或“神圣模式”建造的，佛教、印度教和耆那教（印度的三个主要信仰）认为这种“神圣模式”是通往怛特罗密宗世净之路的地图。因此除了宏伟的古迹和精致的浮雕外，这座寺庙还是一部哲学作品，沙兰德拉王朝的统治者希望通过它来告诫自己，只有通过正当行为人类才能渴望永生。

第333页 婆罗浮屠的上层平台矗立着许多佛像（上图）；到达平台前最后一组浅浮雕（下图）讲述了佛陀最后阶段开悟之路中的故事。

第 334 页（下） 这一细节描绘了《佛本生经》（T Jataka）中的一个片段，《佛本生经》是一篇神圣的经文，讲述了佛陀开悟前的生活。朝圣者沿着顺时针方向朝婆罗浮屠山顶行进，大约要走 4.83 千米。在朝圣者对浮雕的瞻仰研究过程中，他们也逐渐得到了净化。

第 334 页（上） 人们总是将婆罗浮屠佛像刻画成有别于普通人的样子，这些特征包括：头上的螺髻（Ushinisha），半闭的眼睛，浅浅的微笑，廓长的耳垂，顺时螺旋状的卷发。

第 334—335 页 图中所示的非凡浮雕中，我们可以看到植被间优雅的女性形象，它们提供了关于 8 世纪爪哇建筑、日常生活、兵法、道德观、服装、舞蹈和商业的基本信息。

第 335 页（上） 该婆罗浮屠的中间露台的浅浮雕描绘了鼓手们正跟随婚礼队伍行进。它展示了人类世界中，我们的感官仍受到善与恶斗争的支配。

第 335 页（下） 就像古迹中的其他浅浮雕一样（总占地面积约 8231 平方米），这组刻有乐师的浮雕板最初是用鲜艳的颜色绘制的。

梅萨维德印第安遗址

美国

科罗拉多
入选年份：1978
遴选标准：C（Ⅲ）

约翰·斯特朗·纽伯瑞教授（J. S. Newberry）是第一个提到梅萨维德（Mesa Verde）的人。那是1859年，地质学家根据纽伯瑞的美国远征报告绘制出草图。纽伯瑞在这份报告中描述了一座科罗拉多州东南部的巨大高原，其高度达约2590米。他描述的这个地方便是梅萨维德，在西班牙语中其含义为“绿色桌面”（Green Table）。

美国地质调查局的摄影师W. H. 杰克逊（W. H. Jackson）花了15年时间才发现，在这一自然奇观的岩壁下竟隐藏着一处岩石房舍。采矿行业对科罗拉多州的该区域颇有兴趣，几名勘探工程师跟随杰克逊进入了曼科斯峡谷（Mancos Canyon），在那里杰克逊向他们展示了一处名副其实的悬崖住宅，它自此命名为两层崖居（Two-Story Cliff House），人们从此对该地区充满了兴趣。一年后，政府派出的另一位探险家发现了十六窗民居（Sixteen Windows House），之后不久又发现了阳台屋（Balcony House）。

1888年12月18日，理查德·韦瑟里尔（Richard Wetherill）和妹夫查尔斯·梅森（Charles Mason）在寻找与牛群走散的牛时，到达了今天名为太阳点（Sun Point）的地方，在那里他们发现了一些房舍，其中一处就是“悬崖宫殿”（Cliff Palace）。悬崖宫殿是哥伦布开辟新航路前建筑的杰作，由悬崖背风处的原始砂岩砖和泥土建造，是该地200多处住宅之一。其他还包括23座宗教建筑［称为基瓦（kiva）］、卧室和放置收获庄稼的储藏室。据1959年至1972年发掘该遗址的梅萨维德考古项目的专家称，悬崖宫殿建于12世纪末，可容纳200人至250人。

原住民阿纳萨齐人［系纳瓦霍（Navajo）语，意为“古人”］于公元6世纪定居于此，他们有些住在垂直陡峭的峡谷中，有些住在岩壁旁高原中低矮的屋舍里。他们在梅萨维德（1906年成为国家公园）的平顶上种植玉米和豆类，并猎杀野生火鸡。社区里有几千名居民，由于他人很难进入

▌第 336 页（上） 这只赤陶花瓶的特点为拥有优雅的几何图案，其制作者为新墨西哥州阿科马普耶布罗的原住民。他们是众多认为阿纳萨齐人是其祖先的部落之一。

▌第 336 页（中） 悬崖宫殿顶部俯视图，该处为梅萨维德建筑中最宏大、最令人惊叹的建筑。居住在该地区的人是阿纳萨齐人，从那里至少有 23 个居住在科罗拉多州、亚利桑那州和新墨西哥州的原住民部落。

▌第 336 页（下） 照片中的是云杉树屋，其名称来自曾矗立在屋前高大的道格拉斯冷杉。该屋舍建于 1200—1276 年，有 140 个房间和 9 个基瓦（或称宗教仪式建筑）。

▌第 336—337 页 位于纳瓦霍峡谷（Navajo Canyon）东端的方塔之屋（Square Tower House）可容纳 80 人。这处房舍的核心是由土坯制成的三层塔楼，其完好无损地保存到了今天。

其领土，这些居民因而免受入侵者威胁，受到了很好的保护。直到 11 世纪，他们才开始建造不止一层的石头建筑，起名为普耶布罗（pueblos），这个术语也可用来形容住在该房屋中的人，以区别于生活在帐篷里的原住民。

一百多年后不知为何，这里的居民放弃了梅萨维德，在格兰德（Rio Grande）以南地区建造了新的普耶布罗村落。

人们在梅萨维德已发现约 3900 处具有考古价值的遗址，其中 600 多处住所位于悬垂岩石之下。除了上述房屋外，最宏伟的是长屋（Long House，第二大）和云杉之屋（Spruce Tree House，第三大），云杉之屋的发现者于 1888 年将其命名，第一批探险家中的一位砍伐了该遗址前的一棵大型道格拉斯冷杉（Douglas fir，杉树的一种），其名称便来源于此。阶梯屋（Step House）也值得关注，因为人们发现了该处同一地点被连续占领两次的证据，这种情况并不多见。第一个常规屋舍建造于 7 世纪，而其所在的洞穴也于 13 世纪初被普耶布罗人占据。近期当局决定不再使用阿纳萨齐一词来描述居住在梅萨维德地区的人民，而是用更通用的术语“普耶布罗的古代民族”来称呼他们。因为除了纳瓦霍人外，另有 23 个部落称其祖先为梅萨维德地区建筑的建造者，他们包括犹特人（Ute）、亚利桑那州的霍皮人（Hopi of Arizona），以及祖先生活在新墨西哥州、与普耶布罗相似的所有民族。然而，所有这些都无法掩盖梅萨维德地区建筑的宏伟。

帕伦克古城和国家公园

墨西哥

恰帕斯州
注册日期：1987
遴选标准：CC（Ⅰ）（Ⅱ）（Ⅲ）（Ⅳ）

第 338 页（左） 一段陡峭的阶梯通向铭文神庙的墓室，那里有覆盖着巴加尔石棺的石板。

第 338 页（右） 帕伦克国王巴加尔（615—683 年）的脸上带着这一非凡的镶嵌玉质面具。

第 338—339 页 美丽的帕伦克古城遗址周围是茂密的热带森林。优雅的建筑，美丽的风景，被阳光横穿的薄雾以及流淌的溪水赋予了这座古老的玛雅城市一种神秘气质。

第 339 页（上） 神庙高约 25 米，有八层斜坡和雄伟的台阶，铭文神庙的名字来源于其华丽的象形文字讲述帕伦克的故事。

这里高温难耐，暴雨不断，昆虫成群。研究人员手上唯一的保护措施是手套，几个月来他们每天连续工作数小时，挖掘工作非常困难。这里还有蛇，玛雅人将其中最危险的一种称为纳维卡（nawiaka），被其咬伤后一个小时便会死于非命。然而根据墨西哥考古学家艾伯托·鲁兹（Alberto Ruz）所言，当人们在一条狭窄的楼梯尽头发现了一扇三角门时，终于将一切危险与辛苦遗忘。这扇门通往的房间几个世纪以来一直是个谜，它笼罩在一层薄雾中，看起来就像一个覆盖着冰的洞穴，其中石笋和钟乳石宛如水晶般闪闪发亮。鲁兹眼睛适应黑暗的那一刻，便在地板上发现了精雕细琢的石棺盖子。

看起来这仿佛电影《夺宝奇兵》（*Lost Ark*）中的场景，但这的确是真实发生的事。经过四年的挖掘，1952 年鲁兹在美洲发现了第一座金字塔形的坟墓，它是帕伦克（Palenque）传奇统治者巴加尔的长眠之地。今天，墨西哥国家人类学博物馆中可以看到他墓葬中陈设的精美物品，其中包括一个价值连城的玉制面具。但宏伟的墓碑仍位于铭文神庙（Temple of the Inscriptions，帕伦克最壮观的金字塔）的中心地下室里。

古代玛雅人消失很久后，人们才将此处考古遗址命名为帕伦克，这个名字可能缘起于废墟边上一个名为巴赫拉姆金（Bahlam Kin）的村庄。然而，玛雅人称其为拉卡姆哈（Lakam Ha）或“大水”，后者恰当地描述了它的起源。乌苏马辛塔河山谷（Valley of the Río Usumacinta）是墨西哥降雨量最大的地区，帕伦克便坐落在这里的一片茂密的森林中，林中瀑布广布。这里丰富的水资源和肥沃的土壤正是使这座城市得以发展和致富的原因。虽然这座城市的历史横跨公元 300—900 年，包含了整个古典时期，但今天看到的废墟只能追溯到这座城市最辉煌的 7 世纪，此时正值巴加尔和他的儿子强·巴鲁姆统治时期。

巴加尔 12 岁掌权，80 岁去世，是中美洲的查旦曼大帝。他凭借极强的政治敏锐性和管理能力，推动了城市的建筑和艺术的发展。

除了铭文神庙（一座高约 25 米的陡峭金字塔，其有八层，顶部是一座神殿，神殿上装饰的玛雅神话人物的雕像十分精美）外，宫殿也保存完好。这组建筑用于住宅

墨西哥城
帕伦克古城和国家公园

和行政，几乎所有地方都覆盖了精致的浅浮雕。同样令人兴致十足的还有太阳神庙（Temple of the Sun）和十字架神庙（Temple of the Cross），它们几乎都埋在藤蔓之下。两座神庙呈金字塔状，顶部有一个砂岩神殿，上面装饰着用于宗教仪式的浮雕，里面是精美壁画的碎片。

十三号神庙（Temple XⅢ）位于铭文神庙不远处，几年前这里发现了一个与巴加尔坟墓类似的墓葬。其中有一系列玉石、黑曜石和托盘，这些物品和托盘本用于承装逝者前往希泊巴（Xibalba，玛雅人死后的另一个世界）之旅所需的食物和饮料。

坟墓中还有一对男女的骨骸，一个已为老年，另一个正值青春期。考古学家倾向于这是巴加尔的继承人强·巴鲁姆的坟墓。两位统治者之间推定的家庭关系还有待确认，实验室的生物考古学研究尚需要更多的生物学证据。

第340页（上） 十字架建筑群（Group of the Cross）的总图，其中包括十字架神庙和太阳神庙；后者离三叶草十字架神庙稍远。这三座金字塔上有着与玛雅神话有关的装饰：例如，十字架象征着生者世界与死者世界的相遇。

第340页（下） 北部建筑群（North Group）有五座仪式性建筑，它们建在一个阶梯露台上。其中一座建筑上，有一种奇特的塔形屋顶，它们都装饰着粉饰碎片。

第340—341页 日落时宫殿的顶部满是阳光。这套用于行政和住宅的宫殿是帕伦克最重要的建筑。宫殿中央塔楼的用途尚有争议：它可能是瞭望塔，也可能是天文台。

第341页（左下） 太阳神庙的里面有几块浅浮雕，用来歌颂强·巴鲁姆的权力。作为巴加尔的儿子和继承人，他于684年继承了王位，统治了18年。人们认为他是建造十字架建筑群中寺庙的功臣。

第341页（右下） 巨幅的精美浮雕。浮雕描绘了身着优雅服装、头戴羽毛头饰的朝臣。其装饰着宫殿底部的石板。

奇琴伊察古城

墨西哥

尤卡坦州
入选年份：1988
遴选标准：C（Ⅰ）（Ⅱ）（Ⅲ）

托尔特克人（Toltecs）和阿兹特克人称这里为克查尔科亚特尔（Quetzalcoatl），但对玛雅人来说，这里名为库库尔坎（Kukulcán），其含义为“长着凤尾绿咬鹃羽毛的蛇”，是祭司和君主的保护者，掌管着知识和风。在玛雅万神殿，居住着嗜血的神灵，克查尔科亚特尔·库库尔坎（Quetzalcoatl-Kukulcán）只要求信徒献祭蛇、鸟和蝴蝶，人们认为有一天他会回来把地球作为他的天堂。秉持着这一理念，阿兹特克国王蒙特祖马二世欢迎埃尔南·科尔特斯（Hernán Cortéz）的到来，相信他就是那位神灵。

公元9世纪，远在西班牙人到来之前，神圣的托尔特克国王克查尔科亚特尔特征服了尤卡坦地区最富有的玛雅城市，至少在某一涉及奇琴伊察（Chichén Itzá）的传说中是如此描述的。奇琴伊察建于5世纪，在整个古典时期得到了蓬勃发展，然后在850年前后托尔特克人将其夺走，有一些专家则称与托尔特克人有血缘关系的伊察人占据了这座城市。这座城市的名字支持了这一假设，其含义为“在伊察的水井口”。尽管如此，在它的建筑、雕塑和绘画中可以看到，奇琴伊察的特殊之处在于其完美融合了玛雅文化和托尔特克文化，在我们对它的习俗的了解中也是如此。这种融合一直延续到1400年，直到人们不知为何抛弃了这座城市。

就像今天看起来的那样，这座城市分为两个部分。老奇琴（Chichén Viejo）主要由古典时期的建筑组成。另一部分为新奇琴（Chichén Nuevo），由纪念性建筑组成。这座高约55米的金字塔矗立在平原上，供奉着克查尔科亚特尔·库库尔坎神。西班

第342页（上） 骷髅头神庙（Tzompantli）平台上的头骨。其用以恐吓任何胆敢攻击这座城市的人。该地用以纪念军事荣耀，同时也展示了被斩首的敌人的头颅。

第342—343页 从勇士神庙的平台上俯瞰的埃尔卡斯蒂约堡［或库库尔坎金字塔（Pyramid of Kukulkán）］。注意神庙台阶底部的羽蛇雕塑。

牙人称其为埃尔卡斯蒂约堡（El Castillo），两边由91级陡峭的台阶组成。如果算到入口台上，台阶总共365个，因此可以作为一种日历。埃尔卡拉科尔（El Caracol）是一座贝壳形状的建筑，起到了一个天文台的作用，这也是居民具备天文知识的证据。另一个迹象是，在埃尔卡斯蒂约主要台阶开始时，石头上雕刻的蛇头，在日落时将

第343页（上） 位于埃尔卡斯蒂约山顶的神庙高达55米。这座不朽的金字塔有许多玛雅宇宙的象征。它的九层阶梯代表了冥界的九个层级。

第343页（中） 美洲豹神庙的内部。前面是神秘的查克·穆尔（Chaak Mool）肖像；背景是一个很可能是留给君主的美洲豹形状的红色仪式王座。

第343页（下） 所谓的大市场（Market，尽管没有商业活动的证据）的柱子是托尔特克大广场的一部分。柱子上起初覆盖着稻草屋顶。

第 344 页（上） 勇士神庙和千柱神庙建于公元 900 年至 1200 年，共同构成了托尔特克奇琴伊察的心脏。这些排列着的柱子上面曾经喷涂着色彩鲜艳的灰泥，它们代表着武装战士。

第 344—345 页 勇士神庙上部神殿的入口，由查克 · 穆尔守卫。祭品被放在神像的肚子上，因为人们认为这会传达奉献者对神的请求。

第 345 页（左上） 美洲豹神庙和球场的景色。虽然几乎可以肯定，这场比赛的残酷仪式起源于特奥蒂瓦坎，但奇琴伊察的球场是最华丽和令人印象深刻的。

它们的影子投射到寺庙的顶部，创造出象征神的蜿蜒图案。

克查尔科亚特尔·库库尔坎金字塔环绕着一座神庙，神庙内有一个镶有玉块的美洲豹形状的石头宝座。这只美洲豹是托尔特克勇士阶级的象征，它的象征也可以在武士神庙（Temple of the Warriors）、千柱神庙（Thousand Columns，这两座神庙都矗立在托尔特克大广场）和美洲豹神庙（Temple of the Jaguars）中看到。所有这些建筑都装饰着细致的浅浮雕，其中包括战士、牧师、雨神恰克的面具、鹰、羽蛇和以人的心脏为食的美洲豹雕塑。

奇琴伊察拥有中美洲最大、最精致的球场。它长不到92米，旁边围绕着装饰以浅浮雕的墙壁，这些浮雕是玛雅艺术最非凡的典范之一。其中一个浮雕展示了一名球员在他的队友面前被斩首的场景。在球场的两端仍然可以找到蛇形的石环，球员们必须通过它才能传球。人们对这场比赛知之甚少，在比赛结束时被斩首的是失败者还是胜利队的队长，目前仍存在争议。无论如何，很明显这场比赛是宗教仪式中最重要的时刻。在玛雅人的创世神话《波波尔·乌》中，神圣的英雄们在球类比赛中挑战恶魔。在那一时刻，整个民族的未来都岌岌可危。

第345页（右上） 位于勇士神庙顶端的至圣所。入口处两侧是精美的羽蛇头雕刻。

第345页（中） 从头骨的嘴中吐出的曲线可能代表着火或诸神的召唤。这是球场石壁上许多浅浮雕人物之一。

第345页（下） 球场周围巨大的浅浮雕细节。它显示了比赛的场景以及随后牺牲的瞬间。选手的恐惧和比赛的神圣以有力的表达方式呈现出来。

第346页（上）天文台的上部，因其贝壳状的形状也名为椭圆形天文台。玛雅人对天文学有着浓厚的兴趣，他们编撰了一部历法，确立了农业生产周期，并记录了这座城市的社会和经济事件。

第346—347页 修道院位于奇琴伊察南部（也是最古老的部分）。建筑和装饰（包括雨神恰克和其他象征性人物）使其成为普克风格的杰作。

第347页（上）这一平台建于1100—1300年，是纯托尔特克风格的，用来纪念库库尔坎神。金星是玛雅人天文知识和神秘主义中一颗重要的行星，这一平台便以金星命名。

第347页（下）这是饰有老鹰和美洲豹平台上的巨大蛇头，其上方还长着羽毛。这可能是向在奇琴伊察组成军事精英的战士们的致敬。

蒂卡尔国家公园

危地马拉共和国

埃尔佩滕省
入选年份：1979
遴选标准：C（Ⅰ）（Ⅲ）（Ⅳ）；N（Ⅱ）（Ⅳ）

在策划电影《星球大战》（*Star Wars*）的过程中，布景设计师们必须调动天马行空的想象力打造这部电影中举世闻名的壮观场面。然而没有多少人知道，故事发生地银河系的大部分景观都取景于真实的地点，莱拉公主领导的叛军基地就是蒂卡尔（Tikal）的再现。

不得不说，这个位于危地马拉森林深处的令人惊叹的玛雅遗址是“一个截然不同的世界”。人们甚至将其一处不朽的建筑群命名为蒙杜佩尔迪杜（Mundo Perdido，意思为失落的世界），因为这里地形极为错综复杂，周围丛林的包围使它与外部世界相隔绝。

曾几何时，古城的许多砂岩金字塔（这条山脉代表着玛雅人神圣食物玉米的起源）上覆盖着灰泥，人们将其粉刷成令人眼花缭乱的颜色，甚至刷成纯红色以呈现

第 348 页（左） 这个由玉石、珍珠母、黑铁矿和蛇纹石制成的宏伟面具要追溯到公元 527 年。当人们在 160 号墓内发现它时，其已碎成 174 片躺在那里。通过观察蒂卡尔石碑上雕刻的类似图像，考古学家将其拼凑起来。

第 349 页（中） 危地马拉的植被中的四号神庙。在 19 世纪末第一座摩天大楼建成之前，这座金字塔（高约 61 米）一直是美洲最高的建筑。

第 349 页（下） 蒙杜佩尔迪杜建筑群中的一座金字塔，它是在很长一段时间内分阶段建造的。新建筑实际上是在原有建筑的基础上建造的。最早的可以追溯到公元前 400 年。

第 348—349 页 蒂卡尔不朽的心脏——大广场的景色。左边的建筑是中央卫城，这是一座迷宫般的建筑，可能是皇室的住所。右边矗立着高约 38.1 米的二号神庙，或称面具神庙（Temple of the Masks）。

第 349 页（上） 蒂卡尔考古遗址位于玛雅生物圈保护区的中部，这是一个原始热带森林区域，红木、木棉和果酱树高达 50 米。在背景中，分别位于右侧和左侧的一号神庙和五号神庙拔地而起。

出宗教仪式的场景。例如，大广场（Great Plaza）上的石碑是红色的，上面雕刻着统治蒂卡尔的 26 位国王的肖像。几个世纪以来，雨水已经将这些颜色冲走，但今天神庙裂缝中有着筑巢的鹦鹉、巨嘴鸟和蜂鸟，它们羽毛的颜色与墙壁上的颜色一模一样。

蒂卡尔是中美洲最重要的城市之一，现在人们将其保护在一个占地约 1587.2 公顷的国家公园里。公元前 6 世纪该城建在一片高地上，这里盛产水果与优质木材，如人心果树木适合建造房屋，同时这里的大火石可帮助人们制造武器和工具。公元 230 年，亚克斯莫克奥克继承王位并建立王朝，此时蒂卡尔已经是一座重要的城市。这个王朝陆陆续续统治着这里，直到 10 世纪人们不知为何遗弃了它。在其漫长的辉煌时期，蒂卡尔有多达 10 万居民，与墨西哥特奥蒂瓦坎等遥远的城市进行贸易，并将其统治范围扩大到今天的伯利兹（Belize）。它大约有 3000 座宫殿、金字塔、棒球场，甚至温泉浴场，这些建筑证明了其缔造者拥有卓越的建筑和艺术才能，同时为这些建筑的首创者。

这座城市中最令人惊叹的宗教建筑可追溯到 8 世纪，其名为一号神庙（Temple I），或大美洲虎神殿（Temple of the Great Jaguar）。它是为了纪念蒂卡尔的第二十六位领主阿卡考（Ah Cacau，682—734 年）而建造的。这是一座约 43.89 米高的金字塔，顶部的神殿中曾有一座雕像，上面雕刻着玛雅天堂中的 13 个王国。在古迹内发现了君主的坟墓，坟墓中有由玉石、黄金、珍珠装饰的陈设，刻有图案和象形文字的骨头，以及用于放血仪式的防风草刺。

同样令人感兴趣的还有金字塔和内殿对面的广场，以及名为卫城（Acropolis）的一组建筑。目前还不确定这是一个王室

第 350 页（上） 如今保存在遗址博物馆的非凡的红陶神像，是一套墓葬品的一部分，通过石棺上的铭文可以确认这是这座城市的君主之一呼昌马吉纳［Huh Chaan Mah K'ina，即蜷鼻王（king Curved Nose）］的坟墓。

第 350 页（中） 学者们认为，二号神庙（左）很可能是阿卡考国王为了纪念他的妻子而建造的，尽管里面没有发现墓室来证明这一观点。

第 350 页（左下） Q 建筑群是由蒂卡尔的第三代领主亚克斯·艾因二世建造的。在它前面的空地上矗立着几块石碑，上面装饰着浅浮雕。就像这座城市所有最重要的古迹一样，它们曾经被漆成红色。

第 350 页（右下） 这一精美的陶俑香炉来自呼昌马吉纳墓前的物品，可追溯到 6 世纪。

第 350—351 阿卡考国王的墓地——一号神庙面朝大广场。背景中的中央卫城由一系列仪式露台和房间组成，房间里装饰着描绘神灵和蒂卡尔历史上主要事件的绘画。

第 351 页（左上） 北卫城作为蒂卡尔勋爵的墓地长达五个多世纪，直到公元 550 年。然而在其表面结构以下，有可追溯到公元前 800 年的早期定居点的痕迹。

第 351 页（右上） 这组建筑中的各种金字塔组成了蒙杜佩尔迪杜建筑群，它们是按照太阳的位置建造的。最大的金字塔名为大金字塔，高约 30.48 米。

住宅建筑群，还是一个行政或仪式中心。由于玛雅人习惯于在现有结构上打造建筑，这一建筑群中有 100 个左右的房间，排列方式非常随意。部分最古老的卫城可以追溯到公元前 400 年，俯瞰着这一建筑群的巨大阶梯上装饰着美洲虎、羽蛇和其他玛雅神圣动物的面具，这一阶梯来自阿卡考时代，这位统治者对塑造这座城市的不朽风貌做出了巨大贡献。

有趣的是，这个君主名字翻译过来为“巧克力领主”（King Chocolate）。而玛雅人的确发明了世界上最受欢迎的糖果。此外他们最先尝试咀嚼了乳胶树的提取物，它是今天口香糖的前身。

马丘比丘古神庙

秘鲁

科斯科省，乌鲁班巴镇
入选年份：1983
遴选标准：C（Ⅰ）（Ⅲ）；N（Ⅱ）（Ⅲ）

1988年夏天，一场大火掠过马丘比丘废墟的边缘，并席卷了其周围的森林，摧毁了约0.4万公顷的植被，危及许多当地物种的生存。这场大火被认为是秘鲁历史上最严重的生态灾难，由于马丘比丘地区旅游业发达，该地生态保护压力日益增加，加之秘鲁政府缺乏资金和管控措施，壮丽的乌鲁班巴山谷（Urubamba Valley）的生态状况本已岌岌可危，这场大火更是加剧了这一境况。

认为马丘比丘考古遗址是生态系统的基本要素似乎有些言过其实，但雨林上方矗立的美丽废墟的确是景观的一部分。事实上，正是该地的山脉、乌鲁班巴河的河流，以及动物的存在成就了这座神奇的城市。印加人相信帕查母亲（Pacha Mama，即地球母亲）是具有超自然力量的生灵，而马丘比丘对印加人来说是一处世界起源的圣地。

在国王帕查库特克·印加·尤潘基的领导下，马丘比丘的仪式中心建于1460—1470年，约有1200人居住于此。居住者中大多为被选为太阳神修女的女性（发现的175具木乃伊证明了这一点，其中80%是女性），剩下的20%是牧师和儿童。

考古区由200座建筑物组成，其中大部分是房屋或仓库，它们建在花岗岩块上，以“紧靠”岩石并利用所处地形。这些房屋的门口呈梯形，拥有稻草制成的屋顶。这些两层楼的房屋围绕着正方形的庭院建造，每组10座，由狭窄的街道和上方的栈道连接起来。沿遗址的边界铺设的是家畜区和印加人种植玉米和土豆的梯田。

最重要的宗教建筑建在宽阔的仪式广场周围：这些圆形结构是太阳神庙，它们的形态像是带有精美的浅浮雕的塔楼；三窗神庙（Temple of the Three Windows），也就是所谓的主庙和皇家神庙。尽管最后一栋建筑的确是用于祭拜的，但在其中没有发现任何坟墓，神庙的名字来源于它凹陷的位置，人们认为神庙代表了通往大山中心的“精神”通道。引人入胜的栓日石（Intihuatana）是一个带有雕刻的巨石，祭司们在冬至日（对于赤道以南的地区来说，此时是夏天）时会在这块石头前祭祀太阳。月亮神庙矗立在瓦伊纳皮克丘山（Huayna Picchu）上，这是一座俯瞰遗址的壮丽的圆锥形山峰。月亮神庙坐落在一个天然的洞穴里，里面挖出了五个壁龛；神庙装饰以浅浮雕，在中间有一个巨大的石头王座。

第352页　马丘比丘的一个住宅区的景色。这些房屋总共有十座，为稻草顶的两层石屋，它们围绕在庭院周围，由狭窄的街道和上方栈道相连。

第352—353页　马丘比丘的绝佳景色。马丘比丘北部俯瞰着一座名为瓦伊纳皮克丘的锥形山脉，月亮神庙依附于山墙，坐落在这座山一侧的一处天然洞穴中，对于居住在乌鲁班巴山谷的印第安人来说，它仍然是一处圣地。

第 353 页（左上） 巨大的梯形大门是马丘比丘的典型特征，建造这一大门的石头呈完美的正方形，彼此相互交错。这一大门是所谓的“双门”，表示圣地的入口。

第 353 页（右上） 印加人凭借高超的技艺，在这座山上挖出了一系列梯田，以便种植赖以生存的玉米和土豆。古城的务农和居住区占地约 20.23 公顷，是仪式区的两倍。

第 354 页（上） 神鹰庙（Temple of the Condor）的废墟，其形状暗示着这只鹰即将起飞。它建在一块岩石的背风处，印加人在这个壁龛里放置了他们的木乃伊。人们认为秃鹰能将死者的灵魂运送到坟墓之外的世界。

直到今天，当地居民仍将玉米、烟草和古柯叶等祭品带到寺庙供奉山神。

1532 年，当皮泽洛率领的西班牙人抵达科斯科时，他们彻底摧毁了印加帝国，但从未听说过马丘比丘的存在。因为在西班牙人来到这里的五年前，一场鼠疫导致 50% 的印加人死亡，人们因此遗弃这座圣山。几个世纪以来，只有乌鲁班巴山谷的少数居民知道这个遗址的存在，直到 1911 年 7 月 24 日，美国考古学家海勒姆·宾厄姆（Hiram Bingham）重新发现了这座遗址。此时，它已经完全融入森林了。

第 354—355 页 根据考古学家的说法，太阳神庙中有一座曾用作天文台的圆形塔楼。12 月 21 日冬至日当天，太阳沿庙宇的中央窗户升起。

第 355 页 1460—1470 年，库特克·印加·尤潘基国王建造了马丘比丘，有 1200 人居住于此。在名为“监狱”的中央建筑右侧可以看到该地的农作梯田。

纳斯卡的线条图和地理符号，朱马纳草原的潘帕斯

秘鲁

乌鲁班巴省，科斯科市
入选年份：1994
遴选标准：C（Ⅰ）（Ⅲ）（Ⅳ）

第356—357页 人们称这一好奇的人物为“宇航员”，也常将这一人物视作“证据（尽管总受到整个科学界断然驳斥）”，来阐明纳斯卡的地理符号是由外星生物创造的理论。

第 356 页（左下） 这只蜂鸟是朱马纳草原上找到的 18 种不同鸟类之一。此外，纳斯卡人在这片沙漠地区设计了各种动物，包括蜥蜴、鱼、鲸、猴子和蜘蛛。

在秘鲁的沿海沙漠中，可以发现当地人民在古代修建的灌溉系统的废墟。1941 年，哥伦布前拉丁美洲文明专家保罗·科索克（Paul Kosok）在纳斯卡河谷［Rio Nazca valley，格兰德河（Rio Grande）支流之一］考察时，偶然在地上发现了一个非写实的图案，仿佛一只巨大的鸟，其长度超过 30 米。这个设计似乎是人为勾勒出来的，以便从空中看到。

在向利马大学的同事询问后，科索克了解到还有几个这样的图案。三年前一位秘鲁学者发表了一篇文章，他在文章中假设这些人物是由一种未知的前哥伦布文明创造的仪式形象。在那之前，一直没有人对这些图案展开研究，只有西班牙编年史工作者在 1600 年前后偶尔做了一些笔记，以及考古学家胡里奥·特洛（Julio Tello）在 1926 年绘制的草图。

第 356 页（右下） 手和树的设计图案。所有的雕像都是由一种简单的技术制作的，包括移走沙漠地面上的石头和巨石，以显露出下面浅色的土壤。

在一次空中侦察任务中，科索克成功地辨认出了一些数字。在离开秘鲁前，他认为这些数字是与天文观测有关的古代观测线，并向居住在利马的德国天文学家兼数学家玛丽亚·雷施（Maria Reiche）解释了他的理论。从那时起，雷施花了 40 年的时间研究纳斯卡线条，为考察线条年代和设计做出了贡献，也为它们的存在提供了合理的解释。

半个世纪后，在科罗拉达草原（Colorada pampas）或朱马纳草原（pampas of Jumana）上发现了约 30 幅图像，这些面积为 480 多平方千米的高地，俯瞰着纳斯卡河谷。图案中有些以人类或动物的特征为特色，而另一些则是风格化的植物。其中有著名的鸟类、猴子、蜘蛛和虎鲸的图像，也有几何图案，特别是一些超过 1.6 千米的长梯形和矩形，它们显然没有任何直接意义。制作图案的方法非常简单：仅需移除覆盖在潘帕斯沙漠表面的棕色石头，从而使下面较浅的石头显露出来。尽管方法很简单，但所用的技术是高超的，执行这项任务必须付出巨大的努力，因为没有证据表明古代人使用了工具，因此学者认为所做的工作都是手工完成的。

多年来，关于这些图案的含义，人们提出了各种各样的假设，由于这些地理符号与机场跑道，以及令人惊叹的古代文明先进技术都有着模糊的相似性，它们甚至引发了人们有关外星人的离奇猜想，但纳斯卡的图案绝不是一个谜。朱马纳草原上以及秘鲁北部海岸上的许多其他线条，虽然不那么壮观，但它们起源于所谓的“纳斯卡文明”，这是一种在公元前 2 世纪至公元 6 世纪之间繁荣起来的前哥伦布文明。

在该地区更潮湿的位置发现了纳斯卡文明中人们使用的陶器，同时研究人员还在纳斯卡河谷地区发现了瓷器碎片，这些都证明了纳斯卡文明的繁荣。其中一部分发现的物品装饰着与遗迹线条极为相似的图案。通过玛丽亚·雷施的不懈努力，她证实了几何图形可用以记录日历上的重要事件，如二至点和季节循环。由于朱马纳草原气候极为干旱，土壤未经风蚀，纳斯卡线条一直完好无损地保存至今。

第 357 页（左） 这只有着巨大螺旋状尾巴的猴子可能是纳斯卡最知名的形象。纳斯卡文明于公元前 2 世纪至公元 6 世纪在秘鲁海岸蓬勃发展，在所谓的“纳斯卡文明”的陶器上可以看到与该图相同的图案。

第 357 页（右） 蜘蛛符号长约 45.72 米。虽然许多考古学家驳斥了纳斯卡图案的天文意义，但杰拉尔德·霍金斯教授（Gerald Hawkins）发现，该蜘蛛脚的位置恰好与猎户座一致。

拉帕努伊（复活节岛）国家公园

智利

复活节岛（拉帕努伊）
注册日期：1995
遴选标准：C（Ⅱ）（Ⅲ）（Ⅴ）

1947年，挪威探险家和考古学家托尔·海尔达尔（Thor Heyerdahl）组织了一次大胆的探险。海尔达尔确信波利尼西亚居住着来自南美的航海家，他们富有冒险精神，能够乘坐原始的船只到达太平洋上遥远的岛屿，是他登上了与波利尼西亚人相同的巴尔沙木制成的船康奇基号（Kon Tiki），从秘鲁海岸出发，前往位于土阿莫土群岛（Tuamotu Archipelago）的拉罗亚（Raroia）的环状珊瑚岛，这段路程大约8047千米。

这次探险大获成功，受其鼓舞，八年后海尔达尔想证明同样的事情也发生在复活节岛上，这座孤零零的火山岛距离最近的人类居住地约3862千米。海尔达尔和他的团队开始了对该岛的考古勘探，他们发现这座岛屿曾有森林覆盖，但如今森林已被当地居民砍光了。研究人员对岛上一些著名雕像进行了碳定年法测试，结果表明约在公元380年前就有人居住于此，比人们想象中至少早了一千年。然而根据当地居民过去的说法，他们的祖先是从远东来到这里的。随着时间的推移，考古学、人类学和遗传学的详细分析证实海尔达尔错了。这个岛的名字是由水手雅各布·罗格文（Jacob Roggeveen）命名的，因为他第一次看到它是在1722年的复活节。直到许多年后，也就是1863年，一群大溪地（Tahitian）水手称它为拉帕努伊（Rapa Nui），他们认为它看起来像法属波利尼西亚的一个小岛拉帕伊蒂（Rapa Iti）。对当地人来说，这个岛是“特皮托·库拉（Te Pito O Te Henua）”，意思是“世界之船（Vessel of the World）”。

波利尼西亚人也是复活节岛的殖民者。公元5世纪，一种复杂而神秘的文化开始在这个岛屿上发展起来，产生了大洋洲唯一的书面语言——朗格朗格（Rongorongo）。在岛上发现了一些石刻和房屋遗迹、礼拜场所、木雕、树皮制成的衣服［塔帕（tapa）］和手工艺品。然而，拉帕努伊最著名的是莫埃石像（Moai），这是由岩石雕刻而成的巨大头颅。至少有288人曾经站立在名为阿胡（ahu）的石像的地基上，这在波利尼西亚文化中也有相应的说法。大约250个莫埃石像围在该岛的边缘，另有600个不同制造时期的石像散布在海岸和拉诺拉拉库火山（Rano Raraku Volcano）附近，那里正是用以雕刻这些石像的采石场的所在地。它们大多创作于公元1000—1650年，最高的石像高约10米，重约80吨。然而，它们其中的一些部分地由岩床雕刻而成的，大小是它的两倍，如果完工，重量将达到160吨左右。为什么人们会建造这些石像呢？最受认可的理论是，按照波利尼西亚的传统这些石像具有宗教价值，因为他们将祖先玛那（Mana）的精神人格化。然而，有一些专家认为，它们既是宗教权威的象征，也是政治权威的象征。拉帕努伊社会繁荣了几个世纪，但随着人口的增长，衰落势不可挡。在鼎盛时期，该岛可以确定有约1万名居民，对于其约114平方千米的土地来说，这个数字太大了。到了15世纪，脆弱的生态系统遭到破坏，以至于没有更多的树来造船，因为就连最后一棵树都已遭砍伐，以便为农作物腾出空间。部族之间爆发了竞争，导致了社会结构的崩溃，进而他们展开了全面的战斗，最终导致自相残杀。欧洲人的到来让情况变得更糟。他们带来了疾病，同时拉帕努伊的许多居民被驱逐出境，贩卖为奴。1877年，人口减少到111人（今天又增加到2000多名居民，其中许多人来自美洲大陆）。尽管最糟糕的时期已经过去，但人们仍因岛上历史性的暴力和不可逆转的灾祸将拉帕努伊认为是生态灾难的象征。

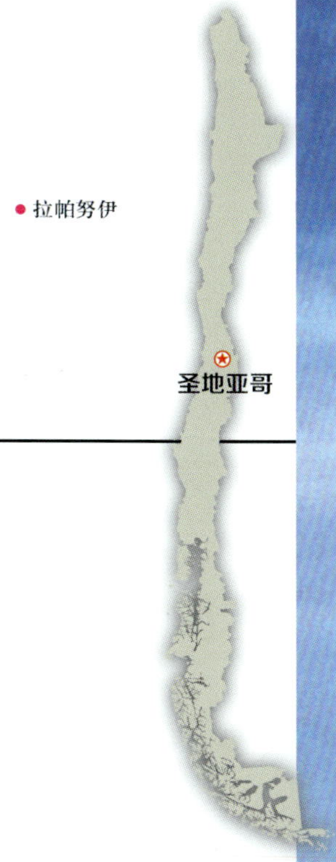

▌第 358 页（上） 阿胡克德列库（Ahu To Ko Te Riku）的莫埃石像，它头部有别具特色的熔岩块普卡奥（pukao）。

▌第 358 页（中和下） 岛屿东南部成群的莫埃石像。这些雕像的高度从 1.83 米到 10 米不等，每个雕像的重量可达 80 吨。

▌第 359 页 这些莫埃石像矗立在阿纳凯（Anakena）海滩，根据传说这里是拉帕努伊的第一位统治者登陆该岛的地方。

自然圣殿

Nature Sanctuaries

导言

美国总统尤利西斯·S·格兰特于1872年3月1日签署了创建世界上第一个国家公园的契约，旨在保护黄石地区雄伟的自然景观，包括喷气孔、间歇泉和温泉。该地区位于怀俄明、蒙大拿和爱达荷三州的交界处。尽管工业的增长和现代化进程改变了世界许多地区的地理面貌，但与此同时，人类逐渐认识到有必要保护环境和自然的微妙平衡，因此创造了越来越广泛且众多的保护区域。

联合国教科文组织世界遗产公约自1972年成立以来，目标之一就是汇聚地球各大洲最珍贵且未受破坏的自然区域。因其自然重要性，超过200个极具多样性的地点被列入世界遗产名录。范围包括大型公园，如坦桑尼亚的塞伦盖蒂国家公园和恩戈罗恩戈罗国家公园，以及刚果的维龙加山脉，这些地区是非洲大型哺乳动物的绝妙栖息地；同时也包括阿拉斯加－加拿大边境区的冰雪覆盖区域，这些区域是在史前动物的化石中重建地球生命历史和进化的古生物学挖掘重要区域；再到广袤的海洋及其自然结构，如横贯澳大利亚东北海岸的大堡礁，以及世界上最丰富的海洋保护区之一——塞舌尔的阿尔达布拉环礁。这些地区还包括查尔斯·达尔文提出进化论的地方——加拉帕戈斯群岛，以及被壮观而高度活跃的火山所主导的崎岖之地，如美国夏威夷和俄罗斯堪察加半岛。

尽管各大洲间差异显著，本篇奇妙的自然图集仍将世界上所有大洲的105个国家囊括其中。绝大多数自然保护区集中在非洲、澳洲和南北美洲，因为这些大洲土地辽阔，且较少受到人类干扰。亚洲在俄罗斯东部的广袤无人区和喜马拉雅山脉的壮丽峰峦之间建立了保护区。同时，在中国、印度和日本等国家亦有自然保护区分布，这些国家正在不断减少人类对环境的破坏。欧洲保护区数量位居末尾。尽管在《世界遗产名录》中，有大约30处遗址位于欧洲，然而它们大多只覆盖了很小的面积。而欧洲是世界上人口密度最高的大洲，平均每平方千米就有147名居民。

如今，许多国家都将保护自然和环境遗产视为首要任务。尤其在许多发展中国家，游客不断增加，国家公园和其他保护区往往代表着重要的经济资源，吸引游客前往。尽管国际机构和环境组织致力于保护自然，许多世界自然遗产仍面临着严重的威胁。有多种原因造成如此境况：战争和偷猎、开采矿产资源、非法利用保护区、城市扩张及污染的加剧。比如在美国，即使人们有很强的环境意识，在佛罗里达州的大沼泽地国家公园却仍会见到上述情况发生。

联合国教科文组织保护的自然遗产，是人类主宰地球之前地球的原貌，亦是我们能够留给后人的最宝贵的遗产。

第361页 马纳普尔国家公园是非洲象的王国，也是非洲南部野生动物最密集的地区之一。该公园成立于1963年，于1984年被列入《世界遗产名录》

巨人之路

英国

北爱尔兰，莫伊尔区
入选年份：1986
遴选标准：自（Ⅰ）（Ⅲ）

1693年，都柏林圣三一学院（Trinity College）的杰出学者理查德·伯克利爵士（Sir Richard Bulkeley）发表了一篇论文，称在爱尔兰的东北端发现了一片奇异海岸，而比德里（Derry）主教伯爵要更早一年发现此地。该论文发表后在英国皇家学会（Royal Society）成员中引起了一阵轰动。在安特里姆郡（County Antrim）的海滨上矗立着一些岩石，形状规则得像是人工精心凿刻出来一般。四年后，伦敦学院派了一位艺术家到现场勘察，以证明这个“自然奇观”的存在。

18世纪，艺术家和科学家都来游览巨人之路（Giant's Causeway），四万根玄武岩石柱排列整齐，铺就了一条延伸入海的堤道，此等奇异景象引起了他们对石柱起源的猜想。当地的古代居民认为，这条堤道是爱尔兰国王军队的巨人指挥官芬·麦库尔（Finn McCool）建造的。关于巨人之路传说的版本各异。最常见的版本是麦库尔为了把住在斯塔法岛（Staffa）上的爱人接到身旁而修建了这条堤道。斯塔法岛属于内赫布里底群岛（Hebride Islands），地貌与巨人之路相似。另一个版本则认为麦库尔修建此堤是为了方便与其苏格兰对手交战。

直至18世纪末，一些地质学家才给出说法，认为岩石形成是由火山喷发引起。但以理查德·科文（Richard Kirwan）为首的地质学家却认为这些岩石是矿物质在海水中沉淀的结果。自1830年巨人之路旁的第一条道路建成后，这些临海峭壁便成为当时富裕阶层游学旅行的去处之一，也在一些浪漫主义诗人的作品中有了身影。

关于巨人之路成因的官方解释在这一时期不攻自破。第三纪时期（5000万至6000万年前），安特里姆（Antrim）地区火山活动剧烈。一股股流体熔岩从石灰岩表面裂缝喷涌而出，形成了熔岩高原。灼热的熔岩迅速冷却使凝固的岩浆收缩。由于深度不同，物质冷却的速度也不同，这使得岩石裂缝呈现垂直形态，类似于泥浆干燥龟裂时的情景。

随着时间的推移，硬度最低的岩石受海水冲刷侵蚀，逐渐塑造出宏伟壮丽的相邻立柱，这些石柱沿着海岸排列成林，长达270多米，延伸入海约146米。多数石柱呈六边形（但也有四、五、八和十边形柱子），高度不超过6米。但“风琴”状巨石是个特例，它的高度可达12米。大气的

第362页（右下） 该地区约有80种候鸟和留鸟栖息于巨人之路，刀嘴海雀便是其中之一。因此，英国皇家鸟类保护协会将该地区视为鸟类的重要栖息地。

第362页（上） 北极海鹦（*Fratercula arctica*）隶属海雀科，它们只群居于北部海域的海岸上。这种鸟的特征是喙上带有明显的彩色条纹。

第362页（左下） 1693年，巨人之路首次被世人发现，而后有关巨人之路的传说层出不穷，科学界也纷纷争论起了它的形成原因。直到19世纪中期，随着人们对地球的了解逐渐深入，巨石形成之谜才得以解开。

第 363 页　几千年来，玄武岩受到潮水冲刷侵蚀，潮水不断打磨着岩石棱角。

侵蚀作用使玄武岩核心区的周围形成了一个环形构造，即著名的“巨人之眼”（Giant's Eyes）。

这条巨石之路的主要亮点在于其独特的地质特征，值得一提的是还有它的海岸线。这条海岸线是许多海鸟的栖息地，如北极海燕（*Arctic petrel*）、角鸬鹚（*double-crested cormorant*）和刀嘴海雀（*Alca torda*）。英国国民信托（National Trust）起草了一份列有许多植物物种的清单，这些物种生长在峭壁边上，历经 300 年依然幸存于世。

第364页 5000万至6000万年前，剧烈的火山活动铺就了这条巨人之路，约有4万根玄武岩排列成林，长约270米，延伸入海约146米。

第 365 页（左上） 有些“风琴”状巨石上的石柱是堤道中最高的，高度可达 12 米。

第 365 页（右上） 玄武岩柱的形状一般为六边形，但也有四边、五边、八边和十边形的。

第 365 页（中） 暴雪鹱（*Fulmarus gla-cialis*）与北极雷鸟（*Arctic ptarmigan*）一样，属于在极北地区甚至北极圈内筑巢的鸟类之一。

第 365 页（下） 堤道海岸（Causeway Coast）由一排巧夺天工的玄武岩峭壁拼凑而成。该海岸高约 100 米，占地约 3885 平方千米，因第三纪时期安特里姆高原的熔岩喷发而形成。

多南那国家公园

西班牙

安达卢西亚瓜达尔基维尔河三角洲
入选年份：1994
遴选标准：自（Ⅱ）（Ⅲ）（Ⅳ）

据说，锡多尼亚城（Medina Sidonia）女公爵安娜·德·席尔瓦·伊·门多萨（Ana de Silvay Mendoza）由于爱情失意，把自己关到了位于瓜达尔基维尔河三角洲（Guadalquivír）的斯巴达式住宅中，与世隔绝（卡斯蒂利亚王国的国王曾在此建立了狩猎保护区）。自那时起，附近渔村的居民把这片区域称为“唐娜安娜（Doña Ana）森林”，简称“多南那（Doñana）森林”。

几百年后，1969年，西班牙政府在这片区域设立了多南那国家公园（Parque Nacional de Coto Doñana），占据瓜达尔基维尔河三角洲350平方千米。瓜达尔基维尔河最初由摩尔人（Moors）命名为大河（Wada-al-Kebir）。该河流三角洲非常不同寻常，只有一条支流汇入大西洋，因此一些人更愿意称之为河口。该支流入海口位于桑卢卡尔－德巴拉梅（Sanlúcar de Barrameda）北部。其他支流已经逐渐被沙洲所阻挡，沙洲从靠近帕洛斯（Palos）的力拓河（Rio Tinto）河口一直延伸到对岸的桑卢卡尔（Sanlúcar）。沙洲被风逐渐塑造成一个高大的形状复杂的沙丘。沙丘的另一边是沼泽，这使得多南那成为欧洲一个独特的地区。

目前，标志着多南那沼泽边缘的阿雷纳斯（Arenas Gordas，意为“肥沙”）由北向南延伸了大约72千米，在最南端被河口切断。沼泽占地面积1150平方千米。海岸沙丘、沼泽和湿地的复杂生态系统形成了典型的地中海植被生长环境，例如寻石楠、乳香黄连木、迷迭香和薰衣草等地中海植被。除此之外还有西班牙栓皮栎森林的遗迹。

▌第 366 页　多南那国家公园的沼泽是 300 多种鸟类的聚集地，其中只有很少一部分是留鸟。一些鸟类从北欧迁徙而来过冬，还有一些从非洲迁徙而来度夏。

▌第 366—367 页　多南那国家公园位于瓜达尔基维尔河三角洲，始建于 1969 年，占地面积约 324 平方千米。该公园组成一个复杂的生态系统，包括海岸沙丘、沼泽和带有地中海植物群的湿地。

▌第 367 页（上）　图为一群母黇鹿（Dama Dama）在罗西奥湿地（Madre de las Marismas del Rocio）中寻找食物。黇鹿原产于小亚细亚，后由腓尼基人引入欧洲。

▌第 367 页（中）　草鹭（*Ardea purpurea*）有着细长的脖子和长长的喙，羽毛为浓厚的褐色和黄褐色，身体上部呈浅灰色，下部呈浅红色。

▌第 367 页（下）　牛背鹭（*Bubulcus ibis*）在世界各地均有分布，它们经常成群出没于湿地，在树上、芦苇滩上或灌木丛中筑巢。

第368页（上） 普通燕鸥（*Sterna hirundo*）是一种候鸟，身长大约43厘米。8月到10月之间，栖息于多南那国家公园的普通燕鸥会离开欧洲，前往西非过冬。

第368—369页 安萨雷斯山（Cerro de los Ansaresv）的海岸沙丘（“鸭子山”）是一个延伸至内陆的多变屏障，每日都改变着陆地形态。

一年四季，300 多种鸟类栖息于多南那国家公园，其中一些鸟类是留鸟，一些鸟类从北欧迁徙而来过冬，还有一些从非洲迁徙而来度夏。

冬季的雨水有助于形成巨大沼泽，沼泽深 0.3~0.6 米。在这里，涉禽、燕鸥和其他水鸟在贝塔斯岛（Vetas）上筑巢，冬天鸭子和鹅也在此栖息，多南那国家公园因此成了一个重要的栖息中转地，至少有 100 万只鸟在这里找到了栖身之所。

2 月，白琵鹭（*Platalea leucorodia*）从北非远道而来，在西班牙栓皮栎上筑巢。一个月后，公园的水位开始下降，白肩雕（*Aquila heliaca*）也迎来了产卵期，研究人员可以借此机会计算白肩雕这种即将灭绝的猛禽的数量。多南那国家公园栖息着大约 15 对白肩雕，占现存总数的三分之一。每对白肩雕需要一定大小的捕食地才得以生存。夏天，它们需要 2.6 平方千米的捕食地，冬天则需更多，对生存条件的高要求加剧了其存活难度。

女公爵在世时，地图上还没有标注出多南那。近几十年来，该地区的边界得以划定。然而，由于多南那靠近农业地区，大量农药被冲入了多南那国家公园的水域中，带来了严重威胁。此外，塞维利亚（Seville）附近的阿斯纳科利亚尔（Aznalcóllar）的硫黄矿及其废料也污染着公园水域。

第 369 页（右上） 多南那国家公园栖息着许多大型有蹄动物，比如欧洲马鹿（*Cervo elaphus*）。园区中共有 90 种大型有蹄动物。

第 369 页（左上） 从高空往下看，科托·多南那（Coto Doñana）北部的海岸植被延伸至马塔拉斯卡尼亚斯（Matalascanas）海滩，最终消失于视野之外。

第 369 页（下） 这片广袤无垠的阿尔盖达松林（Pinar de la algaida）是为数不多的仍保存完好的欧洲森林之一，林中是意大利石松（*Pinus pinea*）和乳香黄连木（*lentisk*）。

多瑙河三角洲

罗马尼亚

图尔恰县
入选年份：1991
遴选标准：自（Ⅲ）（Ⅳ）

第 370 页（上） 6 月，须浮鸥（*Chlidonias hybridus*）在漂浮在水面的水生植物上筑巢，有时也安家于百合叶上。

许多语言都使用“三角洲”一词来指代河流的终段，即河流入海前支流从主河道分叉之处。由于希腊字母“Δ”（与 delta 同音）形似三角洲，因此希腊人创造了“delta”一词用以指代三角洲。多瑙河三角洲是希腊人发现、探索并记录的第一个河流三角洲。公元前 450 年，历史学家希罗多德（Herodotus）将伟大的多瑙河视为欧洲文明的基石。

多瑙河流经 2897 千米，大部分水域可通航，流域面积可达 129 平方千米，流域内人口约有 8000 万，分布在 8 个不同的国家。这个三角洲横跨两国边境，罗马尼亚境内面积达 4144 平方千米，剩下的 764 平方千米位于乌克兰境内，是欧洲最年轻的土地。1990 年，多瑙河三角洲被宣布为生物圈保护区（Biosphere Reserve），一年后被列入联合国教科文组织《世界遗产名录》和《湿地公约》（*Ramsar Convention*）保护名录。由于受到 5100~9200 立方米 / 秒的水流冲刷和每年 55 万吨冲击碎屑的影响，该三角洲地区的地貌不断发生改变。

多瑙河三角洲主要有四条支流：基利亚（Chilia）、图尔恰（Tulcea）、苏利纳（Sulina）和圣格奥尔基（Sfantu Gheorghe），这些支流通过运河与诸多淡水湖相连。三角洲的南部河段分布着大片沼泽，因受沙洲阻拦与黑海相隔，在河流和海潮的共同作用下，这些沙洲的形态仍在不断改变。

多瑙河三角洲仅有 10% 的土地海拔常年高于海平面，但作为大自然的补偿，它成了欧洲面积最大的沼泽地，也分布着地球上最大片的灯芯草属植物，以芦苇（*Phragmites australis*）为主。遍布沼泽地的芦苇形成了许多浮岛（称为 plaur），这些小岛矗立在长满水蕨和黄白百合花的沼泽地之上。

多瑙河入海口的风光最为绮丽。这里的岛屿只在白天出现，一到晚上便被潮水淹没；沙丘上草木丛生，环绕着潮湿河谷；冲积地上树木葱茏高大，形成一道道屏障。其中，最吸引人的屏障当属位于苏利纳（Sulina）河口的莱泰亚（Letea）。该屏障长约 21 千米，宽度不足 16 千米，主要有两大特色，呈现出奇异的“热带”景观。一是拥有高达 35 米的橡树，包括夏栎（*Quercus robur*）和灰橡（*Quercus pedunculiflora*），二是被各种攀缘植物缠绕的松树和

第 370 页（中） 多瑙河的大沼泽地上常长满了白色和黄色的睡莲。

第 370 页（下） 在多瑙河河口附近，橡树的树干已经适应了与潮汐共生。

第370—371页　多瑙河三角洲的地形受大河影响不断变化。这些大河的平均水流量为5100~9200立方米/秒，每年携带5000万吨的冲积物顺流而下。

第371页（上）　图中是一只冬日里的彩鹮（*Plegadis falcinellus*），体羽带斑点。到了夏日，羽毛变得更加鲜艳：身体和脖子呈红褐色，双翼和头部呈绿色金属光泽。

第371页（下）　白鹈鹕（*Pelecanus onocrotalus*）善潜水，善游泳，亦善捕鱼，飞行时体态优雅，无与伦比。它们飞行时成群结队，利用热气流来增加飞行高度。

桲树，这些攀缘植物包括丝藤（*Periploca graeca*）、葡萄叶铁线莲（*Clematis vitalba*）、欧洲野生葡萄（*Vitis sylvestris*）以及蛇麻（*Humulus lupulus*）。

多瑙河三角洲的水草地、湖泊、沙丘及其他“高地”使该区域成为欧洲最大的鸟类保护区，不论是数量还是种类，在欧洲都是首屈一指。来自地中海、欧洲大陆甚至是亚洲偏远地区的300多种鸟类都逗留于此，其中有176种选择在此筑巢安家。

多瑙河三角洲内的小型哺乳动物数量尚未明确，但像水獭、河狸鼠、野兔、野猫、蝰蛇和麝鼠等小型哺乳动物的数量在欧洲名列前茅。莱泰亚（Letea）屏障栖息着欧洲特有的点浑黄灯蛾（*Rhyparioides metelkana*）。

在70余种淡水鱼中有30种是当地特色鱼类，特别值得一提的是多瑙河的鲱鱼、鲤鱼和鲟鱼。尤其是鲟鱼，渔民最喜欢捕捞鲟鱼来制作鱼子酱。

第372页（上） 浮岛（plaur）主要由芦苇和灯芯草组成，覆盖了953平方千米的水域。

第372页（左下） 胆小的草鹭（*Ardea purpurea*）与其他鹭科鸟类不同，它们在大沼泽地的灯芯草丛中度过一生，因为这些草丛可以很好地掩饰自己。

第372页（右下） 侏鸬鹚（*Phalacrocorax pygmaeus*）被纳入世界自然保护联盟《濒危物种红色名录》，它们是体形最小且最珍稀罕见的鸬鹚。当地保护区内生活着全球半数以上的侏鸬鹚。

侏鸬鹚（*Phalacrocorax Pygmaeus*）便是在此安家的鸟类之一，该三角洲内共有2500对侏鸬鹚，数量占全球总数的61%。该地还是欧洲最大的白鹈鹕（*Pelecanus onocrotalus*）和卷羽鹈鹕（*Pelecanus crispus*）聚居地。多瑙河三角洲还聚集了许多鹮、草鹭、鹳、白鹭和白天鹅，每种鸟类数量至少有1000只。此外，红胸黑雁（*Branta ruficollis*）虽然没有在该三角洲筑巢安家，但每年都有45000余只前来过冬。

多瑙河三角洲约有15000位居民，他们住在附近的小村庄里，主要是信仰东正教的乌克兰人。罗马尼亚政府迫于国际组织的压力，实行了越来越严格的限制措施，这使得当地人口正逐步减少。由于计划性渔业捕捞和农业种植不利于当地可持续发展，目前当地政府正对相关活动实行管制。这与20世纪80年代形成了鲜明对比。当时，在苏联的支持下，当时的政府出台了一项大规模的计划，打算对多瑙河三角洲地区进行开发。人们开垦了许多低洼地区来尝试种植水稻、玉米等作物，还砍伐了造纸厂附近的大片森林来种植罂粟。还有多家重工业企业向多瑙河的上游地区倾倒了成吨的有毒物质。

苏联解体后，带来了巨大的政治、经济和社会变革，同时也给解决多瑙河三角洲脆弱生态系统提供了生机。相关专家表示，至少目前来看，该三角洲的生态系统处于良好状态。

第372—373页　沼泽区里聚集着一些常见的鹈鹕。据估计，多瑙河三角洲栖息着2500对鹈鹕，占古北区鹈鹕数量的一半。

第373页（下）　蓝胸佛法僧（*Coracias garrulus*）体羽呈蓝绿色，喙呈钩状，易于辨认，常成群结队生活。

阿德尔和泰内雷自然保护区

尼日尔

阿加德兹大区
入选年份：1991
列入《濒危世界遗产名录》年份：1992
遴选标准：自（Ⅱ）（Ⅲ）（Ⅳ）

巴黎—达喀尔汽车拉力赛紧张刺激又劳心费力，2009 年以前，泰内雷沙漠一直都是该拉力赛的决胜赛段，这个地区也因此声名远播。20 世纪 90 年代，该地却因政治原因引发公众关注。

图阿雷格人（Tuareg）曾一度是主宰撒哈拉沙漠的领主。后来由于种种原因，他们发动叛乱，这对尼日尔和马里（Mali）的国家稳定构成了威胁，也对非洲沙漠中原本就不多的南北线路造成了干扰。

1992 年 2 月，阿德尔和泰内雷自然保护区（Aïr and Ténéré Natural Reserves）的六名员工遭到绑架，尼日尔政府因此向联合国教科文组织发出请求，希望将此区域列入《濒危世界遗产名录》。

所幸绑架事件最终无人伤亡。1995 年 4 月 20 日，当地政府与图阿雷格人签署协议，一致同意开放通道以便世界自然基金会（World Wildlife Fund）对此区域进行考察。考察结果显示，由于偷猎现象的存在，当地的一些物种（如鸵鸟）已经濒临灭绝。幸运的是，该区域脆弱的环境所受到的破坏没有想象中那么糟糕，阿德尔和泰内雷自然保护区占地 77700 平方千米，是非洲最大的保护区。该区域大体呈长方形，35%~40% 的面积都被阿德尔山脉覆盖。这里还有九个花岗岩山丘，它们都是由沙地中喷涌而出的火成岩构成。

除阿德尔山脉的其他地区是泰内雷沙漠，这是撒哈拉沙漠中最大的沙海之一。泰内雷沙漠底部是寒武纪时期的变质岩，数亿年间，岩石饱受侵蚀；上层是沙质荒漠，即大片沙丘。在底部有基岩支撑的情况下，这些沙丘最高可达 305 米。

有关该地区植被情况的科学文献十分充足。据记载，阿德尔和泰内雷自然保护区内植物超过 350 种，主要分布于阿德尔山脉的萨赫勒地带。

这里的主要植被是沙漠椰枣（*Balanites aegyptiaca*）、刺茉树（*Salvadora per-*

第 374 页（上） 阿纳科姆的旧石器时代绘画是早期人类在撒哈拉沙漠生存的最重要的证据之一。

第 374 页（下） 泰内雷自然保护区的许多区域都被沙漠所覆盖，而广袤的沙丘则是由寒武纪岩石经过持续的自然侵蚀所产生。

第375页（左上）耳廓狐（*Fennecus zerda*）也称沙漠狐，体重通常不超过2.3千克，十分适应炎热、干燥的气候，习惯夜间捕食。

第375页（右上）荒漠雕鸮（*Bubo ascalaphus*）是体形最小的食肉鹰，其眼睛呈黄色，毛色较浅，主要以爬行动物和小型哺乳动物为食。

第374—375页　阿德尔和泰内雷自然保护区占地面积77700多平方千米，是非洲最大的保护区。在这张鸟瞰图中，阿德尔山脉绵延起伏，巍然屹立于一大片沙海的边缘。

第 376 页（上） 沙丘猫（*Felis margarita*）正与它奄奄一息的猎物——角蝰（*Cerastes cerastes*）进行最后的较量。角蝰是泰内雷地区 18 种特有爬行动物中的一种。

第 376 页（中） 三只耳廓狐幼崽透过裂缝向外张望。耳廓狐幼崽出生时仅有 5 厘米长，4 个月后，它们就能长到成狐大小。

第 376 页（下） 非洲跳鼠（*Jaculus jaculus*）栖息在泰内雷沙漠的沙地中。

sica）、毛叶枣（*Ziziphus mau-ritiana*）和金合欢（*Acacia laeta*）。沙漠椰枣含有一种可以治愈血吸虫病的类固醇；刺茉树是种绿色灌木，在非洲沙赫勒地区，人们用它来清洁牙齿。

泰内雷地区的金合欢分为 *Acacia tortilis raddiana* 和 *Acacia ehrenbergiana*。当地还存在粮食作物（如橄榄、小米、高粱等）的野生变种，它们具有十分珍贵的价值，目前国际植物遗传资源委员会（International Board for Plant Genetic Resources）已经展开了对这些变种的基因研究。

尽管泰内雷沙漠气候条件恶劣，年平均气温 28 摄氏度，降雨稀少，有时甚至没有降雨。尽管如此，这里仍生活着 165 种鸟类、18 种爬行动物和 40 种哺乳动物。不过，很多动物都濒临灭绝，例如：该地目前仅剩 12000 只多加瞪羚（*Gazella dorcas*）、170 只鹿瞪羚（*Gazella dama*）和 3500 只蛮羊（*Barbary sheep*）。

就连被图阿雷格人称为“漠皇后”的弓角羚羊（*Addax nasomaculatus*）都难逃厄运，肆意捕猎导致弓角羚羊的数量不断下降，据估测，当地目前仅剩 15 只弓角羚羊。

阿德尔和泰内雷自然保护区内气候条件恶劣，不适宜人类居住，在伊费鲁安（Iférouane）和锡特鲁斯特（Tin Tellout）两个村庄的常住居民仅有 2500 人，这里的图阿雷格族牧民有 1500~4500 人。然而，在 30000 年前的冰河时代，撒哈拉地区曾十分适合放牧，该地区当时的人类定居痕迹在很多岩画中都可得到证明。

第 376—377 页 阿德尔和泰内雷自然保护区内仅剩 12000 只多加瞪羚，它们是濒临灭绝的有蹄动物中的一员，目前在阿德尔和泰内雷自然保护区都得到了保护。其他在此受到保护的濒危有蹄动物还包括鹿瞪羚、蛮羊和弓角羚羊。

第 377 页（上） 图阿雷格人反叛期间无情捕杀了大量非洲鸵鸟（*Struthio camelus*），目前保护区内的非洲鸵鸟已经十分罕见。

第 377 页（下） 蜂虎是许多蜂虎科（Merops spp.）鸟类的统称，它们主要以蜜蜂和黄蜂为食。

图尔卡纳湖国家公园

肯尼亚

图尔卡纳郡东部
入选年份：1997、2001
列入《濒危世界遗产名录》年份：2008
遴选标准：自（Ⅰ）（Ⅳ）

▌第 378—379 页　尼亚布亚图姆火山（Nyabuyatom）位于图尔卡纳湖南岸。在图尔卡纳语中，尼亚布亚图姆意为“大象肚子”。

▌第 378 页（左下）　图尔卡纳湖是非洲最大的咸水湖，占地面积 6750 平方千米。

1967 年，理查德·利基（Richard Leakey）首次乘坐飞机经过图尔卡纳湖东岸时，注意到一处看上去像是煤矿废料的黑色砂岩，他不禁对这个地方的过往感到十分好奇。几个月后，这位年轻的学者（他的父母也是世界上最著名的古人类化石发现者）被任命为肯尼亚国家博物馆馆长，并开始探索库比佛拉（Koobi Fora），在那里他发现了非洲大陆最丰富的化石层。这些化石层约在 300 万年至 100 万年前形成，因此具有极高的价值。

理查德·利基首先发现了一个据今 200 万年的人类头骨碎片，它属于人科人属中的能人（能用手准确把握器物的早期人科成员）。十年之内，他还发现了 160 多具远古人类化石遗骸以及他们用的石器工具。此外，他还发现了 4000 多种哺乳动物和鱼类化石残骸，包括肯尼亚侧颈龟（*Pelusios broadleyi*）、长达 15 米的布氏真槽齿鳄（*Euthecodon brumpti*）、雷氏亚洲象（*Elephas recki*）、巨型狒狒、犀牛大小的猪以及现代马、猫和羚羊的祖先。

1888 年，第一批到达图尔卡纳湖的欧洲人将其称为鲁道夫湖。库比佛拉地区的化石独一无二，除此之外，图尔卡纳湖还有诸多重要意义。图尔卡纳湖地处半干旱气候区，是非洲大湖中盐碱含量最高的湖泊，也是东非大裂谷最北端的湖泊。该地区于 1997 年被联合国教科文组织列入《世界遗产名录》，包括希比罗依国家公园（希比罗依山有一片距今 700 万年前的石化森林）和中央岛国家公园（小型火山岛）。2001 年，南岛国家公园加入其中，占地面积超 1606 平方千米。

图尔卡纳湖的干旱状况限制了植物生长，植被覆盖率极低，其中以刺槐和草原为主。尽管如此，图尔卡纳湖仍是研究湖畔野生动物的绝佳地点。

在图尔卡纳湖，生活着许多哺乳动物，比如平原斑马（*Equus burchelli*）、细纹斑马（*Equus grevyi*）、葛氏瞪羚（*Gazella granti*）、东非直角长角羚（*Oryx gazella beisa*）、狷羚（*Alcelaphus buselaphus*）、鄂氏牛羚（*Damaliscus korrigum*）、小旋角羚（*Tragelaphus imberbis*），也有像狮子（*Panthera leo*）和猎豹（*Acinonyx jubatus*）这样的捕食动物。

图尔卡纳湖也是候鸟迁徙的主要中转站，目前记录在册的鸟类共有 350 种，有在中央岛筑巢的非洲剪嘴鸥（*Rynchops flavirostris*），还有火烈鸟、夜莺、黄鹡鸰和小滨鹬（*Calidris minuta*）。最重要的是，图尔卡纳湖是世界上最大的尼罗鳄（*Crocodylus niloticus*）栖息地，生活着 12000 条尼罗鳄。

图尔卡纳湖曾是白尼罗河最大支流之一，如今成为内流湖，其未来境况不容乐观，但人类并非这一问题背后的始作俑者，因为附近图尔卡纳、加布拉（Gabbra）和伦迪尔（Rendille）的牧民已经将自己的活动限制在自给自足经济范围内，真正的罪魁祸首是全球变暖。近些年来灾难性干旱一直影响着东非地区，图尔卡纳湖的状况也因此进一步恶化。

▌第 378 页（右下）　图尔卡纳湖湖水呈绿蓝色，故又名“碧玉海”。湖水四周沙漠围绕，宏伟壮观。

▌第 379 页（上）　希比罗伊山（Sibiloi）上的石化林木与岩石相似，历史可追溯至约 700 万年前。这些林木显示，此片区域在过去雨水丰沛、人口密集。

▌第 379 页（中）　火烈鸟（*Phoenicopterus ruber*）在图尔卡纳湖聚居。350 多种鸟类在此栖息，其中绝大多数为候鸟。

▌第 379 页（下）　葛氏瞪羚（*Gazella granti*）在瞪羚属 13 种瞪羚中最为常见，它们在干旱地区的生存能力较强。

维龙加国家公园

刚果民主共和国

刚果民主共和国基伍省和扎伊尔上部地区
入选年份：1979
列入《濒危世界遗产名录》年份：1994
遴选标准：自（Ⅱ）（Ⅲ）（Ⅳ）

1970年1月，《国家地理》杂志的封面刊登了一位来自路易斯维尔（Louisville）的年轻兽医戴安·弗西的照片。在美国国家地理学会和威尔基基金会的帮助下，她到了刚果民主共和国（当时还称为扎伊尔），后来又到了卢旺达的卡里索凯研究中心（Karisoke Research Center），研究最令人着迷的大型灵长类动物——山地大猩猩。

一次，偷猎者猎杀了戴安·弗西最喜

爱的一只名叫迪基特（Digit）的雄性银背大猩猩。在那之后，她发起了一项运动，以警示人们山地大猩猩数量正在逐年递减，唤醒人们的保护意识。

1985年12月27日，戴安·弗西在卡里索凯研究中心的营地里遭到袭击，不幸身亡，她对山地大猩猩的不懈守护也因此被迫终止。

幸运的是，戴安·弗西之前恳切的呼吁引起了好莱坞的注意。她之前出版的自传《迷雾中的大猩猩》被改编成了电影，大获成功。

《国家地理》杂志出版 40 多年后，戴安·弗西此前研究的维龙加国家公园内大猩猩的未来仍充满变数。

为了纪念戴安·弗西，威尔基基金会继续照顾大猩猩，工作与之前相比也轻松了许多。

维龙加国家公园与乌干达鲁文佐里山国家公园（Ugandan Rwenzori Mountains National Park）接壤。1994 年以来，由于卢旺达内战，难民大量涌入，这座占地 7900 平方千米的公园被列入《濒危世界遗产名录》。

据联合国难民事务高级委员会统计，此地共有 200 万难民，主要集中在基伍省（Kivu）。但不论当时难民的确切人数是多少，如今，维龙加国家公园地区（由比利时殖民政府于 1925 年建立，当时命名为阿尔伯特国家公园）的人口正在过快增长。

随后，卢旺达与刚果民主共和国爆发战争，战争于 2002 年 7 月 30 日签署和平协议后结束。但当时卢旺达军队占领了刚果东部，对公园造成了灾难性的破坏，且政治动荡依然存在。维龙加仅 10% 的地区对游客开放，但不幸的是，其余地方成了狩猎场，有些人从中掠夺自然资源以谋求利益。除了非法开采地下资源（主要是用于生产手机电路的钶钽矿石）外，刚果民主共和国政府还向一家英国公司授予了非法开采石油的特权。但是，在所有非法活

第 380 页（上） 萨比尼奥火山（Sabinyo Volcano）是维龙加火山地区众多的火山之一。另外两座是尼拉贡戈火山（Nyiragongo）和尼亚穆拉吉拉火山（Nyamuragira），最近都有喷发记录。

第 380—881 页 1986 年，维龙加山地大猩猩约有 280 只，受大湖（Great Lakes）地区近期危机影响，至少有 12 只大猩猩死于偷猎和猎杀。

第 380 页（下） 鲁文佐里山脉山坡上茂密的雨林中主要生长着竹子和苦苏（*Hagenia abyssinica*）。

第 381 页（上） 大猩猩家族的成员多达 30 个，以雄性银背大猩猩为主，其身高超过 1.5 米，重约 160 千克。

第 381 页（下） 戴安·弗西开展的宣传运动使维龙加的山地大猩猩在 20 世纪 70 年代为人们所知，根据她的自传改编成的电影《迷雾中的大猩猩》大获成功。

动中，维龙加地区非法砍伐树木的活动最为严重，这些树木可以为该地区及其周边地区不断增长的人口提供木炭，这些地区包括动荡的北基伍省省会戈马（Goma），该地是非洲人口增长最快的地区之一。更糟糕的是，已有占地面积约 5000 平方千米的公园被改造成农田，且公园内偷猎活动猖獗，维龙加护林员不得不像军队一样组织起来，以维护安全。偷猎活动使河马种群数量从 30000 只锐减至 3000 只，大象种群数量从 3000 只锐减至不到 500 只。即便生活在最偏远的山区，动物仍会遭到猎杀，甚至连该地最有名的由戴安·弗西守护的大猩猩都难逃偷猎者魔手。在 80 名护林员的特殊武装保护下，只有约 300 只大猩猩幸存。

但无论如何，维龙加仍是世界上最珍贵的保护区之一，物种极其丰富。从海拔 792 米的最低谷到海拔 5108 米的鲁文佐里

山脉峰顶，风景各异，蔚为壮观。

该地区包括爱德华湖——尼罗河盆地（Nile Basin）的一部分，以及塞姆利基河谷（Semliki River Valley）和基伍湖（Lake Kivu）——刚果河（Congo River）一部分支流的开端。境内分布着内陆三角洲、热带稀树草原、淋溶高原、冰川、雪原和低海拔赤道雨林。

公园周围是不同的生物地理区域，包括热带雨林和草原。山坡上主要为竹林和苦苏（*Hagenia abyssinica*）林，沿着塞姆利基（Semliki）山谷分布的则是典型的赤道森林物种。鲁因迪平原（Rwindi）以树木和草原为主，此外还有广袤的干草原，主要分布着假虎刺属（*Carissa*）、山柑属（*Capparis*）、白花菜科（*Maerua*）和大戟属植物（*Euphorbia*）。

淋溶高原适合像大戟科树木（*Neoboutonia macrocalyx*）之类的物种生长，而沼泽地则生长着各种各样的芦苇。在海拔更高的高山森林，还生长着硕莲。

约 20 年前，维龙加国家公园的河流一直是非洲最密集的野生动物种群栖息地之一，包括 700 种鸟类和 200 种哺乳动物。除了已提及的动物，非洲野水牛（*Syncerus caffer*）、水羚（*Kobus ellipsiprymnus*）、荒漠疣猪（*Phacochoerus aethiopicus*）和狮子（*Panthera leo*）的数量也较多，有所增加外，该地区大多数其他野生动物数量呈下降的趋势。

2008 年，在茂密的森林中发现了霍加狓（一种与长颈鹿血缘最近的偶蹄类动物）。这项发现具有重大意义，因为该动物曾在 1959 年被宣布灭绝。

第 382 页 河马（*Hipopotamus mphibius*）是一种两栖哺乳动物，夜间更为活跃，重达 3 吨，每天需要吃 40~60 千克草料。

第 383 页（上） 维龙加较平坦的地区水道纵横，使得该地区成为非洲中部最重要的水文流域之一。

第 383 页（中左） 狮子是维龙加国家公园中为数不多的物种之一，好像并未受到多年战争的影响，数量似乎正在增加。

第 383 页（中右） 一只亚洲胡狼（*Canis aureus*）刚在卢旺达的草原上抓到了汤氏瞪羚（*Gazella thomsonii*）。

第 383 页（下） 维龙加国家公园的河流中生活着全非洲最大的河马种群。但卢旺达爆发战争后，河马数量在十年内从 30000 只锐减至 3000 只。

乞力马扎罗国家公园

坦桑尼亚

莫希（MOSH I）地区
入选年份：1987
遴选标准：自（Ⅲ）

1848 年，在非洲高原，约翰内斯·雷布曼（Johannes Rebmann）到达了一个离赤道以南约 300 千米的地方，该地坐落在一座巨大的山峰脚下，上面覆盖着积雪，这一定令他非常惊讶。居住在山坡上的查加人（Chagga）称这座山为乞力马扎罗山（Kilimanjaro），并将其视为圣山。1889 年 10 月，第一位登上该山的地质学家汉斯·迈耶（Hans Meyer）为了纪念德国皇帝而将其改名为威廉大帝山（Kaiser Wilhelm Spitze）。

多年后，该山在坦桑尼亚政府独立后又被冠以乌胡鲁峰（Uhuru Peak）的名称（在斯瓦希里语中意为“自由”）。但不管怎样，人们还是更愿意称其为乞力马扎罗山，虽然尚不能确定这个名字的由来，但雷布曼认为它的意思是“伟大的山脉”，也有人则将其解释为“闪闪发光的山脉”“白色的山脉”或“群水环绕的山脉”。

从上述关于名字的各种解释中可以看出乞力马扎罗山是一座“完美的山脉”。它宛若海市蜃楼一般，从约 900 米高的无限平坦的热带稀树草原上拔地而起，上升到海拔 5895 米的地方，也就是地质学家所认定的三座休眠层火山中最高的基博峰（Kibo）。但是，他们并未注意到一个非常令人担忧的问题：在过去的 100 年里，乞力马扎罗山的雪盖缩小了 85%。在乞力马扎罗山峰的延时摄影片段中，可以明显地看出山峰顶部的积雪范围越来越小，这反映出全球变暖的灾难性后果。

▌第 384 页（上） 乞力马扎罗山是非洲的最高峰。尽管它上一次的喷发可追溯到更新世时期，但主火山口的中心仍有轻微活动的迹象。

▌第 384—385 页 乞力马扎罗山占地面积 3885 平方千米，有三个火山口：西拉峰（Shira，3962 米）、马文济峰（Mawenzi，5149 米）和最高峰基博峰（5888 米）。

1921 年，乞力马扎罗国家公园被德国殖民政府划为自然保护区，目前公园占地面积 754 平方千米，周围还有其他森林保护区，占地面积 927 平方千米。该保护区入口处的马兰古门（Marangu gate）海拔 1829 米，在马兰古门和山顶之间，有四个不同的植物生态系统，可称为山地森林、高海拔荒原、高山沼泽和高山沙漠。

海拔 4600 米以上的区域，仅生长着苔藓和地衣，而在高海拔荒原区域，主要分布着石南属植物和灌木丛。除了常见的千里光属（Senecio）和该地区特有的狄氏半边莲（Lobelia deckenii）外，海拔 1829~2713 米的森林带中还生长着非常奇特的物种，例如东非绿心樟（*Ocotea usambarensis*）和各种罗汉松属。然而这里没有竹子和苦苏花属植物，尽管这两种植物在中部非洲其他地区很常见。

乞力马扎罗山是众多哺乳动物的庇护所，其中包括伊兰羚羊、树羚，两种鹿羚、非洲水牛（*Syncerus caffer*）和豹子，约有 220 只大象和各种灵长类动物（旧世界猴、婴猴属和疣猴），不过该地没有黑犀。

尽管公园内已加大保护力度，政府也已明令禁止砍伐树木，不做半点让步，但政府对游客过多造成的环境威胁视而不见，这是因为该州一半的旅游收入来自乞力马扎罗山。乞力马扎罗山被称为“普通人可攀登的珠穆朗玛峰”，现在每年有 25000 名业余登山者成功登上乞力马扎罗山。他们在山上留下大量垃圾，以至于最受欢迎的马兰古路线有一个颇具讽刺意味的名字：可口可乐之路。

▌第 385 页（上） 基博火山口常年积雪覆盖，冰川广布，海拔最高可达 4500 米，而马文济峰附近并非终年被积雪覆盖。这三座山峰上都可以看到过去冰川的遗迹，在高达 3597 米的地方可见到冰碛碎屑。

▌第 385 页（下） 一群大象奔向乞力马扎罗山脚下的水坑。乞力马扎罗国家公园占地面积 754 平方千米，有 5 个不同的植物生态区，动物种类繁多。

恩戈罗恩戈罗自然保护区

坦桑尼亚

阿鲁沙地区
入选年份：1979
遴选标准：自（Ⅱ）（Ⅲ）（Ⅳ）

恩戈罗恩戈罗火山口几乎呈标准圆状，直径略小于 19.3 千米，因此，尽管千年来都未形成湖泊，但它仍是世界上最大的火山口之一。火山墙海拔 396~610 米，但并非一直保持不变。恩戈罗恩戈罗火山形成于中生代末新生代初。科学家认为，恩戈罗恩戈罗火山与其邻近的洛尔马拉辛火山（Loolmalasin，海拔 3587 米）、奥尔德阿尼火山（Oldeani，海拔 3168 米），甚至非洲最高峰乞力马扎罗山（海拔 5888 米）相比，爆发力更强，以至于喷出物也淹没了火山本身。

随着时间的流逝，恩戈罗恩戈罗火山口逐渐变成凹形，成为非洲野生动物最理想的避风港，野生动物聚集最多的地方宛如一个马戏团，尤为壮观。

自 1959 年以来，恩戈罗恩戈罗火山口就被划为保护区，具有最为完备的生态系统，以塞伦盖蒂平原为代表。

该地区不仅是斑纹角马、细纹斑马和瞪羚等大型迁徙动物的目的地，还是大象、河马、长颈鹿、水牛、狒狒和鸟类（包括约 30 只猛禽）以及所有大型食肉动物的栖息地。此外，该地还是为数不多的黑犀的避难所之一。

恩戈罗恩戈罗火山口的猎豹值得一提。不同于非洲其他地区，这里的猎豹数量不降反增，不断繁衍，日益壮大。

一直以来，猎豹被认为是所有大型猫科动物的祖先，也是世界上奔跑速度最快的动物，能够在短短 3 秒钟内加速到 109 千米 / 小时，然而科学家对猎豹的生存状况倍感担忧，因此他们正在考虑在不得已的情况下采取克隆措施来保护它们。

由于火山口各种各样的植物为野生动物提供了极佳的食物和栖息地，因此该地野生动物种类十分丰富。火山口的底部水池数量众多，雨季降水充沛，形成湖泊，孕育出一片茂密的草地。

靠近火山口的边缘，有两股泉水滋养着拉雷（Lerai）森林，森林内主要生长着非洲刺相思树（*Acacia xanthopholea*）和奎宁树（*Rauwfolia caffra*）以及雷亚尼森林（Laiyani），主要生长着红刺金合欢（*Acacia lahai*）、含胶合欢（*Albizzia gummifera*）和洋葱木（*Cassipourea malosana*）。火山口土壤肥沃，为植物群提供了极佳的养料。伦盖伊火山（Ol Doniyo Lengai）位于恩戈罗恩戈罗火山口的边缘，仍频繁喷发，因此火山口周期性地覆盖富含营养物质的火山灰。

此外，恩戈罗恩戈罗火山口对人类也

第 386—387 页　恩戈罗恩戈罗火山口几乎呈标准圆状，占地面积 264 平方千米，火山口壁海拔高 396~610 米。

第 386 页　拉雷森林中主要分布着非洲刺相思树和奎宁树。在恩戈罗恩戈罗火山口，拉雷森林是为数不多的树木茂盛的地区之一，因此成为大象最喜爱的觅食区。

第387页（上和下）长期干旱时，火山口变为沙漠，但在降雨正常的情况下，火山口生长着富有营养的草本植物，为大量牛羚、斑马和羚羊提供食物来源。

同样意义非凡。在其边缘地带，人们发现了直立人、鲍氏南方古猿和能人的化石，这为物种起源于非洲的理论提供了依据。另外，几百年来，马赛人一直居住在恩戈罗恩戈罗火山口，火山口对他们的牲畜放牧以及农业生产至关重要。因此，坦桑尼亚政府和国际组织发起了一个实验性项目，旨在实现该地区土地的多种利用，从而满足马赛族和野生动植物的需求，并保护环境。

第 389 页（中） 鸵鸟是世界上最大的鸟类。尽管它们无法飞行，但奔跑速度极快。如果受到天敌的威胁，它们的速度可以达到 50 千米 / 小时，能持续奔跑 30 分钟，这种耐力在动物界实属罕见。

第 389 页（下） 成千上万的火烈鸟（*Phoeico-naias minor*）聚集在水池中。很少有大型鸟类和它们一样合群。火烈鸟大量聚集在含盐较高或碱性较强的池塘和湖泊中，此类环境不利于鱼类生存，否则它们将不得不与鱼类竞争食物。

第 388—389 页 非洲水牛（*Syncerus caffer*）的特写镜头，身上覆盖着池中的泥。据最新估计，恩戈罗恩戈罗火山口约有 4000 只非洲水牛。

第 388 页（左下） 瞪羚不需要喝太多水，因为它们能吸收吃的草、树叶和多汁的水果中的水分。

第 388 页（右下） 一群河马经过一条满是牛背鹭（*Ardeola ibis*）的河岸。

第 389 页（上） 火山口是斑纹角马的迁徙目的地。雄性和雌性斑纹角马都有角，但雄性的角更高（马肩隆处平均高 1.37 米）。雄性斑纹角马重 159 千克，雌性斑纹角马重 249 千克。

▌第 390 页（上） 黑犀（*Diceros bicornis*）越来越稀有。在过去的 40 年中，黑犀的数量从几百只减少到仅约 15 只。

▌第 390 页（中左） 白天，狮子通常在树荫下懒散地休息。夜间，它们通常在雌狮的带领下狩猎。

▌第 390 页（中右） 斑鬣狗（*Crocuta crocuta*）的生活方式有些与众不同。雌性占主导地位，雌性比雄性至少重 10 千克，且更具攻击性。

▌第 390 页（下） 汤氏瞪羚是非洲中东部最常见的羚羊。在恩戈罗恩戈罗火山口大约有 3000 只。

▌第 391 页 母狮通常一次产下 1~5 只幼崽，并且非常注重幼崽的安全。生活在一个群体中的母狮会互相帮助彼此的幼崽断奶。

莫西奥图尼亚瀑布 / 维多利亚瀑布

赞比亚 / 津巴布韦

利文斯顿（赞比亚），
维多利亚瀑布（津巴布韦）
入选年份：1989
遴选标准：自（Ⅱ）（Ⅲ）

1855 年 11 月上旬，一群科洛洛（Kololo）土著把英国探险家利文斯通博士（Dr. Livingstone）带到了他们称为莫西奥图尼亚（Mosi-oa-Tunya，意为“雷鸣的烟雾”）的地方。在沿赞比西河（Zambezi River）短暂旅行之后，利文斯通博士第一次看到了“在非洲，当大片稀树草原燃烧时，在 10 千米外的地方都能看到烟雾升起”的盛景。实际上，他看到的景观是河流从马卡迪卡迪盐沼（Makgadikgadi Pan）倾泻而下跃入玄武岩峡谷，水汽缭绕，蔚为壮观。

利文斯通将这一自然奇观上报给维多利亚女王，但直到他四年后回到伦敦时，有关该发现的信息才在欧洲传播开来。1860 年 8 月 3 日，威廉·鲍德温（William Baldwin）是第二位到达维多利亚瀑布（Victoria Falls）的旅行者，从那时起，维多利亚瀑布成为非洲最受欢迎的旅游景点之一。游客们沿着现在的博茨瓦纳—津巴布韦边界越过德兰士瓦省（Transvaal）进入“猎人路”，步行、骑马或乘坐牛车都可到达瀑布。后来，得益于塞西尔·罗兹（Cecil Rhodes）的帮助，人们能更便捷地到达维多利亚瀑布。尽管罗兹本人从未到过该地，但他在 1900 年组织修建了一条通往瀑布的铁路，还在非常靠近瀑布底部的地方建造了一座桥梁，以便瀑布击起的浓浓水雾能够溅入车厢内。

1934 年，殖民政府建立了维多利亚瀑布保护区，但在 1972 年，保护区被莫西奥图尼亚国家公园和维多利亚瀑布国家公园取代，两个公园共占地 88 平方千米，保护着赞比亚和津巴布韦两岸的瀑布。

维多利亚瀑布大约形成于 200 万年前，是世界上最宽的河道瀑布，跨度超过 1676 米，最大落差为 108 米。2 月和 3 月是赞比西河的汛期，在此期间，河水流速超过 63.6 万立方米 / 分钟，21 千米外都能听到水流的冲击声。赞比西河在抵达瀑布之前，水流平稳。水流倾泻而下之后，瀑布底部的水流变得湍急，在七个毗邻的玄武岩峡谷岩壁之间奔腾流淌，玄武岩峡谷的位置正是远古时代瀑布的位置。

虽然两个公园内没有特定的野生动物景点，但它们与赞比西国家公园（Zambezi National Park）相邻，大象、长颈鹿、斑马、疣猪和狮子经常在两个公园内出没，而在平静的河流弯道上，河马和鳄鱼在其聚居地内漫步。相比之下，由于瀑布造成了不同物种的进化屏障，河道动物群更值得关注。同样有趣的是，津巴布韦河岸常年水汽氤氲，生长着狭长的热带雨林。雨林中生长着许多赤道附近的典型物种，如非洲黑檀（*Diospyros mespiliformis*）、塞内加尔海枣和各种榕树。

第 392 页（上） 维多利亚瀑布下，赞比西河蜿蜒穿过一系列玄武岩峡谷，形成湍急水流。这些峡谷正是古代瀑布的位置。

第 392 页（下） 一只汤氏瞪羚站立在津巴布韦的赞比西河畔，对雄伟壮观的瀑布视而不见。

尽管距发现维多利亚瀑布已有一个半世纪之久，但它仍对成千上万的游客有着不可抗拒的吸引力。而关于亚米—亚米（Yami-Yami，少数幸运儿在汹涌的水流中才能看到的瀑布之神）的古老传说，已经发展成为一种商业活动：异教神的符文被刻在玄武岩碎片上作为纪念品出售，促进当地经济增长，使该地区成为津巴布韦最繁荣的地方。

第 392—393 页　维多利亚瀑布是津巴布韦和赞比亚的边界，在 2 月和 3 月（赞比亚河的汛期）会形成世界上最长的水帘，每分钟流量达 63.6 万立方米。

第 393 页（上）　莫西奥图尼亚（“雷鸣的烟雾”）是维多利亚瀑布在科洛洛语中的名称。雾状的水类似于烟雾，在 21 千米外都能听到水流冲击声。

第 393 页（下）　维多利亚瀑布的独特地貌促进了河道动物群的分化，瀑布落差巨大，代表着无法跨越的进化边界。

第 394 页（左上） 德拉肯斯堡公园（Draken sberg）生活着约 300 种鸟类，是胡兀鹫（*Gypaetus barbatus*）在非洲南部地区最后的避难所。这种鸟类 85% 的食物都来源于死亡动物的尸骨。

第 394 页（右上） 德拉肯斯堡公园是南非最具富水性的水文流域之一，主要原因是该地降雨量较大。在 11 月至次年 3 月的夏季，降雨尤其充沛。

乌卡兰巴 / 德拉肯斯堡公园

南非

夸祖鲁－纳塔尔省
入选年份：2000
遴选标准：自（Ⅲ）（Ⅳ）；文（Ⅰ）（Ⅲ）

大约 8000 年前，当欧洲和中东处于新石器时代早期阶段时，非洲南部地区仍有以半游牧方式生产的游猎群体，他们居住在德拉肯斯山脉裸露山谷的洞穴中或岩石尖坡下。当时，游猎群体之一的桑族人（San）开始装饰他们的洞穴，在墙壁和屋顶上描绘神像、狩猎场景以及在荒凉环境中每天为生存而斗争的情景。人类定居点的遗迹表明，尽管该地区一百万年前就已经有人类居住，但桑族人的岩画“编年史”是南非旧石器时代人类活动最确凿的证据，其记载一直持续到 19 世纪。那时，从开普（Cape）登陆的欧洲殖民者，以及祖鲁（Zulu）和科萨（Zhosa）等非洲民族，把桑族人赶出山脉，驱逐到卡拉哈里沙漠（Kalahari）的边缘地带。

德拉肯斯山脉风景壮丽，原始粗犷。1903 年，纳塔尔殖民地政府为德拉肯斯山脉的壮美景观所震撼，在该地建立了一个动植物公园。1916 年，公园发展为纳塔尔国家公园（Natal National Park）。1947 年，公园规模扩大，更名为皇家纳塔尔国家公园（Royal Natal National Park）。1998 年，南非政府正式用回非洲习语，再次将公园重新命名为乌卡兰巴－德拉肯斯堡公园（uKhahlamba–Drakensberg Park）。德拉肯斯堡公园海拔在 1280~3500 米，占地面积 2427 平方千米，地貌丰富多样，高原、山峰、玄武岩和砂岩岩面、深阔的山谷和粗糙的岩层各显其彰。受亚热带气候影响，公园拥有最富水性的水文流域，植被茂盛，山谷、山坡和高原间植被差异显著。德拉肯斯堡公园内共生长着 2153 种植物，其中近 2000 种属于被子植物，200 多种为公园和当地特有物种，特有植物中有 109 种被认定为濒危物种。

此外，德拉肯斯堡公园还生活着 48 种哺乳动物、近 300 种鸟类、48 种爬行动物、26 种两栖动物和 8 种鱼类，虽然目前尚未对无脊椎动物进行精确普查，但它们从根本上促进了德拉肯斯堡公园的生态平衡。无脊椎动物包括 74 种蝴蝶（相当于南非所有蝴蝶种类的 7%）、32 种马陆和 44 种蜻蜓。两栖动物仅包括 3 种非常奇特的蛙类：林蛙（*Rana vertebralis*）、河蛙（*R. dracomontana*）和强肢花蝗蛙（*Strongylopus hymenopus*），它们仅生活在高海拔低温地区。鸟类种类丰富，其中许多鸟类为当地特有物种。哺乳动物包括 16 种啮齿动物，南非最大的水獭种群、15 种食肉动物和 11 种偶蹄目动物，偶蹄目动物中包括 1500 只短角羚（*Pelea capriolus*）和 2000 只伊兰羚羊（*Taurotragus oryx*），伊兰羚羊是世界上体形最大的羚羊。德拉肯斯堡公园内没有濒临灭绝的哺乳动物，令人意外的是，公园内也没有非洲大型食肉动物。现在，人们只能在桑族人描绘的狩猎场景中看到这些动物。

第 394—395 页 德拉肯斯堡天然露天剧场呈半圆形，由直径超过 4.8 千米的火山岩形成。德拉肯斯堡公园占地面积 2427 平方千米，地貌景观丰富多样。

第 395 页（下） 从巨大的德拉肯斯堡露天剧场旁俯瞰谷底，可以看到一望无际的红色火炬花（*Kniphofia uvaria*）。保护区海拔在 1280~3500 米。

黥基·德·贝马拉哈自然保护区

马达加斯加

安黥基区北部
入选年份：1990
遴选标准：自（Ⅲ）（Ⅳ）

生活在黥基·德·贝马拉哈自然保护区（Tsingy de Bemaraha Strict Nature Reserve）的狐猴有 11 种之多。其中，冕狐猴属，包括维氏冕狐猴（*Propithecus verraux*）和瓦氏冕狐猴（*Propithecus deckeni*），体形最大，主要在白天活动；而倭狐猴（*Microcebus murinus*）体形最小，差不多与老鼠一般大，只在夜间活动。

保护区内还有其他 9 种体形介于两者之间的狐猴，如金冠狐猴（*Propithecus tattersalli*）、獴美狐猴（*Eulemur mongoz*）、佩氏冕狐猴（*Propithecus diadema perrieri*）以及埃氏鼬狐猴（*Lepilemur edwardsi*）。近期才被发现的指狐猴（*Daubentonia madagascariensis*）是最为珍稀的狐猴种类之一，喜欢生活在森林深处。

黥基·德·贝马拉哈自然保护区位于马达加斯加西部，占地面积 1520 平方千米，1927 年首次被列为保护区，以保护这处人迹罕至的人间仙境。保护区东面是陡峭的悬崖，比马南布卢河河面高 305~396 米。贝马拉哈高原是喀斯特石灰岩地貌，由于河水和雨水的侵蚀作用，沟壑纵横，裂隙密布，矗立着高耸尖利的石头尖峰（当地土著语称为“Tsingy”）。

该保护区属于热带气候，旱季长达 6~8 个月，11 月至次年 3 月为雨季。在降雨量相对较多的地区，分布着茂盛的落叶林，在降雨情况相对较少的地区，落叶林与人造稀树草原交替分布。少数关于该地植被的研究记录了约 430 种植物，其中 85% 为该地特有物种，这是岛上物种不同进化的结果。例如，东海岸的乌木（*Diospyros perrieri*）、马达加斯加唯一一种野生香蕉树（*Musa perrieri*）以及各种各样的凤凰木，都是当地独一无二的物种。该地的植物科属有猴面包树属、兰科、大戟科、木棉科、豆科以及许多旱生植物，如芦荟等。

人们对黥基·德·贝马拉哈自然保护区的动物群研究同样甚少，这是因为当地物种数量极其不确定，以及人们对物种来源意见不一。在该保护区内，除了狐猴，还有一些更加有趣少见的物种，比如该地特有的西部马岛鼠（*Nesomys rufus lambertoni*）和残肢变色龙（*Brookesia perarmata*），但目前只有少数为人所知。该保护区共有 13 种两栖动物和数十种爬行动物，包括尼罗鳄（*Crocodylus niloticus*）、叶尾壁虎属和变色龙属的物种。该地区鸟类物种多样，陆生水生兼有。在马达加斯加的 100 对鹗中，有 30 对是世界上最珍稀的猛禽，它们会在峡谷入口或黥基湖（Tsingy Lakes）旁筑巢。

奇怪的是，虽然黥基·德·贝马拉哈自然保护区是马达加斯加西部面积最大、生物多样性最丰富的保护区，但却因维护力度不足而遭到破坏。虽然世界自然基金会（WWF）强调必须加大保护力度，但情况并不乐观。几年前，人们还无法进入保护区南部的国家公园，但现在已经有几户人家在此定居。和附近的村民一样，他们在此放牧和种植庄稼，为了清理土地，他们在开阔地区和森林边缘人为纵火。由于人类活动，马达加斯加的原始落叶林面积已减少了 3%。

第 396—397 页 在陡峭的峡谷、沟壑和裂隙中，杂乱分布着大片落叶林，并且很多都是该地特有物种。

第 397 页（上） 该地峡谷纵深，崎岖不平，极难行走，不利于对动植物群进行准确分类和研究，因此大部分的物种仍是神秘未知的。

第 397 页（下） 在 20 世纪中叶之前，人们还无法涉足黥基·德·贝马拉哈自然保护区，然而现在，当地居民在此定居，带来了隐患。他们的农业和牲畜放牧会危及该地独特的生物多样性。

第 396 页 贝马拉哈高原是喀斯特石灰岩地貌，由于雨水和地表水的侵蚀作用，最终形成了高耸尖利的石头尖峰，这也是该地名称的由来。

阿尔达布拉环礁

塞舌尔

入选年份：1982
遴选标准：自（Ⅱ）（Ⅲ）（Ⅳ）

阿尔达布拉环礁（Aldabra Atoll）是世界上最大的珊瑚环礁，位于塞舌尔主岛——马埃岛（Mahé）以南，临近马达加斯加。1511 年，葡萄牙人首次发现阿尔达布拉环礁，并将其记录在地图上，当时葡萄牙航海家看到的是环礁内水域的绿色倒影，因而将这里命名为“阿尔达布拉”（Ilha Dara），这个名字源自阿拉伯语中的“al Khadra”，意为“绿色岛”。

阿尔达布拉环礁由 13 座小岛组成。1742 年，拉扎尔·皮考特（Lazare Picault）和让·格罗森（Jean Grossin）带领法国探险队登上塞舌尔群岛（Seychelles Archipelago），并在其中的一座小岛上插上了法国国旗，使得法国成为首个占领塞舌尔群岛的国家。19 世纪初，塞舌尔群岛又被英国海军占领。查尔斯·达尔文是最先开始欣赏和研究其独特魅力的英国博物学家。

雅克·伊夫·库斯托（Jacques Yves Cousteau）率先对阿尔达布拉环礁的生态系统进行了广泛研究，他于 1954 年乘坐“卡利普索”号（Calypso）航行至此。由于阿尔达布拉环礁与塞舌尔群岛其他岛屿距离甚远，地理位置偏僻，淡水匮乏，因此人类无法在此永久定居。但在 20 世纪 60 年代初，英国海军仍考虑将其作为海军基地。

最终，因皇家学会和史密森尼学会的介入，这项军事计划被取消。因此阿尔达布拉环礁仍是世界上最偏僻、最原始的地区之一。

和所有环礁一样，阿尔达布拉环礁最初也是火山岩，大约在 125000 年前形成。

其周边岛屿分散在两个独立的平面上，海拔约为 4 米和 8 米。阿尔达布拉环礁的潟湖直径近 35 千米，面积约为 104 平方千米，有四个出口通向海洋，涨潮时水深不超过 3 米，而在退潮时 80% 的河床会露出水面。

阿尔达布拉环礁上共有 198 种植物，其中 19 种为该地特有物种，不过，丰富多样的动物群才是其与众不同之处。

巨型陆龟（*Geochelone gigantea*）是该地最著名的动物，由于达尔文向毛里求斯总督求情，巨型陆龟才得以成为世界上首批受到保护的物种。这种动物曾经在印度洋中随处可见，但现在只有阿尔达布拉环礁上还生存着约 15 万只巨型陆龟，其数量是科隆群岛著名的加拉帕戈斯象龟的三倍。一头成年雄龟的体长可达 1.2 米左右，体重可达 250 千克，寿命可达 100 年。正如大象对非洲大草原生态环境十分重要一样，巨型陆龟也深刻影响着阿尔达布拉环礁脆弱的生态环境。该地也是绿蠵龟（*Chelonia mydas*）的产卵地。

阿尔达布拉环礁的鸟类物种丰富，包括一些珍稀物种，比如印度洋上仅剩的一种不会飞的鸟类——白喉秧鸡（*Dryolimnas cuvieri aldabranus*），还有黄喉岩鹭（*Egretta gularis dimorpha*）和圣鹮（*Threskiornis aethiopica abbottii*）。

栖居在珊瑚礁周围的海洋动物更是一绝。丰富多样的珊瑚和海绵有利于微生物繁殖，为约 200 种色彩鲜艳的热带鱼提供养分。这些热带鱼包括神仙鱼、蝴蝶鱼、鲉科、鹤鱵科和四齿鲀科；此外，该地区还有不同种类的螃蟹、大型双壳类动物、海葵和软体动物。阿尔达布拉环礁海洋动物丰富多样，对少数幸运的潜水者而言是当之无愧的天堂。

第 398 页（上） 阿尔达布拉环礁是印度洋上唯一一处红脚鲣鸟筑巢地。

第 398 页（下） 阿尔达布拉环礁是世界上最后 15 万只巨型陆龟的栖息地。

▌第 399 页（上） 俯瞰阿尔达布拉环礁，波光粼粼，五颜六色：蓝绿色、碧绿色、天青石色和深蓝色交相辉映，熠熠生辉。其潟湖直径为 34 千米，面积为 96 平方千米。

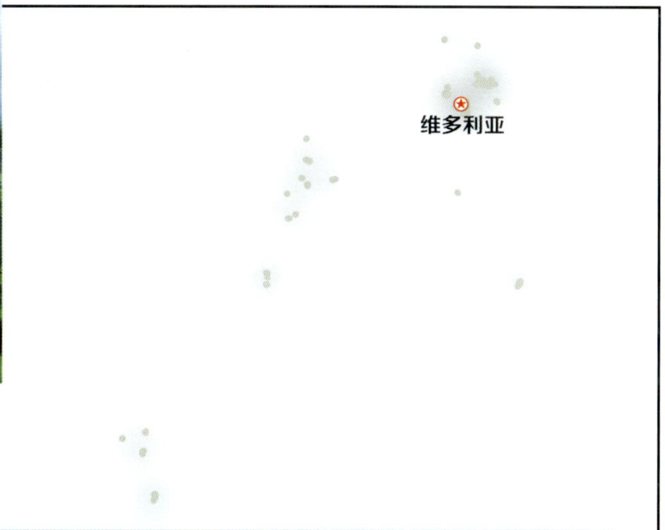

▌第 398—399 页 阿尔达布拉环礁有四个出口与海洋相连，在图的右上角，可以看到其中一处像一条分叉河流。潟湖涨潮时水深不超过 3 米，而在退潮时 80% 的河床会露出水面。

▌第 399 页（下） 在阿尔达布拉环礁西部水道，有壮观的“蘑菇”岩石景象，这是由于海水侵蚀作用而形成的。该区域内的洋流被视为地球上最强大的自然力量之一。

第 400 页（上） 阿尔达布拉环礁浅水区，红树林根系盘结缠绕。该地共有 198 种植物，其中有 19 种为该地特有物种。

第 400 页（中） 一只锈须鲛（*Nebrus ferrugineus*）小心翼翼地在潟湖河床上移动，大约 3 米长，这种鲛鱼一般不会伤害人类。

第 400 页（下） 阿尔达布拉环礁是海龟和陆龟的王国。除了巨型陆龟之外，还有绿蠵龟、赤蠵龟（*Caretta caretta*）和玳瑁（*Eretmochelys imbricate*）。这些长寿的爬行动物可与鲨鱼相提并论，都是地球上最古老的生物。

第 400—401 页 一群鲷鱼，包括单斑笛鲷（*Lutjanus monostigma*）和埃氏笛鲷（*Lutjanus eherembergi*）正在探索水下的红树林根系。鲷鱼之所以称为“snapper”（即“猛咬”的意思），是因为它们对同类有攻击性行为。

第 401 页（下） 在阿尔达布拉环礁，生活着 13 种陆生鸟类，比如在红树林筑巢的阿尔达布拉岛燕卷尾鸟（*Dicrurus aldabranus*），以及印度洋上唯一不会飞的鸟类——白喉秧鸡。

▌第402页（上）柳珊瑚（*Gorgonias*），俗称海扇，因其与古希腊神话中蛇发女妖（gorgon）的头发相似，故得此名。全株是一个群体，形状类似树木，属于珊瑚纲，有角状骨骼。但与钙质珊瑚不同的是，它们非常灵活。

▌第402页（中）一条尖吻鳉（*Oxycirrhites typus*）惬意地在软珊瑚或海鸡冠亚纲珊瑚上休息。

▌第402页（下）海参是一种棘皮动物，表皮柔软有弹性，有疣足，通过收缩其纵行肌和环形肌移动，行动速度缓慢。

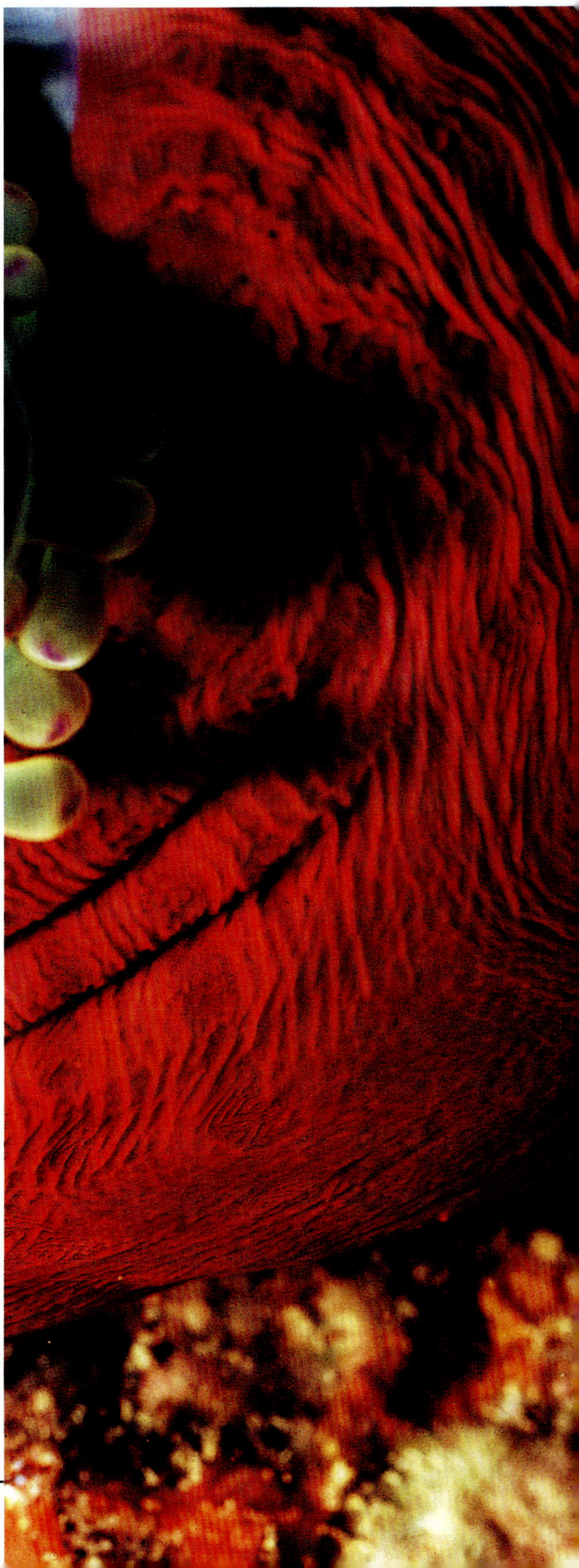

第402—403页　这种瓷蟹在印度洋里随处可见，常与大型海葵（图中是公主海葵）成对生活，隐藏在海葵的触手里。

第403页（上）　一群布氏鲳鲹（*Trachinotus blochi*）在珊瑚礁水域摇曳身姿，银光闪闪。它们通常生活在外海，但在日落时分，会靠近岩石或珊瑚，主要以那里的双壳类软体动物为食。

赫拉波利斯和帕穆克卡莱

土耳其

代尼兹利平原
入选年份：1988
遴选标准：文（Ⅲ）（Ⅳ）自（Ⅲ）

第404页（上） 在古罗马时期，赫拉波利斯帕被称为温泉城，如今被称为帕穆克卡莱（土耳其语中意为“棉花堡”），着重强调了该地非同一般的石灰岩层。

第404页（下） 泉水沿着卡尔达吉高原潺潺而下，蓄水成塘，慢慢冷却，溶解释放从底土携带而来的碳酸钙。然后，碳酸钙自水塘边缘流下，形成钙华柱。

列柱大道（Plateia）是一条巨大钙华石铺成的宽阔大道，由罗马人于公元2世纪所建，也是赫拉波利斯（Hierapolis）居民的日常生活中心。赫拉波利斯是一个重要的温泉城，位于土耳其西南部的代尼兹利省以北约23千米处，是帕加马国王欧迈尼斯二世（Eumenes II）于公元前2世纪所建，早在几百年前，就已是繁荣富庶之地。

赫拉波利斯（“圣城”）的底土非常独特，土壤水中富含碳酸氢钙和其他矿物盐，极负盛名。流水带走了石灰岩层中的矿物盐，到达地表。据古人说，在此处泡温泉，不仅能得到绝佳的疗效，还能欣赏其瑰丽景致。该地宛若一座白色岩石之城，因此得名帕穆克卡莱（Pamukkale），即土耳其语中的“棉花堡”，众多游客慕名前来。

该地泉水富含矿物质，沿着卡尔达吉高原（Cal Daği Plateau）的缓坡潺潺而下，泉水温度为35摄氏度，蓄水成塘，积水成沟，慢慢冷却，碳酸钙得以溶解扩散。水塘边的水最先冷却，此处的钙华沉淀得更快，形成越来越厚的石柱。帕穆克卡莱的泉水中年均钙华沉积量超过4万立方米。据估计，该地的钙华沉积已有14000年的历史，造就了宛若人间仙境的特殊地貌，它由石林、石化瀑布、岩石尖塔以及一系列白色梯田组成，这激起了当地人的好奇心。

早在罗马时代之前，帕穆克卡莱温泉水的治疗功效便已是传奇。地理学家斯特拉波（Strabo）曾说，赫拉波利斯因其温泉水和砖铺场所普鲁特尼乌斯（Plutonium）而闻名，后者用来收集对人和动物都有毒的气体。在当地居民看来，温泉水具有特殊的化学特性，可以清洁该地生产的棉花（这也是取名为“棉花堡”的另一个原因），还有利于棉花着色。温泉内矿物质含量丰富，特别是碳酸钙、硫酸盐，以及铁盐、硫盐和镁盐，使其疗养效果绝佳。

直至今日，帕穆克卡莱温泉和古罗马赫拉波利斯文化遗址依然是旅游胜地。为了保护该地的自然和考古价值，自1976年以来，土耳其当局启动了一系列保护项目，作为地中海沿岸国家间协议的一部分。

第404—405页 在人们看来，需要14000年之久，才能形成富含矿物盐的水，并由此造就了今日所见的奇观：100米高的石化瀑布、岩石尖塔和白色梯田。

第405页（下） 帕穆克卡莱的泉水瀑布绵延2.4千米，每年都有4万立方米的钙华沉积。泉水中的矿物盐多为碳酸钙和硫酸钙，这就是传说中其绝佳疗养功效的秘密所在。

安卡拉

堪察加火山

俄罗斯联邦

堪察加半岛
入选年份：1996，2001
遴选标准：自（Ⅰ）（Ⅱ）（Ⅲ）（Ⅴ）

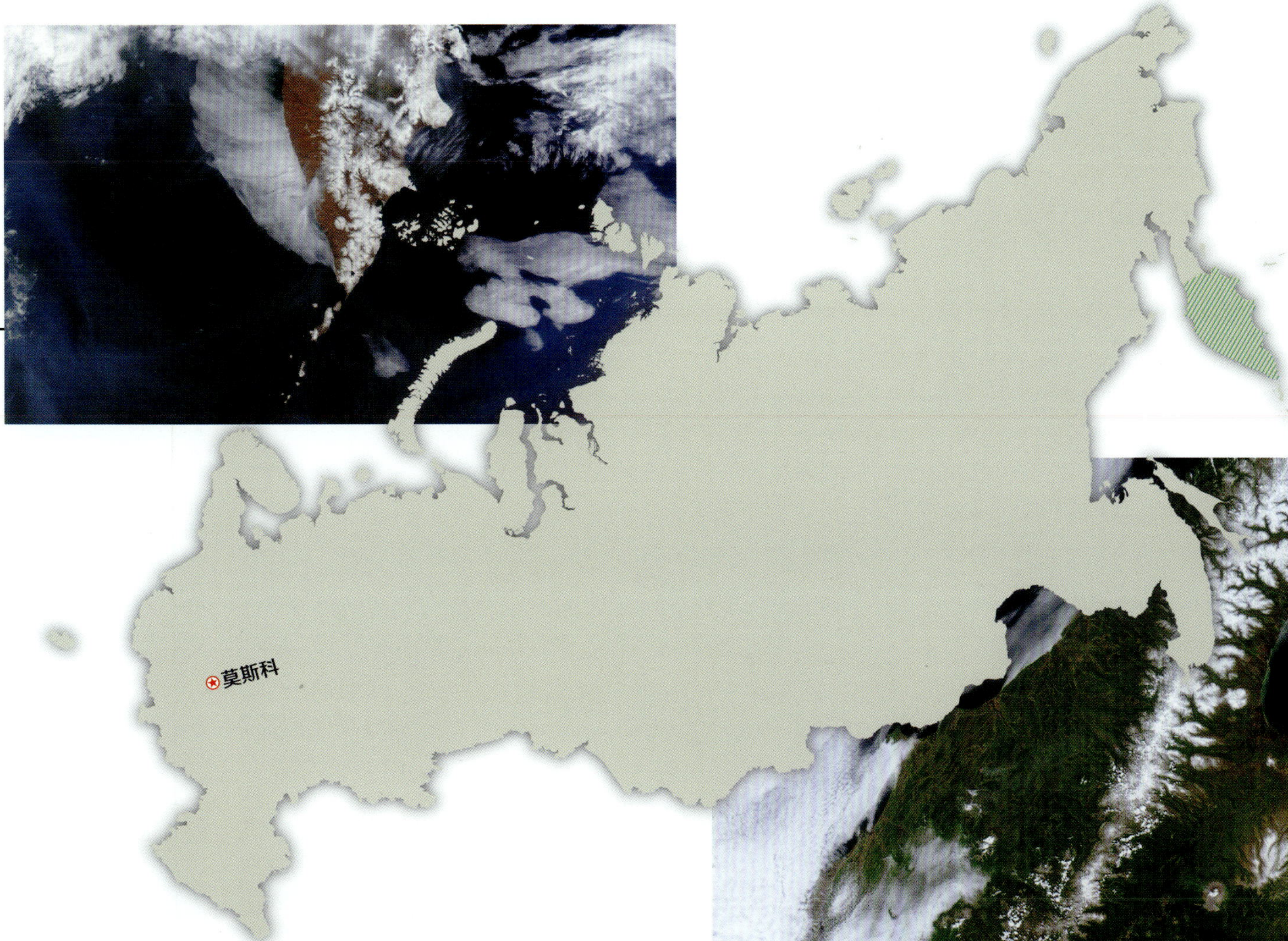

第 406 页　冬季，堪察加完全被冰层覆盖，其景观正如美国国家航空航天局卫星拍到的图片一样：中部山脉（Sredinnyyi Khrebet）位于堪察加半岛中心，山谷顺中部山脉而下。

第 407 页（上）2001 年从太空拍摄。从图中可以看到，西伯利亚天空中飘荡着一缕长长的轻烟。

第 407 页（下）堪察加火山保护区占地面积 36960 平方千米，内有 29 座活火山、300 座死火山和 150 个温泉。

克柳切夫火山（Mount Kluchevskoy）呈标准锥状，结构完整，体态挺拔秀美，海拔近 4755 米，是欧亚大陆上最高的活火山。它与卡门火山（Kamen）、别济米安纳火山（Bezymyanny）和普洛斯基·托尔巴奇克火山（Plosky Tolbackik）一起形成克柳切夫火山群（Kluchevskaya）。据史料记载，克柳切夫火山第一次爆发是在 1697 年，当时是俄罗斯探险家弗拉基米尔·阿特拉索夫最先发现了克柳切夫火山。之后，火山学家发现克柳切夫火山每五年至少爆发一次。但是克柳切夫火山从未危及当地民众，堪察加（Kamchatka）的其他

火山也是如此。

堪察加半岛临鄂霍次克海（Sea of Okhotsk）和白令海（Bering Sea）。除克柳切夫火山外，半岛上还有许多地方同样引人入胜。克罗诺基火山（Mount Kronotsky）海拔不高，为 3528 米，但也是标准的锥状火山。乌松火山（Uzon Volcano）形成于 4 万年前，是半岛地区内最有趣的地质现象之一。乌松火山占地面积 93 平方千米，火山口呈巨碗状，壁高 198~792 米。火山内部有热液系统，其中不断有矿物质生成。

堪察加火山占地面积 36960 平方千米，1996 年被联合国教科文组织列入《世界遗产名录》。

堪察加火山保护区分为 6 块区域，在这些区域内均可以观赏到许多火山活动。堪察加半岛位于环太平洋地壳板块交界处，故半岛上火山活动频繁。

保护区内现有 29 座活火山、300 座死火山和 150 多个温泉和矿泉。间歇泉、火山喷气孔、瀑布林立在陡峭的山峰边沿。山峰两侧绿松石色湖泊和大片彩色海藻交相辉映，衬得间歇泉谷宛如仙境一般。

火山区域气候类型多样，因此植被繁茂，种类丰富。冻原、北方针叶林面积广阔，该地还生长着 1168 种巨型草和野生浆果，其中 10% 为堪察加特有物种。

堪察加动物群种类丰富，有 145 种鸟类，包括雕、鸬鹚、海鹦、鹅、鸭、海鸥和天鹅等；哺乳动物 33 种，包括棕熊、驼鹿、灰狼、驯鹿、山地绵羊和狐狸等。虎头海雕（*Haliaetus pelagicus*）属于濒危物种，世界上一半的虎头海雕生活在堪察加。堪察加棕熊（*Ursus arctos*）属于棕熊亚种，同样面临着生存威胁。堪察加棕熊与同样生活在半岛上的 1 万只灰熊有亲缘关系。

夏季伊始直至冬季，数以百万计的鲑鱼洄游至堪察加产卵，这是堪察加最为壮观的景象。这些鲑鱼是 5 种太平洋鲑鱼。在这一时期，堪察加地区的鲑鱼数量居全世界之最。

近些年来，堪察加半岛大力发展旅游业和采矿业，当地脆弱的生态平衡受到严重威胁。

第 408 页（上） 图片于 1994 年由“奋进”号航天飞机拍摄，展示了最近克柳切夫火山爆发的景象之一。克柳切夫火山海拔 4750 米，是亚洲最高的活火山。

第 408 页（中） 堪察加位于不同地壳板块交界处，是环太平洋带火山数量最多的区域之一。

第 408 页（下） 保护区内一处死火山的火山口处形成了一个冰川湖。

第 408—409 页 堪察加大部分火山之所以呈标准锥状，是因为这些火山是成层火山，数十万年间由火山喷发物不断堆积而成。

第 409 页　这张克柳切夫火山群鸟瞰图的背景是锥状克柳切夫火山。该区域内的火山群由乌迪纳火山（Udina）、济明火山（Zimina）、别济米安纳火山（Bezymianny）、克曼火山（Kaman）和托尔巴奇克火山（Tolbachik）组成。这些火山环绕在最高峰克柳切夫火山四周。

第410页（上） 间歇泉谷景色独一无二，由间歇泉、火山喷气孔、绿松色湖泊和大片彩色海藻构成。17世纪末，俄国人不辞万里，来到堪察加探访。

第410—411页 堪察加棕熊是棕熊亚种，与北美灰熊血缘关系亲近。冬眠（5月结束）期间，堪察加棕熊体重约减轻30%。

当地政府之所以迟迟不批准在距离布斯特宁基自然公园（Bystinsky Nature Park）数千米处开采金矿的计划，仅仅是因为缺乏充足资金。如果开采金矿计划实施，势必会影响到当地某个尚未遭到破坏的生态系统。

▌第 411 页（上） 半岛上生活着约 1 万只堪察加棕熊。交配季过后，这些跖行动物大部分时间都会单独行动。

▌第 411 页（中） 夏季伊始，数以百万计的 5 种太平洋鲑鱼开始溯游而上。棕熊也开始准备大展身手，美美地饱餐一顿。

▌第 411 页（下） 北极狐（*Alopex lagopus*）毛色在冬季为白色，在夏季为黄褐色。冬季不冬眠，以动物尸体或其他动物捕获的猎物为食。

黄龙风景名胜区与九寨沟风景名胜区

中国 四川省
入选年份：1992
遴选标准：自（Ⅲ）

40多年来，大熊猫一直是世界自然基金会（World Wildlife Fund）的徽标，也是所有濒危物种的代表。不能不说，中国人民正竭尽全力拯救大熊猫（*Ailuropoda melanoleuca*）：他们对大熊猫脆弱的栖息地予以保护，尝试用音、画等技术手段来刺激大熊猫明显下降的性欲，促进其生殖交配，甚至还曾用克隆技术进行试验，但该试验效果并不明显，尚未取得成功。

目前大熊猫保护情况不容乐观，但通过人工授精已经取得一些成果。例如在卧龙，1998年时仅有20只大熊猫，但现在该地的大熊猫数量已经增长至60余只。而九寨沟大熊猫数量更少，估计1996年时仅有17只。在邻近的黄龙保护区内，据记载，当地五处区域共栖息着四个大熊猫群体。虽然大熊猫数量不多，但因为黄龙毗邻王朗保护区，大熊猫存活率大大增加。

川北地区是中国通向亚洲内陆的门户，黄龙风景区和九寨沟就坐落于该地区。两地有许多异曲同工之处：均在20世纪70年代末建成；占地面积相差无几，分别为699平方千米和720平方千米；所处地理位置多山，地壳构造复杂，最高峰海拔可达5000多米；均有断层线穿过，这些断层线会导致强烈且频繁的地震活动。从地质角度来看，两地均有古生代碳酸盐岩，上面覆盖有冲击砾石和冰碛形成的沉积层。沉积层上方又叠有方解石沉积层，形成了广袤无边的钙华和石灰岩，并由此形成喀斯特地貌。高海拔区域有许多冰川湖，沟谷幽深，绝壁夹峙，景色绝美。实际上，九寨沟意为“九个沟谷组成的山谷”。

此外，黄龙和九寨沟两地植被分布整齐，十分相似。在1700~2300米的低海拔森林带，主要生长着云杉（*Picea asperata*）、川甘槭（*Acer yiu*）、阔裂槭（*Acer erianthum*）和青榨槭（*Acer davidii*）。

第412页（上） 黄龙保护区位于北半球喜马拉雅山脉、亚热带和热带气候过渡带，气温在零下24摄氏度至零上30摄氏度。

第412页（下） 黄龙保护区内森林覆盖率为65.8%。在1700~2300米的低海拔区域，植物主要为云杉和三种槭树。

第412—413页 黄龙保护区内水源众多，水中矿物质含量较高，似有疗养奇效，因此闻名于世。水流自温热的煮珠湖奔涌而出，温度为21摄氏度，形成了众多天然泳池。

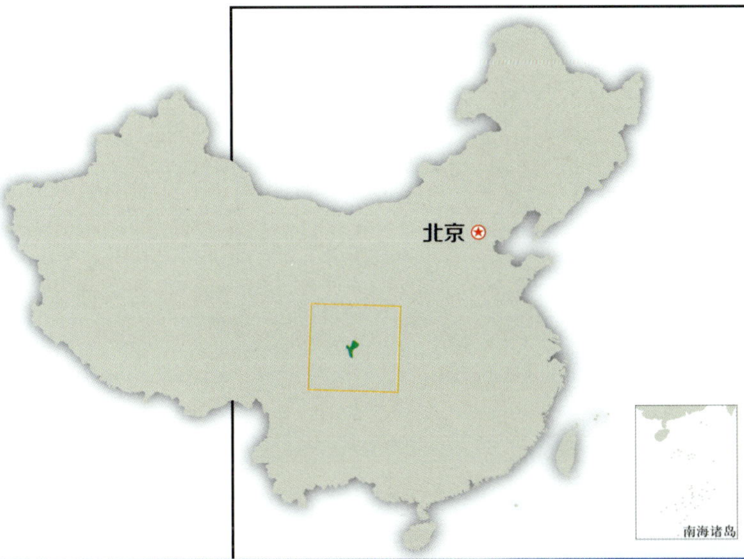

第 413 页（上） 大熊猫是世界自然基金会的徽标，目前生活在四川、甘肃、陕西等地。截至 2022 年，中国大熊猫保护研究中心创建了世界最大人工圈养种群，数量已达到 364 只。

▍第414页（左上） 九寨沟水文系统复杂：主要河流均汇入嘉陵江，但同时，嘉陵江又注入浩瀚的长江水系。

▍第414页（右上） 卧龙水底石灰岩形状奇特，当地人认为有一条巨龙潜卧水中。传说九寨沟湖泊深处有怪物。

▍第414页（下） 九寨沟保护区囊括树正群海的19个湖泊和诺日朗群海的18个湖泊。湖泊呈梯田状层层叠叠，逶迤而下，由钙华分割开来，似道道堤坝。

再往高处，是冷杉、落叶松和白桦组成的针叶林。高山草甸位于海拔3658~4206米的地区，生长着草地和灌木。两地植物种类丰富（黄龙保护区101种，九寨沟92种），这对特有植物分布、植物观赏价值和中药价值挖掘均有重要意义。

除大熊猫以外，黄龙保护区内还有59种哺乳动物，而九寨沟只有10种左右，但这些数据非系统调查研究所得。最值得关注的哺乳动物是川金丝猴（*Pygatrix roxellanae*）、小熊猫（*Ailurus fulgens*）、亚洲黑熊（*Selenarctos thibetanus*）和四川羚牛（*Budorcas taxicolor thibetana*）。

1992年，经过世界遗产委员会评估，认为黄龙风景名胜区和九寨沟风景名胜区符合世界自然遗产遴选标准中“具有绝妙的自然现象或罕见自然美的地区”被联合国教科文组织列入《世界遗产名录》。一直以来，两地坚守人与自然和谐共生，探索出了“保护型”发展的模式。

第 414—415 页　珍珠滩瀑布是九寨沟地区最受欢迎的景点，宽 310 米，平均落差 28 米，自钙华滩湍泻而下。此种自然形貌历经变化，在九寨沟和黄龙地区均十分常见。

第 415 页（下）　黄龙沟意指“黄龙咽喉”，全长 3.5 千米，一串钙华水池沉积于此，景色蔚为壮观。池中有藻类衬托，黄、绿、蓝交相辉映，更显得池水晶莹剔透。

白神山地

日本

青森县和秋田县
本州地区
入选年份：1993
遴选标准：自（Ⅱ）

尊重祖先和传统是日本人的一大特点，这也是日本最后一片山毛榉原生林能得到如此细心的照看，有着严格保护条例的原因。这些山毛榉树，属于圆齿水青冈种（*Fagus crenata*），位于日本本州岛北部的白神山（Shirakami Mountains）。

这片山毛榉原生林所在地被称为白神山地（Shirakami-Sanchi），自 1992 年起受到保护。白神山地占地面积约 168 平方千米，位置偏远，海拔在 896~1000 米。因为靠近日本海，又有大量的冷空气从西伯利亚传来，所以这里冬季寒冷且经常降雪。从地貌学的角度来看，白神山是在石炭纪时期剧烈的地壳运动后形成的，由基底的花岗岩和上部的沉积岩构成。这里地形复杂，深谷遍布，谷壁陡峭，大部分山体的坡度都在 30 度以上。林中道路稀少，且经常被乱石掩盖。虽然有史料提及在 9 世纪初（日本的平安京时代），这里有过采矿活动，甚至可能连制作奈良大佛的铜都是从这里开采的，但是现在几乎看不到人类活动留下的痕迹。山脚下的村民偶尔会进山林采摘蘑菇和草药，每年还会有约 3000 名狩猎爱好者和猎人登上保护区边缘的华森莫里峰（Mount Huatsamori）举行一种古老的“玛塔基”猎熊仪式。

除山毛榉树外，白神山地森林还有 500 种植物。尽管与日本其他山区相比，该地植物种类并不是特别多，但一些当地特有的物种使其备受关注。有几种植物在全球范围内濒临灭绝，如山岩黄芪变种（*Hylotelephium tsugaruense*）和一种早熟禾（*Poa ogamontana*），还有一些较为少见的兰科植物，如虾脊兰（*Calanthe discolor*）、黄铃构兰（*Cypripedium yatabeanum*）和筒距兰（*Tipularia japonica*）。

该地鸟类最喜在树上和岩石尖坡上筑巢。有 87 种鸟类栖息于此，其中部分鸟类已被列入《世界自然保护联盟濒危物种红色名录》，并被日本列为“国家天然纪念物”，如黑啄木鸟（*Dryocopus martius*）、金雕（*Aquila chrysaetos*）和鹰雕（*Spizaetus nipalensis*）。白神山还有两种哺乳动物——鬣羚（*Capricornis crispus*）和日本睡鼠（*Glirulus japonicus*）也被列为“国家天然纪念物”。鬣羚是一种外形十分原始的大型食草动物，而日本睡鼠是一种夜行性啮齿类动物，冬天会把身体团成一团在树洞里冬眠。

日本人把动植物当作国家纪念物，和京都塔相提并论，这与东亚地区的哲学理念相契合。对于日本人来说，保护动植物势在必行，这种观念深入人心。1981 年，当时还未设立保护区，政府部门要求修一条连接青森县和秋田县的公路，但是这势必会破坏生态平衡，所以当地居民提出抗议，并最终取得了胜利。

▌第 416 页（下） 日本典型的温带森林中大量生长着圆齿水青冈种（*Fagus crenata*）的山毛榉树。遗憾的是，占地 168 平方千米的白神山地森林是日本仅存的最后一片山毛榉树原生林。

▌第 416 页（上） 最近发现丑鸭（*Histrionicus histrionicus*）在白神山赤石川（Akaishi River）上筑巢，这是一种海鸭，羽毛绚丽多彩。

▌第 417 页 日本猕猴（*Macaca fuscata*）已经适应了寒冷的气候。在过去的几十年里，由于森林砍伐和非法捕猎，日本猕猴数量锐减，目前已被列入《世界自然保护联盟濒危物种红色名录》。

萨加玛塔国家公园

尼泊尔

坤布
入选年份：1979
遴选标准：自(Ⅲ)

有这样一个民族，他们在雪地里赤脚行走，身体异常强壮，已经适应了恶劣的气候。他们也很长寿，是一个平和、务实的民族，一丝不苟地遵循着藏传佛教的理念。这就是“来自东方的人”——夏尔巴人（Sherpa），他们居住在尼泊尔坤布（Khumbu）地区，该地区位于世界最高峰珠穆朗玛峰的山坡上。夏尔巴人在16世纪末从西藏东部的康巴（Kham）地区出发，翻过了海拔5898米的囊帕拉（Nangpa La）山口，来到此地。

对夏尔巴人而言，山是神圣的。在古代，他们认为攀登山峰是一种亵渎神明的行为。海拔8848.86米的世界最高峰，在他们的语言中被称为珠穆朗玛（Chomolangma），即“母神”——喜马拉雅山脉的至高神。坤布地区有3座超过4952米的神奇山峰：洛子（Lhotse）峰（8516米）、卓奥友（Cho Oyu）峰（8201米），当然还有珠穆朗玛峰。该地区大部分都属于尼泊尔的萨加玛塔国家公园（Sagarmatha National Park），萨加玛塔是尼泊尔人对珠穆朗玛峰的称呼。

大约有3500名夏尔巴人生活在萨加玛塔国家公园，这个世界上海拔最高的公园。自1953年人类首次登顶珠峰以来，夏尔巴人的生计就越来越依赖于山地旅游业。当时，新西兰人埃德蒙·希拉里（Edmund Hillary）和夏尔巴人丹增·诺尔盖（Tenzing Norgay）登上了珠峰，后者也是夏尔巴人中第一位“亵渎”圣山的人。40年后，帕桑·拉木（Pasang Lhamu）登上珠峰，成为第一位登上珠峰的女性。

萨加玛塔国家公园占地面积1147平方千米。公园里有冰川、峡谷、宽阔的山谷，并分布着都得科西河（Dudh Kosi）和胡特科西河（Bhote Kosi）两条河的源头。公园最低点海拔2848米，从此处到山顶，共有四个不同的气候区，每个气候区的植物类型也各有不同。第一个气候区生长着高达9米的杜松、桦树、冷杉、竹子和杜鹃花。在3月和4月，杜鹃花盛开的景象是公园最美丽的景观之一。第二个气候区以矮树和灌木为主，再往上，植物只有苔藓和地衣，然后从海拔5700米左右的永久雪线处往上，没有任何植物生长。

对于此地118种鸟类和许多哺乳动物

而言，萨加玛塔国家公园里海拔最低的区域是理想的栖息地。这里常见的动物有原麝（*Moschus moschiferus*）和喜马拉雅塔尔羊（*Hemitragus jemlahicus*）。喜马拉雅塔尔羊是一种无须山羊，角很短，且向后弯曲。

但是在萨加玛塔国家公园，观察动物并不容易。公园最有趣的动物中，有很多既稀有又害羞，比如雪豹（*Uncia uncia*）、喜马拉雅黑熊（*Selenarctos tibetanus*）和长着黄褐色皮毛的小熊猫（*Ailurus fulgens*）。当季风季节到来时，公园内会有 26 种蝴蝶。

近年来，即使是这片环绕着世界屋脊的天堂，也出现了环境问题。虽然夏尔巴人非常爱护他们的土地，但是众多的登山探险队留下了成吨的垃圾，这也引起了生态保护组织的关注和抗议。目前公园已经开展了各种清理运动，并且正在考虑限制每年探险次数。然而公园还面临着另一个威胁：全球气候变化造成冰川面积缩小，甚至连喜马拉雅山脉的很多神圣山峰也未能幸免。

第 418 页（左） 雪豹（*Uncia uncia*）是世界上最害羞的猫科动物。据估计，目前野生雪豹仅存 4000 只。它们的栖息地逐渐减少，猎物的数量也随之减少，生存面临严重威胁。

第 418—419 页 佛塔体现了这片地球上海拔最高地区的神圣性。佛塔分布在西藏和尼泊尔地区，相当于印度的舍利塔。经幡系在佛塔上，这样风就可以把经幡上的祈祷传播到世界各地。

第 419 页（上） 珠穆朗玛峰以南不远的洛子峰，与珠峰交相辉映。它海拔 8516 米，为世界第三高峰，也是最难攀登的山峰之一。

第 419 页（下） 从卡拉帕塔山（Kala Pattar）（5623 米）望去，珠穆朗玛峰标志性的金字塔形峰顶在晨曦中熠熠生辉。

凯奥拉德奥国家公园

印度 珀勒德布尔，拉贾斯坦邦
入选年份：1985
遴选标准：自（Ⅳ）

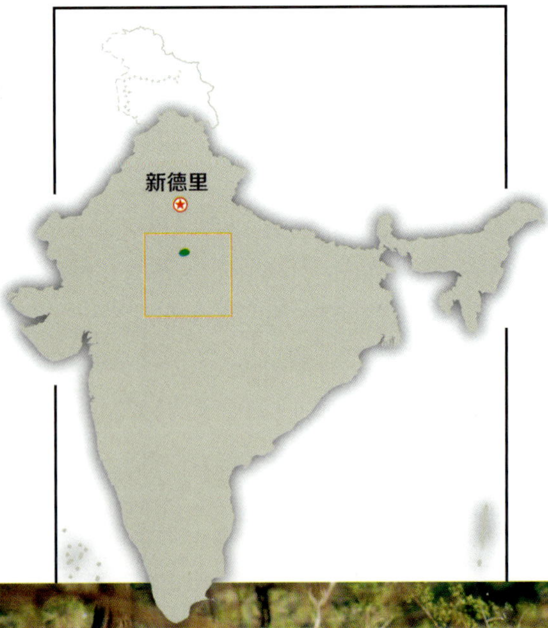

凯奥拉德奥国家公园（Keoladeo National Park）是南亚次大陆最特别的保护区之一，它在人类对其地貌进行了破坏性的改造后又恢复了生机。湿婆神是印度教的创造与毁灭之神，而凯奥拉德奥古庙供奉着湿婆神，所以该公园以古庙的名字命名也就不足为奇了。现在，这个占地面积28平方千米的公园是候鸟最喜欢停留的地方。

凯奥拉德奥国家公园靠近拉贾斯坦邦（Rajasthan）珀勒德布尔市（Bharatpur）的边缘，严格来说，该公园并不是纯粹的“自然环境”。人们曾改造了这片城郊地区，努力使珀勒德布尔市免受季风引发的洪水侵袭。早在1760年，当地的王公就在阿让（Ajan）地区的一片洼地边缘修建了一座水坝，形成了一个湖泊。在20世纪初，人们又增设了一个堤坝和水闸系统，使湖中不同区域的水位得到控制。

这些建筑工程将该地区变成了一连串沼泽地、湿地和草地，成了许多鸟类的家园。因此，珀勒德布尔的王公下令，将该地区设为野鸭狩猎场，之后一些著名的外宾慕名而来，如印度总督英国寇松勋爵（Lord Curzon）。1948年印度独立后，凯奥拉德奥地区成为鸟类保护区，但在1972年之前，印度王公们仍有权在此狩猎。1981年，凯奥拉德奥终于成为国家公园。

从9月到次年2月，公园内约有100万只鸟类，其中包括360多种候鸟，从翼展超过1.8米的巨型卷羽鹈鹕（*Pelecanus crispus*）到比手指还小的叽咋柳莺（*Phylloscopus collybita tristis*），种类繁多。

鸬鹚、白鹭、朱鹭、鸭子和鹤等鸟类从俄罗斯、中国、蒙古等地来到这里。

▌第420页（左上） 斑鹿（*Cervus axis*）皮毛上有白色斑点，是世界上最可爱的鹿之一。

▌第420页（左下） 凯奥拉德奥公园分布着许多形成于18世纪的人造湿地。

▌第420页（右上） 公园内发现了两种灵长类动物，猕猴（*Macaca mulatta*）是其中之一。

▌第420页（右下） 凯奥拉德奥公园的树上总是有许多朱鹭、鸬鹚、鹤等鸟类。

▌第421页 公园里的水草甸上生长着阿拉伯金合欢树（*Acacia nilotica*）和许多水生植物，这些植物是许多鸟类的食物来源。

公园内，西伯利亚白鹤（*Grus leucogeranus*）特别吸引游客，它是地球上最稀有的鸟类之一，现在仅剩几百只。为了在这里过冬，它们从鄂毕河流域出发，飞过阿富汗和巴基斯坦，飞行路程长达684千米。

公园内有丰富的微型动物、鱼类和水生植物（如荷花、睡莲等），也吸引了不少留鸟，如翠鸟、啄木鸟、金莺和几种鸽子。

随着夏季季风季的到来，凯奥拉德奥的另一大奇观开始出现：17种鹭鸟会聚集

在一个非常狭小的区域内筑巢。该区域内主要生长着阿拉伯金合欢树（*Acacia nilotica*），每棵树上的鸟巢都会多达100个，分属于不同种类的鹭鸟。这些鸟儿们选择如此近距离地住在一起，是为了联合起来抵御游隼和白肩雕等天敌，保护它们的幼鸟。

公园里的动物并不只限于鸟类。凯奥拉德奥公园也是哺乳动物青睐的栖息地，这里有孟加拉狐（*Vulpes bengalensis*）、金豺（*Canis aureus*）、欧亚野猪（*Sus scrofa*）和印度羚（*Antilope cervicapra*）等哺乳动物。就爬行类动物而言，蟒蛇的数量也很可观。

作为一个绝佳的观鸟胜地，凯奥拉德奥国家公园每年接待数十万游客，旅游业是当地居民的重要收入来源。

公园提供了众多服务项目，其中一项是游客可以乘坐传统的人力车进行观鸟游览。

第422页（上） 赤颈鹤（*Grus antigone*）颈部上半部和红色的头部没有羽毛，它们以复杂的求偶仪式而闻名。

第422页（下） 公园里有很多涉禽，白头鹮鹳（*Mycteria leucocephala*）是其中一种；还有西伯利亚白鹤，为地球上最稀有的鸟类之一。

▍第 422—423 页　在一棵树的树顶上，两只展翅的白头鹮鹳尽显其美丽身姿。

▍第 423 页（下）　斑头雁（*Anser indicus*）会在冬季造访凯奥拉德奥公园，其余时间都生活在喜马拉雅山中。它们甚至会在珠穆朗玛峰上空飞翔，曾有人目睹过这一情景。

下龙湾

越南 | 北部湾
入选年份：1994，2000
遴选标准：自（Ⅰ）（Ⅲ）

▌第424页（上和中） 在中新世和更新世之间，强烈的侵蚀将巨大的砂岩高原蚀化成形状奇特的石峰。在冰河时代末期，海洋涌入这片高原，形成了下龙湾。

▌第424页（下） 光亨洞（Quang Hanh）长达1280米，在殖民时期被称为"隧道"，是下龙湾最大的溶洞。

Ha Long 的字面意思是"龙入海的地方"，相关传说一直流传到19世纪。传说越南的敌人航行到该海岸，越南人民与他们进行海战时创造了下龙湾（Ha Long Bay）。在越南人即将被打败之际，玉皇大帝派遣龙母和她的一个小儿子来援助他们。大量珍珠从龙嘴里吐出，与水接触后变成了美丽的岛屿，敌人的小船全部撞毁在这些岛屿上。后来，由于海湾景观壮丽，龙就留在此地生活。

这个故事深深植根于当地人民心中，以至于渔民们至今仍会讨论海面上偶尔出现的巨型海兽。

这个美丽海湾上的人类居住历史源于对此处洞穴的考古研究。研究表明，越南最早有人类居住的时间可以追溯到2.5万年前。

下龙湾经常被誉为大自然的鬼斧神工，许多诗人受此启发，作出大量诗歌。下龙湾占地面积约1502平方千米，分散有1969个岛屿，高度从49~195米不等，其中989个岛屿的名称取自其如诗如画的形态，例如有状如打斗的公鸡、成对的天鹅、人头等岛屿。许多岛屿都有地下洞穴和空洞，是一些极其稀有的物种的栖息地。

抛开传说，下龙湾的形成始于约5亿年前的造山过程和板块移动。这一活动一直持续到石炭纪和二叠纪时期（3.5亿~2.4亿年前），当时该地区被海水覆盖，底部是一层厚达1006米的砂岩。从中新世到更新世的2000万年里，砂岩表层（当时已成为海岸平原）受到强烈侵蚀，形成了片岩和砂岩地层，并形成了如今的下龙湾。约万年前的冰河时代末期，此地海水开始回涨。

下龙湾的生物多样性主要体现在三个生态系统：热带森林以及沿海栖息地和海洋栖息地。

热带森林的特点是植物种类繁多，其中有七种植物已被世界自然保护联盟认定为当地的特有物种。森林中有477种木兰科植物、4种两栖动物、8种爬行动物、40种鸟类以及14种小型哺乳动物。沿海栖息地生长着20种红树林，吸引了200种鸟类在此栖息。海洋栖息地中，动植物种类同样繁多。植物包括170种珊瑚（大部分是硬脊珊瑚属）和91种藻类。动物包括81种腹足类动物、130种双壳类动物、9种甲壳类动物和313种主要以浮游动植物为食的鱼类。

最近，下龙湾的自然生态系统引入了人工单鱼繁殖，不仅破坏了大片红树林沼泽地，还威胁到海湾的生态平衡。尽管过去几年，一项获得欧盟大量投资的项目给出了既尊重当地传统、又能实现生态可持续发展的解决方案，但越南经济的飞速发展仍在透支其旅游资源。

第424—425页 风景如画的下龙湾拥有约2000座岛屿，海拔在49~198米。岛屿外形奇特，还带有由海水和雨水侵蚀而成的溶洞，因而得名。这些岛屿的名字带有传统的东方特色，意境唯美。

基纳巴卢国家公园

马来西亚

沙巴州，婆罗洲
入选年份：2000
遴选标准：自（Ⅱ）（Ⅳ）

第 426 页（上） 阿诺德大花草重 9 千克，直径达 1.4 米，是地球上最大的花。

阿诺德大花草（*Rafflesia arnoldii*），是自然界最大的花，一提到它，人们就会想到“好莱坞的创造物”这一说法。其红色的肉质花瓣，直径可达 9 米，重 9 千克，散发出一股腐臭味。它属于寄生植物，没有根叶，常寄生于葡萄科崖爬藤属植物的根上，很难看到其全貌。这种一年生植物会在某个雨夜悄然绽放，花期只有一周。

阿诺德大花草的名字是为了纪念托马斯·斯坦福·莱佛士爵士（Sir Thomas Stanford Raffles）（1781—1826），他是一位具有开拓精神的英国人，创建了新加坡。植物学家约瑟夫·阿诺德（Joseph Arnold）随莱佛士多次远征婆罗洲（Borneo），并首先发现了这种花。

这种非同寻常的植物，生长在基纳巴卢山（Mount Kinabalu）的山坡上的丛林中，不难想象约瑟夫发现它时的惊讶，而且科学家们对该花的兴趣并没有随着时间流逝而消退。到目前为止，已经陆续鉴定出 28 种大花草，最近的一次发现是在 2017 年。虽然在苏门答腊岛偶有发现，但大花草仍被认为是婆罗洲的本土物种。

图中标出了基纳巴卢山的位置，它是东南亚最高的山峰，高达 4 061 米。

约 150 万年前的火山运动和板块运动、第三纪的沉积过程以及冰川作用造成的侵蚀形成了如今的基纳巴卢山。此外，科学家们最近通过记录得知，基纳巴卢山每年升高 0.5 厘米。

基纳巴卢山、担布尤贡山（Mount Tambuyukon）（海拔 2579 米）和邓普勒山（Mount Templer）（海拔 1134 米）都是基纳巴卢国家公园（Kinabalu National Park）的一部分。这些山的周边生长着各种各样的植物，种类数量为世界之最。除了有阿诺德大花草和世界上最大的食虫植物——马来王猪笼草（*Nepenthes rajah*）外，这里记录在册的植物约有 6000 种，分属 200 科和 1000 属，其中很多植物都为当地特有。此处有 1000 种兰花、20 种杜鹃花、52 种棕

第 426 页（左下） 基纳巴卢山是东南亚最高的山，高达 4061 米。山坡上生长着各种雨林，其生物多样性随海拔高度而变化。

第 426 页（右下） 基纳巴卢山上生长着多种植物，其中包括 9 种猪笼草属的食虫植物，其中四种为当地特有。

第 427 页（上） 兰瑙瀑布（Langanan Waterfall）位于公园中心，瀑布共七折，最后一折长 149 米，气势磅礴。

第 427 页（下） 基纳巴卢山的山顶布满沟壑，经过古代冰川的严重侵蚀形成了冰碛、冰川谷和冰斗。通过地质勘察判断，这座山的高度每年增长 0.5 厘米。

吉隆坡

▌第 428 页　基纳巴卢山生活着 120 只猩猩（*Simia satyrus*）。因为一场摧毁了婆罗洲的大火以及偷猎活动，山中的猩猩数量锐减至这一数字。

▌第 429 页（左上）　栖息在树上的灵长类动物以多肉水果为食，在食物匮乏时期，它们以树皮为生。

▌第 429 页（右上）　猩猩通常被形容为孤独的灵长类动物，它们倾向于在交配季节彼此相聚并聚集在食物充足的地方。

▌第 429 页（下）　猩猩具有领地意识，它们的领地很大（0.4~6.5 平方千米），彼此的领地互相重叠。

桐树、135 种榕属植物和 608 种蕨类。植物学家认为此地植物种类是中国、喜马拉雅地区和澳大利亚、新西兰的植物种类在此交汇产生的，他们甚至还发现了与美洲大陆植物具有亲缘关系的植物。

公园里从海拔 152 米到基纳巴卢山顶的六个区域生活着各种各样的动物，其中包括 90 种生活在低海拔地区的哺乳动物、22 种生活在山上的动物，例如猩猩和其他灵长类动物。这里的鸟类和蝴蝶种类繁多，分别有 326 种和 200 种。

对于杜顺人（Dusun）和卡达山人（Kazadan）而言，基纳巴卢同样是一座神山。其山名——基纳巴卢起源于卡达山人的方言“Aki”和“Nabalu”，这两个单词组合在一起意为“逝者的圣地”。这片神圣之地以前是山打根（Sandakan–Ranu）死亡行军的战区。1944 年 9 月，日军迫使 2400 名英国和澳大利亚战俘步行 241 千米，穿过丛林，最后只有 6 个人幸存下来。英国军队的卡特少校（Major Carter）是幸存者之一，他回国后成立了“基纳巴卢纪念委员会”。在英国，出于对该地区的好奇，人们成立了一个组织，多次举行自然探险活动，这些活动均由英国皇家学会资助。最终，该组织于 1964 年推动创建了基纳巴卢山国家公园。

科莫多国家公园

印度尼西亚

科莫多岛、林卡岛、帕达尔岛、
吉利达斯莫岛（GIII Dasam）、
莫堂岛和弗洛勒斯岛
入选年份：1991
遴选标准：自（Ⅲ）（Ⅳ）

这里有一种身形巨大的生物，当地居民称之为 "buaja darat"（意为陆上鳄鱼），这便是有名的科莫多龙（Komodo dragon），又称科莫多巨蜥（*Varanus komodoensis*）。成年科莫多龙体长可达 3 米、重 68 千克，但它并不是鳄鱼，而是一种巨蜥，和蜥蜴同属一类。实际上科莫多巨龙是有鳞目爬行动物中体形最大的，是科学家研究进化的绝佳对象。瓦尔特·奥芬伯格（Walter Auffenberg）是研究这些恐龙后裔的先驱，他曾说："这种动物一旦决定发起攻击，没有什么能阻止它们。"

因此，有关于这种可怕捕食者猎食能力的传说层出不穷，尽管它每小时最多只能爬行 19 千米。可以肯定的是，科莫多龙在物种进化史上有重大意义，应受到保护。早在 1938 年，为保护科莫多龙，成立了帕达尔岛和林卡岛自然保护区，1965 年科莫多岛并入其中；1980 年科莫多国家公园（Komodo National Park）建立，占地面积超 751 平方千米。四年后，弗洛勒斯岛（Flores）的一部分并入公园，上述岛屿（位于巽他群岛）周围的部分海域都并入其中，公园总面积增至近 2201 平方千米。

这些岛屿处于巽他火山台地中间，受此影响，地貌形态多连绵的陡峭山脊，一直延伸至大海，包围着难以到达的海湾。最大的科莫多岛（Komodo）上分布着一连串南北向排列的山岭，高度不超过 564 米。其他一些岛上也有类似地貌。

虽然当地并非多雨气候（11 月至 4 月的季风季节降雨量为 787~991 毫米），却生长着典型的热带植被。还有大片因人类活动形成的草原，约占公园面积的 70%。一些分布最广的草本植物是龚氏金茅（*Eulalia leschenaultiana*）、倒刺狗尾草（*Setaria adhaerens*）和孟仁草（*Chloris Barbata*）；而最常见的林木是棕榈树中的糖棕（*Borassus flabellifer*）。

▌第 430 页（上） 科莫多岛位于巽他群岛东南部，处于松巴哇岛（Sumbawa）和弗洛勒斯岛之间，面积达 337 平方千米。岛上主要为连绵的山岭，高度不超过 600 米。

▌第 430 页（左下） 这只科莫多龙体长 3 米，重 136 千克，是地球上最大的有鳞爬行动物。过去，人们误以为它和其他爬行动物一样有毒液，但它的咬合力很强，若被它咬伤，会引起严重感染，甚至导致死亡。科莫多龙主要以动物腐尸为食，因此携带大量有害细菌，主要集中在其颚部。

▌430 页（右下） 一小群科莫多龙在水洼旁饮水。这种爬行动物通常独居或小群聚居，它们最喜欢栖息在热带落叶林中，其次是开阔的草原。

第 431 页　帕达尔岛（Padar）占地面积为 20 平方千米，自 20 世纪 70 年代，科莫多龙在这里绝迹。帕达尔岛是唯一一个科莫多龙已绝迹的岛屿，可能是因为它的食物被猎人捕杀殆尽。

第 432 页　科莫多龙的进攻方式令人印象深刻。它有 60 颗巨大的、排列紧密的锋利牙齿，猎物一旦被咬住便不可能逃脱。

科莫多岛上野生动物众多，包括多种鸟类、爬行动物和两栖动物，还有 7 种陆生哺乳动物，其中包括当地特有的卡莫鼠（*Rattus rintjanus*）；食蟹猴和鬣鹿（*Cervus timorensis*）也十分有趣。科莫多国家公园还有一个巨大的珊瑚礁，有着世界上最丰富鱼类区系之一，但最近几十年偷猎猖獗，珊瑚礁的生态系统受到严重威胁；据说当地还使用炸药来捕鱼。这片海域中还生活着濒临灭绝的蓝鲸（*Balaenoptera musculus*），抹香鲸（*Physeter catodon*）和 10 种海豚，其中包括高度濒危的儒艮（*Dugong dugon*）。

科莫多国家公园的标志——科莫多龙同样是濒危物种。最近一项统计显示科莫多龙现存数量约 5700 只，并似乎已在帕达尔岛绝迹，因为那儿已经数年没有发现它的踪迹。究其原因，则是科莫多龙最喜欢的食物鬣鹿被大量猎杀。没有猎物，世界上最凶悍的捕猎者也处境艰难。

第 432—433 页　科莫多龙现存约 5700 只，其中 2900 只生活在科莫多岛，900 只生活在林卡岛（*Rinca*），莫堂岛（Gili Motong）上约有 100 只，剩下的生活在弗洛勒斯岛滨海地区。

第 433 页（左下）　科莫多龙属巨蜥属（*Varanus*），这一属名是埃及语“waran”译为拉丁语而得来。“waran”意为“警告”，传说尼罗河的巨蜴族群警告人们注意鳄鱼出没。

第 433 页（右下）　科莫多龙喜食山羊、野猪和鬣鹿，也以鸟、蛇、鱼、螃蟹、水牛为食，它们甚至会捕食其他科莫多龙的幼崽。

加拿大落基山脉自然公园

加拿大

艾伯塔和不列颠哥伦比亚省
入选年份：1984*
遴选标准：自（Ⅰ）（Ⅱ）（Ⅲ）

*伯吉斯页岩（Burgess Shale）于1980年列入世界遗产名录，现已并入此处遗产。

1886年，加拿大地质调查局地质学家R. G. 麦康诺（R. G. McConnell）发现了伯吉斯页岩中的沉积化石，在此之前，加拿大太平洋铁路的工人们已经收集了许多三叶虫化石。这条铁路将这里与外部连接，具有开创意义。之后，加拿大政府将洞穴与盆地（Cave and Basin）的矿物泉周围26平方千米的区域划为自然保护区，政府官员和铁路公司主管的想法一样：有一天这里也许会变成一个旅游景点。

此后，一系列国家公园在加拿大建立起来。两年后，以这个26平方千米的保护区为中心建立了落基山脉自然公园（Rocky Mountains Park），1930年更名为班夫国家公园（Banff National Park）。数年之后，落基山脉成为加拿大自然保护的标志。为纪念这第一个保护区，班夫国家公园里那些翠绿色的温泉更名为"洞穴与盆地国家历史古迹"（Cave and Basin National Historic Site）。

现在，这片区域有四个国家公园：班夫国家公园、贾斯珀国家公园（Jasper National Park）、库特奈国家公园（Kootenay National Park）、约虎国家公园（Yoho National Park），以及三个省立公园，汉博省立公园（Hamber Provincial Park）、阿西尼博因山省立公园（Mount Assiniboine Provincial Park）、罗布森山省立公园（Mount Robson Provincial Park），在艾伯塔省和不列颠哥伦比亚省交界处形成一个面积23069平方千米的公园群。

加拿大落基山脉主要由片岩、白云岩、砂岩和石灰岩构成，形成于前寒武纪和白垩纪之间，山脉海拔最低为1000米，最高为3954米（罗布森山）。这里有几个大型冰川，最大的是哥伦比亚冰原（Columbia Icefield），面积达324平方千米。

这里的大陆性气候造就了山区、亚高山带区和高山区三个生态区，其间差异由所处海拔和大气因素决定。公园里有996种维管植物、243种藓类植物、407种地衣植物和53种苔藓植物。山区生长着花旗松（*Pseudotsuga menziesii*）、白云杉、美洲山杨和香脂白杨。亚高山区，海拔在1800~2103米，森林面积最为广阔，达1153平方千米，主要生长着恩氏云杉（*Picea engelmannii*）、高山冷杉（*Abies lasiocarpa*）、美国柔枝松（*Pinus flexilis*）和扭叶松（*Pinus contorta*）。高海拔地区的高山植物群包括北极柳和沼桦等低等植物、北极石楠等石南属植物以及山地仙女木（*Dryas integrifolia*）

第434页（左上）玛琳河（Maligne River）从23米的高处奔流而下，巨大的水流在石灰岩上冲刷出一个壮观的河谷。

第434页（左下）欧洲马鹿是体形最大的鹿属动物，其独特之处在于进化出了一颗上犬齿，这颗犬齿在19世纪时被用于制作时髦珠宝。

第434页（右下）梦莲湖（Moraine Lake）位于海拔7920千米处，是班夫国家公园内众多美丽的湖泊之一。班夫国家公园是加拿大第一个国家公园，于1885年开放，当时名为洛基山脉自然公园。

第435页（左） 巫药湖（Medicine Lake）位于贾斯珀国家公园中心，玛琳河流入其中，但似乎没有河流由湖中流出。实际上，巫药湖中的水由北美最大的暗河系统之一排出。

第435页（右） 驼鹿的鹿角因表面布满血管而呈红色。由鹿角可以辨别出这是一头雄性驼鹿，且较为年幼，因为只有雄鹿才有鹿角，在一岁左右开始长出。

第436—437页　沛托湖是加拿大落基山区最秀美的湖之一。湖水以冰川水为给养。冰川中面积最大的是哥伦比亚冰原，达324平方千米。

第436页（下）　阿西尼博因山，高达3618米，位于阿西尼博因省立公园的中心，是一座金字塔型石灰岩山峰，风景秀丽，位置偏远。它耸立在梅戈格湖上，是众多野生动物的栖息地。加拿大落基山脉共有4个国家公园和3个省立公园，总面积达23000平方千米。

等蔷薇科植物。

哺乳动物中最典型的是食草动物，栖息于高山草甸带。有野山羊、野绵羊［如雪羊（*Oreamos americanus* 和大角羊（*Ovis canadensis*）］、北美鼠兔和花白旱獭（*Marmota caligata*）；栖息于森林中的哺乳动物有北美驼鹿、麋鹿和驯鹿；食肉动物有灰狼、灰熊（*Ursos arctos horribilis*）、美洲黑熊、加拿大猞猁和美洲狮。

280 种鸟类中，值得一提的有三趾啄木鸟、白尾雷鸟、灰噪鸦、加州星鸦，当然还有著名的金雕。

尽管落基山区每年会接待近 1000 万游客，但除了贾斯珀国家公园外的露天煤矿严重污染此地环境外，这里似乎没有遭受到特别严重的环境威胁。

第 437 页（上） 美洲狮曾经遍布加拿大全境，但是现在仅生活在落基山区。成年雄性美洲狮身长可达 2.7 米，体重接近 91 千克。

第 437 页（中） 美洲灰狼最近才返回落基山区。在班夫国家公园内做的一项长期调查显示，有近 40 只灰狼栖息于此。

第 437 页（下） 金雕每年在穿越北美的迁徙过程中，会在落基山脉的东坡上短暂停留。

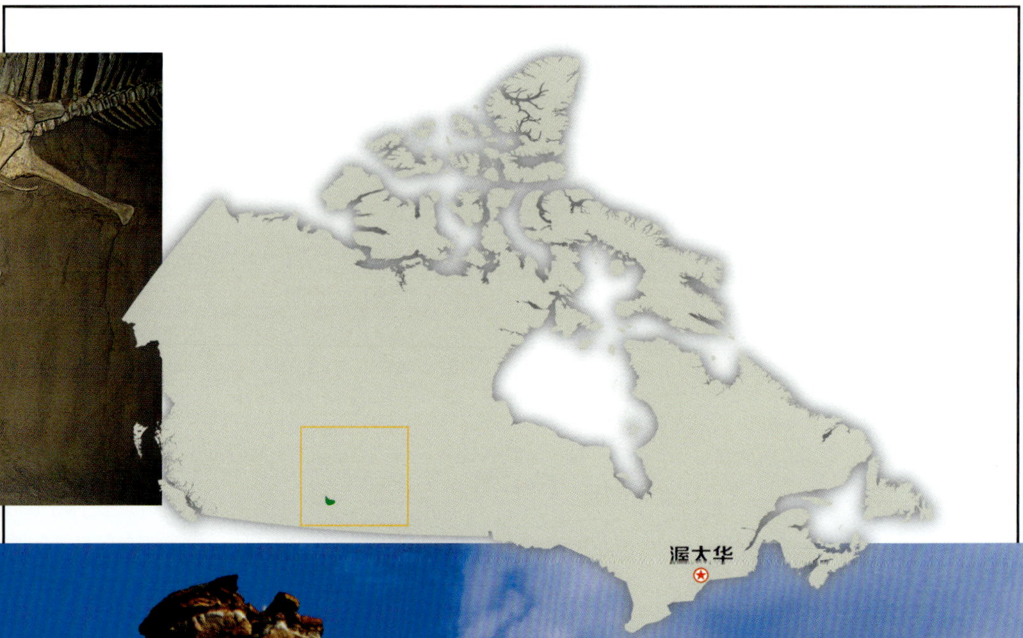

第 438 页（上） 暂时还不清楚拟棘龙的骨嵴到底有何作用，也许拟棘龙需要用它来进行交流。

第 438—439 页 省立恐龙公园的岩石在冰川融化过程中受水流侵蚀严重。

第 439 页（上） 怪石柱是一种呈蘑菇状的特殊砂岩，距离德拉姆黑勒镇不是很远，是公园的景点之一。砂岩由风水复合侵蚀形成，当覆盖其上起保护作用的石块被大气侵蚀时，砂岩会迅速溶解。

第 439 页（中） 随着古代沉积层中的沉积物不断露出，现已发掘出 300 多具完整的恐龙骨架和数千块化石碎片。

省立恐龙公园

加拿大

南艾伯塔省
入选年份：1979
遴选标准：自（Ⅰ）（Ⅱ）

第 439 页（下） 前景中的大型恐龙骨骼发掘于国家恐龙公园的沉积物中。此地是含有白垩纪时代动物化石最多的河床之一，发掘于此的化石分属于 35 个不同的动物种类。

古生物学家有时候也需要作为侦探来调查悬案。无头冠龙的发现就是如此。这个冠龙骨架发现于 20 世纪 90 年代初，于 2017 年 4 月展出，是省立恐龙公园（Dinosaur Provincial Park）的象征。加拿大皇家蒂勒尔博物馆（Royal Tyrrell Museum of Paleontology）位于艾伯塔省的德拉姆黑勒（Drumheller）镇，古生物学家们在翻阅博物馆文献时，看到了 1920 年报纸上的一张照片，照片上是一个鸭嘴恐龙头骨。他们从博物馆的储藏室里找出这块头骨，经过测量，发现它就是冠龙骨架的头骨，至此这个蜥脚类恐龙的头和身体终于又完整了。从 19 世纪末发现化石以来，省立恐龙公园一直被认为是藏有白垩纪时代化石遗迹最丰富的地区之一。

加拿大皇家蒂勒尔古生物学博物馆，被誉为北美地区最杰出的博物馆之一，藏有大约 50 具完整的恐龙骨架和 80000 万多块不同性质的化石碎片，是世界上最大的恐龙化石收藏馆。

大约 7500 万年前，南艾伯塔省——现省立恐龙公园所在地，还只是熊掌海（Bearpaw Sea）边的一个沿海平原。这里属于亚热带气候，适宜动物生存，因此有着巨大的动物群，包括最原始的哺乳动物、鱼类、两栖动物、鸟类以及当时主宰世界的爬行动物——恐龙。地质时代以来，水系错综复杂，河床堆积物有 610 米厚，掩埋了许多动物的尸体。约 15000 年后，冰川不断侵蚀，在沉积物上划出了一道道裂痕，例如红鹿河和朱迪丝河扭曲的河床，这些生物的化石也因此露出。

从植物学的角度看，省立恐龙公园并没有特别吸人眼球的地方，但是因冰川侵蚀而暴露的砂岩和片岩层揭示了恐龙生活的剖面图。1979—1991 年，共有 23347 项考古发现，其中包括 35 个不同种类的 300 具恐龙骨架，分别来自鸭嘴龙科、似鸟龙科和结节龙科，甚至还有一些是白垩纪时期最可怕的掠食者——霸王龙的化石骨架。

相对温和的现代气候让有蹄类动物得以在冬天生存，比如叉角羚、骡子、白尾鹿和黑尾鹿。当地动物群还包括 150 种鸟类，比如金雕、草原隼、鵟鹰和灰背隼。

尽管省立恐龙公园的游客数量在不断增加，但是对栖息于此的动物来说，这里仍然是一个十分宁静的地方，因为来此的游客们都对搜寻化石更感兴趣。但是他们一般很少能有重大发现，因为挖掘行动仅在夏季持续几个星期，不过失望的游客总能从皇家蒂勒尔博物馆的珍贵藏品得到安慰。

黄石国家公园

美国

怀俄明州、蒙大拿州和爱达荷州
入选年份：1978
遴选标准：自（Ⅰ）（Ⅱ）（Ⅲ）（Ⅳ）
1995 年列入《濒危世界遗产名录》

▌第 440 页　世界上独一无二的大棱镜彩泉是黄石公园内最大的温泉，五彩斑斓的颜色是受水中的藻类、微生物以及河岸上沉积的矿物质的影响。

▌第 441 页（左上）黄石公园里另一个地热景观丰富的地区，因其覆盖的石灰质沉积物呈白色而得名；盆地内有几个间歇泉，这是非洲间歇泉（Africa Geyser），它在持续不断地喷出蒸汽。

受黄石公园秀美风景的启发，威廉姆·安娜和约瑟夫·巴贝拉创造了一些可爱的动物角色：顽强的瑜伽熊（Yogi）、波波熊（Boo boo），还有穿红色夹克的公园管理员，他耐心地保护着杰利石公园（Jellystone Park）游客的野餐食物篮。1872 年 3 月 1 日，美国总统尤利西斯·格兰特（Ulysses Grant）正式签署法案，决定建立世界上第一个国家公园——黄石国家公园（Yellowstone National Park），这标志着环境保护时代的开始。

1870 年，美国正深陷内战创伤之中，蒙大拿州一位议员的儿子——瓦尔特·特兰布尔组织了一支由亨瑞·沃什伯恩将军领导的探险队，前往黄石公园考证最早的探险家们带回的探险记录，即 1807 年的探险记述。1807 年，约翰·科特尔（John Colter）在边境执行任务后返回，向大家描述了一个他遇到的山谷。在他的描述中，山谷的尽头是沸腾的泥浆、喷着蒸汽的火山孔和热温泉，类似于但丁所描述的地狱。这个故事流传甚广，人们也因此创造出了“科特尔地狱”（Colter’s Hell）一词。

根据这些传说，沃什伯恩和他的同伴们很快发现了一眼翻涌着滚烫热水的喷泉，从蒸汽孔中喷出的热水高达 30 米。这就是后来黄石公园最著名的间歇泉——老忠实喷泉（Old Faithful），因其喷发具有规律性而得名（每 74 分钟喷发一次）。

这次伟大的探险旅行发现了众多令人

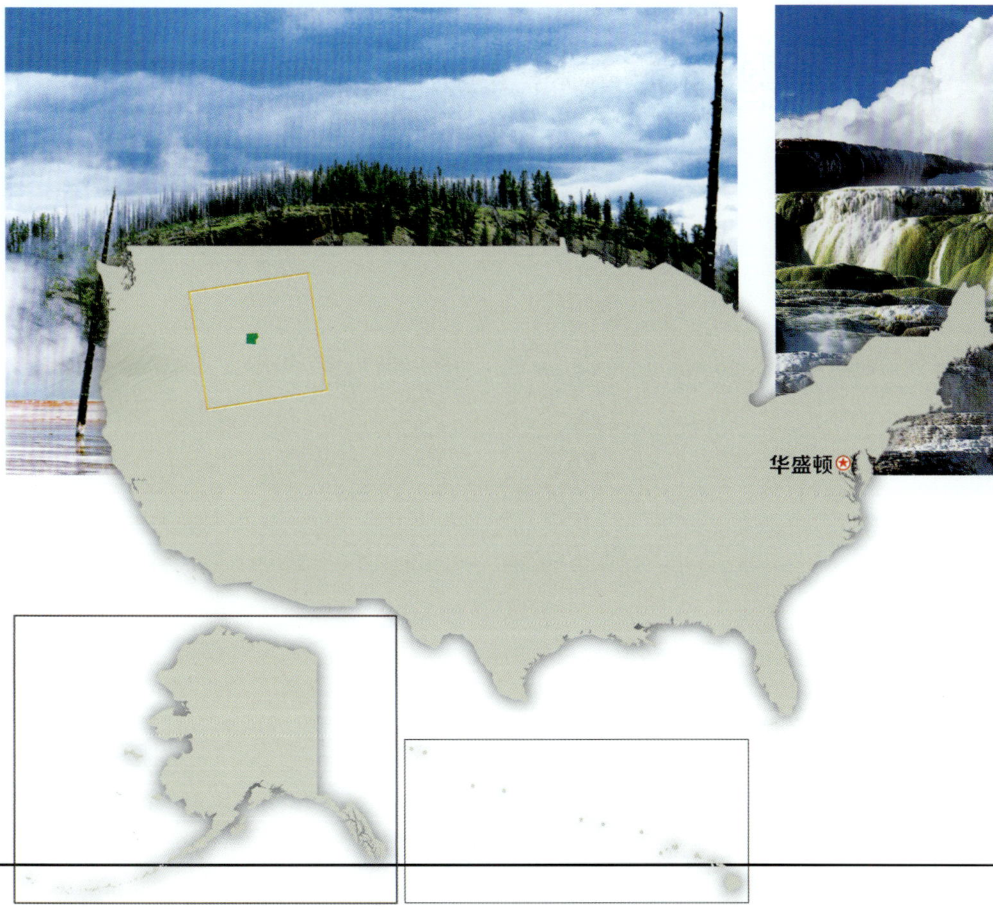

▌第 441 页（右上）黄石瀑布汇入一条明黄色的溪谷，但是河流和公园的命名与颜色没有任何关系。“黄石”指的是黄石河以东 998 千米与密苏里河交界处的黄色岩石。

▌第 441 页（左下）在冬季白茫茫的背景中，大棱镜彩泉的蒸汽在针叶树的映衬下产生了神奇的色彩效果。

▌第 441 页（右下）猛犸象温泉（Mammoth Hot Springs）水中富含碳酸钙，在水中溶解后，又重新凝结，露出水面形成了壮观的石灰华阶。这些“阶梯”清晰有力地证实了黄石公园地下土地受到火山影响的程度。

惊奇的自然现象，老忠实喷泉只是其中第一个发现。在这个占地 8982 平方千米的公园内，有 10000 多个地热景观和 300 多个间歇泉，占全球总数的三分之二。黄石高原由 65000 年前的流纹岩堆积而成，其独特之处在于它位于一个古火山口的上方，由于火山的喷发，此地地壳通常只有数千米厚。

因此，当压力过大时，地球内部热量

会加热在复杂的地下排水系统中循环的水，然后水变成蒸汽，穿过土层猛烈喷出。

黄石公园中除了间歇泉，还有大棱镜泉（Grand Prismatic Spring）等景观，大棱镜泉水中富含硫黄等矿物质，泉水中的盐沉积到河岸上，形成神奇的多彩效果。这里还有喷气孔、火山口和如火洞河（Firehole Rivcr）等类似月球表面坑洞的景观。火洞河的河水流过沸泉的河床，形成一条长长

的蒸汽带。而黄石河相对来说没有什么特色，它流过壮观的峡谷，形成激流的瀑布坠入黄石湖中。黄石湖的流域面积为 355 平方千米，周长 177 千米，是世界上最大的高山湖泊之一。

黄石公园几乎 80% 都被森林覆盖，大部分是松树。森林海拔跨度大，1707~3463 米生长着不同的植物群落，其中包括 1100 种维管植物。除此之外，还有半干旱草原

第 442 页（上） 黄石公园对野生动植物的保护是很成功的。

第 442 页（中左） 据史料记载，1872 年左右，黄石公园宣布成为国家公园。当时驼鹿在怀俄明州还很少见。但因为保护措施的实施，该地驼鹿的数量已经有大幅增长。

第442页（中右） 美洲野牛是黄石公园中体形最大的哺乳动物，也是美国唯一完全处于野生状态的哺乳动物。

第442页（下） 20世纪30年代，黄石公园内的灰狼彻底绝迹。1995年，为控制不断增多的有蹄类动物，灰狼又被重新引入。到2002年，此地共有10个灰狼群落。

第442—443页 尽管加拿大马鹿在美国的其他区域逐渐变得稀少，但是黄石公园内仍然有着较大的马鹿群落。1998年，此地加拿大马鹿的数量约为25000只。

第443页（上） 黄石公园中一只加拿大马鹿在瑟瑟秋风中打喷嚏。此地夏季非常凉爽，但冬季平均气温仅为零下12摄氏度。

第 444 页（上） 野牛经常无法抵抗怀俄明州冬季的严寒。1996 年，超过 1000 头野牛被冻死，但是幸运的是，到 1998 年，此地还有约 2200 头野牛。

第 444 页（下） 约 9065 平方千米的黄石公园内有着地球上最多的间歇泉（约 300 个，占全球总量的 66%）和地热景观。

带和高山冻原带。

黄石公园中除了约 200 只灰熊和许多黑熊（瑜伽熊和波波熊的原型），还有 8 种本土有蹄类动物：加拿大马鹿、黑尾鹿、美洲野牛、北美驼鹿、大角羊、叉角羚、落基山羊和白尾鹿。

濒临灭绝的物种有白头海雕、游隼和天鹅属中体形最大的天鹅——黑嘴天鹅。

几年前，灰狼被重新引入黄石公园的峡谷和拉马尔山谷（Lamar Valley），但是在 20 世纪 30 年代，灰狼威胁到了当地牛群，因此在地方政府的批准下被捕杀。

几十年后，人们才意识到灰狼作为此地有蹄类动物最大的天敌，在保持黄石生态系统动态平衡方面有着不可替代的作用。

因此当地政府在 1995 年决定重新引入灰狼，而这一计划也取得巨大成功。

遗憾的是，1995 年，黄石公园被联合国教科文组织列入《世界濒危遗产名录》。起因是加拿大一家公司计划在距离黄石公园东北边几千米处建造一个矿山，开采金、银和铜。

由于该矿山位于三条流向黄石公园的河流的上游，因此开采活动可能会污染当地水源，破坏生态系统。克林顿政府先叫停了该项目，然后与有关公司达成协议。在支付了 650 万美元赔偿金之后，黄石公园最终得以保留；然而，美国政府受到了一些利益集团的谴责，他们指责政府把本国疆域的管辖权割让给联合国。但无论如何，黄石公园一直都是世界自然保护历史的象征。

第 445 页（上） 黄石公园 80% 的区域都被针叶林覆盖，其中大多数都是扭叶松种的高大松树。

第 445 页（中左） 秃鹰是一种可怕的食肉动物，其与隼、灰狼和草原狼共处于黄石公园的食物链顶端。

第 445 页（中右） 灰狼的归来使得草原狼不得不更改他们的狩猎区域。而为应对新的威胁，草原狼的内部凝聚力也显著加强。

第 445 页（下） 落基山脉雄性大角羊的弯曲长角很容易辨认。据估计，黄石公园内的大角羊数量略多于 200 只。

雷德伍德国家公园

美国

加利福尼亚

入选年份：1980

遴选标准：自（Ⅰ）（Ⅱ）

第 446 页（上） 美洲狮避开平坦、开阔的土地，更喜欢森林和地势高的地区，因为这里更适宜它们伏击猎物和保护幼崽。

第 446—447 页 人们经常把雷德伍德国家公园里的巨杉和本土物种花旗松联系在一起。

▌第 446 页（下） 雷德伍德国家公园位于加利福尼亚的洪堡（Humboldt）县和东北部的德尔诺特（Del Norte）县，公园长约 48 千米，宽度在 274~14484 米。

19世纪中叶，人们在北加州发现金子，由此引发了淘金热，然后英国人和西班牙人才开始注意到这个地方。但随之而来的就是美国大片的森林资源被开发，旧金山南部海域沿岸的红杉树首当其冲。过去，当地人曾用这些树来建造独木舟和房屋。

红杉树是历史悠久的常绿针叶林的树种，在侏罗纪时期曾遍布整个温带地区，但是如今仅存于加利福尼亚和俄勒冈州。红杉树需要 400 年才能成熟，寿命长达 2000 年。其干燥、厚重的树皮富含单宁，能够使树木免于火灾和寄生虫的伤害。雷德伍德国家公园（Redwood National Park）里有着世界上最高的树木，高达 112 米；1933 年，公园内一棵年龄较大的红杉树被砍倒，其年轮显示这棵树树龄已经超过了 2200 岁。

据《美国国家历史遗迹名录》预测，

96% 的原始红杉树森林都永久地消失了，现存的红杉树森林中有 42% 都在雷德伍德国家公园。公园创建于 1968 年，占地面积为 445 平方千米，旨在保护最后的红杉树森林。该公园还包括 26 平方千米的德尔诺特海岸红木州立公园（Del Norte Coast Redwoods State Park）、39 平方千米的杰迪代亚·史密斯红木州立公园（Jedediah Smith Redwoods State Park）和 57 平方千米的草原溪红木州立公园（Prairie Creek Redwoods State Park）。

红杉树沿落基海岸延伸约 55 千米，俯瞰着海水从悬崖边坠落，流向太平洋，海岸边偶尔可见到海滩。公园植被十分丰富，856 种植物中有 699 都是本土植物，例如，花旗松、西铁杉、鞣皮栎、大冷杉、云杉和大叶槭。动物群包含 75 种哺乳动物的大型群落（如猞猁、加拿大马鹿、银狐、黑熊、水獭和美洲狮）、400 种鸟类、许多鱼类和常栖息于潮汐区的无脊椎动物。不过，雷德伍德国家公园中最吸引人的无疑是红杉树。对红杉树的保护在自然保护史中具有里程碑式的意义，这也在一定程度上提升了该物种的重要性。红杉树砍伐最为猖獗的时候是在 19 世纪末，这一时期，几乎所有的森林区都被私人占领，可以随意伐木。直到 1918 年，古生物学者亨利·费尔费尔德·奥斯本（Henry Fairfield Osborn）、麦迪逊·格兰特（Madison Grant）和约翰·梅里亚姆（John C. Merriam）成立了拯救红杉联盟（Save-the-Redwoods League），该联盟是一个环保组织（当时还没有具体命

名），提议通过购买大片森林来保护红杉树。1920 年到 1960 年间，该组织共保护了 440 平方千米的森林，并把这片区域交给加利福尼亚州公园和娱乐部（California Department of Parks and Recreation）管理，后来该区域发展成雷德伍德国家公园，其中一部分曾被伐木公司砍伐的红杉树也得到恢复。

即使环保团体不断抗议，但在未受保护的地区，对红杉树的砍伐仍在继续。但是红杉树也显示了它们强大的存活力，这归功于它们非凡的生存能力：除了正常的有性繁殖方式外，红杉树还可以从树木的树干或者倒下树木的树根中再生，即“无性繁殖”。

▌第 447 页（上） 红杉树是植物界中最高、最大的植物，同时也是十分特殊的植物：据说，从来没有人见过因自然原因而倒下的红杉树。

▌第 447 页（左下） 红杉树的寿命很长，这是因为其树干中富含单宁。单宁可以防止昆虫侵袭，还能够帮助树木抵抗火灾。

▌第 447 页（右下） 一只年幼的黑尾鹿在丛林中的空地边上仔细观察。这种防御能力低下的动物最喜欢在山地和草地之间的过渡区进食；而在保护区外，黑尾鹿常遭到无情捕杀。

约塞米蒂国家公园

美国

加利福尼亚
入选年份：1984
遴选标准：自（Ⅰ）（Ⅱ）（Ⅲ）

▌第 448 页（左上） 约塞米蒂国家公园占地 3004 平方千米，于 1890 年 10 月 1 日被列为美国国家公园。目前，约塞米蒂国家公园的年游客量达 400 多万人次。

▌第 448 页（左下） 约塞米蒂谷（Yosemite Valley）因受到默塞德河（Merced River）的冲击与冰河时期冰川的不断侵蚀而形成，人们称其为“无与伦比的山谷”。山谷两侧，山脉垂直耸立，是冰川侵蚀的完美例证。

《巨石，半穹丘的面孔》（*Monolith, the face of Half Dome*）拍摄于 1927 年冬季，是摄影大师安塞尔·亚当斯（Ansel Adams）最著名的摄影作品之一，展现了俯视镜头下约塞米蒂谷半穹丘（Half Dome）的花岗岩壁。拍摄时，为获得半穹丘的后退视角，亚当斯只得将重型摄影设备扛到山肩。正是在这一天，亚当斯决定终生从事摄影事业。而后的 30 年间，他一直在约塞米蒂谷进行拍摄。第一批美洲殖民者于 1833 年发现了这一令人叹为观止的峡谷。约塞米蒂谷位于内华达山脉一侧，岩壁为花岗岩岩体，受默塞德河（Merced River）冲击而成。它是美国历史上首个能与黄石公园相媲美的自然保护区。1872 年，黄石公园被列为首个美国国家公园。但早在 1864 年 6 月 30 日，林肯总统便已签署文件，将约塞米蒂谷和马里波萨县的巨杉林纳入美国公共遗产中不可分割的一部分。后来，自然主义者、诗人及攀岩爱好者约翰·缪尔（John Muir）担心淘金者会对内华达山脉开采过度，坚持说服昵称为“泰迪”的西奥多·罗斯福（Theodore “Teddy” Roosevelt）总统把约塞米蒂也列为国家公园。1890 年 10 月 1 日，第一批游客来到了这个影响了几代艺术家和作家的地方。1984 年

▌第 448 页（右上） 图中山谷的景色摄于冰川点（Glacier Point）。冰川点位于陡峭的悬崖边上，是约塞米蒂国家公园最壮观的景点之一。从这里可以俯瞰公园里最迷人的岩层景观。

▌第 449 页 图中在冬季薄雾掩映下的花岗岩被称为酋长石（El Capitan），高达 900 多米，吸引了无数攀登者前来挑战。1958 年，酋长石迎来首位成功登顶者。

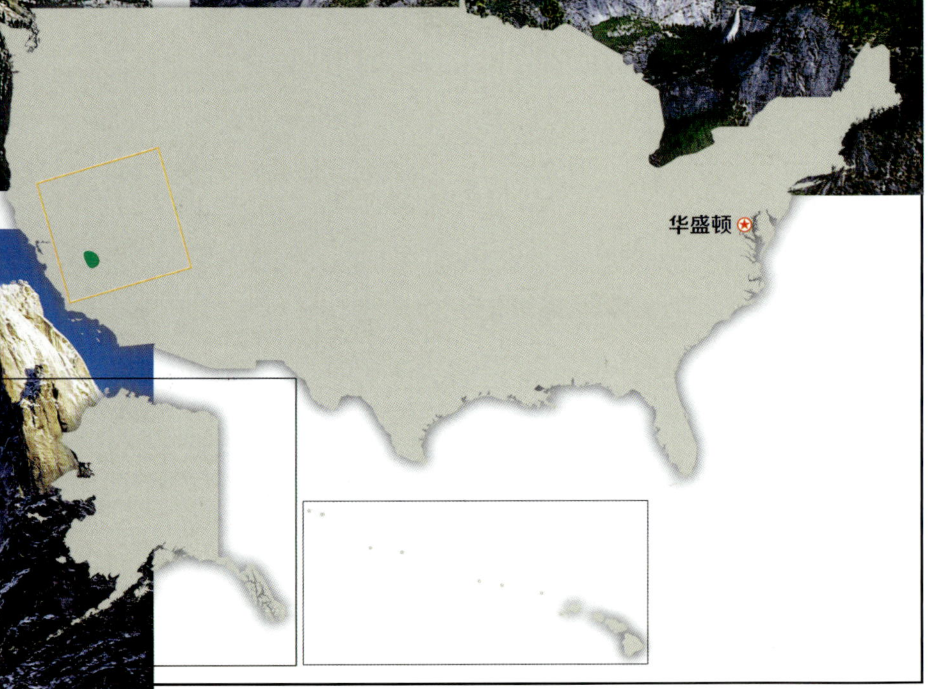

第 450 页（上） 美洲狮（*Felis concolor*）又称美洲金猫和山狮，属于美国濒危动物，但在约塞米蒂国家公园却并不罕见。

第 450—451 页 图为酋长石（左）和半穹丘处的日落。半穹丘是约塞米蒂国家公园中的又一地质奇观：冰川运动将这块岩石切割成了半个穹顶的形状，“半穹丘”因此得名。

▌第451页（左下）图为约塞米蒂国家公园中存活下来的三片红杉林，占地约1.7平方千米，其中最著名的单株树是大灰熊树（Grizzly Giant），高达65米。

▌第451页（右下）莫诺湖（Mono Lake）由从内华达山脉（Sierra Nevada）流下来的五条溪流汇聚而成，处于一个巨大火山凝灰岩盆地中。这个盆地为种类繁多、数量众多的鸟类提供了栖息地。

前，约塞米蒂国家公园的范围一直在不断扩大，如今该公园占地3082平方千米，每年接待400多万游客。园内所有保护区（高度从671~3998米不等）都在内华达山脉范围内。内华达山脉大约形成于一亿年前，那时，大量岩浆从地心穿过地壳，喷涌而出，在花岗岩基层上形成了一个火山带。经过长期侵蚀，火山岩移动，花岗岩出露。约塞米蒂谷在数万年的河流和冰川侵蚀作用下形成，狭长深邃，绵延数十千米，两侧的岩壁高达945米。侵蚀作用不仅形成了半穹丘，还造就了酋长石（El Capitan）——一块距谷底91米高的独体花岗岩，305米高的马尾瀑布（Horsetail Falls）从岩顶倾泻而下。除此之外，U形山谷、V形山谷、冰碛以及冰川圈也是在冰蚀的作用下形成的。约塞米蒂国家公园有27种植物群落和16个林区，林区的主要树种为银冷杉（*Abies alba*）、扭叶松（*Pinus contorta*）和欧洲云杉（*Picea abies*），此外，还有加州黑栎（*Quercus kelloggi*）、花旗松（*Abies douglasii*）和北美西部圆柏（*Juniperus occidentalis*）以及其他松属植物（如沙棘松、兰伯氏松和西部白松）。马里波萨、图奥勒米和默塞德三个红杉林共占地1.7平方千米。不过，当地生态环境保护存在误区，林区内乱砍滥伐，曾多次遭受火灾。直到20世纪70年代末，人们才知道利用控制性放火，防止灌木丛过密，降低非控制性火灾造成更大破坏的风险。约塞米蒂国家公园为230多种鸟类提供了栖息地，这些鸟类包括白头海雕（*Haliaeetus leucocephalus*）、游隼（*Falco peregrinus*）和乌林鸮（*Strix nebulosa*）。此外，这里记录在册的哺乳动物有74种，如黄腹土拨鼠（*Marmota flaviventris*）、郊狼（*Canis latrans*）、骡鹿（*Odocoileus hemionus*）、美洲貂、渔貂、貂熊（*Gulo luscus*）和美洲狮（*Puma concolor*）等珍稀动物。

第 452 页　科罗拉多大峡谷是世界自然奇观之一，全长 466 千米，谷深近 1500 米，峡谷宽 550 米至 31 千米不等。

第 453 页（上）　美国赤猞猁（*Lynx rufus*），又名山猫，是一种优雅的中型动物，常见于科罗拉多大峡谷南缘。

大峡谷国家公园

美国

亚利桑那州
入选年份：1979
遴选标准：自(Ⅰ)(Ⅱ)(Ⅲ)(Ⅳ)

19世纪末，自然主义美学刚刚在美国兴起，人们会借助超脱世俗的力量来诠释大峡谷的壮丽。博物学家唐纳德·卡尔罗斯·皮蒂（Donald Culross Peattie）第一次俯瞰大峡谷的裂隙时，称自己感受到了“上帝的意志”。作家J.B.普里斯特利（J. B. Priestley）将科罗拉多河（Colorado River）蜿蜒于巨大岩壁间的奇观描述为“自然的最后审判”。在这之前，景观辽阔的美国西部荒野只被人们看作是一片有待征服和开发的土地。

1540年起，西班牙陆军上尉加西亚·洛佩斯·德卡德纳斯发现大峡谷之后，殖民者才开始对大峡谷有所了解。当时，上尉加西亚被墨西哥总督派往北方，寻找传说中的锡沃拉（Cibola）黄金七城。他满怀雄心壮志，立志实现这一宏大目标。但到达大峡谷后，加西亚感到希望落空。因此，随后也只有传教士来探访大峡谷，他们来到大峡谷是为了拯救原住民纳瓦霍人和霍皮人的灵魂，而非记录这里的地质现象或植物奇观。内战老兵约翰·韦斯利·鲍威尔少校曾率领一支九人探险队，首次随科罗拉多河的急流而下。但即便是鲍威尔，对大峡谷地理和自然奇观的兴趣也远不及对民族人种方面的兴趣浓厚。探险考察持续了三个月，其间有三名队员丧生。但在对当地语言的研究接近尾声之时，史密森尼学会（Smithsonian Institution）成立了美国民族学局（Bureau for American Ethnology）。大峡谷绝美的景色打动了鲍威尔少校，他向在这家知名科研机构工作的地理学家同事描述了那里的美景，激发了他们的好奇心。

大峡谷的奇观无以言表。该峡谷壮美秀丽，深1494米，全长446千米，宽550米至31千米不等。科罗拉多河的平均流速为每秒650立方米，至少有100条急流。大峡谷水平岩层的形成历经20亿年之久，包含前寒武纪、古生代、中生代、新生代四个主要地质时代的岩石样本。因此，大峡谷的科学研究价值可以和其景色的壮美程度相媲美。

每个人都会被岩壁的美丽景象所触动：水流不断冲击，磨平了大峡谷的岩壁；不同成分、不同年代的岩石呈现出绝妙的颜色。在峡谷顶端的凯巴布高原（Kaibab Plateau）上，随处可见珊瑚、贝壳、海藻甚至鱼类的化石。

由科罗拉多河切分出的峡谷沿线有无

第453页（左下） 草原猎鹰（草原隼）与更为珍稀的游隼（游隼北美亚种）在大峡谷中共享领地。

第453页（右下） 公园里郊狼（犬属郊狼）的数量在不断增加，目前已采取措施控制其数量。

▌第 454 页（左上） 大峡谷南缘边的针叶树，如犹他杜松和矮松的根茎能够长时间储存水分。

▌第 454 页（右上） 高海拔地区常常有很多积雪。峡谷北缘的气候比南缘更加潮湿，因此植被也更加丰富多样。

▌第 454—455 页 大峡谷岩壁的分层纹理是含铁矿物氧化形成的，这些矿物氧化后可呈现红、橙、黄、绿等色调。

▌第 455 页（上） 大峡谷水平岩层的形成时间为 20 亿年，历经前寒武纪、古生代、中生代、新生代这四个主要地质时代。

数个观景点，也有许多“大自然的雕像”，这些自然杰作被冠以神灵的名称；比如，狄安娜神庙（Diana Temple）和湿婆神庙（Shiva Temple），尽管湿婆其实不太可能出现在这一地区。这些“雕像”对当地的霍皮人来说一直是神圣之物，他们相信“雕像”上附有祖先的灵魂。

大峡谷南北两侧——南缘和北缘——是完全不同的两个世界。南缘几乎全部为沙漠，生长着各种各样的仙人掌、龙舌兰、丝兰以及犹他杜松和矮松一类的针叶树种，这些植物的根部可长时间储存水分。

北缘气候更加潮湿、凉爽，因而植被更加丰富：不仅有花旗松和西黄松这样的针叶林，在受保护程度更高的山谷中，还有山杨和桦树群落。植被的差异也导致了峡谷两缘动物群落的差异，尽管郊狼、美洲狮和美洲山羊等物种在南北两缘都有分布，但也有只生活在峡谷一侧的物种，如较为稀有的当地响尾蛇亚种（草原响尾蛇），它们只存在于峡谷南缘。另外一个有趣的例子是源于同一祖先的凯巴布松鼠和缨耳松鼠，它们分别只栖息于峡谷的北缘和南缘，科罗拉多河两岸的不同环境条件使它们进化成了两个不同的物种。

大峡谷地区已有300多种鸟类记录在册，它们在峡谷两侧来往自如，其中至少包括60对游隼。大峡谷也是美国南部游隼数量最多的地区。

19世纪末，人们领略到大峡谷的自然美景时恰逢大众旅游业的兴起。1901年，通往大峡谷南缘的铁路建成。一年后，豪华的埃尔托瓦尔酒店开业，西奥多·罗斯福总统成了酒店第一批客人。像大多数早期的游客一样，罗斯福去那里是为了狩猎这项“运动”——尽管早在1893年，大峡谷就建立了森林保护区，但当时仍然允许在大峡谷地区狩猎。

据估计，仅在1900—1905年就有至少600头美洲狮被猎杀。1919年，伍德罗·威尔逊当政时，大峡谷国家公园不再允许狩猎，结束了该地区野生动物遭受的这一灾难。如今，大峡谷内的动物和鸟类面只需面对手持相机的500万名游客。

第455页（下） 1540年，西班牙陆军上尉加西亚·洛佩斯·德卡德纳斯来到大峡谷，他是第一个来到大峡谷的白人。

第454—455页 从亚奇观景点（Yaki Point Lookout）（图片拍摄地）可观测到大峡谷最非凡的景色之一。

大沼泽地国家公园

美国

佛罗里达州
入选年份：1979
列入《世界遗产名录》
遴选标准：自（Ⅰ）（Ⅱ）（Ⅳ）
列入《濒危世界遗产名录》：1993

尽管美国人理所当然地认为自己是世界自然遗产保护政策的奠基者，但美国的民族环保意识尚未完全觉醒。通过建立大峡谷国家公园和黄石国家公园，美国创造了荒野神话，但在佛罗里达州南部，一个同样值得关注的地区却丝毫没有引起人们的兴趣。

大沼泽地气候炎热、潮湿，不适宜居住，此外，这里到处都是蚊虫和鳄鱼，所以也并不怎么吸引人。然而，此地却拥有北美唯一的热带生态系统——帕美奥基（Pa–Hay–Okee），它宽达 80 千米，也被塞米诺尔印第安人（Seminole Indians）称为“草河”，以慢到令人难以察觉的速度，从 209 千米外的奥基乔比湖（Lake Okeechobee）汇入佛罗里达湾（Bay of Florida）。遗憾的是，当人们意识到大沼泽地的价值时，该地环境恶化的趋势已经无法逆转。

1947 年，哈里·杜鲁门总统建立了

▌**第 456 页（上）** 红树林群落生长于运河和河口边，包括美国红树（*Rizophora mangle*）、海榄雌科黑皮红树（*Avicennia germinans*）以及拉关木（*Laguncularia racemosa*）。众多鸟类、鱼类及甲壳动物栖息于此。

▌**第 456 页（中）** 美国短吻鳄（也称密西西比河鳄）是当之无愧的公园之王。这种凶猛的食肉动物以鸟类、鱼类、乌龟、螃蟹、水獭、青蛙为食，偶尔也会捕食自己的同类。

▌**第 456 页（下）** 公园中共有 16 种涉禽，包括图中的小蓝鹭（*Egretta caerulea*）。小蓝鹭的数量正在不断下降，令人担忧。据估计，过去 50 年中，其数量下降了 93%。

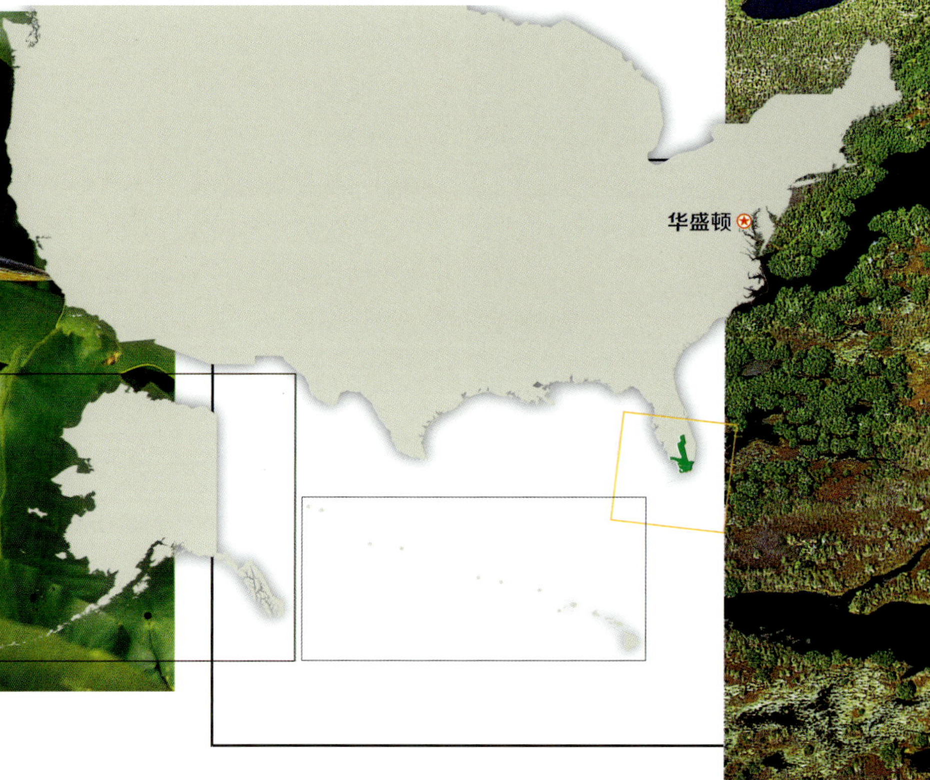

大沼泽地国家公园，当时佛罗里达州南部只有 50 万居民。1985 年，当地人口已达 600 万，佛罗里达州政府拉响了人口警报。2015 年，人口又增至 700 万。据估计，到 2050 年，这个数字还将翻一番。工业化进程带来了一场环境灾难。在这场灾难之下，大沼泽地的动植物生存环境已减少了 20%。

第 456—457 页 大沼泽地国家公园占地约 6000 平方千米，是北美唯一的热带生态系统。植物学家们对加勒比地区的大量植物物种（60%~70%）以及高比例的地方性物种十分感兴趣。

第 457 页（上）“草河”流淌在奥基乔比湖和佛罗里达湾之间，全长 201 千米，流速很慢，令人难以察觉。

第 457 页（下） 在大沼泽中，褐鹈鹕（*Pelecanus occidentalis*）并没有白鹈鹕那么稀有，但它们赖以生存的食物——鱼类，正面临着汞中毒的危险。

▌第 459 页（右） 普通大白鹭（*Casmerodius alba*）是技艺娴熟的捕鱼者，冬季居于常年温暖潮湿的大沼泽地红树林中，夏季则迁徙至美国北部。

▌第 459 页（左） 一只玫瑰琵鹭（*Ajaia ajaja*）的倩影倒映在马德湖（Mud Lake）的水面上。据估计，11 月至 3 月间，有 200 多对玫瑰琵鹭在佛罗里达湾筑巢，巢穴分布在桑迪凯（Sandy Kay）、特恩基（Tern Key ）和乔基（Joe Key）之间。

▌第 458—459 页 一只鹗（*Pandion haliaetus*）在捕捉猎物。鹗的翼展可达 1.7 米，飞行时，很容易通过翅膀的弧度将其与其他猛禽区分开来。

▌第 458 页（左下） 一只美洲蛇鹈（*Anhinga anhinga*）刚刚捕获一条鲶鱼。这种鸟游泳时只有脖子和头部会浮出水面，因此被称为“蛇鸟”。

▌第 458 页（右下） 海牛（*Trichecus manatus*）是一种极不具攻击性的脆弱生物，体重超过 454 千克。在大沼泽地，海牛的数量已下降至 1000 头左右。

14 种动物濒临灭绝，所有水生动物均受到汞污染。此外，大沼泽的植物群还受到了 221 种外来入侵植物的威胁。1993 年，大沼泽被联合国教科文组织列入《濒危世界遗产名录》，政府拨款数千万美元用于该地环境保护，这是世界上最大的环境清洁项目之一。然而，该地情况仍不容乐观。

大沼泽地国家公园占地面积超过 5957 平方千米，从佛罗里达湾的海洋环境到奥基乔比湖周围较为干燥的环境，公园包含许多不同类型的栖息地。在奥基乔比湖，有 200 种热带植物生长在温带气候特有的松树附近。这两种气候相差极大的环境区之间，有几片红树林群落生长于咸水和淡水交汇处。在更远的内陆地区，有被草本植物覆盖的泥滩、渍水草甸和柏树群落，这些植物都已具备了在滞水中存活的能力。最重要的是，公园中还有一条“草河”，每天只向前流进 30 米。草河中央深度为 3 米，河两侧的深度不足 0.9 米。河上还有些小岛，岛上生长着橡树和红枫。

大沼泽共有 800 种水生动物和陆生动物，它们的数量都在不断下降。其中海牛是最令人担忧的物种，目前仅存约 100 头。其次是佛罗里达山狮（*Felis concolor coryi*），仅存 30 只。人们在半数以上的佛罗里达山狮身上安装了无线电项圈，以便监测其行动轨迹。至于鸟类，多种涉禽的数量在过去 50 年中已下降了 93%，令人担忧。

然而，该地 60 种爬行动物和两栖动物中的大多数都健康状况良好。美国短吻鳄是公园里最凶猛的食肉动物，也是当之无愧的大沼泽之王。但更令游客们更害怕的是公园里成倍繁殖的 43 种不同种类的蚊子：这些蚊子能在每平方米的土地上产下 10 万多个卵。尽管这些蚊子令游客十分不安，但作为食物链中的一个基本环节，它们仍旧受到当地的保护。

第 460 页（上） 一条炽热的岩浆河流过绳状熔岩（pahoehoe）。“pahoehoe”为夏威夷语，意为极其光滑的玄武岩岩浆流表面，其纤维状熔岩壳如同面包。“pahoehoe”一词现已收录至国际地质词汇中。

第 460—461 页 基拉韦厄（Kilauea）火山高达 1250 米，是全球最活跃的火山。20 年以来，岩浆不断从该火山中喷涌而出，最终汇入太平洋，生成大量蒸汽团。

第 461 页 1840 年以来，持续喷发的基拉韦厄火山一直是旅游胜地。1866 年，马克 · 吐温造访此地，对它的壮丽赞不绝口。1912 年，美国地质调查局的观测站在此建立。

夏威夷火山国家公园

美国 | 夏威夷
入选年份：1987
遴选标准：自（Ⅱ）

中尉詹姆斯·金（James King）是詹姆斯·库克（James Cook）于1779年组建的探险队中的一员，他估算莫纳罗亚火山（Mauna Loa）的高度为4883米。几年后，植物学家阿希巴尔德·孟席斯（Archibald Menzies，首位登顶者）通过测量气压对火山高度进行了测算，读数为4134米，首次精准地记录了山顶高度。实际上，据美国地质调查局观测站（建于1912年）的测量结果，夏威夷西南部的莫纳罗亚火山高度为4169米。

然而，若加上海底约5000米的山体和由于火山的向上冲力而形成的高达8001米的凹地，莫纳罗亚火山的总高度可达16764米，是世界上最高的山峰，其高度几乎是珠穆朗玛峰的两倍。莫纳罗亚火山拥有约83364立方千米的火山岩，覆盖海平面以上5271平方千米的区域，无疑是体积最为庞大的火山。

莫纳罗亚火山是地球上最活跃的火山之一，历史上共有33次喷发记录。但这个喷发次数还远不及它的邻居基拉韦厄火山。基拉韦厄火山在1987—1907年一直处于喷发状态，1952年后又开始断断续续喷发，至1983年，又开启了新一轮的持续喷发。直至目前，该火山的喷发活动还未有减弱的迹象。2018年，基拉韦厄火山的喷发曾造成巨大的破坏，该火山喷发的类型被称为"夏威夷式"喷发，其特点为岩浆从火山一侧持续溢出，但很少引发爆炸。

数千年来，这些流体岩浆沉积成一层又一层的熔岩，形成了夏威夷岛壮观的火山全貌。

这两座火山都位于夏威夷国家公园（建于1916年）内。后来，公园的占地面积扩大到现在的930平方千米。

夏威夷国家公园是为保护由7000万年来地质演变所形成的景观而建立的。如今，它已成为原地动植物物种的庇护所。

夏威夷群岛是一片独立岛屿，其土壤特性适宜植物群落生长。尽管群岛的典型特征和普通岛屿相同——岛上的生物不如大陆地区多样，但其特有物种所占比例却很高。

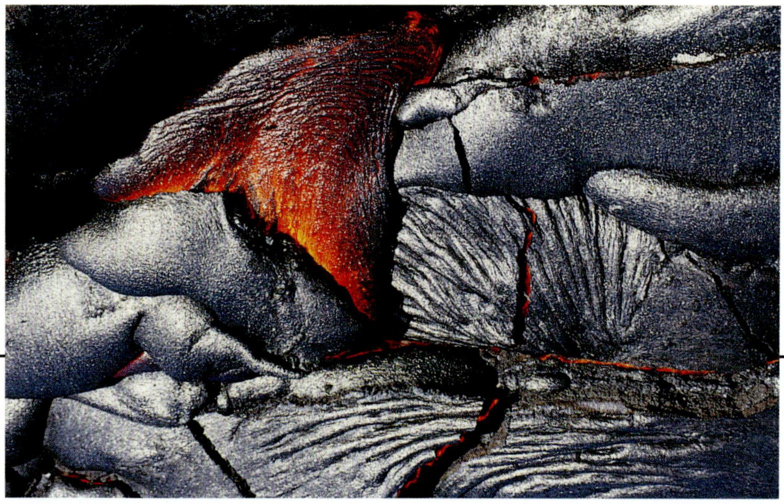

▌第 462 页（上） 一条三角形的小熔岩舌渗入已冷却的岩浆沉积物中，沉积物受压开裂，形成了绳状熔岩典型的束状结构。

▌第 462—463 页 基拉韦厄的岩浆从悬崖顶部流下，一直流入海中。大量岩浆持续沉积，使夏威夷岛呈现出近似月球的地貌。

尤其是蕨类植物，它们在特有植物区系中占据很大比例，这些特有植物一般生长于海拔 1494 米以上的地区。外来植物则生长在海拔 610 米以下的地区。

灰白蝙蝠（*Lasiurus cinereus*）是夏威夷唯一的原始哺乳动物，也是美国最常见的一种蝙蝠。这些蝙蝠是适应辐射的典型，因此备受关注。

公园内许多特有种已十分稀有，甚至濒临灭绝，其中包括夏威夷蜜鸟（*Loxops coccineus*）、镰嘴雀（*Hemignathus wilsoni*）、夏威夷海燕（*Pterodroma sandwichensis*）、褐背孤鸫（*Phaeornis obscurus*）、白臀蜜鸟

▌第 463 页（上） 基拉韦厄火山为世界上最活跃的火山。莫纳罗亚火山则为世界上最大的火山，由约 8 万立方千米的火山岩构成。从海平面下 8 千米深的山底算起，该火山的总高度超过 1676 千米。

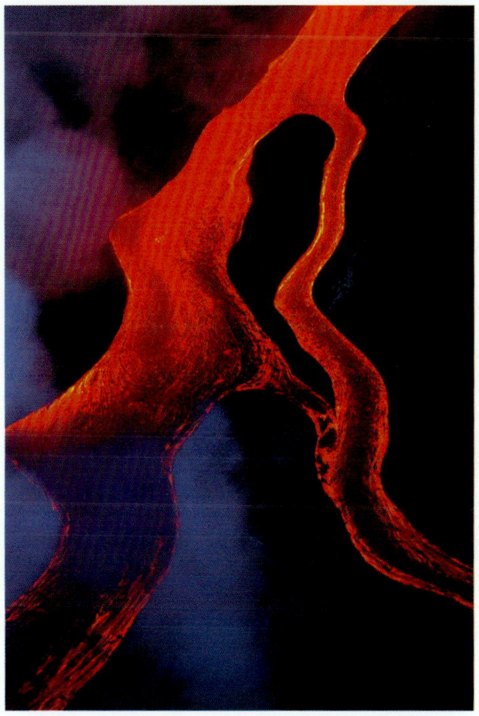

▌第 463 页（下） 基拉韦厄火山最初形成于 60 万至 30 万年前。过去两百多年来，该火山持续喷发，这大概是过去 10 万年间火山活动的可靠证明。

▌第 464 页　阿卡卡瀑布（Akaka Falls）是夏威夷最美丽的瀑布之一。瀑布后的岩壁完全被青苔覆盖，水流从 134 米高的地方倾泻而下。瀑布周边的森林以巨型蕨类植物为主，1923 年，这片森林成为国家公园。

▌第 465 页（上）　图中的基拉韦厄火山口看似平静，但只是表面上处于沉寂状态。这座锥形火山在山体海拔较低处开始喷发，岩浆从山侧的裂缝中渗出。

（*Himatione sanguinea*）、蚋鹟（*Chasiempis sandwichensis*）、夏威夷绿雀（*Hemignathus virens*）以及镰嘴管鸹（*Vestiaria coccinea*）。

不幸的是，由于外来引进物种的入侵，整个公园的生态遭到了严重破坏：野山羊和野猪毁掉了公园整片的原生植物，獴的出现也使公园内爬行动物数量锐减。

夏威夷雁（*Branta sandvicensis*）是当地九种特有雁类中最后的幸存者，因而被看作是保护夏威夷地区生态的象征。夏威夷雁曾遭到人类捕杀，还经历了自然栖息地的变迁。据估计，詹姆斯·库克最初到达该地时，夏威夷雁的数量约为 2.5 万只，但到 20 世纪 40 年代中期，其数量只剩下不到 50 只。

虽然自 20 世纪 70 年代起实施的夏威夷雁放归计划取得了一定成效，但夏威夷雁的生存仍有赖于人类的悉心呵护。

▌第 465 页（左下）　越橘（*Vaccinium reticulatum*）是一种只生长在夏威夷岛和毛伊（Maui）岛的特有浆果。稀有的越橘果实是夏威夷岛上仅存的雁类——夏威夷雁最喜爱的食物之一。

▌第 465 页（右下）　哈莱亚卡拉银剑（*Argyroxiphium sandwicense*）也许是最能代表夏威夷岛的典型植物。由于夏威夷岛是一片独立岛屿，岛上 90% 的有花植物都属于特有物种，但这些植物遗产的生存却受到了外来物种的严重威胁。

加拉帕戈斯群岛

厄瓜多尔

入选年份：1978 年、2001 年
遴选标准：N（Ⅰ）（Ⅱ）（Ⅲ）（Ⅳ）

▌第 466 页（上） 费尔南迪纳岛（Fernandina）地处加拉帕戈斯群岛的最西端，位于赤道以南数千米处。炽热的岩浆从群岛上的蓬塔埃斯皮诺萨（Punta Espinosa）附近喷涌而出，景色壮丽。

▌第 466 页（下） 费尔南迪纳岛上的蓬塔埃斯皮诺萨附近茂密生长着熔岩仙人掌（*Brachycereus nesioticus cactus*）。岛上没有人为引进的植物或野生动物，是地球上罕见的自然环境之一。

1835 年，年轻的博物学家查尔斯·达尔文搭乘“贝格尔”号（H.M.S. Beagle）到达了加拉帕戈斯群岛（Galápagos Islands）。在这里，他发现了“一群非常不寻常的雀鸟：它们有结构相近的喙、相似的短尾和体形以及类似的羽毛形状……看了这些体形小而密切相关的鸟类在构造上的级进和多样性之后，人们确实会推想，这个物种为了各种不同的目的发生了变异。”24 年后，达尔文《物种起源》一书出版，标志着生物进化论的形成。

在这本书中，达尔文提出了关于生物进化不同的假设，其中包括“渐变论”“共同祖先学说”“自然选择，适者生存”等。达尔文发现的这群褐色的雀鸟在进化论的发展中起着决定性的作用，它们分属 13 个物种，后来被统称为达尔文雀族（Darwin's finches）。

加拉帕戈斯群岛历尽沧桑，经历了多次变迁。事实上，早在 300 年前，巴拿马主教弗赖托马斯·贝兰加（Tomás de Berlanga）就发现了加拉帕戈斯群岛。这里最初无人居住，在 17 和 18 世纪时成了海盗的避难所：他们在这里靠岸补给淡水，并将生活在这里的巨大陆龟，即著名的加拉帕戈斯象龟（*Geochelone elephantopus*）捕捉到船上饲养，以便能吃到新鲜的肉类。事实上，这片群岛就是以它们命名的：“加拉帕戈斯”即为西班牙语中的“陆龟”。达尔文也对这种特殊的陆龟很感兴趣，他觉得这些陆龟非常美味，并在笔记中特意写到了龟壳烤肉的美味，以及用幼龟熬制的汤有多么鲜美。

由于这些岛屿几乎完全与世隔绝，因此加拉帕戈斯象龟同达尔文雀族一样也是生物进化中非同寻常的例子：经过不断进化，象龟体重增至 250 千克，寿命可长达 100 多年。很早以前，有个别陆龟单体生活在加拉帕戈斯群岛上，加拉帕戈斯象龟曾被认为是其后代，并被与之归为同一种族。但实际上，加拉帕戈斯象龟包含 14 个亚种，其中三个亚种现已灭绝，还有一个亚种目前仅存一个个体。目前我们还无从知晓，在历经了几千年对环境的适应后其不同种群之间是否还能进行杂交。随着捕鲸者的到来——其中包括赫尔曼·梅尔维尔（Hermann Melville），他就是在这里得到了创作小说《白鲸记》的灵感——这些陆龟的命运可想而知。据估计，被猎杀的陆龟超过 10 万只，而存活下来的仅有 1.5 万只左右。

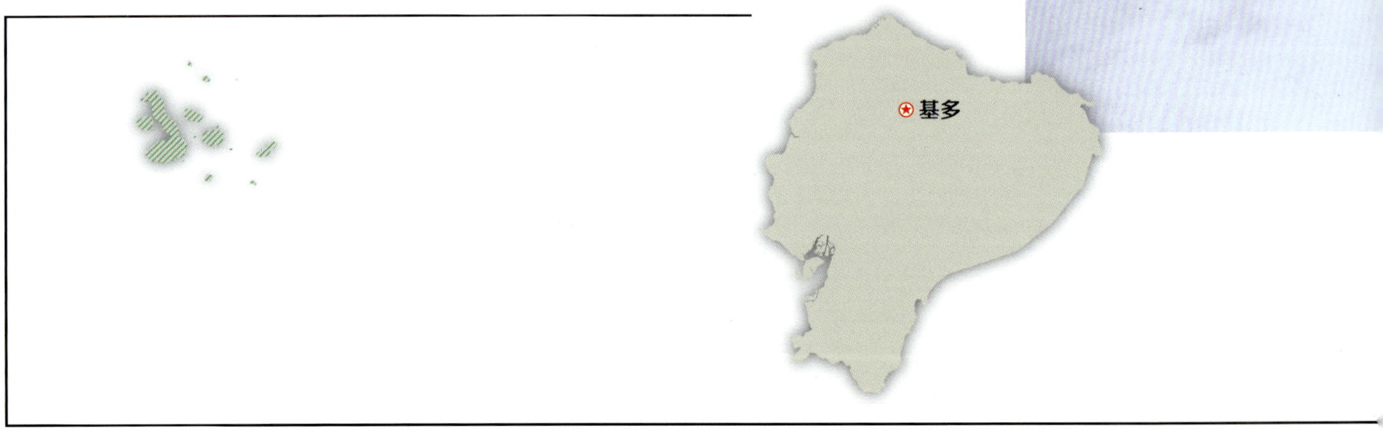

第 466—467 页　费尔南迪纳岛是一个荒凉的岛屿，同时也是群岛中最有趣的岛屿，这里常有火山喷发，景观也常是黑暗而荒凉的。该岛是许多海鬣蜥（*Marine Iguana*）的家园。

第 467 页（上）　巴托洛梅岛（Bartolomé），是加拉帕戈斯群岛中最年轻、最壮观的岛屿，其地貌如同月球表面一般凹凸不平。岛上有一系列半月形海滩和风景如画的熔岩，这些熔岩中最著名的是平纳克尔岩（Pinnacle Rock）。

第 467 页（左下）　胡德岛（Hood Island）以岛上的喷水口蓬塔苏亚雷斯（Punta Suarez）而闻名，其喷出的水柱高度由海浪的力量决定，高达 15~30 米不等。

第 467 页（右下）　图为圣地亚哥的一个小火山口。圣地亚哥东海岸有一片巨大的结壳熔岩场，形成于 1897 年一次猛烈的火山喷发。

第468—469页 小军舰鸟（*Fregata minor*）的雏鸟在出生后的一年内都需亲鸟喂食，因此这种鸟两年才繁殖一次。图片中为一只雌鸟及其雏鸟。

第468页（下） 加岛信天翁（*Phoebastria irrorata*）能够在空中飞行一整年而不着陆。在胡德岛的园丁湾（Gardener Bay）附近栖息着全世界几乎所有的加岛信天翁，数量约有一万对。

第469页（上） 一只猎鹰袭击了加拉帕戈斯象龟。加拉帕戈斯群岛上生活着约15万只加拉帕戈斯象龟。

加拉帕戈斯群岛位于赤道以南，距南美洲海岸805千米，由13个主要岛屿、7个较小的岛屿和100多个小岛和珊瑚礁组成，总面积达8029平方千米。群岛由火山熔岩和岩浆构成，岛上至今仍有几座活火山。

1832年，当这些岛屿被厄瓜多尔（Ecuador）占领时，基多（Quito）政府便启动了一项殖民计划，各个族群开始在此定居。目前约有1.8万人集中居住在加拉帕戈斯群岛的首府巴奎里佐莫雷诺港（Puerto Baquerizo Moreno）以及阿约拉港（Puerto Ayora）和圣克鲁斯（Santa Cruz）两个城镇。1959年，群岛97%的区域被归入国家公园；1986年，当地建立海洋保护区，以保护岛屿周围的水域。1978年和2001年，国家公园和海洋保护区分别被注册为世界遗产。

除了雀鸟和陆龟，加拉帕戈斯群岛还生活着大量其他的动植物，是一个绝佳的开放式动植物研究实验室：该岛的动植物都是独立进化的，因而拥有世界上最高的特有物种比例。这里共有300余种鱼类、1600余种昆虫、80种蜘蛛、300余种鞘翅目、650余种软体动物。除此之外，这里还有一些特有的海鸟，包括弱翅鸬鹚以及一种信天翁、三种塘鹅和两种海鸥。加拉帕戈斯群岛上还栖息着海狮、加拉帕戈斯海豹和唯一一种生活在热带水域的企鹅。19世纪时，毛皮猎人非常喜爱这种海豹的皮毛。

第469页（左下） 蓝脚鲣鸟（*Sula nebouxii*）不是加拉帕戈斯群岛的特有物种，其在加利福尼亚湾（Gulf of California）和太平洋其他地区也有分布。

第469页（右下） 弱翅鸬鹚（*Phalacrocorax harrisi*）是唯一一种无法飞行的鸬鹚，也是加拉帕戈斯群岛最濒危的物种之一。

群岛上的爬行动物也值得一提。它们在没有捕食者的环境中自由进化，包括壁虎、蛇、熔岩蜥蜴和陆鬣蜥，其中值得注意的是海鬣蜥：它是世界上唯一的水生蜥蜴物种。加拉帕戈斯群岛的每一块石头上几乎都能看到这种爬行动物的身影，它们在陆地上生活，却以水中的藻类为食。据

估计，海鬣蜥的总数在20万至30万之间，其数量受到了2001年“杰西卡”号油轮溢油事故的严重影响。据《自然》杂志2002年6月版报道，自事故发生以来，圣菲岛（Santa Fe）上的海鬣蜥死亡率异常上升。

加拉帕戈斯群岛的生态系统极其脆弱，而人类活动已经对其产生了深刻影响。1976年，一群野狗袭击了一个由500只陆鬣蜥组成的群落，杀死了所有鬣蜥；20世纪90年代，偷猎者捕杀了至少120只巨龟。同时，查尔斯·达尔文基金会在保护群岛生态系统的过程中也遭到了厄瓜多尔政府的极大阻碍：自20世纪80年代以来，厄瓜多尔政府设立了激励机制，以促进居民移居群岛，使得岛上居民的数量以每年8%左右的速度增长。

▍第470页（左上） 鬣蜥多为陆生动物，但海鬣蜥（*Ambyryrhynchus cristatus*）可以游泳。它只以海藻为食，而其他鬣蜥则没有这种习性，因此海鬣蜥几乎有无限的食物来源，但同时也增大了被海洋捕食者捕捉的风险。

▍第470页（右上） 加拉帕戈斯群岛的每一块岩石几乎都是海鬣蜥的家园。海鬣蜥的总数据估计在20万至30万之间，海岸线每1000码（约914米）左右就聚集着约三千只海鬣蜥。

▍第470页（中） 加拉帕戈斯群岛海狮（*Zalophus californianus wollebaeki*）是加利福尼亚海狮（Californian sea lion）的一个特有亚种，可能是游到了这片群岛后便在此定居，并逐渐与其亲缘物种产生分化。

▌第470页（下） 加拉帕戈斯企鹅（*Spheniscus mendiculus*）与麦哲伦企鹅（*Magellan penguins*） 的基因相近，它们之所以能够在群岛所处的赤道水域生存，主要得益于流经费尔南迪纳岛和伊莎贝拉岛（Isabela Islands）的洪堡德寒流（Humboldt Current）。

▌第470—471页 一群海狮在莫斯克拉岛（Mosquera Island）的海滩上闲逛。海狮是一种海洋哺乳动物，它们和企鹅、鸬鹚一样，受到了厄尔尼诺现象的影响。1997—1998年期间，其主要群落中的海狮数量减少了48%。

▌第471页（上） 一只绿海龟（*Chelonia mydas*）试图在巴托洛梅岛（Bartolomé）的海滩上安全产卵，但就在几米外的地方，一只加拉帕戈斯群岛鵟（*buteo galapagoensis*）正在伺机而动。

潘塔纳尔保护区

巴西

马托格罗索州和南马托格罗索州
入选年份：2000
遴选标准：自（Ⅱ）（Ⅲ）（Ⅳ）

紫蓝金刚鹦鹉（*Anodorhynchus hyacinthinus*）是世界上最大的鹦鹉，翼展长约0.9米，羽毛为钴蓝色，寿命可达80岁，通常以巴西一种特有的野生棕榈果食（acurí）为食。紫蓝金刚鹦鹉不仅貌美长寿，还天赋异禀。它能够接受能力训练，学习人类的语言，重复一些简单的短语，讨人类喜欢，是人类完美的伴侣。然而，正因具有这些天赋，一只紫蓝金刚鹦鹉在非法动物市场上的售价可达8000~10000美元，据估计每年紫蓝金刚鹦鹉的交易额可达50亿美元。

目前，约有2500只紫蓝金刚鹦鹉被圈养，约3000只在潘塔纳尔湿地放养。潘塔纳尔湿地面积为24万平方千米（几乎与英国国土面积一样大），其中14.5平方千米位于巴西，其余则位于玻利维亚和巴拉圭之间。偷猎者以捕获、转售禽鸟为生，或以捕杀凯门鳄、贩卖其珍贵的鳄鱼皮为生，他们将潘塔纳尔湿地视为“自然超市”。然而，对科学家而言，潘塔纳尔湿地是世界上最大、最有趣的生态系统之一。因此，联合国教科文组织于2000年将潘塔纳尔最具代表性的部分——潘塔纳尔湿地国家公园列入了《世界遗产名录》。该公园占地1878平方千米，全部位于巴西境内。《湿地公约》也承认潘塔纳尔湿地国家公园是具有国际重要性的湿地。

公园内还有各种各样的生态分区：河道、错综复杂的森林廊道、永久性沼泽和岛屿、以水生植被为主体的浮岛（camalotes）和易受季节性洪水侵袭的草原。潘塔纳尔湿地的主要水源是库亚巴河（Cuiaba），长901千米，最终汇入巴拉圭河（Río Paraguay）。每到雨季（每年10月至次年3月），潘塔纳尔湿地约三分之二

第472页　潘塔纳尔湿地位于塞拉多（巴西中部干旱的草原生态区）和东南部半落叶林之间，这里的生态环境富有张力。植物栖息地之间的相互作用创造了非凡多样的生物物种。

第472—473页　潘塔纳尔湿地面积为24万平方千米，是世界上最大的淡水沼泽生态系统。联合国教科文组织将潘塔纳尔湿地完全位于巴西的最具代表性的区域纳入了保护范围。

第473页（上） 在每年10月至次年3月的雨季，潘塔纳尔多达三分之二的面积都会被水淹没。极其复杂的水文系统包括地表流域和地下水道。

第473页（左下） 里库亚巴河是潘塔纳尔湿地的主要水源，在保护区内向西南方向流经大约998千米后，汇入巴拉圭河。

的区域会被淹没，形成大片水域，水域面积约为佛罗里达州大沼泽湿地面积的10倍。

不同栖息地之间相互作用，植物物种繁多体现了生物的多样性，然而迄今为止有些植物物种尚未得到广泛研究。这些植被生长在巴西中部干旱大草原与南部半落叶森林之间，生态环境富有张力。除了冲积平原上茂密的河流植被和草本植物外，潘塔纳尔湿地还因其面积广阔的棕榈树、百合花和美洲榕（*figueira matapau*，一种奇特的针叶无花果树）而闻名。这种无花果树有一个特别的名称——“杀手无花果

第473页（右下） 大食蚁兽（*Myrmecophaga tridactyla*）发现了一处海湾，其邻近的平原易受季节性洪水侵袭，生长着半落叶小乔木和灌木。

第 474 页（上） 水豚（*Hydrachaeris hydrachaeris*）生活在水中，是世界上最大的啮齿动物。水豚脚趾之间有类似于鳍的蹼，因此具有熟练的潜水和游泳技能。

第 474 页（左下） 森蚺（*Eunectes murinus*）潜伏在水生植物中，等待时机捕捉猎物。这种爬行动物非常高产：一次至少能产 40 只卵。森蚺破壳时就已经有约 46 厘米长。

第 474 页（中） 巨獭（*Pteronura brasiliensis*）外表看似无害，却是该地区最大的食肉动物之一。巨獭以鱼、螃蟹、蛇为食，甚至有时会捕食凯门鳄，它每天能吃掉约 4.5 千克食物。

第 474 页（右下） 一只栗虎鹭（*Tigrisomalineatum*）捕食成功。

树”，因其必须紧紧环绕在棕榈树上才能存活。

动物学家认为，潘塔纳尔湿地是物种最丰富的湿地之一，该地物种总计达 150000 种，其中包括粗略调查过的无脊椎类动物。这里的哺乳动物大约有 80 种，如美洲虎、豹猫、巨型食蚁兽、犰狳、貘和卷尾猴等。其中最大的哺乳动物是优雅高贵的沼泽鹿和体型笨重的水豚。水豚重达 30 千克，是世界上最大的啮齿动物。

▌第 474—475 页　潘塔纳尔是世界上鳄鱼聚集最密集的地区，约有 1000 万只凯门鳄。据说，该保护区每平方千米就有 42 只凯门鳄。

▌第 475 页（下）　20 世纪 80 年代，人类在潘塔纳尔地区猎杀了约 13 万只黄森蚺（*Eunectes notaeus*），并将黄森蚺皮贩卖到黑市上，不过黄森蚺依然是该地区的常见物种之一。

潘塔纳尔共有 656 种鸟类，分属于 66 个科。除了紫蓝金刚鹦鹉和其他 26 种鹦鹉外，还有苍鹭、白鹭和其他水禽。巴西公园最具代表性的鸟类是裸颈鹳（*Jabiru mycteria*）。裸颈鹳的羽毛以白色为主，只在脖子下方有一圈红色羽毛。裸颈鹳是世界上最雄伟的“飞行家”之一，翼展可达 2.7 米。潘塔纳尔湿地有 400 多种鱼类，是南美洲最大的淡水鱼类保护区。这里大约有 1000 万只凯门鳄，是地球上鳄鱼数量最多的地区。人们认为凯门鳄很危险，但实际上是误解，凯门鳄并不好战。同样，人们对潘塔纳尔湿地中最常见的爬行动物——森蚺的评价也存在误区。

除偷猎外，潘塔纳尔湿地的生态系统还受到两个大型工程项目的威胁，这些工程项目对该湿地大部分区域造成了一定影响。第一个大型工程是在玻利维亚的格兰德和巴西的里约热内卢之间建造一条耗资 20 亿美元的天然气管道。

第二个大型工程是建造伊德罗维亚（Idrovia）运河。这条通航运河全长约 3444 千米，是阿根廷、玻利维亚、巴西、乌拉圭和巴拉圭的合办工程。科学家认为该工程一定会改变这里的环境特征。在 20 世纪 80 年代末，大运河项目有了具体落实的计划，该运河形成的运输网将使目前依靠公路运输的货物的运输成本减半。不过，这项工程迄今尚未开展，可能是因为项目成本过高，一些承办国家经济严重困难，很难提供这笔巨额款项。也可能是因为整个巴西展开了拯救潘塔纳尔的环保运动。

第 476 页（上） 从美洲虎的整体数量来看，潘塔纳尔湿地是美洲虎的绝佳栖息地。但据估计，每 65 平方千米仅有一只成年美洲虎。

第 476 页（下） 玫瑰琵鹭（*Ajaja ajaja*）的颜色来自其摄食的甲壳类动物中的胡萝卜素。

不过大多数巴西人直到 1990 年才知道这项运动的存在，也就在这一年他们突然格外关注潘塔纳尔的命运，这得益于一部名为《潘塔纳尔》的电视连续剧。这部剧的主角是生活在保护区边缘庄园里的动物饲养员一家，主要讲述他们的家庭生活和爱情故事。电视剧热播的几个月中，巴西人都沉迷在剧中保护区的美景中。

第476—477页　在巴西俗称“peraputangaha”的希氏石脂鲤的饮食偏好非常特殊：它最喜欢的食物是睡莲。潘塔纳尔湿地有400种鱼类，是南美洲大陆上最大的淡水鱼类保护区。

第477页（下）　在交配季节，两只雄性大白鹭在空中激战。

伊瓜苏瀑布

阿根廷 / 巴西

米西奥内斯省（阿根廷）
巴拉那州（巴西）
入选年份：1986
列入《世界濒危遗产名录》年份：1999—2000
遴选标准：自（Ⅲ）（Ⅳ）

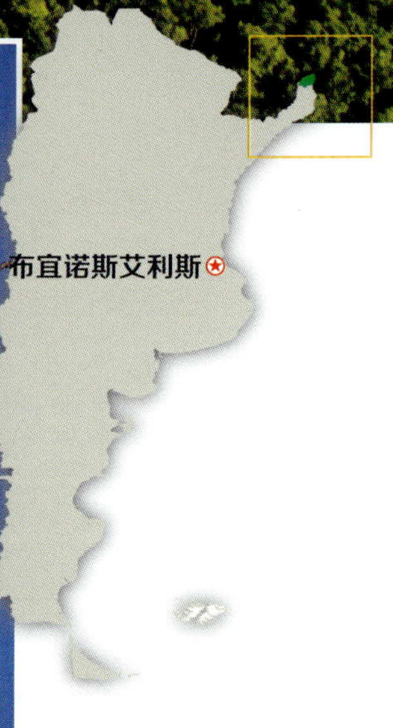

伊瓜苏瀑布发源于距大西洋不远的马尔山脉（Serra do Mar），沿巴拉那高原（Parana Plateau）绵延 1287 千米，宽近 1.6 千米，由 30 条支流汇聚而成。正因如此，当地原住民将该瀑布命名为伊瓜苏（Iguazú）。在瓜拉尼语中，伊瓜苏意为“大水”。这里的半圆形盆状洼地由玄武岩熔岩形成，宽 4 千米，高 79 米。河流自此倾泻而出，与 275 道独立的瀑布连成一片，形成一道银帘，令人眼前一亮。有时该地区雷声轰鸣，彩虹穿透漫天水雾，风景如画，又因位于阿根廷和巴西两国边境，所以有“世界最美边境”之美誉。

该瀑布同属阿根廷和巴西两国。虽然巴西境内的伊瓜苏瀑布“只有”823 米，却是巴西一个天然观景点，游客从这里可以看到伊瓜苏瀑布中最著名的“魔鬼之喉”（Garganta del Diablo）瀑布：河水咆哮而下，冲进只有 79 米宽的峡谷。普恩特坦珂雷多涅维斯大桥（Puente Tancredo Neves）建于这座峡谷之上，连接阿根廷与巴西两国。河流自此继续奔涌约 32 千米，最终汇入巴拉那河（Río Paraná）。

因湿度保持在 80%~90% 之间，亚热带森林覆盖了伊瓜苏瀑布附近的所有区域以及河流中的众多岛屿。为了保护伊瓜苏瀑布和亚热带森林，阿根廷和巴西两国政府在很久以前建立了两个国家公园。两国境内亚热带森林区比较潮湿，蕨类植物种类繁多，例如巨大的蚌壳蕨（*Dicksonia selowiana*）、竹类植物、藤本植物和其他攀缘植物，还有凤梨科和附生植物，其中还包括 80 种不同类型的兰科植物。白坚木属的红盾籽木（*Aspidosperma polynerum*）为当地河岸的典型树种，高度可达 30 米。此外还有众多的棕榈树种，如阿沙依椰子（*Euterpe edulis*）等。

该地动物种类繁多，引人注目，其中包括许多濒临灭绝的哺乳动物，如巨獭（*Pteronura brasilensis*）、美洲豹（*Panthera oncha*）、大食蚁兽（*Myrmecophaga tridactyla*）和美洲狮（*Felis concolor*）。此外，这里鸟类种类也十分多样，包括五种巨嘴鸟和多种鹦鹉。

近年来，人类活动给当地生态系统造成很大压力，引起人们对当地生态保护的担忧。巴西的福斯 – 杜伊瓜苏（Foz do Iguaçu）、阿根廷的伊瓜苏港（Puerto Iguazú）和巴拉圭附近的拉普拉塔河（Rio de la Plata）这三个规模较大的城市中心区位于国家公园边缘。据估计，巴西境内的国家公园每年接待游客近 100 万人次，仅福斯 – 杜伊瓜苏一地（1960 年时该地有 3 万居民，现有 20 万居民）就有 160 家旅馆。这两个国家公园的看守人员都曾上报过公园内非法捕鱼和滥砍棕榈树（棕榈心被认为是美味佳肴）的情况。但也许瀑布下游建立的巨型伊泰普水坝（Itaipu dam）才是伊瓜苏瀑布面临的最大威胁。伊泰普水坝于 1991 年投入使用，虽然发电量达 1250 万千瓦，满足了阿根廷和巴西 40% 的用电需求，但是，水坝也导致当地生态和气候显著失衡。

第 478—479 页 瓜拉尼语中伊瓜苏的意思“大水”。从高空俯瞰，伊瓜苏像一个 72 米深、近 2743 米宽的半圆形盆状玄武岩洼地。

第 478 页（左下） 伊瓜苏瀑布常年湿度保持在 80%~90%，瀑布周围是一片复杂的亚热带森林，其中长满了蕨类植物、竹类植物、凤梨科植物、藤本植物和兰科植物。

第 478 页（右下） 瀑布附近的地区共有 422 种记录在册的鸟类。其中，托哥巨嘴鸟是园内五种巨嘴鸟之一，它的喙引人注目。

第 479 页（上） “魔鬼之喉”是伊瓜苏 274 个大瀑布中最著名的一个。瀑布底部喷涌而出的水花形成彩虹，使得魔鬼之喉景色更为壮观。

冰川国家公园

阿根廷

圣克鲁斯省
入选年份：1981
遴选标准：自（Ⅱ）（Ⅲ）

第 480—481 页　佩里托莫雷诺冰川占地面积约 249 平方千米，隶属于南巴塔哥尼亚冰原。不同于该地其他冰川和世界上大部分地区的冰川，它的质量不断增加。

第 480 页（下）　一座冰山沿提姆帕诺斯海峡开辟出一条通道（狭窄的河谷），将佩里托莫雷诺冰川与阿根廷湖附近的大量盆地连接起来。阿根廷湖地处南纬 50 度，是安第斯山脉众多湖泊中最南端的一处。

在弗朗西斯科·帕斯卡西奥·莫雷诺(Francisco Pascasio Moreno)25 岁时，他就已经开始了第五次到阿根廷巴塔哥尼亚地区的探险。1877 年 2 月 15 日，莫雷诺在这一地区发现了一个壮观景象：一个巨大的冰川湖延伸到南部安第斯山脉的脚下，大型冰川从山坡上缓缓滑下。

实际上，第一个发现阿根廷湖的人并不是他，而是瓦伦丁·费尔伯格(Valentin Feilberg)少尉。费尔伯格曾早于莫雷诺四年来到过阿根廷湖，但是，他以为自己到达的是北面几十千米外的维德玛湖畔。因此，最后是莫雷诺(Moreno)将该湖命名为阿根廷湖，并且在命名时还特意选用了一些伟大探险家经常提到的具有修辞性的词——“阿根廷”(原义为白银王国)。

多年以后，人们以莫雷诺的名字命名了该地区最宏伟的自然景观——佩里托莫雷诺冰川(Glacier Perito Moreno)。因为在 19 世纪末，政府要求莫雷诺处理阿根廷和智利之间棘手的边界问题，很多人都称他“佩里托”，即专家的意思。佩里托莫雷诺冰川占地面积约 249 平方千米，地处巴塔哥尼亚冰原(Campo de Hielo Patagónico)，该地是除极地以外世界上最大的冰川地区。巴塔哥尼亚的冰川是上个冰河时代覆盖了整个南半球的冰层的遗留物，占地面积达 13986 平方千米，其众多分支延伸至宽阔的山谷中，这些山谷千年来一直受冰川运动的侵蚀。

佩里托莫雷诺冰川就是其中的一支，在巴塔哥尼亚冰原的滋养下，其质量不断增加。冰川之下是提姆帕诺斯海峡(Canal de los Timpanos)，有一条细长通道将黎各(Brazo Rico)和苏尔(Brazo Sur)连接到阿根廷湖主湖段。佩里托莫雷诺冰川宽 4.8 千米、高 61 米。每隔一段时间，它就会向阿根廷湖(Lake Argentino)的对岸前进，因而阻塞水道，截断两侧水体的流通，导致靠近黎各(Brazo Rico)一侧的湖水水位急剧上升，高达 24 米。随着所受压力增加，冰屏开始破裂，湖水进而侵入冰川，致使冰屏在雷鸣般的轰响中崩塌。20 世纪，这种壮观的景象每隔 30 年左右就会上演一次，最后一次是在 1988 年。

第 481 页(上) 蓝色的佩里托莫雷诺冰川宽 4.8 千米、高 61 米，悬垂分布，高耸入云，令人望而生畏。

第 481 页(下) 阿根廷冰川国家公园共分布着 47 个冰川，此外还有约 200 个次级冰川(大小刚刚超过 2.6 平方千米)。因而园区 2590 平方千米的土地上都覆盖着冰层。

虽说卓尔不群，但佩里托莫雷诺冰川只是阿根廷冰川国家公园(建于 1937 年)4460 平方千米的范围内发现的 47 个主要冰川之一。而且它也不是规模最大的，乌普萨拉冰川(Upsala，596 平方千米)和维德玛冰川(Viedma，575 平方千米)都要比它大。此外，公园中还分布着 200 多个次级冰川，这些次级冰川面积均不足 2.6 平方千米，并且不与巴塔哥尼亚冰原相连。公园中的巴塔哥尼亚冰原占地面积 2590 平方千米，也就是公园地面总面积的 50%以上。

公园里的冰川活动主要集中在阿根廷湖和维德玛湖附近，两处湖体的湖水在汇入大西洋前会先流向里约克鲁兹。第四纪发生的冰川侵蚀造就了该地区许多陡峭、尖锐的安第斯山脉山峰(Andean peaks)，例如塞罗菲茨罗伊山(Cerro Fitz Roy)、佩内塔山(mounts Peineta)、海姆山(Heim)和阿加西山(Agassiz)。其中，塞罗菲茨罗伊山又名塞罗查尔滕山(Cerro Chalten)，山高

▍第 482 页（上） 尽管高度都不到 3962 米，但在极限登山运动史上，托雷峰（Cerro Torre）、埃格峰（Torre Egger）和斯坦哈特峰（Cerro Stanhardt）三座山峰堪称最艰巨的三大挑战。攀登这些山峰（通常是禁止的）的主要困难在于当地天气极端恶劣，并且位置非常偏僻。

▍第 482—483 页 雄伟的塞罗菲茨罗伊山（Cerro Fitz Roy）倒映在沙漠湖（Desierto Lake）冰冷的湖面上。公园中，湖泊占地面积总计约 951 平方千米，其中面积最大的是维德玛湖（Lake Viedma，位于北侧）和阿根廷湖。

3374 米，是园中的最高峰。托雷峰高 3128 米，则是园内第二高峰。

冰川国家公园的绝大部分区域都覆盖着冰川和湖泊，鲜有动植物分布，但有两种带有显著地理特征的植物：亚南极森林和巴塔哥尼亚森林。亚南极森林以酸樱桃树（*Cohiue snagallanico*）和包括矮假山毛榉（*Nothofagus pumilio*）在内的多种山毛榉为主，分布在山坡上。此外，最近也观测到了皮尔格柏（*Pilgerodendron uvrferum*）在该林重新出现。

巴塔哥尼亚草原上广泛分布着卡拉法特（*calafate*）、洋翅籽木（notro）、接骨木（*saúco del diablo*）和托帕（*topa-topa*）。卡拉法特是一种灌木，可以长出苦中带甜的浆果。洋翅籽木以可爱的鲜红色树叶为人们熟知。

目前，对园区动物群开展的全面调查尚未完成，主要是因为除了鸟类之外，人们对栖息在该地区的脊椎动物知之甚少。阿根廷冰川国家公园大约栖息着一百种鸟类，其中包括安第斯秃鹰（*Vultur gryphus*），它们把巢筑在康特拉斯殖民地（condoreras）的高海拔地区。最著名的哺乳动物有美洲狮（*Felis concolor*）、灰狐（*Dusciyon griseus*）、小犰狳（*Zaedyus pichiy*）、原驼（*Lama guanacoe*）和智利马驼鹿（*Hippocamelus bisulcus*）。

近年来，巴塔哥尼亚的旅游业不断发展，但当地动植物没有因此受到威胁。相比之下，专家们更担心的是全球变暖导致的冰川消融。最近的卫星图片显示，除了莫雷诺冰川外，南巴塔哥尼亚冰原地区所有的冰川面积都在缩小。

■ 第 483 页（左上） 巴塔哥尼亚的秋季天气晴朗，菲茨罗伊峰（Fitz Roy）的山脚零星点缀着色调明亮的亚南极森林树种——矮假山毛榉。

■ 第 483 页（中左） 图中左侧的陡峰就是托雷峰（Cerro Torre），右侧则是菲茨罗伊峰。它们之间宽阔的冰川谷是世界上最美丽的山景之一。通常来说，安第斯山脉人迹罕至。

■ 第 483 页（右上） 一场暴风雪席卷托雷峰北侧。这座令人敬畏的花岗岩“高塔”被视作世界上最难攀登的山峰之一。1959 年，塞萨尔·梅斯特里（Cesare Maestri）和托尼·爱格（Toni Egger）首次成功登顶托雷峰。

■ 第 483 页（下） 从艾尔恰登观景台的山顶望去，曙光照耀下的菲茨罗伊峰（当地人称之为“冒烟的山”，海拔约 3374 米）和托雷峰（海拔约 3128 米）显得格外壮观。

卡卡杜国家公园

澳大利亚

北领地
入选年份：1981；拓展遗产点：1987，1992
遴选标准：文（Ⅰ）（Ⅵ）；自（Ⅱ）（Ⅲ）（Ⅳ）

“纳不温布尔文”（Nabul-winjubulwin）身上满是宗教意义的图案，这个名字拗口的恶灵牢牢地站在地上庆祝获胜的形象被刻在诺兰基岩石（Nourlangie Rock）上，这块岩石高高矗立于澳大利亚大陆崖西部的冲积平原上。在加古朱（Gagudju）土著部落的宇宙进化论中，除了纳不温布尔文，还有被视为“大地之母”的“瓦纳布仁根”（Warramurrungundji），她从岛上来到大陆的东北部，铸就了子民的灵魂并教会了他们说话和打猎。在她变成一块岩石之前，还创造出了这个世界上的河流和动植物。

在过去的25000多年里，澳大利亚北部土著部落的岩画一直热衷于以祖先的灵魂为主题，除此之外还有狩猎的场景、周围所处的自然环境，甚至还有第一次和白人接触的画面。1000处考古遗址和7000处土著岩画正是促使卡卡杜国家公园被联合国教科文组织列为世界遗产中为数不多的文化自然双重遗产的原因。

卡卡杜国家公园始建于1964年，原名乌尔旺加原住民保护区（Woolwonga Aboriginal Reserve），旨在保护当地约300名原住民，如今，该地区的面积已从最初的505平方千米逐步扩大到19943平方千米。卡卡杜国家公园地貌形成于25亿年前，位于地质构造相对稳定的地带，不过随着时间的推移，该地区已经被重新塑造，其复杂的地貌特征也恰恰展现了地球的漫长历史。

虽然可以勘探出六种地质构造，但该地区主要的地质系统由阿纳姆地（Arnhem Land）的高原和大陆崖形成，该系统短时间内陡升至305米，并向东部边缘延伸515千米。据说1.4亿年前，大部分卡卡杜地区都被浅海覆盖。一旦水位下降，本来为悬崖的岩层就形成了大陆崖，被称为库尔皮尼亚平面（Koolpniyah Surface）的广阔平原就形成于陡崖底部。在古代，像诺兰基岩石这样的峭壁就曾经是浅海海岸附近的岛屿。

该地区其他的地质构造还包括流域盆地、雨季期间洪流带动沉积物在下游形成的冲积平原、火山活动形成的南部山丘以及曾经受潮汐影响、范围向内陆扩展97千米的河口平原。

卡卡杜公园的生物多样性在澳大利亚首屈一指。这里记录在册的植物有1600多种，其中58种是重点保护对象，另有97种是稀有或生存受威胁的植物。阿纳姆地的植物区系十分重要，有许多特有物种。该地区共有13个植物群落，其中3

第484页（左） 咸水鳄（*Crocodylus poro-sus*）栖息于鳄鱼河地区。在卡卡杜地区的128种爬行动物中，有3种鳄鱼，39种蛇。

第484页（右） 林鹳或黑颈鹳（*Xenorhyn-chus asiaticus*）因羽毛主要为黑白两色，因此也被称为“警察鸟（policeman bird）”。跟其他涉禽不同，这是一种喜欢独处的鸟类。

第484—485页 一望无际的马吉拉溪（Magela Creek）冲积平原曾经是一片海床，一眼望去，还能看到星星点点分布着的几棵树。

第 485 页（上） 一个大型的大白鹭（*Egretta alba*）群落分布于沿海潟湖。这种生态系统向内陆延伸至 97 千米处，栖息在这里的动植物已经适应了这片盐碱地。

第 485 页（右） 这只年幼的棕夜鹭（*Nyctico-rax caledonicus*）或夜鹭属于卡卡杜国家公园的 274 种鸟类之一，而这些鸟类占据澳大利亚鸟类总数的 33%。

第 485 页（下） 一些鹊鹅（*Anseranas semi-palmata*）在花丛环绕的潟湖中徘徊寻找食物。这种水鸟常遭到当地土著的猎食。

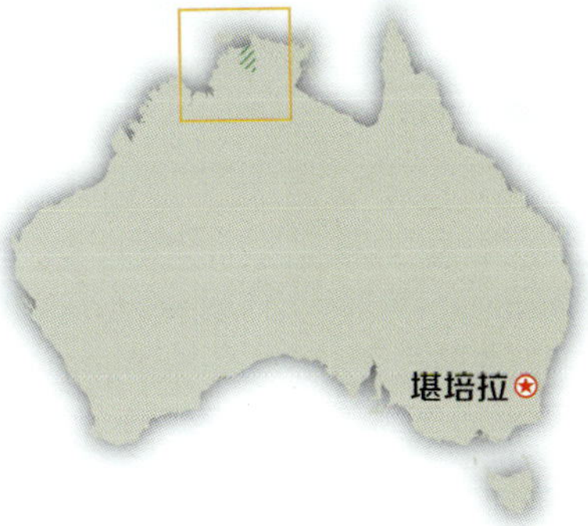

个为雨林，7 个为不同树种的桉树群落，其余为滨海盐碱地、白千层沼泽和红树林沼泽。

卡卡杜公园的 64 种哺乳动物大多生活在森林里，其中蝙蝠占 26 种，啮齿动物占 15 种，袋鼠、负鼠、澳大利亚袋狸和袋鼬占 8 种。在全球范围内濒临灭绝的是儒艮（*Dugong dugon*）和澳洲假吸血蝠（*Macroderma gigas*）。在 128 种爬行动物中，属于易危或濒危的是咸水鳄（*Crocodylus porosus*）和三种海龟：赤蠵龟（*Caretta caretta*）、绿蠵龟（*Chelonia mydas*）及玳瑁（*Eretmochelys imbricata*）。

受季风气候影响，卡卡杜公园 11 月至次年 4 月降水比较充沛，加上多样的生态系统，这里为各种各样的鸟类创造了理想的生存条件。该地区有 274 个物种，占澳大利亚所有物种数的三分之一。其中较为重要的鸟类有赤鹰（*Accipiter radiatus*）、胡锦鸟（*Chloebia gouldiae*）以及黑冠鹦鹉（*Psephotus dissimili*）。

在未受到人类活动影响的情况下，卡卡杜生态平衡在历史上面临的威胁主要来自水牛（*Bubalus bubalis*），水牛破坏了当地的植被，从而加速了土地侵蚀。随着水牛数量的减少，当地的刺轴含羞草（*Mimosa pigra*）和人厌槐叶苹（*Salvinia molesta*）泛滥成灾，成为影响生物多样性的最大威胁。1984 年以来，当地已经耗费巨大精力试图清除河口地区的含羞草，但其威胁仍然存在。至于人厌槐叶苹，如今它已经泛滥到不得不从生物学角度引入其天敌——一种象鼻虫（*Cryptobagus salviniae*）来进行控制。而公园东北部的整个马吉拉溪区域则被划为隔离区。目前，人类与人厌槐叶苹的斗争似乎已取得初步胜利，避免了水体出现富营养化的危险局面，卡卡杜又重新成为世界上杂草比例最低的国家公园之一。

第 486 页 这些阿纳姆地布洛姆菲尔德泉（Blomfield springs）附近的红色岩壁位于公园的一处，无论从美学意义上，还是地质学角度看，都堪称壮观。

第 487 页（左上） 这座形似教堂的巨型蚁丘正是“教堂白蚁”（Nasutitermus triodia）的杰作。

第 487 页（右上） 澳大利亚蓝翼笑翠鸟（*Dachelo leachii*）的叫声十分独特，极似人类的笑声。

第 487 页（下） 公园里有大约 1000 处考古遗址和 7000 处岩画，其可追溯的历史上至 25000 年前，下至 17 世纪，也就是当地土著与欧洲殖民者的初次见面的时间。

大堡礁

澳大利亚

入选年份：1981
遴选标准：自（Ⅰ）（Ⅱ）（Ⅲ）（Ⅳ）

1975年，澳大利亚政府正式制定了《大堡礁海洋公园法》，该法明确设立了世界上最大的保护区。大堡礁占地面积约331259平方千米（组成联合国教科文组织世界遗产的区域面积更大），大小相当于48个得克萨斯州。但大堡礁组成的世界遗产面积则不止于此——它自西向东从澳大利亚东海岸向太平洋延伸至超过1996千米处，自南向北从南回归线一直延伸至巴布亚新几内亚的沿海水域。

太平洋的这段地带包含了世界上面积最大的一片珊瑚礁。珊瑚礁的总数达3400个，面积在0.8公顷到984平方千米之间，珊瑚岛的数量约有300个，其中没有任何植被的有213个。该地618个岛曾是澳大利亚大陆的一部分。每个珊瑚礁的形状和结构差别很大，但主要分为两类：台礁（放射状生长而成）和堡礁（通常生长在水下洋流运动激烈的地区）。

珊瑚礁地表植被匮乏，而赫伦岛（Heron Island）和马斯格雷夫岛（Musgrave Island）则遍布无刺藤（Pisonia grandis），霍斯金岛（Hoskin Island）上有一片特殊的森林，那里生长着露兜树（Pandans）、腺果藤（Pisonia）和甜砂纸无花果（Ficus apposita）。在其他地方还有木麻黄和各种属的草类，木麻黄树干结实，由于其树枝与鹤鸵（一种大型的不会飞的鸟类）的羽毛很相似，因此命名时参考了鹤鸵的名字。此外，水下的植物群则尤为壮观，大堡礁生长着许多体形小但繁殖量巨大的藻类，它们既为海龟、鱼类、棘皮动物和软体动物提供重要的营养来源，同时也是珊瑚礁形成的重要组成部分。

第488—489页　哈迪礁（Hardy Reef）是典型的台礁，占地面积约28.5平方千米。这座水下小山由有机物堆积而成，最高处距海底约76米。

第488页（下）　哈迪礁和富克礁（Hook Reef）一起构成了大堡礁最为壮观的综合体之一。两者之间有一条狭窄的通道（很细的暗带），人们称之为“河流”。

据统计，大堡礁庞大的动物群落包括超过 1500 种鱼类、400 种珊瑚、4000 种软体动物、242 种鸟类以及各种各样的海绵、海葵、海虫和甲壳类动物。另外还有很多鲸类，包括座头鲸（*Megaptera novaengliae*）、蓝鲸（*Balaenoptera acutorostrata*）及虎鲸（*Orcinus orca*）；其他的哺乳类动物则有瓶鼻海豚（*Tursiops truncatus*）、伊河海豚（*Orcaella brevirostris*）、长吻原海豚（*Stenella longirostris*）和中华白海豚（*Sousa chinensis*）。这些岛屿对绿蠵龟（*Chelonia mydas*）和红蠵龟（*Caretta caretta*）来说是全球范围内的重要筑巢地。

最后，大堡礁也是儒艮最重要的庇护所。儒艮是一种海洋哺乳动物，与海牛同属一个家族。大象是其在陆地的近亲。克里斯托弗·哥伦布（Christopher Columbus）坚信，他在美洲之行遇到的海牛就是传说中的美人鱼。儒艮是一种安静的草食动物，生活在沿海水域，以水下草地的草类为食，儒艮的身长可达 3 米，体重可达 204 千克。

第 489 页（上） 大堡礁从澳大利亚南部延伸至巴布亚新几内亚，面积与意大利国土面积相当，毋庸置疑地成为联合国教科文组织《世界遗产名录》中最大的保护区。

第 489 页（中） 赫伦岛是潜水爱好者的天堂，属于大堡礁的一部分，占地面积达 12225 平方千米。该岛位于布里斯班以北 533 千米处的坎普里科恩－邦克群岛（Capricorn-Bunker Group），南回归线穿过其中。

第 489 页（下） 虽然珊瑚礁距海滩不远，但赫伦岛是大堡礁中未受破坏的“天堂”之一。此外，在赫伦岛的潟湖中发现了大约 850 种鱼类。

第 490 页（上） 座头鲸在冬季迁徙时会路过赫伦岛，而海龟则在这里产卵。

第 490—491 页 图上所示为圣灵岛（Whitsunday Island）的舌湾（Tongue Bay）。圣灵岛是圣灵群岛（Whitsunday Group）74 个岛屿中面积最大的一个。该群岛是最后一个冰川期结束后，因海平面上升而淹没的沿海山脉的遗迹。

第 490 页（左下） 如从希尔湾（Hill Inlet）拍摄的照片所示，圣灵岛上无人居住，表面被红树林覆盖。

第 490 页（右下） 小珊瑚礁是冒出海平面以上几英尺的珊瑚岛，300 个小珊瑚礁中，大多数是最近才形成的，表面没有任何植被。

第 491 页（上） 詹姆斯·库克于 1779 年的圣灵降临节（复活节后的第 7 个星期日）发现了圣灵岛，而白天堂海滩（Whitehaven Beach）就位于该岛。这片狭窄的白色沙滩长达 6.4 千米，是每年游览大堡礁的 300 万游客最喜欢的旅游目的地之一。

近期，位于汤斯维尔市（Townsville）的詹姆斯库克大学对这种稀有的哺乳动物的生存状况发出警报，因为在菲律宾、日本、柬埔寨和越南周边海域已经见不到儒艮的身影了。仅剩下极少数（大概 80 只）幸存的儒艮生活在泰国西南海岸附近的安达曼海（Andaman Sea）域的海底草地。

至少就目前来看，联合国教科文组织还没有将大堡礁列入《世界遗产名录》的计划，但该组织曾在一份 2015 年的文件中建议澳大利亚政府采取措施保护大堡礁免受气候变化的影响。这份文件引发了激烈的争论，一些气候活动家和旅游业从业者也参与其中。旅游业者担心有关这一天然宝藏的“健康问题”的负面宣传可能会影响当地的旅游业发展，而旅游业则是当地繁荣经济的支柱产业。但随着游客的不断涌入，这些珊瑚似乎正在从海洋温度上升导致的白化现象中逐渐恢复。

第 491 页（下） 乘坐汽船从布里斯班出发，5 小时后就可以到达玛斯格雷夫夫人岛（Lady Musgrave Island），该岛是一座典型的环状珊瑚岛，约 14 公顷的土地上长满了无刺藤，因此成为许多鸟类的栖息地，而其 11.9 平方千米的潟湖也于 1938 年成为国家公园。

第492页（左上和右上）微弱的阳光照亮了柳珊瑚（*Gorgonias*）群纤细精美的枝杈。柳珊瑚群可以组成扇形（左）或聚在一起形成类似于灌木丛的聚集物（右）。

第492—493页　大堡礁由3400个独立礁石组成，礁石上生存着大约400种珊瑚，这些珊瑚为数千种海洋动物提供了完美的栖息地。

▌第 493 页（上） 水下约 39.6 米深的水域适宜多种类型的柳珊瑚生长，包括像图中这种柔韧的柳珊瑚群。它们的枝杈从短小的中央茎蔓向外伸展。

▌第 493 页（下） 尽管这些礁石形态多样、结构不一，但大致可以分为两类：在平面上呈放射状生长的礁石和垂直生长的礁石。

乌卢鲁－卡塔丘塔国家公园

澳大利亚

北领地
入选年份：1987，1994
遴选标准：文（V）（VI）；自（II）（III）

在原住民阿南古人（Anangu）的神话中，世界最初发端于梦幻时代（Tjukurpa）。那时，地球平坦空旷，没有光明，也没有黑暗，大自然在等待着神圣英雄的到来以带来各种形式与生命。待到神圣的英雄们降临后，他们创造了乌卢鲁（英文名 Uluru，意为红色中心）这座圣山，乌卢鲁也见证了随后世间发生的一切。乌卢鲁处于伊瓦拉（Iwara）十字交汇处。伊瓦拉即歌符（Songlines），是一条遍及整个澳大利亚的无形迷宫路线。相传，原住民的图腾祖先——玛拉（Mara，形象为沙袋鼠），利鲁（Liru，形象为毒蛇）和库尼贾（Kunija，形象为蟒蛇）从乌卢鲁红山顶上的一潭水中流出，歌唱它们所见的一切，从而通过歌声创造了世间万物。

英国作家布鲁斯·查特温（Bruce Chatwin）在游历乌卢鲁期间，了解到了歌符的故事，并将歌符一代又一代地以口头形式流传了下来。后来，他决定真正前往原住民口中这个光秃秃的地方去看看。到达乌卢鲁后，原住民眼中的世界令查特温大为惊奇。正如他所写的那样，“原住民在地球上轻步前进。他们从地球上索取的越少，他们要还给地球的就越少。”

乌卢鲁的壮丽景色是人类与自然环境互动的绝佳体现之一。阿南古人的神话创造说与地质学家对乌卢鲁起源的科学解释没有太大不同。这一巨大的砂岩巨石（其颜色呈红色是其铁成分氧化的结果）在世界上最古老的地区拔地而起。如果说曾经真的有一个梦幻时代，那可能是在前寒武纪时代。这一时代可能始于38亿年前，当时原始海洋和大洲被太阳的紫外线轰炸，大气层由火山喷发的气体组成，而陆地表面就好比一个化学实验室，随时准备迎接生命的奇迹。地质学家们也不知道这块巨石准确来说是何时从海底深处浮现的。但可以肯定的是，它早在泛大陆（Pangea，包括澳大利亚、非洲、南美洲、印度和南极洲于一体的超大陆）开始分裂成漂移的大陆板块之前就已经矗立在这里了。

因此，乌卢鲁堪称世界上最神秘也最引人入胜的地质现象之一。这样看来，原住民对它的崇敬也在情理之中。对原住民来说，即便是在今天，攀登这座惊艳无比的半球形山峰仍是一种对神灵的亵渎。矗立在沙漠上，乌卢鲁高出沙漠表面约335米。

1873年，英国探险家威廉·高斯（William Gosse）登顶乌卢鲁，成为登上乌卢鲁的第一人。乌卢鲁光滑的砂岩表面坡度高达80%，这样的表面提供的附着力可以想象，但高斯在他的阿富汗“骆驼司机”卡姆兰（Kamran）的大力协助下在乌卢鲁南侧的岩壁上开辟了一条攀爬路线，并成

▌第494页（左下） 乌卢鲁（Uluru）是一块半球形的砂岩块，从无边无际的澳大利亚沙漠中冒出来，周长9.3千米，高出干旱的土地约335米。

▌第494页（右下） 1873年，威廉·高斯（William Gosse）成为登上乌卢鲁的第一人。高斯将这块巨石命名为艾尔岩，以纪念澳大利亚总理、同时也是高斯探险队赞助者的亨利·艾尔爵士。但原住民一如既往地认为攀登乌卢鲁是亵渎神灵之举。

▌第494—495页 在原住民神话中，“乌卢鲁”一词可以翻译为“红色中心”。这座神圣的山峰所在地是歌符交汇的地方，歌符经过的路径无影无形，纵横交错，遍布整个澳大利亚大陆。

▌第495页（上） 乌卢鲁极具辨识度的红色外观是岩石中黑色金属矿物氧化的结果。它被认为是世界上最大的一块独立岩石。

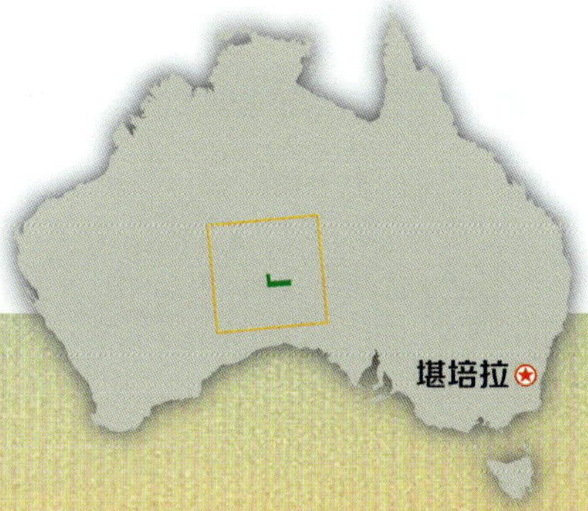

功登上了山顶。高斯在他的日志中写道，攀登乌卢鲁就像在“攀爬巨鲸的身体”。回到文明社会后，不出意外，为了向资助这次探险活动的澳大利亚总理亨利·艾尔爵士（Sir Henry Ayer）表示敬意，高斯将这座圣山命名为“艾尔岩”。

第 495 页（下） 由于缺乏降水，乌卢鲁附近的植物种类并不丰富。但环绕着乌卢鲁，可以划分出五个同心植物带，其中大多生长着草本植物和多年生灌木。

第496—497页　卡塔曲塔（Kata Tjuta）（意为“许多头”）又名“奥尔加斯”（Olgas），在平原上拔地而起，高出平原表面近610米。在干旱的沙漠气候的影响下，卡塔曲塔地表只有一些季节性的小水池。

第496页（下）　卡塔曲塔占地面积35平方千米，由36块圆顶巨石组成，这些巨石具有近乎完全垂直的岩壁和圆形岩顶。同乌卢鲁一样，卡塔曲塔也经历了相同的侵蚀过程。

第 497 页（上） 单峰骆驼（dromedaries）最初由欧洲引进，它们已经完全适应了乌卢鲁地区的气候。它们同这里的土著物种展开生存竞争，威胁着土著物种的生存。

第 497 页（下） 乌卢鲁与卡塔曲塔相隔约 31 千米，它们之间是一片荒凉的流动沙丘。这里风沙不断，一座又一座沙丘在风沙中接连成形。

乌卢鲁和艾尔岩这两个名字分别彰显了这座山宗教和世俗的两面。尽管这块岩石自 1958 年就正式受到保护，但澳大利亚政府于 1977 年才在此建立国家公园。此外，经过多年协商，政府也终于批准原住民对这片土地有部分管理权，并对进入原住民祖先神话中的圣地施加一些限制。如今，园区内不禁止但也不鼓励游客攀登乌卢鲁，但许多瀑布、沟壑和留有古代涂鸦的山洞已禁止进入，这些涂鸦堪称过去 20000 年来人类在此活动的标记。园区也包括卡塔曲塔（意为“许多头”），卡塔曲塔地处乌卢鲁以东约 31 千米处，由连绵的 36 座山组成，岩壁近乎垂直，山顶呈半球形，从高原上拔地而起，高出高原表面约 600 米。在乌卢鲁和卡塔曲塔之间，延伸着一片红色的沙丘景观，在风力作用下，沙丘不断地发生着变化。

纵观整个园区，水体仅限于短期存在的水洼和一些季节性的小水池。夏季来临时（11 月至次年 3 月），园区气候非常干燥，气温高达 45 摄氏度。这种环境下，园区的植被分布十分有限，可分为五类，它们呈同心圆状散布在乌卢鲁的周围。以乌卢鲁为中心，由内向外，首先是一些香茅属（*Cymbopogon*）和草沙蚕属（*Tripogon*）的多年生灌木，向周边的沙漠延伸，接着是一片片各自为群的桉树和金合欢树。除了这些植物，这里还生活着 22 种土著哺乳动物，如澳洲野犬（dingo）、有袋类动物和啮齿动物等，以及 150 种鸟类（其中有 66 种常驻在此）。但这些动物中最具乌卢鲁特色的是爬行动物，如褶伞蜥（clamidosaurus）和摩洛蜥（*Moloch horridus*）等史前动物。这些爬行动物也是传统原住民绘画的主要对象。原住民的绘画与 Inma（梦幻时代的歌曲）有着异曲同工之妙。

《世界遗产名录》

加粗部分属于《濒危世界遗产名录》。

阿富汗
查姆回教寺院尖塔和考古遗址（2002）
巴米扬山谷的文化景观和考古遗迹（2003）

阿尔巴尼亚
布特林特（1992，1999）

阿尔及利亚
贝尼·哈玛德的卡拉城（1980）
阿杰尔的塔西利（1982）
姆扎卜山谷（1982）
杰米拉（1982）
提帕萨（1982）
提姆加德（1982）
阿尔及尔城堡（1992）

安道尔
马德留—配拉菲塔—克拉罗尔大峡谷（2004）

安哥拉
姆班扎刚果历史中心

安提瓜和巴布达
安提瓜海军造船厂及其相关考古遗址

阿根廷
冰川国家公园（1981）
瓜拉尼人聚居地的耶稣会传教区：阿根廷的圣伊格纳西奥米尼、圣安娜、罗雷托圣母村和圣母玛利亚艾尔马约尔村遗迹以及巴西的圣米格尔杜斯米索纳斯遗迹（1983，1984）
伊瓜苏国家公园（1984）
洛斯马诺斯岩画（1999）
瓦尔德斯半岛（1999）
伊沙瓜拉斯托—塔拉姆佩雅自然公园（2000）
科尔多巴耶稣会牧场和街区（2000）
塔夫拉达·德乌玛瓦卡（2003）
印加路网（2014）
勒·柯布西耶的建筑作品，对现代运动的杰出贡献（2016）
卢斯阿莱尔塞斯国家公园（2017）

亚美尼亚
哈格帕特修道院和萨那欣修道院（1996，2000）
埃奇米河津教堂与兹瓦尔特诺茨考古遗址（2000）
格加尔德修道院和上阿扎特山谷（2000）

澳大利亚
卡卡杜国家公园（1981，1987，1992）
大堡礁（1981）
威兰德拉湖区（1981）
塔斯马尼亚荒原（1982，1989）
豪勋爵群岛（1982）
澳大利亚冈瓦纳雨林（1986，1994）
乌卢鲁—卡塔曲塔国家公园（1987，1994）
昆士兰湿热带地区（1988）
西澳大利亚沙克湾（1991）
弗雷泽岛（1992）
澳大利亚哺乳动物化石地（里弗斯利 / 纳拉库特）（1994）
赫德岛和麦克唐纳群岛（1997）
麦夸里岛（1997）
大蓝山山脉地区（2000）
波奴鲁鲁国家公园（2003）
皇家展览馆和卡尔顿园林（2004）
悉尼歌剧院（2007）
澳大利亚监狱遗址（2010）
宁格罗海岸（2011）
布吉必姆文化景观（2019）

奥地利
萨尔茨堡市历史中心（1996）
申布伦宫殿和花园（1996）
哈尔施塔特—达赫斯泰因 / 萨尔茨卡默古特文化景观（1997）
塞默灵铁路（1998）
格拉茨城历史中心（1999）
瓦豪文化景观（2000）
维也纳历史中心（2001，2017）
新锡德尔湖与费尔特湖地区文化景观（2001）
喀尔巴阡山脉与欧洲其他地区的原始山毛榉林（2011，2017）
阿尔卑斯地区史前湖岸木桩建筑（2011）

阿塞拜疆
巴库城及其希尔凡王宫和少女塔（2000）
戈布斯坦岩石艺术文化景观（2007）
舍基历史中心及汗王宫殿（2019）

巴林
巴林堡—古代港口和迪尔蒙首都（2005）
采珠业—岛屿经济的见证（2012）
迪尔穆恩古墓葬群（2019）

孟加拉国
巴凯尔哈特清真寺历史名城（1985）
帕哈尔普尔的佛教毗诃罗遗址（1985）
孙德尔本斯国家公园（1997）

巴巴多斯
布里奇顿及其军事要塞（2011）

白俄罗斯
比亚沃韦扎国家森林公园（1979，1992）
米尔城堡群（2000）
涅斯维日的拉济维乌家族城堡建筑群（2005）
斯特鲁维地理探测弧线（2005）

比利时
佛兰德的比津社区（1998）
拉卢维耶尔和勒罗尔克斯中央运河上的四座船舶吊车（艾诺）（1998）
布鲁塞尔大广场（1998）
比利时和法国钟楼（1999）
建筑师维克多·奥尔塔设计的主要城市建筑（布鲁塞尔）（2000）
斯皮耶纳新石器时代的燧石矿（蒙斯）（2000）
图尔奈圣母大教堂（2000）
布鲁日历史中心（2000）
帕拉丁莫瑞图斯工场—博物馆建筑群（2005）
斯托克雷特宫（2009）
喀尔巴阡山脉与欧洲其他地区的原始山毛榉林（2011，2017）
瓦隆尼亚采矿遗迹群（2012）
柯布西耶建筑作品，对现代主义运动的杰出贡献（2016）

伯利兹
伯利兹堡礁保护区（1996）

贝宁
阿波美皇宫（1985）
W—阿尔利—彭嘉里联合遗址（1996，2017）

玻利维亚
波托西城（1987）
奇基托斯耶稣传教区（1990）
苏克雷古城（1991）
萨迈帕塔考古遗址（1998）
蒂瓦纳科：蒂瓦纳科文化的精神和政治中心（2000）
挪尔·肯普夫墨卡多国家公园（2000）
印加路网（2014）

波斯尼亚和黑塞哥维那
莫斯塔尔旧城和旧桥地区（2005）
维舍格勒的穆罕默德—帕夏·索科洛维奇古桥（2007）
斯特茨奇中世纪墓葬群（2016）

博茨瓦纳
措迪洛山（2001）
奥卡万戈三角洲（2014）

巴西
欧鲁普雷图历史名镇（1980）
奥林达历史中心（1982）
瓜拉尼人聚居地的耶稣会传教区：阿根廷的圣伊格纳西奥米尼、圣安娜、罗雷托圣母村、圣母玛利亚艾尔马约尔村遗迹以及巴西的圣米格尔·杜斯米索纳斯遗迹（1983，1984）
巴伊亚州的萨尔瓦多历史中心（1985）
孔戈尼亚斯的仁慈耶稣圣殿（1985）
伊瓜苏国家公园（1986）
巴西利亚（1987）
卡皮瓦拉山国家公园（1991）
圣路易斯历史中心（1997）
迪亚曼蒂纳城历史中心（1999）
大西洋沿岸热带雨林保护区（1999）
大西洋东南热带雨林保护区（1999）
中部亚马逊自然保护区（2000，2003）
潘塔奈尔保护区（2000）
巴西的大西洋群岛：费尔南多·迪诺罗尼亚群岛和罗卡斯岛保护区（2001）
塞拉多保护区：查帕达—多斯—维阿迪罗斯和艾玛斯国家公园（2001）
戈亚斯城历史中心（2001）
圣弗朗西斯科广场（2010）
里约热内卢：山海之间的卡里奥克景观（2012）
潘普利亚现代建筑（2016）
瓦隆古码头考古遗址（2017）
帕拉蒂和格兰德岛—文化与生物多样性（2019）

保加利亚
博亚纳教堂（1979）
马达腊骑士崖雕（1979）
卡赞利克的色雷斯古墓（1979）
伊凡诺沃岩洞教堂（1979）
里拉修道院（1983）
内塞巴尔古城（1983）
斯雷伯尔纳自然保护区（1983）
皮林国家公园（1983）
斯韦什塔里的色雷斯人墓（1985）
喀尔巴阡山脉与欧洲其他地区的原始山毛榉林（2011，2017）

布基纳法索
W—阿尔利—彭贾里保护区（2017）
洛罗派尼遗址（2009）
布基纳法索古冶铁遗址（2019）

佛得角
大里贝拉历史中心旧城（2009）

柬埔寨
吴哥窟遗址公园（1992）
柏威夏寺（2008）
古伊奢那补罗考古遗址的三波坡雷古寺庙区（2017）

喀麦隆
德贾动物保护区（1987）
流经三国的桑哈河（2012）

加拿大
纳汉尼国家公园（1978）
拉安斯欧克斯梅多国家历史遗址（1978）
艾伯塔省立恐龙公园（1979）
克卢恩 / 兰格尔—圣伊莱亚斯 / 冰川湾 / 塔

琴希尼—阿尔塞克（1979，1992，1994）
安东尼岛（1981）
美洲野牛涧地带（1981）
伍德布法罗国家公园（1983）
加拿大落基山公园（1984，1990）
魁北克古城区（1985）
格罗莫讷国家公园（1987）
沃特顿冰川国际和平公园（1995）
卢嫩堡旧城（1995）
米瓜莎公园（1999）
丽都运河（2007）
乔金斯化石崖壁（2008）
格朗普雷景观（2012）
红湾巴斯克捕鲸站（2013）
迷斯塔肯角（2016）
皮玛希旺·阿奇（2018）
阿伊斯奈皮石刻（2019）

中非共和国
马诺沃贡达圣绅罗里斯国家公园（1988）
桑加河（2012）

乍得
乌尼昂加湖泊群（2012）
Ennedi 高地：自然和文化景观（2016）

智利
拉帕努伊国家公园（1995）
奇洛埃教堂（2000）
瓦尔帕莱索港口城市历史区（2003）
亨伯斯通和圣劳拉硝石采石场（2005）
塞维尔铜矿区（2006）
印加路网（2014）

中国
泰山（1987）
长城（1987）
明清故宫（北京故宫、沈阳故宫）（1987，2004）
莫高窟（1987）
秦始皇陵及兵马俑坑（1987）
周口店北京人遗址（1987）
黄山（1990）
九寨沟风景名胜区（1992）
黄龙风景名胜区（1992）
武陵源风景名胜区（1992）
承德避暑山庄及其周围寺庙（1994）
曲阜孔庙、孔林和孔府（1994）
武当山古建筑群（1994）
拉萨布达拉宫历史建筑群（1994，2000，2001）
庐山国家公园（1996）
峨眉山—乐山大佛（1996）
丽江古城（1997）
平遥古城（1997）
苏州古典园林（1997，2000）
北京皇家园林—颐和园（1998）
北京皇家祭坛—天坛（1998）
武夷山（1999）
大足石刻（1999）
青城山—都江堰（2000）
皖南古村落—西递、宏村（2000）
龙门石窟（2000）
明清皇家陵寝（2000，2003，2004）
云冈石窟（2001）
云南三江并流保护区（2003）
高句丽王城、王陵及贵族墓葬（2004）
澳门历史城区（2005）
四川大熊猫栖息地（2006）
殷墟（2006）
开平碉楼与村落（2007）
中国南方喀斯特（2007，2014）
福建土楼（2008）
三清山国家公园（2008）
五台山（2009）
中国丹霞（2010）
登封“天地之中”历史古迹（2010）
杭州西湖文化景观（2011）
澄江化石遗址（2012）
元上都遗址（2012）
红河哈尼梯田文化景观（2013）
新疆天山（2013）
丝绸之路：长安—天山廊道的路网（2014）
大运河（2014）
土司遗址（2015）
湖北神农架（2016）
左江花山岩画文化景观（2016）
鼓浪屿：国际历史社区（2017）
青海可可西里（2017）
梵净山（2018）
良渚古城遗址（2019）
中国黄（渤）海候鸟栖息地（第一期）（2019）

哥伦比亚
港口、要塞和古迹群，卡塔·赫纳（1984）
洛斯卡蒂奥斯国家公园（1994）
圣克鲁斯历史中心（1995）
蒂尔拉特罗国家考古公园（1995）
圣阿古斯丁考古公园（1995）
马尔佩洛动植物保护区（2006）
哥伦比亚咖啡文化景观（2011）
美丽的道路，安第斯山脉的道路系统（2014）
奇里比克特国家公园—美洲豹的居所（2018）

刚果（布）
桑加跨三国保护区（2012）

哥斯达黎加
塔拉曼卡仰芝—拉阿米斯泰德保护区 / 拉阿米斯泰德国家公园（1983，1990）
科科斯岛国家公园（1997，2002）
瓜纳卡斯特保护区（1999，2004）
迪奎斯三角洲石球以及前哥伦比亚人酋长居住地（2014）

科特迪瓦
宁巴山自然保护区（1981，1982）
塔伊国家公园（1982）
科莫埃国家公园（1983）
历史城镇大巴萨姆（2012）

克罗地亚
杜布罗夫尼克古城（1979，1994）
斯普利特古建筑群及戴克里先宫殿（1979）
布里特威斯湖国家公园（1979，2000）
波雷奇历史中心的尤弗拉西苏斯大教堂建筑群（1997）
历史名城特罗吉尔（1997）
西贝尼克的圣詹姆斯大教堂（2000）
喀尔巴阡山脉与欧洲其他地区的原始山毛榉林（2011，2017）
斯塔里格勒平原（2008）
斯特茨奇中世纪墓葬群（2016）
15—17 世纪威尼斯共和国的防御工事：陆地之国到西方的海洋之国（2017）

古巴
哈瓦那旧城及其工事体系（1982）
特立尼达和洛斯因赫尼奥斯山谷（1988）
古巴圣地亚哥的圣佩德罗德拉罗卡堡（1997）
比尼亚莱斯山谷（1999）
格朗玛的德桑巴尔科国家公园（1999）
古巴东南第一个咖啡种植园考古风景区（2000）
阿里杰罗德胡波尔德国家公园（2001）
西恩富戈斯古城（2005）
卡马圭古城（2008）

塞浦路斯
帕福斯（1980）
特罗多斯地区的彩绘教堂（1985，2001）
乔伊鲁科蒂亚（1998）

捷克
布拉格历史中心
克鲁姆洛夫历史中心（1992）
泰尔奇历史中心（1992）
泽莱纳山的内波穆克圣约翰朝圣教堂（1994）
库特纳霍拉历史名城中心的圣巴拉巴教堂及塞德莱茨的圣母玛利亚大教堂（1995）
莱德尼采—瓦尔季采文化景观（1996）
克罗麦里兹花园和城堡（1998）
霍拉索维采古村保护区（1998）
利托米什尔城堡（1999）
奥洛穆茨三位一体圣柱（2000）
布尔诺的图根哈特别墅（2001）
特热比奇犹太社区及圣普罗科皮乌斯大教堂（2003）
厄尔士 / 克鲁什内山脉矿区（2019）
拉贝河畔克拉德鲁比的仪式马车用马繁育与训练景观（2019）

朝鲜
高句丽古墓群（2004）
开城历史建筑与遗迹（2013）

刚果（金）
维龙加国家公园（1979）
加兰巴国家公园（1980）
卡胡兹—别加国家公园（1980）
萨隆加国家公园（1984）
俄卡皮鹿野生动物保护地（1996）

丹麦
耶灵墓地、古北欧石刻和教堂（1994）
罗斯基勒大教堂（1995）
科隆博格城堡（2000）
伊路利萨特冰湾（2004）
瓦登海（2009）
斯泰温斯—克林特（2014）
克里斯丁菲尔德，摩拉维亚居留区（2015）
北西兰岛狩猎园林（2015）
格陵兰岛库加塔：冰盖边缘的北欧及因纽特农业（2017）
冰与海之间的因纽特人狩猎场阿斯维斯尤特—尼皮萨特（2018）

多米尼克
三峰山国家公园（1997）

多米尼加
圣多明各殖民城市（1990）

厄瓜多尔
加拉帕戈斯群岛（1978，2001）
基多旧城（1978）
桑盖国家公园（1983）
昆卡的洛斯—里奥斯的圣安娜历史中心（1999）
印加路网（2014）

埃及
孟菲斯及其墓地金字塔—从吉萨到代赫舒尔的金字塔场地群（1979）
底比斯古城及其墓地（1979）
阿布辛拜勒至菲莱的努比亚遗址（1979）
开罗古城（1979）
阿布米那基督教遗址（1979）
圣卡特琳娜地区（2002）
鲸鱼峡谷（2005）

萨尔瓦多
霍亚—德赛伦考古遗址（1993）

厄立特里亚
阿斯马拉：非洲现代主义城市（2017）

爱沙尼亚
塔林历史中心（老城）（1997）
斯特鲁维地理探测弧线（2005）

埃塞俄比亚
拉利贝拉岩石教堂（1978）
塞米恩国家公园（1978）
贡德尔地区的法西尔盖比城堡及古建筑（1979）
阿瓦什低谷（1980）
蒂亚（1980）
阿克苏姆考古遗址（1980）
奥莫低谷（1980）
历史要塞城市哈勒尔（2006）
孔索文化景观（2011）

斐济
历史海港城镇莱武卡（2013）

芬兰
劳马古城（1991）
苏奥曼斯纳城堡（1991）
佩赛耶韦西老教堂（1994）
韦尔拉磨木纸板厂（1996）
塞姆奥拉德恩青铜时代墓地遗址（1999）
高海岸 / 克瓦尔肯群岛（2000）
斯特鲁维地理探测弧线（2005）

法国
圣米歇尔山及其海湾（1979）
沙特尔大教堂（1979）

凡尔赛宫及其园林（1979）
韦兹莱教堂和山丘（1979）
韦泽尔峡谷洞穴群与史前遗迹（1979）
枫丹白露宫（1981）
亚眠大教堂（1981）
奥朗日古罗马剧场和凯旋门（1981）
阿尔勒城的古罗马建筑（1981）
丰特莱的西斯特尔教团修道院（1981）
从萨兰莱班的大盐场到阿尔克—瑟南的皇家盐场——开放式锅炉制盐（1982）
南锡的斯坦尼斯拉斯广场、卡里埃勒广场和阿莱昂斯广场（1983）
圣塞文—梭尔—加尔坦佩教堂（1983）
波尔托湾：皮亚纳—卡兰切斯、基罗拉塔湾、斯康多拉保护区（1983）
加德桥（罗马式水渠）（1985）
斯特拉斯堡：大岛和新城（1988）
巴黎塞纳河畔（1991）
兰斯的圣母主教座堂，原圣勒弥隐修院和塔乌宫（1991）
布尔日大教堂（1992）
阿维尼翁历史中心：教皇宫、主教圣堂和阿维尼翁桥（1995）
米迪运河（1996）
卡尔卡松历史城墙要塞（1997）
比利牛斯—珀杜山（1997，1999）
法国圣地亚哥——德孔波斯特拉朝圣之路（1998）
里昂历史遗迹（1998）
圣艾米伦区（1999）
比利时和法国钟楼（1999）
卢瓦尔河畔叙利与沙洛纳间的卢瓦尔河谷（2000）
普罗万城中世纪集市（2001）
勒阿弗尔，奥古斯特·佩雷重建之城（2005）
波尔多月亮港（2007）
沃邦防御工事堡垒建筑（2008）
新喀里多尼亚潟湖：珊瑚礁多样性和相关的生态系统（2008）
阿尔比市的主教旧城（2010）
留尼汪岛的山峰，冰斗和峭壁（2010）
阿尔卑斯地区史前湖岸木桩建筑（2011）
喀斯和塞文—地中海农牧文化景观（2011）
北加莱海峡采矿盆地（2012）
肖维－蓬达尔克彩绘洞穴（2015）
香槟地区山坡、房屋和酒窖（2015）
勃艮第风土和气候（2015）
勒·柯布西耶的建筑作品——对现代运动的杰出贡献（2016）
塔普塔普阿泰（2017）
多姆山链－利马涅断层构造区（2018）
法属南部领地和领海（2019）

加蓬
洛佩—奥坎德生态系统与文化遗迹景观（2007）

冈比亚
詹姆斯岛及附近区域（2003）
塞内冈比亚石圈（2006）

格鲁吉亚
姆茨赫塔古城（1994）
格拉特修道院（1994）
上斯瓦涅季（1996）

德国
亚琛大教堂（1978）
施佩耶尔大教堂（1981）
维尔茨堡宫及宫廷花园和广场（1981）
维斯教堂（1983）
布吕尔的奥古斯塔斯堡古堡和法尔肯拉斯特古堡（1984）
希尔德斯海姆的圣玛丽大教堂和圣米迦尔教堂（1985）
特里尔的古罗马建筑、圣彼得大教堂和圣玛利亚教堂（1986）
罗马帝国的边界（1987，2005，2008）
吕贝克的汉西梯克城（1987）
波兹坦与柏林的宫殿与庭园（1990，1992，1999）
洛尔施修道院（1991）
拉默尔斯贝格矿区、戈斯拉尔历史城镇和上哈茨水资源管理系统（1992）
莫尔布龙修道院（1993）
班贝格城（1993）
奎德林堡神学院、城堡和古城（1994）
弗尔克林根钢铁厂（1994）
麦塞尔化石遗址（1995）
科隆主教座堂（1996）
魏玛、德绍和贝尔瑙的包豪斯建筑及其遗址（1996）
埃斯莱本和维腾贝格的路德纪念馆建筑群（1996）
古典魏玛（1998）
柏林的博物馆岛（1999）
瓦尔特堡城堡（1999）
德绍－沃利茨园林王国（2000）
赖谢瑙修道院之岛（2000）
埃森的关税同盟煤矿工业区（2001）
莱茵河中上游河谷（2002）
施特拉尔松德与维斯马历史中心（2002）
不来梅市市场的市政厅和罗兰城（2004）
穆斯考尔公园（2004）
雷根斯堡老城（2006）
喀尔巴阡山脉与欧洲其他地区的原始山毛榉林（2011，2017）
柏林现代住宅群落（2008）
瓦登海（2009）
阿尔费尔德的法古斯工厂（2011）
阿尔卑斯地区史前湖岸木桩建筑（2011）
拜罗伊特侯爵歌剧院（2012）
威廉丘山地公园（2013）
卡洛林时期西建筑和科尔维城（2014）
仓库城，康托尔豪斯区和智利屋（2015）
勒·柯布西耶的建筑作品（2016）
位于施瓦本侏罗山的冰河时期最古老的艺术洞穴（2017）
海泽比与丹尼弗克考古边境遗迹群（2018）
瑙姆堡大教堂（2018）
厄尔士／克鲁什内山脉矿区（2019）
奥格斯堡水利管理系统（2019）

加纳
沃尔特大阿克拉中西部地区的要塞和城堡（1979）
阿散蒂传统建筑（1980）

希腊
巴赛的阿波罗·伊壁鸠鲁神庙（1986）
德尔斐考古遗迹（1987）
雅典卫城（1987）
阿索斯山（1988）
曼代奥拉（1988）
塞萨洛尼基的古基督教和拜占庭遗址（1988）
埃皮达鲁斯考古遗址（1988）
罗得中世纪古城（1988）
米斯特拉斯考古遗迹（1989）
奥林匹亚考古遗址（1989）
提洛岛（1990）
达夫尼修道院、俄西俄斯罗卡斯修道院和希俄斯新修道院（1990）
萨莫斯岛的毕达哥利翁及赫拉神殿（1992）
韦尔吉纳考古遗址（1996）
迈锡尼和提那雅恩斯的考古遗址（1999）
帕特莫斯岛的历史中心（霍拉）、神学家圣约翰修道院和启示录洞（1999）
科孚古城（2007）
腓立比考古遗迹（2016）

危地马拉
蒂卡尔国家公园（1979）
旧危地马拉城（1979）
基里瓜考古公园及遗址（1981）

几内亚
宁巴山自然保护区（1981，1982）

海地
国家历史公园：城堡、圣苏西宫、拉米尔斯堡垒（1982）

梵蒂冈
罗马历史中心，享受法外治权的罗马教廷建筑和缪拉圣保罗弗利（1980，1990）
梵蒂冈城（1984）

洪都拉斯
科潘玛雅古迹遗址（1980）
雷奥普拉塔诺生物圈保留地（1982）

匈牙利
布达佩斯（多瑙河两岸、布达城堡区和安德拉什大街）（1987，2002）
霍洛克古村落及其周边（1987）
奥格泰莱克洞穴和斯洛伐克喀斯特地貌（1995，2000）
潘诺恩哈尔姆千年修道院及其自然环境（1996）
霍尔托巴吉国家公园（1999）
佩奇的早期基督教陵墓（2000）
新锡德尔湖与费尔特湖地区文化景观（2001）
托卡伊葡萄酒产地历史文化景观（2002）

冰岛
平位利尔国家公园（2004）
叙尔特塞（2008）
瓦特纳冰川国家公园——火与冰的动态（2019）

印度
阿旃陀石窟群（1983）
埃洛拉石窟群（1983）
阿格拉古堡（1983）
泰姬陵（1983）
科纳拉克太阳神庙（1984）
默哈伯利布勒姆古迹群（1984）
卡齐兰加国家公园（1985）
马纳斯国家动植物保护区（1985）
凯奥拉德奥国家公园（1985）
果阿的教堂和修道院（1986）
卡杰拉霍建筑群（1986）
汉皮古迹群（1986）
法塔赫布尔西格里（1986）
帕塔达卡尔建筑群（1987）
埃勒凡塔石窟（象岛石窟）（1987）
朱罗王朝现存的神庙（1987，2014）
孙德尔本斯国家公园（1987）
楠达戴维山国家公园和花谷国家公园（1988）
桑吉佛教古迹（1989）
德里的胡马雍陵（1993）
德里的顾特卜塔及其古建筑（1993）
印度山地铁路（1999）
菩提伽耶的摩诃菩提寺（2002）
温迪亚山脉的比莫贝卡特石窟（2003）
尚庞－巴瓦加德考古公园（2004）
贾特拉帕蒂·希瓦吉终点站（前维多利亚终点站）（2004）
德里红堡群（2007）
简塔·曼塔天文台（2010）
西高止山脉（2012）
拉贾斯坦邦的高地要塞（2013）
大喜马拉雅国家公园（2014）
古吉拉特邦帕坦县皇后阶梯井（2014）
那烂陀寺考古遗址（那烂陀大学），比哈尔邦那烂陀（2016）
干城章嘉峰国家公园（2016）
勒柯布西耶的建筑作品——对现代建筑运动的突出贡献（2016）
艾哈迈达巴德历史城区（2017）
孟买维多利亚的哥特式和艺术装饰合奏（2018）
拉贾斯坦邦斋浦尔城（2019）

印度尼西亚
婆罗浮屠寺庙群（1991）
乌戎库隆国家公园（1991）
科莫多国家公园（1991）
普兰巴南寺庙群（1991）
桑义兰早期人类遗址（1996）
洛伦茨国家公园（1996）
苏门答腊热带雨林（2004）
巴厘省文化景观：体现"幸福三要素"哲学的苏巴克灌溉系统（2012）
翁比林煤矿遗产（2019）

伊朗
恰高·占比尔（1979）
波斯波利斯（1979）
伊斯法罕伊玛姆广场（1979）
塔赫特苏莱曼（2003）
帕萨尔加德（2004）
巴姆城及其文化景观（2004）

苏丹尼叶城（2005）
比索通古迹（2006）
亚美尼亚庙宇群（2008）
苏西塔古代水利系统（2009）
阿尔达比勒市的谢赫萨菲·丁（Sheikh Safi al-Din）圣殿与哈内加（Khānegāh）建筑群（2010）
大不里士的历史集市区（2010）
波斯园林（2011）
拱巴德卡布斯塔（2012）
伊斯法罕的聚礼清真寺（2012）
戈勒斯坦宫（2013）
塔赫特苏莱曼（2014）
梅满德文化景观（2015）
苏萨（2015）
卢特沙漠（2016）
波斯坎儿井（2016）
亚兹德历史城区（2017）
法尔斯地区的萨珊王朝考古遗址（2018）
希尔卡尼亚森林（2019）

伊拉克
哈特拉（1985）
亚述古城（2003）
萨迈拉考古区（2007）
埃尔比勒城堡（2014）
伊拉克南部艾赫沃尔：生态多样性避难所和美索不达米亚城市遗迹景观（2016）
巴比伦（2019）

爱尔兰
博恩河河曲考古遗址群（1993）
斯凯利格·迈克尔岛（1996）

以色列
马萨达（2001）
阿克古城（2001）
特拉维夫白城——现代运动（2003）
米吉多、夏琐和基色圣地（2005）
熏香之路——内盖夫的沙漠城镇（2005）
海法和西加利利的巴海圣地（2008）
迦密山人类进化遗址：梅尔瓦特河谷 - 瓦迪·艾玛哈尔洞穴群（2012）
犹大低地的马沙 - 巴塔·古夫林洞穴，洞穴之乡的缩影（2014）
贝特沙瑞姆大型公墓—犹太复兴中心（2015）

意大利
梵尔卡莫尼卡谷地岩画（1979）
罗马历史中心，享受治外法权的罗马教廷建筑和缪拉圣保罗弗利（1980，1990）
绘有达·芬奇《最后的晚餐》的圣玛丽亚感恩教堂和多明各会修道院（1980）
佛罗伦萨历史中心（1982）
威尼斯及潟湖（1987）
比萨大教堂广场（1987）
圣吉米尼亚诺历史中心（1990）
马泰拉的石窟民居和石头教堂花园（1993）
维琴查城和威尼托的帕拉迪恩别墅（1994，1996）
锡耶纳历史中心（1995）
那不勒斯历史中心（1995）
阿达的克里斯匹（1995）
文艺复兴城市费拉拉城以及波河三角洲（1995，1999）
蒙特堡（1996）
阿尔贝罗贝洛的圆顶石屋（1996）
拉文纳早期基督教名胜（1996）
皮恩扎历史中心（1996）
卡塞塔的 18 世纪皇宫以及园林、万维泰利水道和圣莱乌西建筑群（1997）
萨沃王宫住宅（1997）
帕多瓦植物园（1997）
韦内雷港，五村镇及沿海群岛（帕尔玛利亚群岛，蒂诺岛，提尼托岛）（1997）
摩德纳的大教堂、市民塔和大广场（1997）
庞培、赫库兰尼姆和托雷安农齐亚塔考古区（1997）
阿马尔菲海岸（1997）
阿格里真托考古区（1997）
卡萨尔的古罗马别墅（1997）
巴鲁米尼的努拉格（1997）
阿奎拉古迹区及长方形主教教堂（1998）
乌尔比诺历史中心（1998）
奇伦托和迪亚诺河谷国家公园，帕埃斯图姆和韦利亚考古遗址（1998）

提沃利的阿德利阿纳村庄（1999）
维罗纳城（2000）
伊索莱约里（伊奥利亚群岛）（2000）
亚西西的圣方济各圣殿和其他方济各会建筑（2000）
提沃利的伊斯特别墅（2001）
诺托壁垒的晚期巴洛克风格城镇（西西里岛东南部）（2002）
皮埃蒙特和伦巴第的圣山（2003）
圣乔治山（2003）
奥尔恰谷（2004）
塞尔维托里和塔尔奎尼亚的伊特鲁立亚人公墓（2004）
锡拉库扎和潘塔立克石墓群（2005）
热那亚的新街和罗利宫殿体系（2006）
喀尔巴阡山脉及欧洲其他地区的古代原始山毛榉林（2011，2017）
曼托瓦和萨比奥内塔（2008）
雷蒂亚铁路在阿布拉 / 伯尔尼纳景观（2008）
多洛米蒂山脉（2009）
意大利伦巴第人遗址（568—774 AD）（2011）
阿尔卑斯地区史前湖岸木桩建筑（2011）
托斯卡纳的美第奇别墅和花园（2013）
埃特纳火山（2013）
皮埃蒙特的葡萄园景观：朗格罗埃洛和蒙菲拉托（2014）
巴勒莫的阿拉伯—诺曼风格建筑群以及切法卢和蒙雷阿莱大教堂（2015）
15 世纪至 17 世纪威尼斯共和国防御工事：海洋状态—西泛海之土（2017）
20 世纪工业城市伊夫雷亚（2018）
科内利亚诺和瓦尔多比亚德尼的普罗塞克起泡酒产地（2019）

牙买加
蓝山与约翰·克罗山脉（2015）

日本
法隆寺地域的佛教建筑物（1993）
姬路城（1993）
屋久岛（1993）
白神山地（1993）
古京都遗址（京都、宇治和大津城）（1994）
白川乡和五屹山历史村座（1995）
广岛和平纪念公园（原爆遗址）（1996）
严岛神殿（1996）
古奈良的历史遗迹（1998）
日光神殿和庙宇（1999）
琉球王国时期的遗迹（2000）
纪伊山地的圣地与参拜道（2004）
知床半岛（2005）
石见银山遗迹及其文化景观（2010）
平泉——象征着佛教净土的庙宇、园林与考古遗址（2011）
小笠原群岛（2011）
富士山——信仰的对象与艺术的源泉（2013）
富冈制丝场（群马县）以及近代绢丝产业遗迹群（2014）
明治工业革命遗迹：钢铁、造船和煤矿（2015）
勒·柯布西耶的建筑作品，对现代主义运动的杰出贡献（2016）
“神宿之岛”冲之岛·宗像及相关遗产群（2017）
长崎地区隐藏的基督教遗址（2018）
百舌鸟和古市古坟群：古日本墓葬群（2019）

耶路撒冷（由约旦申报）
耶路撒冷古城及其城墙（1981）

约旦
佩特拉（1985）
库塞尔阿姆拉（1985）
乌姆赖萨斯考古遗址（2004）
瓦迪拉姆保护区（2011）
耶稣受洗处 – 约旦河外伯大尼（2015）

哈萨克斯坦
霍贾·艾哈迈德·亚萨维陵墓（2003）
泰姆格里考古景观岩刻（2004）
萨雅克—北哈萨克干草原与湖群（2008）
丝绸之路：长安—天山廊道的路网（2014）
西部天山（2016）

肯尼亚
肯尼亚山国家公园及自然森林（1997）
图尔卡纳湖国家公园（1997，2001）

拉穆古镇（2001）
米吉肯达卡亚圣林（2008）
蒙巴萨的耶稣堡（2011）
肯尼亚东非大裂谷的湖泊系统（2011）
西穆里奇定居点考古遗址（2018）

基里巴斯
菲尼克斯群岛保护区（2010）

吉尔吉斯斯坦
苏莱曼—至圣之山（2009）
丝绸之路：长安—天山廊道的路网（2014）
西部天山（2016）

老挝
琅勃拉邦的古城（1995）
占巴塞文化景观内的瓦普庙和相关古民居（2001）
川圹巨石缸遗址—石缸平原（2019）

拉脱维亚
里加历史中心（1997）
斯特鲁维地理探测弧线（2005）

黎巴嫩
安杰尔（1984）
巴勒贝克（1984）
比布鲁斯（1984）
提尔城（1984）
夸底·夸底沙（圣谷）和神杉林（1998）

莱索托
马罗提 – 德拉肯斯堡公园（2000）

利比亚
莱波蒂斯考古遗址（1982）
萨布拉塔考古遗址（1982）
昔兰尼考古遗址（1982）
塔德拉尔特·阿卡库斯石窟（1985）
加达梅斯古镇（1986）

立陶宛
维尔纽斯历史中心（1994）
库尔斯沙嘴（2000）
克拿维考古遗址（克拿维文化保护区）（2004）
斯特鲁维地理探测弧线（2005）

卢森堡
卢森堡市、要塞及老城区（1994）

马达加斯加
黥基·德·贝马拉哈自然保护区（1990）
安布希曼加的皇家蓝山行宫（2001）
阿钦安阿纳雨林（2007）

马拉维
马拉维湖国家公园（1984）
琼戈尼岩石艺术区（2006）

马来西亚
基纳巴卢山公园（2000）
穆鲁山国家公园（2000）
马六甲和乔治城，马六甲海峡历史城市（2011）
玲珑谷地的考古遗址（2012）

马里
杰内古城（1988）
廷巴克图（1988）
邦贾加拉悬崖（多贡斯土地）（1989）
阿斯基亚王陵（2004）

马耳他
哈尔·萨夫列尼地下宫殿（1980）
瓦莱塔古城（1980）
马耳他巨石庙（1980，1992）

[大洋洲] 马绍尔群岛
比基尼环礁核试验场（2010）

毛里塔尼亚
阿尔金岩石礁国家公园（1989）
古苏尔的瓦丹、欣盖提、提希特和瓦拉塔古镇（1996）

毛里求斯
阿普拉瓦西·加特地区（2006）
莫纳山文化景观（2011）

墨西哥
圣卡安（1987）
帕伦克的前西班牙城和国家公园（1987）
墨西哥城与赫霍奇米尔科历史中心（1987）
特奥蒂瓦坎古城（1987）
瓦哈卡历史中心与阿尔班山考古遗址（1987）
普埃布拉历史中心（1987）
瓜纳华托历史名城及周围矿藏（1988）
奇琴伊察古城（1988）
莫雷利亚城历史中心（1991）
埃尔塔津古城（1992）
埃尔维采诺鲸鱼保护区（1993）
萨卡特卡斯历史中心（1993）
圣弗兰西斯科山脉岩画（1993）
波波卡特佩特火山坡上的最早的16世纪修道院（1994）
乌斯马尔古镇（1994）
克雷塔罗历史遗迹区（1996）
卡瓦尼亚斯救济所（1997）
大卡萨斯的帕魁姆考古区（1998）
塔拉科塔潘历史遗迹区（1998）
坎佩切历史要塞城（1999）
霍奇卡尔科考古遗址区（1999）
玛雅古城和卡拉克穆尔，坎佩切的热带森林坎佩切州的卡拉克穆尔古玛雅城与热带森林保护区（2002）
克雷塔罗的谢拉戈达圣方济会修道院（2003）
路易斯·巴拉干故居和工作室（2004）
加利福尼亚湾群岛和保护区（2005）
特基拉的龙舌兰景观和古代工业设施（2006）
墨西哥国立自治大学大学城中央校区（2007）
黑脉金斑蝶生态保护区（2008）
圣米格尔卫城和阿托托尼尔科的拿撒勒人耶稣圣殿（2008）
皇家内陆大干线（2010）
瓦哈卡州中央谷地的亚古尔与米特拉史前洞穴（2010）
皮纳卡特和德阿尔塔大沙漠生物圈保护区（2013）
腾布里克神父水道桥水利设施（2015）
雷维利亚希赫多群岛（2016）
特瓦坎－奎卡特兰山谷：中部美洲的原始栖息地（2018）

密克罗尼西亚联邦
南马都尔：东密克罗尼西亚庆典中心（2016）

蒙古
乌布苏盆地（2003）
鄂尔浑河谷文化地貌（2004）
提瓦坎－奎卡特兰谷地：中美洲的原始栖息地（2011）
大不儿罕合勒敦山及其周围的神圣景观（2015）
外贝加尔山脉景观（2017）

黑山共和国
科托尔自然和文化历史区域（1979，2012，2015）
杜米托尔国家公园（1980，2005）
中世纪墓葬群（2016）
16—17世纪威尼斯共和国的防御工事：海洋状态—西泛海之土（2017）

摩洛哥
非斯老城（1981）
马拉喀什老城（1985）
阿伊特·本·哈杜筑垒村（1987）
梅克内斯古城（1996）
瓦卢比利斯考古遗址（1997）
得土安古城（原名缔头万城）（1997）
索维拉旧城（原名莫加多尔）（2001）
马扎甘葡萄牙城（杰迪代）（2004）
拉巴特，现代都市与历史古城——一份共享的遗产（2012）

莫桑比克
莫桑比克岛（1991）

缅甸
蒲甘古城（2014）
蒲甘（2019）

纳米比亚
推菲尔泉岩画（2007）
纳米布沙海（2013）

尼泊尔
加德满都谷地（1979）
萨加玛塔国家公园（1979）
奇特旺皇家国家公园（1984）
佛祖诞生地兰毗尼（1997）

荷兰
斯霍克兰及其周围地区（1995）
阿姆斯特丹的防御线（1996）
金德代克－埃尔斯豪特的风车（1997）
荷属安的列斯群岛的威廉斯塔德、内城及港口古迹区（1997）
迪·弗·伍达蒸汽泵站（1998）
比姆斯特迂田（1999）
里特维德－施罗德住宅（2000）
瓦登海（2009）
辛格尔运河以内的阿姆斯特丹17世纪同心圆型运河区（2010）
范内勒工厂（2014）

新西兰
汤加里罗国家公园（1990，1993）
蒂瓦希普纳穆－新西兰西南部地区（1990）
新西兰次南极区群岛（1998）

尼加拉瓜
莱昂·别霍遗址（2000）
莱昂大教堂（2011）

尼日尔
阿德尔和泰内雷自然保护区（1991）
彭贾里国家公园（1996，2017）
阿加德兹历史中心（2013）

尼日利亚
宿库卢文化景观（1999）
奥孙—奥索博神树林（2005）

北马其顿
奥赫里德地区自然与文化遗产（1979，2019，1980）

挪威
奥尔内斯木构教堂（1979）
卑尔根市布吕根区（1979）
勒罗斯（1980）
阿尔塔岩画（1985）
维嘎群岛文化景观（2004）
斯特鲁维地理探测弧线（2005）
挪威西峡湾—盖朗厄尔峡湾和纳柔依峡湾（2005）
尤坎－诺托登工业遗产（2015）

阿曼
巴赫莱要塞（1987）
巴特·库特姆和艾因考古遗址（1988）
乳香之路（2000）
阿曼的阿夫拉贾灌溉体系（2006）
卡尔哈特古城（2018）

巴基斯坦
摩亨佐达罗考古遗迹（1980）
塔克西拉（1980）
塔克特依巴依佛教遗址和萨尔依巴赫洛古遗址（1980）
塔塔城的历史建筑（1981）
拉合尔古堡和夏利玛尔公园（1981）
罗赫达斯要塞（1997）

帕劳
南部潟湖石岛群（2012）

巴勒斯坦
耶稣诞生地：伯利恒主诞堂和**朝圣线路**（2012）
巴勒斯坦：巴蒂尔，橄榄与葡萄酒之地——南耶路撒冷文化景观（2014）
希伯仑／哈利勒老城区（2017）

巴拿马
巴拿马加勒比海岸的防御工事：波托韦洛－圣洛伦索（1980）
达连国家公园（1981）
塔拉曼卡山保护区／拉阿米斯塔德国家公园（1983，1990）
巴拿马城考古遗址及巴拿马历史名区（1997，2003）
柯义巴岛国家公园及其海洋特别保护区（2005）

巴布亚新几内亚
库克早期农业遗址（2008）

巴拉圭
塔瓦兰格的耶稣和巴拉那的桑蒂西莫——特立尼达耶稣会传教区（1993）

秘鲁
库斯科古城（1983）
马丘比丘历史圣地（1983）
夏文考古遗址（1985）
瓦斯卡兰国家公园（1985）
昌昌城考古地区（1986）
马努国家公园（1987）
利马的历史中心（1988，1991）
里奥阿比塞奥国家公园（1990，1992）
纳斯卡和朱马纳草原的线条图（1994）
阿雷基帕城历史中心（2000）
卡拉尔－苏佩圣城（2009）
印加路网（2014）

菲律宾
图巴塔哈群礁海洋公园（1993）
菲律宾的巴洛克教堂（1993）
菲律宾科迪勒拉山水稻梯田（1995）
美岸历史古城（1999）
普林塞萨港地下河国家公园（1999）
汉密吉伊坦山野生动物保护区（2014）

波兰
克拉科夫历史中心（1978）
维利奇卡与博赫尼亚皇家盐矿（1978）
前纳粹德国奥斯维辛－比克瑙集中营（1940–1945，1979）
比亚沃维耶扎森林（1979，1992）
华沙历史中心（1980）
扎莫希奇古城（1992）
中世纪古镇托伦（1997）
马尔堡的条顿骑士团城堡（1997）
卡瓦利－泽布日多夫斯津：风格主义建筑、园林景观建筑群和朝圣园（1999）
扎沃尔和希维德尼察的和平教堂（2001）
南部小波兰的木造教堂群（2003）
穆斯考尔公园／穆扎科夫斯基公园（2004）
弗罗茨瓦夫百年厅（2006）
波兰和乌克兰在喀尔巴阡山脉地区的木造正教堂（2013）
塔尔诺夫斯克山铅银锌矿及其地下水管理系统（2017）
科舍米翁奇的史前条纹燧石矿区（2019）

葡萄牙
亚速尔群岛英雄港中心区（1983）
哲罗姆派修道院和里斯本贝莱姆塔（1983）
巴塔利亚修道院（1983）
托马尔的女修道院（1983）
埃武拉历史中心（1986）
阿尔科巴萨修道院（1989）
辛特拉文化景观（1995）
波尔图历史中心（1996）
席尔加·维德（Siega Verde）岩石艺术考古区（1998，2010）
马德拉月桂树公园（1999）
吉马芒历史中心（2001年）
葡萄酒产区上杜罗（2001）
皮库岛葡萄园文化景观（2004）
带驻防的边境城镇埃尔瓦斯及其防御工事（2013）
科英布拉大学—阿尔塔城和索菲亚街（2013）
马夫拉皇室建筑—宫殿、大教堂、修道院、塞尔科花园及塔帕达狩猎公园（2019）
布拉加山上仁慈耶稣朝圣所（2019）

卡塔尔
祖巴拉考古遗址（2013）

韩国
石窟庵和佛国寺（1995年）
海印寺及八万大藏经藏经处（1995）

宗庙（1995）
昌德宫建筑群（1997）
华松古堡（1997）
庆州历史区（2000）
高昌、华森和江华的史前墓遗址（2000）
济州火山岛和熔岩洞（2007）
朝鲜王陵（2009）
韩国历史村落：河回村和良洞村（2010）
南汉山城（2014）
百济遗址区（2015）
山寺，韩国佛教名山寺庙（2018）
韩国新儒学书院（2019）

摩尔多瓦共和国
斯特鲁维地理探测弧线（2005）

罗马尼亚
多瑙河三角洲（1991）
特兰西瓦尼亚村落及其设防的教堂（1993，1999）
霍雷祖修道院（1993）
摩尔达维亚的教堂（1993）
锡吉什瓦拉历史中心（1999）
马拉暮莱斯的木结构教堂（1999）
奥拉斯迪山的达亚恩城堡（1999）
喀尔巴阡山脉和欧洲其他地区的原生山毛榉森林（2011，2017）

俄罗斯联邦
圣彼得堡历史中心及其相关古迹群（1990）
基日岛的木结构教堂（1990）
莫斯科克里姆林宫和红场（1990）
诺夫哥罗德及其周围的历史古迹（1992）
索洛维茨基群岛的历史建筑群（1992）
弗拉基米尔和苏兹达尔历史遗迹（1992）
谢尔吉圣三一大修道院（1993）
科罗缅斯克的耶稣升天教堂（1994）
科米原始森林（1995）
贝加尔湖（1996）
堪察加火山（1996，2001）
金山—阿尔泰山（1998）
西高加索山（1999）
喀山克里姆林宫（2000）
费拉邦多夫修道院遗址群（2000）
库尔斯沙嘴（2000）
中希霍特—阿林山脉（2001）
德尔本特城堡、古城及要塞（2003）
乌布苏盆地（2003）
弗兰格尔岛自然保护区（2004）
新圣女修道院（2004）
雅罗斯拉夫尔城的历史中心（2005）
斯特鲁维地理探测弧线（2005）
普托拉纳高原（2010）
博尔加尔历史建筑及考古遗址（2014）
勒那河柱状岩自然公园（2015）
斯维亚日斯克岛的圣母升天大教堂和修道院（2017）
达斡尔景观（2017）
普斯科夫学派教堂建筑（2019）

圣基茨和尼维斯
硫黄石山要塞国家公园（1999）
皮通山保护区（2004）

圣马力诺
圣马力诺历史中心和蒂塔诺山（2008）

沙特阿拉伯
石谷考古遗址（玛甸沙勒）
德拉伊耶遗址的阿图赖夫区
吉达古城，通向麦加之门
沙特阿拉伯哈伊勒省岩画艺术
哈萨绿洲，变迁的文化景观

塞内加尔
戈雷岛（1978）
尼奥科罗—科巴国家公园（1981）
朱贾国家鸟类保护区（1981）
圣路易斯岛（2000）
塞内冈比亚石圈（2006）
萨卢姆河三角洲（2011 年）
巴萨里乡村：巴萨里，福拉和贝迪克文化景观（2012）

塞尔维亚
斯塔里斯和索泼查尼修道院（1979）
斯图德尼察修道院（1986）
科索沃中世纪古迹（2004，2006）
贾姆济格勒—罗慕利亚纳的加莱里乌斯宫（2007）
斯特茨奇中世纪墓葬群（2016）

塞舌尔
阿尔达布拉环礁（1982）
马埃谷地自然保护区（1983）

新加坡
新加坡植物园（2015）

斯洛伐克
历史名城班斯卡—什佳夫尼察及其工程建筑区（1993）
莱沃恰，斯皮什城堡及相关文化古迹群（1993，2009）
伏尔考林耐克（1993）
奥格泰莱克洞穴和斯洛伐克喀斯特地貌（1995，2000）
巴尔代约夫镇保护区（2000）
喀尔巴阡山脉原始山毛榉森林和欧洲其他地区古山毛榉森林（2011，2017）
斯洛伐克喀尔巴阡山区木制教堂群（2008 年）

斯洛文尼亚
斯科契扬溶洞（1986）
喀尔巴阡山脉原始山毛榉森林和欧洲其他地区古山毛榉森林（2011，2017）
阿尔卑斯地区史前湖岸木桩建筑（2011）
水银的遗产：阿尔马登和伊德里亚（2012 年）

所罗门群岛
东伦内尔岛（1998）

南非
南非化石遗址（1999）
大圣卢西亚湿地公园（1999）
罗布恩岛（1999）
马罗提－德拉肯斯堡公园（2000）
马蓬古布韦文化景观（2003）
开普植物保护区（2004）
弗里德堡陨石坑（2005）
理查德斯维德文化植物景观（2007）
蔻玛尼文化景观（2017）
巴伯顿·玛空瓦山脉（2018）

西班牙
格拉纳达的艾勒汉卜拉、赫内拉利费和阿尔巴济（1984，1994）
布尔戈斯大教堂（1984）
科尔多瓦历史中心（1984，1994）
马德里埃斯科里亚尔修道院和遗址（1984）
安东尼·高迪的建筑作品（1984，2005）
阿尔塔米拉洞和西班牙北部旧石器时代洞窟艺术（1985）
奥维耶多古建筑和阿斯图里亚斯王国（1985，1998）
阿维拉古城及城外教堂（1985）
塞哥维亚古城及其输水道（1985）
圣地亚哥—德孔波斯特拉古城（1985）
阿拉贡的穆德哈尔式建筑（1986，2001）
加拉霍艾国家公园（1986）
历史名城托莱多（1986）
卡塞雷斯古城（1986）
塞维利亚的大教堂、城堡及西印度档案馆（1987）
萨拉曼卡古城（1988）
波夫莱特修道院（1991）
梅里达考古群（1993）
瓜达卢佩的圣玛利皇家修道院（1993）
圣地亚哥康波斯特拉之路：法兰西之路和北西班牙之路（1993）
多南那国家公园（1994）
城墙围绕的历史名城昆卡（1996）
瓦伦西亚丝绸交易厅（1996）
拉斯梅德拉斯（1997）
巴塞罗那的帕劳音乐厅及圣保罗医院（1997）
比利牛斯—珀杜山（1997，1999）
圣米延尤索和索索修道院（1997）
席尔加·维德岩石艺术考古区（1998，2010）
伊比利亚半岛地中海盆地的石壁画艺术（1998）
埃纳雷斯堡大学城及历史区（1998）
伊维萨岛的生物多样性和特有文化（1999）
拉古纳的圣克斯托瓦尔（1999）
塔拉科考古遗址（2000）
埃尔切的帕梅拉尔（2000）
卢戈的罗马城墙（2000）
博伊谷地的罗马式教堂建筑（2000）
阿塔皮尔卡考古遗址（2000）
阿兰胡埃斯文化景观（2001）
乌韦达和巴埃萨城文艺复兴时期的建筑群（2003）
维斯盖亚桥（2006）
喀尔巴阡山脉和欧洲其他地区的原生山毛榉森林（2011，2017）
泰德国家公园（2007）
埃库莱斯灯塔（2009）
特拉蒙塔那山区文化景观（2011）
水银遗产：阿尔马登与伊德里亚（2012）
安特克拉石玟遗迹（2016）
哈里发的阿尔扎哈拉古城（2018）
大加那利岛文化景观：里斯科卡伊多考古和圣山（2019）

斯里兰卡
阿努拉德普勒圣城（1982）
波隆纳鲁沃古城（1982）
锡吉里亚古城（1982）
辛哈拉加森林保护区（1988）
康提圣城（1988）
加勒老城及其堡垒（1988）
丹布勒金寺（1991）
斯里兰卡中央高地（2010）

苏丹
博尔戈尔山和纳巴塔地区（2003）
麦罗埃岛考古遗址（2011）
桑加奈卜国家海洋公园和敦戈奈卜海湾－姆卡瓦岛国家海洋公园（2016）

苏里南
苏里南中心自然保护区（2000）
帕拉马里博的古内城（2002）

瑞典
德罗特宁霍尔摩皇宫（1991）
比尔卡和霍夫加登（1993）
恩格尔斯堡铁矿工场（1993）
塔努姆的岩刻画（1994）
斯科斯累格加登公墓（1994）
汉萨同盟城市维斯比（1995）
吕勒欧的格默尔斯达德教堂村（1996）
拉普人区域（1996）
卡尔斯克鲁纳军港（1998）
高海岸／瓦尔肯群岛（2000，2006）
南厄兰岛的农业风景区（2000）
法伦的大铜山采矿区（2001）
威堡广播站（2004）
斯特鲁维地理探测弧线（2005）
赫尔辛兰带装饰的农舍（2012）

瑞士
圣加尔修道院（1983）
米兹泰尔的木笃会圣约翰女修道院（1983）
伯尔尼古城（1983）
贝林佐纳三座要塞及防卫墙和集镇（2000）
阿尔卑斯少女峰阿莱奇峰（2001，2007）
圣乔治山（2003）
拉沃葡萄园梯田（2007）
雷蒂亚铁路阿尔布拉／贝尔尼纳段（2008）
瑞士萨多纳地质构造区（2008）
钟表制作城镇拉绍德封和力洛克的城市规划（2009）
阿尔卑斯地区史前湖岸木桩建筑（2011）
勒·柯布西耶的建筑作品，对现代主义运动有杰出贡献（2016）

叙利亚
大马士革古城（1979）
布斯拉古城（1980）
帕尔米拉古城遗址（1980）
阿勒颇古城（1986）
武士堡和萨拉丁堡（2006）
叙利亚北部古村落群（2011）

塔吉克斯坦
萨拉子目古城的原型城市遗址（2010）

塔吉克国家公园（帕米尔山脉）（2013）

泰国
阿育他亚（大城）历史城及相关城镇（1991）
素可泰历史城镇及相关历史城镇（1991）
童・艾・纳雷松野生生物保护区（1991）
班清考古遗址（1992）
东巴耶延山—考爱山森林保护区（2005）

多哥
古帕玛库景观（2004）

突尼斯
杰姆的圆形竞技场（1979）
迦太基遗址（1979）
突尼斯的阿拉伯人聚居区（1979）
伊其克乌尔国家公园（1980）
科克瓦尼布尼城及其陵园（1985，1986）
凯鲁万（1988）
苏塞古城麦地那
沙格镇（1997）

土耳其
希拉波利斯和帕姆卡莱（1985）
迪夫里伊的大清真寺和医院（1985）
伊斯坦布尔历史区域（1985）
哈图莎：希泰首都（1986）
内姆鲁特达格（1987）
赫拉波利斯和帕穆克卡莱（1988）
桑索斯和莱顿（1988）
萨夫兰博卢城（1994）
特洛伊考古遗址（1998）
赛利米耶清真寺（2011）
查塔夫耶克的新石器时代遗址（2012）
布尔萨和库马利吉兹克：奥斯曼帝国的诞生（2014）
帕加马卫城及其多层次文化景观（2014）
迪亚巴克要塞和哈乌塞尔花园文化景观（2015）
以弗所（2015）
阿尼考古遗址（2016）
阿芙洛迪西亚斯古城（2017）
哥贝克力石阵（2018）

土库曼斯坦
梅尔夫历史与文化公园（1999）
库尼亚—乌尔根奇（2005）
尼莎帕提亚要塞（2007）

乌干达
布恩迪难以穿越的国家公园（1994）
鲁文佐里山国家公园（1994）
巴干达国王们的卡苏比陵（2001）

乌克兰
基辅：圣・索菲娅教堂和佩乔尔斯克修道院（1990）
里沃夫历史中心（1998）
斯特鲁维地理探测弧线（2005）
喀尔巴阡山脉的原始山毛榉林和欧洲其他地区（2011，2017）
布科维纳与达尔马提亚的城市民居（2011）
陶里克切索内斯古城及农地（2013）
波兰和乌克兰的喀尔巴阡地区木质教堂（2013）

阿拉伯联合酋长国
艾恩文化遗址：哈菲特、西里、比达—宾特—沙特以及绿洲（2011）

英国
“巨人之路”及其海岸（1986）
达勒姆大教堂和城堡（1986）
乔治铁桥区（1986）
斯塔德利皇家公园和喷泉修道院遗址（1986）
“巨石阵”、埃夫伯里及周围的巨石遗迹（1986）
圭内斯郡爱德华国王城堡和城墙（1986）
圣基尔达（1986 年，2004 年扩展范围）
布莱尼姆宫（1987）
维斯特敏斯特宫、西敏寺和圣玛格丽特教堂（1987）
巴斯城（1987）
罗马帝国的边界（1987）
亨德森岛（1988）
伦敦塔（1988）
坎特伯雷大教堂、圣奥古斯丁修道院和圣马丁教堂（1988）
爱丁堡的老城和新城（1995）
戈夫岛和伊纳克塞瑟布尔岛（1995，2004）
格林威治海岸区（1997）
奥克尼的新石器时代遗址（1999）
百慕大圣乔治古镇及相关要塞（2000）
布莱纳文工业景观（2000）
索尔泰尔（2001）
多塞特和东德文海岸（2001）
德文特河谷工厂群（2001）
新拉纳克（2001）
基尤皇家植物园，邱园（2003）
海上商城利物浦（2004）
康沃尔和西德文矿业景观（2006）
庞特卡萨鲁岩水道（2009）
福斯桥（2015）
尼安德罗岩洞及周边环境（2016）
英格兰湖区（2017）
卓瑞尔河岸天文台（2019）

坦桑尼亚
恩戈罗恩戈罗自然保护区（1979 年被列入世界遗产名录，2010 年成为自然文化双遗产。）
基尔瓦基斯瓦尼遗址和松戈马拉遗址（1981）
塞伦盖蒂国家公园（1981）
塞卢斯禁猎区（1982）
乞力马扎罗国家公园（1987）
桑给巴尔石头城（2000）
孔多阿岩画遗址（2006）

美国
梅萨维德国家公园（1978）
黄石国家公园（1978）
克卢恩 / 兰格尔—圣伊莱亚斯 / 冰川湾 / 塔琴希尼—阿尔塞克（1979，1992，1994）
大峡谷国家公园（1979）
大沼泽国家公园（1979）
独立大厅（1979）
红杉国家公园（1980）
猛玛洞穴国家公园（1981）
奥林匹克国家公园（1981）
卡俄基亚土丘历史遗址（1982）
大烟雾山国家公园（1983）
波多黎各的古堡与圣胡安历史遗址（1983）
自由女神像（1984）
约塞米特蒂国家公园（1984）
查科文化国家历史公园（1987）
夏威夷火山国家公园（1987）
夏洛茨维尔的蒙蒂塞洛和弗吉尼亚大学（1987）
陶斯印第安村（1992）
沃特顿冰川国际和平公园（1995）
卡尔斯巴德洞穴国家公园（1995）
帕帕哈瑙莫夸基亚国家海洋保护区（2010）
圣安东尼奥布道区（2015）
弗兰克・劳埃德・赖特的 20 世纪建筑作品（2019）

乌拉圭
萨拉门多移民镇的历史区（1995）
弗莱本托斯文化工业景区（2015）

乌兹别克斯坦
伊钦・卡拉内城（1990）
布哈拉历史中心（1993）
沙赫利苏伯兹历史中心（2000）
处在文化十字路口的撒马尔罕城（2001）
西部天山（2016）

瓦努阿图
马塔王酋长领地（2008）

委内瑞拉
科罗及其港口（1993）
卡奈依马国家公园（1994）
加拉加斯大学城（2000）

越南
顺化历史建筑群（1993）
下龙湾（1994，2000）
会安古镇（1999）
圣子修道院（1999）
丰芽—格邦国家公园（2003）
河内升龙皇城（2010）
胡朝时期的城堡（2011）
长安名胜群（2014）

也门
城墙环绕的希巴姆古城（1982）
萨那古城（1986）
乍比得历史古城（1993）
索科特拉群岛（2008）

赞比亚
莫西奥图尼亚瀑布（维多利亚瀑布）（1989）

津巴布韦
马纳波尔斯国家公园、萨比和切俄雷自然保护区（1984）
大津巴布韦国家纪念地（1986）
卡米国家遗址纪念地（1986）
莫西奥图尼亚瀑布（维多利亚瀑布）（1989）
马托博山（2003）

（截至 2019 年 12 月）

作者

马可・卡特尼奥出生于 1963 年，毕业于米兰大学物理学专业，现任《科学》（*Le Scienze*）杂志［美国科普杂志《科学美国人》（*Scientific American*）的意大利语版本］的主编。马可・卡特尼奥著有多部著作，包括《海森堡与量子革命》（*Heisenberg and the Quantum Revolution*）（2000 年）以及为白星出版社撰写的《世界大都市》（*Great Cities of the World*）（2005 年）。他喜欢旅游和摄影，曾在《美国新闻与世界报道》（*US News & World Report*）和《聚焦英国》（*Focus UK*）等知名杂志上发表多篇文章。

贾斯米娜・特里福尼出生于 1966 年，毕业于帕多瓦大学政治学专业，目前是一名聚焦旅游领域的记者，任职于《子午线》（*Mleridiani*）杂志的编辑部。贾斯米娜・特里福尼视旅行为职业和使命，并积累了大量的民族和文化经验，特别是在印度、东南亚国家和中东地区。她还同时为多家全国性报纸撰稿。贾斯米娜・特里福尼和马可・卡特尼奥为白星出版社撰写了《世界大都市》（2005 年）。

图片来源

AGE/Granata Press: page 479 top
Agenzia Luisa Ricciarini: page 235 left
AISA: pages 34 left, 35 top, 40-41, 44-45, 45 top right, center, bottom, 46-47, 54-55, 71 top and bottom, 83 center right, 84 top right and bottom left, 99 bottom right, 100 top, bottom left and bottom right, 107 bottom left, 121 top left and top right, 122-123, 123 center right, 125 top, 134, 136-137, 137 top, 142-143, 148 top and bottom, 148-149, 150 top left, 150-151, 152 top, 153 bottom, 154, 155 top left, 166 center, 167 top right, 168-169, 171 top and center, 183, 178, 179 top left, top right, bottom left, bottom right, 180 top and bottom, 181 top left, 185 top and bottom, 187 left and right, 197, 274-275, 275 bottom, 294-295, 295 top, 296 right, 296-297, 297 center, 318-319, 319 top right, 319 center, 319 bottom, 364, 366-367, 383 top, 416 center
AKG Images: page 231 top
Alamy Images: pages 189 top, 306 bottom
Paul Almasy/Corbis/Contrasto: pages 236 center, 236 bottom
Stefano Amantini/Atlantide: pages 44, 45 right bottom, 54 top left, 129, 150 top right
K. Ammann/Corbis/Contrasto: page 382
K. Amsler: pages 492-493, 492 top left, 492 top right, 493 top, 493 bottom
K. Amsler/Ardea: page 458 right bottom
Giulio Andreini: pages 85, 167, 181 top right and bottom
Anzenberger: page 165 center
Archivio Alinari: page 198 top
Archivio Musei Vaticani: pages 90-91, 91 top left, top right and center
Archivio Scala: pages 58 top, 86 top, bottom, 86-87, 87 top left and top right, 92, 92-93, 93 top left and top right, 231 bottom
Ardea: page 420 bottom left
Yann Arthus-Bertrand/Corbis/Contrasto: pages 218-219, 220-221
Yann Arthus-Bertrand/Corbis/Grazia Neri: pages 374-375, 378-379, 396, 396-397
Atlantide: pages 280 left top, 282 bottom
Antonio Attini/Archivio White Star: pages 6, 82 top left, 82-83, 98 right, 99 bottom left, 100-101, 126 top center, 132 top, 133 top center, top right, bottom left and bottom right, 160 top, 161 top right and top center, 162 top right, 163 bottom left and bottom right, 164 top, 164-165, 165 bottom, 166 top left, 174 bottom left, 175 bottom right, 176 top, 190, 192 top and bottom, 194, 195 left and right, 196 top, 196 center, 196 bottom, 206-207, 207 center, 210, 211, 264 bottom, 283, 285 top left, 285 top right, 285 bottom left, 285 bottom left, 286 center left, 286 center right, 286 bottom, 287, 336 center, 352 left, 352-353, 353 left and right, 354, 354-355, 355, 356 bottom left, 356 bottom right, 356-357, 357 left and right, 440, 441 top right, 448 left center, 451 right center, 452, 454 top left, 454 top right, 454-455, 455 top, 455 bottom, 456-457, 457 top
Oscar Garcia Bayerri/Agefotostock/Contrasto: pages 194-195
Tiziana and Gianni Baldizzone: pages 153 top, 159 top, center left and center right
Tiziana and Gianni Baldizzone/Archivio White Star: page 374 bottom
A. Bardi/Panda Photo: pages 380-381
R. Barnett/Lonely Planet Images: pages 438-439
Andrea Battaglini: page 107 bottom right
Marcello Bertinetti/Archivio White Star: pages 26 top, bottom, 26-27, 30 left, right, 30-31, 31 top and bottom, 32 bottom, 35 bottom, 59 top and bottom, 62-63, 63, 64, 64-65, 65 bottom, 75 top, 78 top, 79 bottom, 80 bottom right, 80-81, 88-89 Concessione S.M.A. 314 del 16.6.93, 89 top, 93 bottom, 112, 112-113, 113 top left and top right, 114 top, 126, 127 center right, bottom right, 128 top left, top right and bottom, 130 top left, top right and bottom, 130-131, 131 top, 132 bottom, 133 top left, 142 top left, 143 center left, center right and bottom right, 144 top, center left, center right and bottom right, 146 bottom left and bottom right, 146-147, 147 top and bottom right, 160-161, 162 top left, 162-163, 163 top, 164 bottom left, 165 top, 198 bottom right, 199, 200-201, 201 center, 202-203, 203 right, 204 center, 204-205, 224, 240 bottom, 241 center and bottom, 242 center left and center right, 247 left, 250 bottom, 252 bottom, 254-254, 255 bottom left, 256, 256-257, 257 top, 257 center top, 257 center bottom, 260 bottom, 262 bottom, 263, 264-265, 265 left, 266 bottom, 266-267, 267 center, 271 top, 284 top, 286 top, 310 bottom left and bottom right, 312 bottom left, 332 left, 332-333, 334 left, 334 bottom, 334-335, 335 right, 335 bottom, 384, 386, 386-387, 387 top, 387 bottom, 388 bottom left, 389 top, 390 bottom, 430 bottom left and bottom right, 432 top, 432 center, 432 bottom, 433 left, 433 right, 456 top, 456 center, 456 bottom, 457 bottom
Bettmann/Corbis/Contrasto: page 189 bottom
R. Bickel/Corbis/Contrasto: page 392 center
Jonathan Blair/Corbis/Contrasto: pages 212-213
T. Bognar: page 424 center
Massimo Borchi/Archivio White Star: pages 8, 119 center left, 120 bottom right, 120-121, 138 center left and bottom left, 140-141, 141 top right and bottom right, 168 top and bottom, 169 bottom, 170 top, 170-171, 172 top left, top right and bottom, 200 top right, 201 bottom, 202 top, 272-273, 273 center, 273 bottom left and bottom right, 288 bottom left, 288 bottom right, 289, 292 top, 292-293, 310 top right, 310-311, 311 top and bottom, 312 top, 312 center left and right, 312 bottom right, 313 top, 314 bottom, 314-315, 315 top left and right, 315 center, 315 bottom, 316, 316-317, 317 top and bottom, 338 left, 338-339, 339 left, 340 top, 340 bottom, 340-341, 341 left and right, 342, 342-343, 343 top left, 343 center, 343 bottom, 344, 344-345, 345 top left, 345 top right, 345 center, 345 bottom, 346, 346-347, 347 top and bottom, 348-349, 349 top, 349 center, 349 bottom, 350 top, 350 center, 350 bottom left, 350 bottom right, 350-351, 351 left and right, 404 center, 404 bottom, 404-405
Massimo Borchi/Atlantide: pages 13 top, center and bottom, 14 top, 14-15, 98 top left, 100 center, 116 bottom
Livio Bourbon/Archivio White Star: pages 175 top and bottom left, 177 top left and top right, 176-177, 183, 212 left, 213 top, 215 top, 229 center, 232 center left and right, 232 bottom right, 320 center left, 320 center right, 320 bottom left, 320 bottom right, 321, 322, 323 top left, 323 top right, 323 bottom left, 323 bottom right, 324 top, 324 center, 324 bottom, 324-325, 326 top, 326 left, 326 right, 326-327, 327, 328 top, 328 center, 328 bottom, 328-329, 329 top, 329 right, 330, 330-331, 331 top, 31 center, 331 bottom
M. Bowler/NHPA: page 427
T. Boyden/Lonely Planet Images: page 474 top
G. Brad Lewis/Age/Contrasto: page 463 bottom
H. Brehm/Blickwinkel: page 443 top
The British Museum: page 225 right
Wojtek Buss: pages 16 top left, 20-21, 21 bottom, 26 center, 34 center and right, 47 left and right top, 55 bottom left, 136 top left, 137 bottom, 145, 190-191, 237 top left, 294 center, 295 right, 296 left, 298, 299 bottom, 358 top left
Cameraphoto: pages 74 top and bottom, 76 top, bottom left, bottom right, 77, 78 center left, center right, 78-79, 80 top and center, 81 bottom
Stefano Cellai: pages 83 center left, 150 top center
Herie Champollion: page 66 bottom left
Jerome Chatin/Gamma Presse/Contrasto: pages 188 top and bottom, 188-189
Fan Chongzhi/Imaginechina/Contrasto: page 412 bottom
Elio Ciol: pages 14 bottom left and bottom right, 15 bottom, 125 bottom right
Bruce Coleman Collection: page 461 bottom
Gerard Clyde/Barnaby's Picture Library: page 226 bottom
P. Colombel/Corbis/Grazia Neri: page 371 center
Anne Conway: pages 156 top and bottom, 157 top, 156-157, 158, 159 bottom
Anne Conway/Archivio White Star: pages 48 top, center left and bottom right, 49 bottom, 208 top
Richard A. Cooke/Corbis/Contrasto: page 336 top
AND. Coppola/Panda Photo: page 379 top
Corbis/Grazia Neri: pages 56 center, 57 bottom, 96 center and bottom
B. Coster/Ardea: page 464
Guido Cozzi/Atlantide: page 83 top
G. Crabbe/AGE/Contrasto: page 448 bottom
A. Crandell/Corbis/Grazia Neri: page 379 center
D. Croucher/Bruce Coleman Collection: pages 363, 365 top left
M. Daffey/Lonely Planet Images: page 427 bottom
Alexis Daflos/Royal Collection: pages 18 bottom, 19 top and bottom
Giovanni Dagli Orti: pages 2, 66 top, 68-69, 68 bottom left, bottom right, 69 right, 70-71, 89 bottom, 216, 216-217, 217, 222-223, 234 left and right, 235right, 338 right, 348 top
S. Damm/Zefa: page 392 top
R. Dayton/AGE/Contrasto: page 449
Araldo De Luca: pages 218 right, 220
Araldo De Luca/Archivio White Star: pages 206, 210-211, 244 top, 244 center, 244 bottom, 244-245, 246 top, 246 bottom left, 246 bottom right, 246-247, 247 right, 248 top left, 248 top right, 248 center, 248 bottom, 248-249, 249, 250-251, 251 top, 251 center, 251 bottom, 252 top and center, 252-253, 253 bottom left, 253 bottom right, 254 top, 254 bottom left and bottom right, 255 bottom right, 258 top left, 258 top right, 258 bottom, 259, 260 top, 261 bottom left, 261 bottom right, 268 left, 268-269, 269 top, 269 center, 269 bottom, 270 top, 270 bottom, 270-271, 271 bottom, 300 top, 300-301, 301 top, 301 center, 301 bottom, 302, 303, 304 left and right, 305 left and right
M&C Denis Huot: page 385 bottom
M. Denis Huot/Hoaqui: page 378 bottom right
Gustavo Di Pace/Fotoscopio: page 358 bottom
Thomas Dix: pages 138-139
C. Doerr/AGE/Contrasto: page 482 top
A. Dragesco Joffè/Panda Photo: pages 375 top right, 376 top, 376 bottom, 376-377, 377 top
T. Dressel/Ardea: page 367 top
M. Dumas/Explorer: page 378 bottom left
D. Else/Lonely Planet Images: page 385 top
Martino Fagiuoli/CV Export: page 176 center and bottom
Ferrer & Sostoa/AGE/Contrasto: page 478 left bottom
AND. della Ferrera: page 421
Elisabetta Ferrero/Archivio White Star: pages 1-4
J.P. Ferrero/Auscape International: pages 484 left, 484 right, 484-485, 485 center, 486, 488 bottom, 488-489, 489 top, 490 left bottom, 490-491, 491 center, 491 bottom, 497 top
Kevin Fleming/Corbis/Contrasto: page 230
Florian Monheim/Bildarchiv Monheim: page 73 top and center
J. Foott/AGE/Contrasto: pages 480-481
J. Foott/Bruce Coleman Collection: pages 442-443
Gigliola Foschi/Focus Team: pages 45 top left, 46
Klaus Frahm/Artur: pages 39 left, right top and right bottom, 41 bottom
Ro Freck/Odyssey/F. Speranza: pages 106-107
B. Gardel/Hemispheres: page 424 top
Alfio Garozzo/Archivio White Star: pages 153 bottom, 155 bottom left and bottom right, 219 left, 224-225, 226 top, 226-227, 227, 228 top and bottom, 229 top, 229 bottom left and right, 233, 240-241, 241 top left and top right, 242 top, 242 bottom left and bottom right, 243, 264 top, 266 top, 267 bottom
Cesare Gerolimetto: page 40
Lowell Georgia/Corbis/Contrasto: pages 309 top left, 309 bottom
Getty Images/Laura Ronchi: page 318
Fausto Giaccone/Franca Speranza: pages 18-19
H. Goethel/Blickwinkel: page 470 center
Gohier/Ardea: pages 437 bottom, 442 bottom, 445 top, 453 top
Itamar Grinberg: pages 126-127
Itamar Grinberg/Archivio White Star: pages 284-285
Grafenhaim/Franca Speranza: pages 16-17
Grafenhaim/Simephoto: pages 22-23, 38, 42 center, 96 top
M. Gratton/Vision: page 122 top
M.W. Grosniek/Ardea: page 435 right
D. Gulin/Corbis/Contrasto: pages 447 bottom right, 476 bottom
D. Gulin/Corbis/Grazia Neri: page 445 bottom
H. Hamaya/Magnum Photo/Contrasto: page 495 top
M. Hamblin/Oxford Scientific Library: page 442 right center
M. Harvey/NHPA: page 380 left center
Jason Hawkes: page 191 bottom
Jason Hawkes/Corbis/Contrasto: page 184
Jochen Helle/Bildarchiv Monheim/©2002 Victor Horta-Sofam Belgique: page 36 left

C. Hellier/Corbis/Grazia Neri: page 397 center and bottom
Pal Hermansen/Franca Speranza: page 12
Angelo Hornak/Corbis/Contrasto: page 186
D.G. Houser/Corbis/Grazia Neri: page 439 center
H.P Huber/Simephoto: pages 67 top, 436-437, 494 right bottom, 497 center
Johanna Huber/Simephoto: pages 75 bottom, 485 bottom
Andrew Humphreys/LPI: page 124 left and right
R. I'Anson/Lonely Planet Images: pages 496-497
Index/Barbieri: page 108 top right
J. Johnson/Bruce Coleman Collection: page 390 center left
B. Jones & M.Shimlock/NHPA: pages 430 top, 431
Wolfgang Kaehler/Corbis/Contrasto: pages 308-309, 309 top right, 359, 408 bottom
C. Karnow/Corbis/Grazia Neri: pages 424-425
S. Kaufman: page 417
R. & J. Kemp/SAL/Oxford Scientific Films: page 369 left top
AND. Keskozommy/SAL/Oxford Scientific Films: page 410 top
B. Klein-Hubert/Panda Photo: page 437 center
C. Knights/Ardea: pages 458-459

F. Labot/Auscape International: pages 389 bottom right, 389 center
B. Lamm/Blickwinkel: page 445 right center
J. M. La Rogue/Auscape International: page 496 bottom
H.G. Laukel: pages 375 top left, 376 center, 377 center
Reiner Lautwein/Artur/©2002 Victor Horta-Sofam Belgique: pages 36 bottom right, 37
Kraig Lieb/Lonely Planet Images: pages 336-337
Charles Lenars: page 123 center left
Erich Lessing/Contrasto: pages 208-209, 222, 223 left and right, 236 top right, 238 bottom right
Marcello Libra: pages 367 center, 367 bottom, 368 top, 370 top 370 center, 370-371, 371 top, 371 bottom, 372 top, 372 center left, 372 center right, 372-373, 373, 383 center left, 410-411, 411 top, 411 center
V. Loi-S. Pisano/Panda Photo: page 365 center
A. Maniciati: page 411 bottom
Marka: page 239 top
N. Marven/Nature Picture Library: pages 408 center, 408-409, 408 top
J. Mason/Ardea: pages 465 left bottom, 465 right bottom
F. Mastracchi Manes/Panda Photo: pages 384-385
C. Mattison/Age/Contrasto: pages 388-389
C. Mauzy/Corbis/Contrasto: page 446 bottom
J. McDonald/Corbis/Grazia Neri: pages 379 bottom, 383 center right, 390 center right, 477 bottom
D. Meissner/Blickwinkel: page 442 top
S. Meyers/Ardea: page 442 left center
B. Miller/Timepix/PhotoMasi: page 459 center
C. Monteath/Auscape International: pages 482-483, 483 top left, 483 center left, 483 bottom left
C. Monteath/Hedgehog House: pages 418 center, 418-419, 419 top, 419 bottom, 481 center
B. Moranti/Age/Contrasto: page 405 bottom
J.C. Munoz/Panda Photo: pages 362 top, 362 right bottom
David Muench/Corbis/Contrasto: pages 336 bottom, 447 bottom left
D. Muench/Corbis/Grazia Neri: page 465 top
A. Nardi/Panda Photo: page 365 bottom
NASA: pages 406, 407 top and bottom, 408 top
Nature Picture Library: page 441 top left
N. Nightingale/Nature Picture Library: page 426 top
Nimatallah/AGK Images: page 204 top right
B. Norton/Evergreen Photo Alliance: pages 381 bottom, 389 bottom, 426 bottom left
Oxford Cartographers/Archivio White Star: page 268 right
H. Palo JR/NHPA: pages 467 top, 472 center, 473 left bottom
Vincenzo Paolillo: pages 399 top, 400 center, 400 bottom, 400-401, 401 bottom, 402 top left, 402 top right, 402 bottom left, 403 top, 424 bottom right
Parlamentary Copyrights 1995: page 32 top
D. Parter & AND.Parter/Auscape International: pages 466 center, 466 bottom, 467 left, 467 right bottom, 468 bottom, 470-471, 489 center bottom, 490 top
C. Pavaral/Hoaqui: pages 398 top, 398-399
D. Paynet/Age/Contrasto: page 361
D. Peebles/Corbis/Contrasto: pages 462-463
D. Peebles/Corbis/Grazia Neri: pages 460-461
C. Penn/Corbis/Grazia Neri: page 370 bottom
Moose Peterson/Ardea: page 445 left center
Peterson/WRP/Ardea: page 434 bottom left
Daniel Philippe/Air Print: pages 38-39, 42-43, 54 bottom left, 66-67, 72, 98-99
Jean Charles Pinheira: pages 102-103, 103 bottom
Andrea Pistolesi: pages 41 top left, top right, 42 top left and top right, 434 top, 434 bottom right, 435 left, 448 right center, 451 left center
Alberto Pizzoli/Corbis/Contrasto: pages 204 bottom, 205 bottom
F. Poelking/AGE/Contrasto: pages 478-479
F. Poelking/Blickwinckel: pages 441 bottom left, 469 top
Josef Polleros/Anzenberger: page 11
G. Pots/Bruce Coleman Collection: page 441 bottom right
Pozzoli/Hoaqui: page 400 top
Hira Punjabi/Lonely Planet Images: pages 420 center right, 422-423
Nicolas Rachmano/Ag. ANA: pages 27 top, 28 top left, bottom left, 28-29, 29 top right and bottom right
Luciano Ramires/Archivio White Star: pages 60 top left, 73 bottom, 192-193
Carmen Redondo/Corbis/Contrasto: pages 282 top, 282-283
Carmen Redondo/Corbis/Grazia Neri: page 383 bottom
R. Ressmeyer/Corbis/Grazia Neri: page 460 top
Giovanni Rinaldi/Il Dagherrotipo: pages 174-175
Massimo Ripani/Simephoto: pages 115 top right, 362 left bottom, 451 top
P. Roig/AGE/Contrasto: page 483 top right
Basilio Rodella/BAMS photo: pages 214-215, 215 center
Laura Ronchi: page 294 bottom
Benjamin Rondel/The Stock Market/Contrasto: page 150 bottom left
SIE: page 125 bottom center
Hans Georg Roth/Corbis/Contrasto: page 238 top
Galen Rowell: pages 450-451
Galen Rowell/Corbis/Grazia Neri: page 420 center left
T. de Roy/Auscape International: page 471 top
Saffo/Simephoto: pages 114-115, 115 left
Kevin Schafer: pages 390 top, 391, 436 bottom, 438 top, 439 top, 446-447
Kevin Schafer/Corbis/Contrasto: page 358 center
Gregor M. Schmid/Anzenberger: pages 94 bottom, 95 bottom right, 97
V. Sciosia/Focus Team: page 369 right top
M.T. Sedam/Corbis/Contrasto: page 447 top
J. Sierra Antinolo/Oxford Scientific Films: page 366
Silvestris: pages 380 bottom, 394 top right, 395
Giovanni Simeone/Simephoto: pages 49 top, 53 top, 60-61, 88, 102 top, 118-119, 152-153, 153 center, 394-395, 444 bottom
G. Sini/Ag. Marka: page 67 bottom
P.A.Souders/Corbis/Grazia Neri: page 439 bottom
M. Spencer/Auscape International: page 490 right bottom
R. Spoonbill/Ardea: page 459 top
Henri et Anne Stierlin: pages 134-135, 135 top right, center and bottom, 141 bottom left, 149 top right and bottom right, 237 top right, 238-239, 239 bottom, 274 right, 275 top, 275 center, 276 top, 276 bottom left, 276 bottom right, 276-277, 277 top, 277 bottom, 278 bottom left, 278 bottom right, 278-279, 279 top left, 279 n alto right, 279 bottom, 297 top, 297 bottom, 298-299, 299 top, 299 center top, 299 center bottom
D. Stock/Magnum Photo/Contrasto: pages 494-495
L.M. Stone/Nature Picture Library: page 413 top
Keren Su/Corbis/Contrasto: page 308
K. Su/China Span/Lonely Planet Images: page 415 top
J.A. Sugar/Corbis/Grazia Neri: page 463 top
T. Svehsson/Corbis/Contrasto: page 393 bottom
J. Sweeney/Lonely Planet Images: pages 480 bottom, 481 top
S. Tauqueur/Franca Speranza page 16 top right
N.J. Tennis/Sime Photo: page 394 top left
Luca Tettoni: pages 428, 429 top left and right, 429 bottom
T. Till/Auscape International: page 494 left bottom
Timepix/PhotoMasi: page 450 top
Angelo Tondini/Focus Team: pages 196-197, 333 top, 333 bottom, 424 bottom
Prof. Gerhard Trumler: pages 56 top, 56-57
S. Turner/Oxford Scientific Films: page 381 center
R. Valterza/Ag. Franca Speranza: pages 368-369
Sandro Vannini/Franca Speranza: page 155 top right
S. Vannini/Panda Photo: page 365 top right
Giulio Veggi/Archivio White Star: pages 17 top, 23 top, center left, center right and bottom left, 24 bottom left and bottom right, 33 top and center, 50-51, 51 top, center left, center right and bottom, 52 top, center left and center right, 53 bottom left and bottom right, 55 bottom right, 58 bottom, 60 top right, 61 top, bottom left, bottom right, 62 top and bottom, 65 top right and bottom right, 94 top, 94-95, 95 top right and bottom left, 103 top, 104, 104-105, 105 top and bottom, 106 top and bottom, 108 top left, 108-109, 109 right and bottom, 110 top, center, bottom, 110-111, 111 top left and top right, 116 top, 117, 118, 119 top, center right and bottom, 120 top left, 198 bottom left, 200 top left, 201 top, 202 bottom, 203 left, 204 top left, 207 top left, 207 top right, 207 bottom left, 208 bottom, 209, 212 right, 213 bottom, 214, 219 top right and bottom right, 221 left and right, 226 center, 228-229, 232 top, 232 bottom left, 234-235, 260-261, 262 top, 265 right, 267 top, 288 top, 290 left and right, 290-291, 291 top and bottom, 292 bottom, 293 left and right
L. Vigliotti/Panda Photo: page 462 top
Brian A.Vikander/Corbis/Contrasto: pages 306-307, 307 left and right
R. Von Gotz/Bildarchiv Monheim: pages 32-33
U. Walz/Blickwinkel: pages 472-473
U. Walz/Bruce Coleman Collection: pages 444 center, 474-475
K. Ward/Corbis/Contrasto: page 416 top
A. Warren/Ardea: pages 432-433
M. Watson/Ardea: pages 437 top, 453 left bottom, 453 right bottom, 475 bottom
D. Watts/Nature Picture Library: page 446 top
K.M. Westrmenn/Corbis/Grazia Neri: page 161 bottom center
N. Wheeler/Corbis/Contrasto: pages 392-393, 393 center
A. White/Nature Picture Library: page 398 bottom
S. Widstrand/Corbis/Grazia Neri: page 423 bottom
S. Wilby/Auscape International: page 495 bottom
P. de Wilde/Hoaqui: page 399 bottom
Julian Wirker; Cordaiy Photo Library Ltd./Corbis/Contrasto: page 281
Christopher Wood/LPI: page 122 bottom
Roger Wood/Corbis/Contrasto: pages 238 bottom left, 280 right
D.Woodfall/NHPA: page 369 bottom
Adam Woolfitt/Corbis/Contrasto: pages 186-187, 236-237, 239 center
Shen Yu/Imaginechina/Contrasto: pages 412-413
Chen Yun/Imaginechina/Contrasto: page 414 bottom
Francesco Zanchi/Archivio White Star: pages 20 top right and bottom left, 21 top, 24 top, 25
Bo Zaunders/Corbis/Contrasto: page 193 left
B. Zhenjin/Imaginechina/Contrasto: pages 412 top, 414 top left, 414 top right, 414-415
G. Ziesler: pages 420 bottom right, 422 top, 422 bottom, 466-467, 468-469, 469 bottom left, 469 bottom right, 470 top left, 470 top right, 473 top, 473 right bottom, 474 center, 474 left, 474 right bottom, 476 center, 476-477, 478 right bottom, 485 top, 485 bottom, 485 left, 485 top right
J. Zipp/Ardea: page 458 left bottom

All maps are: **Archivio White Star**

图书在版编目（CIP）数据

世界瑰宝：联合国教科文组织世界遗产典藏 /（意）马可·卡特尼奥，（意）贾斯米娜·特里福尼著；曹莉，荣宁宁，罗正译 .—北京：中国科学技术出版社，2024.1

书名原文：The Great Book of World Heritage Sites

ISBN 978-7-5236-0392-5

Ⅰ. ①世… Ⅱ . ①马… ②贾… ③曹… ④荣… ⑤罗… Ⅲ . ①文化遗产—世界 Ⅳ . ① K103

中国国家版本馆 CIP 数据核字（2023）第 235750 号

著作权登记号：01-2023-5288

审图号：GS 京（2023）2416 号

总 策 划	秦德继
策划编辑	徐世新　许　慧　单　亭
责任编辑	向仁军　单　亭　许　慧　邬梓桐
装帧设计	中文天地
责任校对	吕传新
责任印制	李晓霖

出　　版	中国科学技术出版社
发　　行	中国科学技术出版社有限公司发行部
地　　址	北京市海淀区中关村南大街 16 号
邮　　编	100081
发行电话	010-62173865
传　　真	010-62173081
网　　址	http://www.cspbooks.com.cn

开　　本	787mm × 1092mm　1/8
字　　数	750 千字
印　　张	63.5
版　　次	2024 年 1 月第 1 版
印　　次	2024 年 1 月第 1 次印刷
印　　刷	北京华联印刷有限公司
书　　号	ISBN 978-7-5236-0392-5 / K · 378
定　　价	398.00 元

（凡购买本社图书，如有缺页、倒页、脱页者，本社发行部负责调换）